应用型本科经济管理类专业基础课精品教材

计量经济学及 EViews 应用

唐吉洪　主　编
王志刚　副主编

北京理工大学出版社
BEIJING INSTITUTE OF TECHNOLOGY PRESS

内容简介

本书详细介绍了计量经济学的基本理论与分析方法，包括经典与拓展模型的估计与检验方法以及 EViews 的基本操作。本书的特点是在深入浅出地阐释计量经济学基本理论和分析方法的基础之上，运用实例详细地介绍了 EViews 的基本操作和在模型中的具体应用。

本书适合作为高等院校经管类专业的计量经济学本科生教材，也可以作为从事经济计量分析人员的参考书。

图书在版编目（CIP）数据

计量经济学及 EViews 应用 / 唐吉洪主编. —北京：北京理工大学出版社，2020.9（2020.11 重印）

ISBN 978 - 7 - 5682 - 8928 - 3

Ⅰ.①计…　Ⅱ.①唐…　Ⅲ.①计量经济学 - 高等学校 - 教材　Ⅳ.①F224.0

中国版本图书馆 CIP 数据核字（2020）第 154052 号

出版发行 / 北京理工大学出版社有限责任公司
社　　址 / 北京市海淀区中关村南大街 5 号
邮　　编 / 100081
电　　话 /（010）68914775（总编室）
（010）82562903（教材售后服务热线）
（010）68948351（其他图书服务热线）
网　　址 / http://www.bitpress.com.cn
经　　销 / 全国各地新华书店
印　　刷 / 涿州市新华印刷有限公司
开　　本 / 787 毫米 × 1092 毫米　1/16
印　　张 / 15
字　　数 / 352 千字
版　　次 / 2020 年 9 月第 1 版　2020 年 11 月第 2 次印刷
定　　价 / 46.00 元

责任编辑 / 钟　博
文案编辑 / 钟　博
责任校对 / 周瑞红
责任印制 / 李志强

图书出现印装质量问题，请拨打售后服务热线，本社负责调换

前　言

计量经济学在我国已经历了数十年的发展，并得到了广泛的应用。本书是编者在多年学习和教学过程中的经验总结。本书系统介绍了计量经济学的基础知识，并本着学以致用的原则，根据 EViews 软件列举了相应的例子，强调理论与实际的结合。

本书主要介绍计量经济学的经典理论和估计方法，主要内容包括：

第一章介绍了一元线性回归模型及其基本假设、特征与估计方法。

第二章详细阐述了多元线性回归模型的设定、估计、检验和预测，重点阐释了多元线性回归模型的估计方法原理、估计参数的统计性质及多重统计检验。

第三章介绍了非线性回归模型的线性转换方法，重点介绍了线性转换的经济含义。

第四章介绍了经典单方程计量经济学模型的拓展，就古典线性回归模型的多重共线性、异方差、序列相关性及虚拟变量问题介绍了多种模型估计方法。

第五章介绍了时间序列计量经济学模型，具体介绍了时间序列的平稳性检验方法、ARMA模型的建模步骤、协整检验及 ARCH 模型和误差修正模型的应用。

第六章介绍了联立方程组模型，主要介绍了联立方程组模型的特征、识别及估计方法。

第七章介绍了向量自回归模型，主要介绍了向量自回归模型的特征、估计方法及应用，重点分析了结构向量自回归模型与简化式向量自回归模型之间的区别与联系，结构向量自回归模型的识别条件、估计及应用。

第八章为 EViews 软件的操作简介，主要介绍了工作文件的建立、数据的处理及绘图操作等内容。

本书可作为经管类专业本科生的教材，也可以作为其他人文社会科学研究领域工作人员的参考书。

本书是渤海大学计量经济学教学团队的合作成果，由渤海大学唐吉洪老师担任主编，负责拟定全书的写作大纲，编写第五章、第七章及附录部分；王志刚老师担任副主编，编写第二～四章和第八章，修改第一章部分章节；沈阳科技学院刘洋老师编写第一章；渤海大学赵晓波老师编写第六章。

在本书编写过程中，编者参考和引用了大量的中外文献，在此对文献作者表示崇高的敬意和诚挚的谢意。这些文献资料是我们学习的阶梯，也是计量经济学发展的源泉。

由于编者的学识水平有限，错误之处在所难免，恳请专家和读者批评指正，提出宝贵意见。

编　者

2020 年 3 月

目　录

第一章

一元线性回归模型

单方程计量经济学模型是应用最普遍的计量经济学模型，它以单一经济现象为研究对象，模型中只包含一个方程。本章首先从简单的一元线性回归模型入手，介绍模型的设定与估计问题，为以后各章的学习打下基础。

本章学习目标：

（1）掌握一元线性回归模型的基本假设；

（2）掌握普通最小二乘法的基本原理，能够应用普通最小二乘法估计一元线性回归模型的参数并检验其有效性；

（3）掌握一元线性回归模型的点预测。

第一节　回归分析

一、回归分析的基本概念

无论是自然现象之间还是社会经济现象之间，事物都是相互依存的，且具有存在和发展的内在规律性。计量经济学的主要任务之一就是探寻各种经济变量之间相互联系的程度、联系方式的客观规律。

各种经济变量间的规律可以分为确定性的函数关系、不确定性的统计相关关系两类。当然，变量间的函数关系与统计相关关系也不一定是绝对的，在一些特定条件下两者是可以相互转化的。例如，在对确定性现象的观测中，往往存在测量误差，这时函数关系通常会通过统计相关关系表现出来；相反，如果对非确定性现象的影响因素能够一一辨认出来，并全部纳入变量间的依存关系式中，则变量之间的统计相关关系就会向函数关系转化。因此，在计量经济学中，相关分析与回归分析主要研究的是非确定性现象的统计相关关系。

变量间的统计相关关系可以通过相关分析与回归分析来研究。相关分析主要研究随机变量间的相关形式及相关程度，而回归分析则是研究一个变量关于另一个或另一些变量的依存关系的计算方法和理论。其目的在于通过后者的已知或设定值，估计和预测前者的均值。前一个变量称为被解释变量或因变量，后一个变量称为解释变量或自变量。

回归分析是构成计量经济学的方法论基础，其主要内容有以下三个方面：

（1）根据样本观察值对计量经济学模型参数进行估计，求回归方程；

（2）对回归方程、参数估计进行显著性检验；

（3）利用回归方程进行分析、评价及预测。

二、总体回归函数

社会经济现象中的变量关系大量地表现为相关关系，例如，家庭消费支出 y 与家庭收入 x 之间的关系就不是完全确定的。虽然每个家庭的收入 x 必然会影响并且制约这个家庭的消费支出 y，但是消费支出 y 还要受到其他因素的影响，如家庭人口、消费习惯、物价水平变化等。因此，即使是收入相同的家庭，其消费支出也可能完全不同，即使同一个家庭在每个月收入相同的前提下，每个月的消费支出也可能完全不同。这种消费支出与收入之间的关系就属于相关关系，回归分析即研究这类变量之间的依存关系。

由于在一项调查中，调查应具备完整性，因此，给定可支配收入水平 x 的消费支出 y 的分布是确定的，即以给定的 x 为条件的 y 的条件分布是已知的。因此，给定收入 x 的值，可得消费支出 y 的条件均值或调解期望。

在给定解释变量 X 条件下被解释变量 Y 的期望轨迹称为总体回归线或者总体回归曲线。其函数

$$E(Y|X)=f(X) \tag{1.1}$$

称为总体回归函数（Population Regression Function，PRF）。

总体回归函数表明被解释变量的平均状态随着解释变量变化的规律。例如，将居民消费支出看成其可支配收入的线性函数时，其函数关系可以写为

$$E(Y|X)=\beta_0+\beta_1 X \tag{1.2}$$

其中，β_0，β_1 是未知参数，称为回归系数，该函数关系也可称为线性总体回归函数。

三、随机干扰项

总体回归函数描述了所考察总体的家庭消费支出平均来说随着可支配收入变化的规律，但是对于一个家庭来说，其消费支出不一定就是给定可支配收入水平下的消费的平均值。

对每个家庭来说，有

$$\mu=Y-E(Y|X) \tag{1.3}$$

称 μ 为观察值围绕它的期望值的离差，它是一个不可观测的随机变量，称为随机误差项，通常又不加区别地称为随机干扰项。

由于在总体回归函数中引入了随机干扰项，成为计量经济学模型，因此也就构成了总体回归模型。

在总体回归函数中引入随机干扰项，主要有以下 6 个方面的原因：

（1）代表未知的影响因素。由于对所考察总体认识上的非完备性，许多未知的影响因素还无法引入模型，因此，只能用随机干扰项代表这些未知的影响因素。

（2）代表残缺数据。即使所有的影响变量都能被包括在模型中，也会有某些变量的数据无法取得。

（3）代表众多细小影响因素。考虑到模型的简洁性，以及取得诸多变量数据可能带来的较大成本，建模时往往省掉这些细小变量，而将它们的影响综合到随机干扰项中。

（4）代表数据观测误差。

（5）代表模型设定误差。由于经济现象的复杂性，模型的真实函数形式往往是未知的，因此实际设定模型可能与真实模型存在一定的偏差。

（6）代表变量的内在随机性。

总之，随机干扰项的存在是计量经济学模型的特点，是计量经济学模型与数学中完全确定的函数关系的主要区别。随机干扰项具有非常丰富的内容，在计量经济学模型的建立中起着十分重要的作用。计量经济学中的多种估计、检验、预测等分析方法，也是针对不同性质的随机干扰项引入的。

四、样本回归函数

尽管总体回归函数揭示了所考察总体被解释变量与解释变量之间的平均变化规律，但总体的信息往往无法全部获得，所以，总体回归函数实际上是未知的，但是现实的情况往往是通过抽取样本来得到总体的样本，再通过样本的信息估计总体回归函数，因此就构成了样本回归函数（Sample Regression Function，SRF），其函数形式为

$$\hat{Y}=f(X)=\hat{\beta}_0+\hat{\beta}_1 X \tag{1.4}$$

样本回归函数也有如下随机形式：

$$Y=\hat{Y}+\hat{\mu}=\hat{\beta}_0+\hat{\beta}_1 X+e$$

其中，e 称为（样本）残差项，代表其他影响 Y 的随机因素的集合，可看成 μ 的估计值 $\hat{\mu}$。由于方程中引入了随机干扰项，成为计量经济学模型，因此也称为样本回归模型。

第二节　一元线性回归模型的基本假设

对于线性回归模型，最常用的估计方法是普通最小二乘法。为了保证参数估计量具有良好的性质，通常对模型提出若干基本假设。如果模型满足这些基本假设，则普通最小二乘法就是一种通用的估计方法；如果模型不满足这些基本假设，则普通最小二乘法就不适用，而要用其他方法来估计模型。

一、对随机干扰项的假设

在计量经济学模型中，产生随机干扰项的原因主要有以下几个方面：（1）忽略了某些自变量造成误差；（2）模型的数学形式不能准确表达带来误差；（3）变量观测值的计量存在误差；（4）随机误差。以上误差总是可以通过改变模型或改进统计方法和技术来减小相应的误差。但经济变量之间的关系受很多随机因素的影响，具有不确定性，同时社会经济问题涉及人的思维和行动，因此更具有不确定性，这种不确定性对经济关系的影响也可以用一

个附加项来反映。

由于总体随机干扰项通常无法直接观测，为了使对模型的估计具有较好的统计性质，计量经济学研究中对随机干扰项的分布作出如下基本假设：

假设 1　给定解释变量 X 的任何值，随机干扰项 μ_i 的数学期望（均值）为零，即

$$E(\mu_i \mid X) = 0 \tag{1.5}$$

由于存在随机干扰项，y_i 在其均值 $E(y_i)$ 上下波动，如果模型设定正确，y_i 相对于均值 $E(y_i)$ 的正偏差和负偏差都存在，所以随机干扰项可正可负，发生的概率大致相同。由此可见，平均地看随机干扰项有相互抵消的趋势。

需要注意的是，当随机干扰项 μ 的条件零均值假设成立时，根据期望迭代法一定有如下非条件零均值性质：

$$E(\mu_i) = E(E(\mu_i \mid X)) = E(0) = 0 \tag{1.6}$$

同时，当随机干扰项 μ 的条件零均值假设成立时，一定可得到随机干扰项与解释变量之间的不相关性，即

$$\mathrm{Cov}(X_i, \mu_i) = E(X_i \mu_i) = 0 \tag{1.7}$$

这一特征在回归分析中起着十分重要的作用，尤其是在模型参数的估计中扮演着重要的角色。

假设 2　随机干扰项 μ 具有给定 X 任何条件下的同方差性及无序列相关性，即随机干扰项 μ_i 的方差与 i 无关，为一个常数 σ^2，即

$$\mathrm{Var}(\mu_i) = E[\mu_i - E(\mu_i)]^2 = E(\mu_i{}^2) = \sigma^2 \tag{1.8}$$

该假设表明无论解释变量 x_i 随 i 如何变化，随机干扰项 μ_i 的方差不会发生变化，即随机干扰项对于各自零均值的分散程度是相同的。如果模型满足同方差性假设，这将使检验和预测更加简化。

假设 3　随机干扰项服从零均值、同方差的正态分布，即

$$\mu_i \sim N(0, \sigma^2) \tag{1.9}$$

该假设是为样本回归函数推断总体回归函数的需要而提出的，尤其是在小样本中，该假设显得十分重要。但是，如果只利用最小二乘法进行参数估计，则不需要随机干扰项 μ_i 服从正态分布这个假设条件。

二、对模型设定的假设

假设 4　回归模型是正确设定的。

模型的正确设定主要包括两方面的内容：（1）模型选择了正确的变量，即在设定总体回归函数时，既没有遗漏重要的相关变量，也没有多选无关的变量；（2）模型选择了正确的函数关系，即当被解释变量与解释变量间呈现某种函数关系时，所设定的总体回归方程恰为该函数关系。

三、对解释变量的假设

假设 5　解释变量在所抽取的样本中具有变异性，而且随着样本容量的无限增加，解释变量的样本方差趋于一个非零的有限常数，即

$$\sum_{i=1}^{n}(X_i - \overline{X})/n \to Q, n \to \infty \tag{1.10}$$

在以因果关系为基础的回归分析中，通过解释变量的变化来解释被解释变量的变化，因此，解释变量要有足够的变异性。

第三节　一元线性回归模型的参数估计

一元线性回归模型是最简单的计量经济学模型，在模型中只有一个解释变量，其参数估计方法也是最简单的。常见的估计方法有 3 种：普通最小二乘法（Ordinary Least Square，OLS）、最大似然法（Maximum Likelihood，ML）与广义矩估计法（Generalized Method of Moments，GMM）。

一、普通最小二乘法

1. 普通最小二乘法原理

对于总体回归方程 $E(y) = b_0 + b_1 x_i$，当收集了有关（x_i，y_i）（$i=1$，2，…，n）的 n 组观测数据后，将这些数据描述在坐标图中，就是图中的散点。对于这些散点，人们希望通过一条回归直线来描述它们的变化规律，即y_i随x_i变动的规律。那么在什么情况下这条回归直线$\hat{y}_i = \hat{b}_0 + \hat{b}_1 x_i$ 能最有效地代表这些点的变动规律呢？显然应该对所有观测点而言，使所有残值项$e_i = y_i - \hat{y}_i$的总量 $\sum e_i^2$ 达到最小，这就是普通最小二乘法。

为了使样本回归模型尽量接近总体回归模型，对于每一个特定的样本来说，就是要求样本回归方程 $\hat{y}_i = \hat{b}_0 + \hat{b}_1 x_i$ 的拟合值 $\hat{y}_i$与观测值 y_i 的误差 $e_i = y_i - \hat{y}_i$ 尽量地小，或者说残值项 e_i 越小越好。由于 e_i 有正有负，简单代数和 $\sum e_i$ 会相互抵消，为使数学上便于处理，采用残差平方和 $\sum e_i^2$ 最小的准则，也就是最小二乘准则：

$$\min \sum e_i^2 = \min \sum (y_i - \hat{y}_i)^2 = \min \sum (y_i - \hat{b}_0 - \hat{b}_1 x_i)^2 \tag{1.11}$$

例 1.3.1　某地区居民家庭可支配收入 x_i 与消费支出 y_i 的资料如表 1.1 所示。

表 1.1　某地区居民家庭可支配收入与消费支出的资料　　单位：百元

x_i	y_i	$x_i - \bar{x}$	$y_i - \bar{y}$	$(x_i - \bar{x}) \times (y_i - \bar{y})$	$(x_i - \bar{x})^2$	$(y_i - \bar{y})^2$	$\hat{y}_i$	$e_i = y_i - \hat{y}_i$	e_i^2
(1)	(2)	(3)	(4)	(5) = (3)(4)	(6)	(7)	(8)	(9) = (2) − (8)	(10) = $(9)^2$
60	58	−135	−84.8	11 448	18 225	7 191.04	69.711	−11.711	137.15
90	85	−105	−57.8	6 069	11 025	3 340.84	85.953	−0.953	0.91
120	102	−75	−40.8	3 060	5 625	1 664.64	102.195	−0.195	0.04
150	124	−45	−18.8	846	2 025	353.44	118.437	5.563	30.95

续表

x_i	y_i	$x_i-\bar{x}$	$y_i-\bar{y}$	$(x_i-\bar{x})\times(y_i-\bar{y})$	$(x_i-\bar{x})^2$	$(y_i-\bar{y})^2$	$\hat{y}_i$	$e_i=y_i-\hat{y}_i$	e_i^2
(1)	(2)	(3)	(4)	(5) = (3)(4)	(6)	(7)	(8)	(9) = (2) - (8)	(10) = $(9)^2$
180	146	-15	3.2	-48	225	10.24	134.679	11.321	128.16
210	159	15	16.2	243	225	262.44	150.921	8.079	65.27
240	168	45	25.2	1 134	2 025	635.04	167.163	0.837	0.70
270	181	75	38.2	2 865	5 625	1 459.24	183.405	-2.405	5.78
300	194	105	51.2	5 376	11 025	2 621.44	199.647	-5.647	31.89
330	211	135	68.2	9 207	18 225	4 651.24	215.889	-4.889	23.90
合计	1 950	1 428	0	40 200	74 250	22 189.6	1 428	0	424.75
平均	195	142.8	—	—	—	—	—	—	—

要求：(1) 建立居民家庭消费支出 y_i 对家庭可支配收入 x_i 的样本回归方程；(2) 指出居民可支配收入每增加 100 元时，家庭消费支出增加多少。

由表 1.1 中的样本数据，可计算出：

$$\hat{b}_1=\frac{\sum(x_i-\bar{x})(y_i-\bar{y})}{\sum(x_i-\bar{x})^2}=\frac{40\ 200}{74\ 250}=0.541\ 4$$

$$\hat{b}_0=\bar{y}-\hat{b}_1\bar{x}=142.8-0.541\ 4\times 195=37.227$$

所以，样本回归方程为 $\hat{y}_i=37.227+0.541\ 4x_i$

由此得边际消费倾向为 0.541 4，因此居民可支配收入每增加 100 元时，家庭消费支出将增加 54.14 元。

综上所述，回归分析的实质就集中到了 4 个关系式上：

(1) 总体回归模型：$y_i=\beta_0+\beta_1x_i+\mu_i$，它代表了总体变量间的真实关系。

(2) 总体回归直线（方程）：$E(y_i)=\beta_0+\beta_1x_i$，它代表了总体变量间的依存规律。

(3) 样本回归模型：$y_i=\hat{\beta}_0+\hat{\beta}_1x_i+e_i$，它代表了样本显示的变量关系。

(4) 样本回归直线（方程）：$\hat{y}_i=\hat{\beta}_0+\hat{\beta}_1x_i$，它代表了样本显示的变量间的依存规律。

总体回归模型与样本回归模型的主要区别在于：第一，描述的对象不同，总体回归模型描述总体中变量 y 与 x 的相互关系，而样本回归模型描述所观测的样本中变量 y 与 x 的相互关系；第二，建立模型的依据不同，总体回归模型是依据总体全部观测资料建立的，样本回归模型是依据样本观测资料建立的。

总体回归模型与样本回归模型的联系是：样本回归模型是总体回归模型的一个估计式，之所以建立样本回归模型，目的是估计总体回归模型。

值得注意的是，不仅总体和样本都是随机变量，而且抽样过程本身也具有随机性。样本的随机性是由抽样的随机性决定的。在多次重复抽样过程中，每次抽样得到的样本都不相同。根据这些不同的样本分别推测总体状况，得到的结论也不会完全相同。那么，是否能用样本估计值呢？这样的估计值具有什么样的统计特征呢？

2. 普通最小二乘法估计量的性质

为什么在数理统计学中广泛使用普通最小二乘法呢？这是因为用普通最小二乘法得到的参数估计量具有线性、无偏性和有效性3种最重要的统计性质。

1）线性

所谓线性，是指参数估计量 $\hat{b}_0$ 和 $\hat{b}_1$ 分别为观测值 y_i 和随机干扰项 μ_i 的线性函数或线性组合。

2）无偏性

所谓无偏性，是指参数估计量 $\hat{b}_0$ 和 $\hat{b}_1$ 的均值（期望值）分别等于总体参数值 b_0 和 b_1，即 $E(\hat{b}_1)=b_1$，$E(\hat{b}_0)=b_0$。

3）有效性

参数估计的有效性（或最小方差性、最优性）是指在所有的线性、无偏估计量中，普通最小二乘法估计量 $\hat{b}_0$ 和 $\hat{b}_1$ 的方差最小。

在古典假设条件下，普通最小二乘法估计量 $\hat{b}_0$ 和 $\hat{b}_1$ 是参数值 b_0 和 b_1 的最佳线性无偏估计量，这一结论就是著名的高斯－马尔可夫定理。正是由于在总体参数的各种无偏估计中，普通最小二乘法估计具有最小方差的特性，才使普通最小二乘法在数理统计和计量经济学中获得了广泛的应用。

二、最大似然法

最大似然法，也称最大或然法，是不同于普通最小二乘法的另外一种参数估计法，是从最大似然原理出发发展起来的其他估计方法的基础。由于最大似然法能够从本质上揭示通过样本估计总体参数的内在原因，因此，最大似然法在计量经济学理论上占据非常重要的地位。

对于最大似然法，当从模型总体随机抽取容量为 n 的样本观测值后，最合理的参数估计量应该使得从模型中抽取该样本观测值的概率最大。

要对每个可能的正态总体估计取得容量为 n 的样本观测值的联合概率，然后选择其参数能使观测值的联合概率为最大的那个总体。将样本观测值联合概率函数称为变量的似然函数。在已经取得样本观测值的情况下，使似然函数取极大值的总体分布参数所代表的总体具有最大的概率取得这些样本观测值，该总体参数即所要求的参数。通过似然函数最大化求得总体参数估计量的方法称为最大似然法。

在满足基本假设的条件下，对一元线性回归模型

$$Y=\beta_0+\beta_1 X+\mu \tag{1.12}$$

随机抽取容量为 n 的样本观测值 $\{(X_i,Y_i): i=1, 2, \cdots, n\}$，由于 Y_i 服从如下正态分布：

$$Y_i \sim N(\beta_0+\beta_1 X_i, \sigma^2) \tag{1.13}$$

于是，Y_i 的概率函数为 $P(Y_i)=\dfrac{1}{\sigma\sqrt{2\pi}}e^{-\frac{1}{2\sigma^2}}\sum(Y_i-\beta_0-\beta_1 X_i)^2$，$i=1, 2, \cdots, n$。

因为 Y_i 是相互独立的，所以 Y 的所有样本观测值的联合概率，也即似然函数为

$$L(\beta_0, \beta_1, \sigma^2) = P(Y_1, Y_2, \cdots, Y_n) = \frac{1}{\sigma^n (2\pi)^{\frac{n}{2}}} e^{-\frac{1}{2\sigma^2} \sum (Y_i - \beta_0 - \beta_1 X_i)^2}。$$

将该似然函数最大化，即可求得模型参数的最大似然估计量。

三、广义矩估计法 GMM

普通最小二乘法是通过得到一个关于参数估计值的正规方程组并对它进行求解而完成。正规方程组可以通过矩估计的思想来导出。矩估计的基本原理是用相应的样本矩来估计总体矩。相对于最小二乘法和最大似然法，矩估计法不需要假设误差项的精确分布，而且在误差项存在异方差和序列相关的情况下，矩估计量同样是一个稳健估计量。

设一随机变量 Y 的数学期望为 μ，则

$$E(Y-\mu) = 0 \tag{1.14}$$

则随机变量的样本矩 $\hat{\mu}$ 满足

$$\frac{1}{N}\sum_{i=1}^{N}(Y_i - \hat{\mu}) = 0 \tag{1.15}$$

对于一元线性回归模型，因为假设误差项的均值为零，而且误差项与解释变量不相关，所以有

$$E(u) = 0 \tag{1.16}$$

$$E(X*\mu) = 0 \tag{1.17}$$

则

$$\frac{1}{N}\sum_{i=1}^{N}(Y_i - \beta_0 - \beta_1 X_i) = 0 \tag{1.18}$$

$$\frac{1}{N}\sum_{i=1}^{N}X_i(Y_i - \beta_0 - \beta_1 X_i) = 0 \tag{1.19}$$

上述两个方程实际上是最小二乘法估计的正规方程组，因此，在满足误差项的均值为零且误差项与解释变量不相关时，矩估计量与最小二乘估计量是一致的。

广义矩估计法是矩估计法的一般化，主要用于多元回归方程。在矩估计法中，当矩条件个数小于参数个数时，可能存在多个参数解；而当矩条件个数超过参数个数时，比如不含常数项的一元线性回归方程或具有内生性的多元回归方程，系统将过度识别，有可能得不到参数解。为了充分利用样本信息，必须建立一个目标函数，将所有样本矩与参数联系起来，在目标函数取极值的时候得到参数的唯一解。

设 $\boldsymbol{m}$ 为 l 维矩条件列向量，其中，l 代表矩条件个数，设 $\boldsymbol{A}$ 为加权矩阵，设目标函数 $Q=\boldsymbol{m}\cdot\boldsymbol{Am}$，当 Q 最小，即样本矩之间的加权距离最小时，可以求得参数的一致估计量。很显然，如果样本量过小，样本矩不能代表总体矩，估计的参数是无效的，因此，只有在大样本情况下，才可以使用广义矩估计法进行参数估计。

第四节　一元线性回归模型的统计检验

对于经典的线性回归模型，利用样本观测数据求出参数的最小二乘估计值，建立样本回

归模型之后，还需要对模型进行检验，只有经过检验证明是正确的线性回归模型估计式，才能用于经济分析。

一、模型估计式检验的必要性

1. 模型中解释变量选择的正确性需要证明

关于线性回归模型中解释变量的选择，一般是研究者根据某些经济理论的说明或经济活动实践经验进行确定的，因此解释变量的选择实际上带有一定的主观随意性。鉴于此，对于具体的研究对象，模型中究竟应当包含哪些解释变量、多少个解释变量，最终都是由研究者进行综合分析、判断加以决定，因此解释变量的选择就会存在偏差。而解释变量的选择对模型设定的正确性影响较大，必须对解释变量作出评价。

2. 模型函数关系的正确性需要证明

线性回归模型的函数形式一般都是依据经济理论和实际经验加以确定的。在实际的研究工作中，经济理论仍然只能提供指导原则，而实际经验又不能直接套用，变量之间具体的函数形式最终还得由研究者自己决定。由于研究者对研究对象内在规律的认识与把握、数学抽象能力等的差异，模型函数关系的确定也有可能出现偏差。函数关系决定经济变量之间数量依存关系的内在本质，对于其选择的正确性必须加以检验。

3. 模型估计的可靠性需要证明

线性回归模型的估计式来源于样本，而不是直接来源于真实总体。用样本估计式来推断总体关系，本身就会存在一定的误差。加之模型函数形式的确定、变量的选择均存在发生偏差的风险，必然造成模型估计式对经济变量之间内在数量依存关系的偏离。因此，对模型估计式的可靠性和稳定性进行检验和评价便显得较为重要。

二、模型参数估计值的经济意义检验

模型参数估计值的经济意义检验，是对模型参数估计值在理论上能否成立进行判断。经济意义检验又称符号检验，依据模型参数估计值的符号及取值大小，评判其是否符合经济理论的规定或社会经济实践的常规。

如果模型参数估计值的符号和大小都符合经济理论的规定或社会经济实践的常规，表明它在理论上有依据或在实践中能够被检验；如果模型参数估计值的符号和大小不符合经济理论额规定或违背经济实践的常规，表明它缺乏理论依据和实践证明，不能成立。没有理论依据又不能被经济活动实践证明的模型参数估计值，在一般情况下是不正确的，不应该被接受。

因此，对模型估计式的检验，首先应进行参数估计值的经济意义检验。经济意义检验不合格的模型估计式应当被放弃，参数估计值的经济意义合理的模型估计式才有必要进行其他方面的检验。

三、拟合优度检验

拟合优度检验，是检验模型对样本观测值的拟合程度。如果样本观测值都落在回归直线上，则称为完全拟合。在计量经济学中，拟合优度是在总变量差分解的基础上确定样本决定系数或可决系数去度量的。

1. *总离差平方和的分解*

由一组样本观测值（X_i, Y_i）($i=1$，2，…，n）得到如下样本回归直线：

$$\hat{Y}_i = \hat{\beta}_0 + \hat{\beta}_1 X_i \tag{1.20}$$

Y 的第 i 个观测值与样本均值的离差为

$$y_i = Y_i - \bar{Y} = (Y_i - \hat{Y}_i) + (\hat{Y}_i - \bar{Y}) = e_i + \hat{y}_i \tag{1.21}$$

其中，$y_i = Y_i - \bar{Y}$ 是样本回归直线理论值与观测值的平均值之差，可认为是由回归直线解释的部分；$e_i = Y_i - \hat{Y}_i$ 是实际观测值与回归拟合值之差，是回归直线不能解释的部分。显然，如果 Y_i 落在样本回归直线上，则 Y 的第 i 个观测值与样本均值的离差全部来自样本回归拟合值与样本均值的离差，即完全可由样本回归直线解释，表明在该点处实现完全拟合。

对于所有样本点，则需要考虑这些点与样本均值离差的平均和。由于 $\sum y_i^2 = \sum \hat{y}_i^2 + \sum e_i^2 + 2\sum \hat{y}_i e_i$，可证明 $\sum \hat{y}_i e_i = 0$，所以有

$$\sum y_i^2 = \sum \hat{y}_i^2 + \sum e_i^2 \tag{1.22}$$

记 $\sum y_i^2 = \sum (Y_i - \bar{Y})^2 = \text{TSS}$，称为总离差平方和，反映样本观测值总体离差的大小；记 $\sum \hat{y}_i^2 = \sum (\hat{Y}_i - \bar{Y})^2 = \text{ESS}$，称为回归平方和，反映由模型中解释变量所解释的那部分离差的大小；记 $\sum e_i^2 = \sum (Y_i - \hat{Y}_i)^2 = \text{RSS}$，称为残差平方和，反映样本观测值 u 相对估计值偏离的大小，也是模型中解释变量未解释的那部分离差的大小。

式（1.22）表明 Y 的观测值围绕其均值的总离差平方和分解为两部分：一部分来自回归直线，另一部分来自随机势力。因此，可用来自回归直线的回归平方和占 Y 的总离差平方和的比例来判断样本回归直线与样本观测值的拟合优度。

2. *可决系数* R^2

根据上述关系，记 $R^2 = \frac{\text{ESS}}{\text{TSS}} = 1 - \frac{\text{RSS}}{\text{TSS}}$，$R^2$ 可以用来检验模型的拟合优度，称 R^2 为可决系数。显然，在总离差平方和中，回归平方和所占的比重越大，残差平方和所占的比重越小，回归直线与样本点拟合得越好。如果模型与样本观测值完全拟合，则有 $R^2 = 1$。该统计量越接近 1，模型的拟合优度越高。

实际计算可决系数时，在 $\hat{\beta}_1$ 已经有估计值后，一个较为简单的计算公式为

$$R^2 = \hat{\beta}_1^2 \left(\frac{\sum x_i^2}{\sum y_i^2} \right) \tag{1.23}$$

由此得到回归平方和：

$$\text{ESS} = \sum \hat{y}_i^2 = \sum (\hat{\beta}_1 x_i)^2 = \hat{\beta}_1^2 \sum x_i^2 \tag{1.24}$$

可决系数的取值范围为 $0 \leqslant R^2 \leqslant 1$，它是一个非负的统计量，随着抽样的不同而不同，

即随抽样而变动的统计量。为此，对可决系数的统计可靠性也应该进行检验。

四、变量的显著性检验

变量的显著性检验，旨在对模型中被解释变量与解释变量之间的线性关系是否显著成立作出推断，或者说考察所选择的解释变量是否对被解释变量有显著的线性影响。变量的显著性检验所应用的方法为数理统计学中的假设检验。

1. 假设检验

所谓假设检验就是先假设再检验，它是统计推断的一个主要内容，它的基本任务是根据样本所提供的信息，对未知总体分布的某些方面的假设作出合理的判断。

假设检验的基本思路是首先对总体参数值提出假设，然后利用样本提供的信息验证先前提出的假设是否成立。如果样本数据不能够充分证明和支持假设的成立，则在一定的概率条件下，应拒绝该假设；相反，如果样本数据不能够充分证明和支持假设是不成立的，则不能推翻假设成立的合理性和真实性。

假设检验的基本思路：在某种原假设成立的条件下，利用适当的统计量和给定的显著性水平，构造一个小概率事件，可以认为小概率事件在一次观察中基本不会发生，如果该事件竟然发生，就认为原假设不真，从而拒绝原假设，接受备择假设。

假设检验的基本思想是概率性质的反证法。为了检验原假设 H_0 是否正确，先假定这个假设是正确的，看由此能推出什么结构。如果原假设导致一个不合理的结果，则表明“假设 H_0 为正确”是错误的，即假设 H_0 不正确，因此拒绝原假设 H_0。如果原假设没有导致一个不合理现象的出现，则不能认为原假设 H_0 不正确，因此不能拒绝原假设 H_0。

综上所述，假设检验的大致步骤如下：

（1）根据实际问题的要求，提出原假设 H_0 和备择假设 H_1。

（2）根据 H_0 的内容，选取适当的检验统计量，并确定检验统计量的分布。

（3）根据样本观测值计算检验统计量的值。

（4）在给定的显著性水平 α（$0<\alpha<1$）下，查所选检验统计量服从的分布表，确定临界值。

（5）确定拒绝域并作出拒绝还是接受 H_0 的统计判断。

2. 变量的显著性检验的方法

用来进行变量显著性检验的方法主要有3种：F 检验、t 检验、z 检验。它们的区别在于构造的统计量不同。应用最为普遍的是 t 检验。

对于一元线性回归方程中的 $\hat{\beta}_1$，已经知道它服从正态分布

$$\beta_1 \sim N\left(\beta_1, \frac{\sigma^2}{\sum x^2}\right) \tag{1.25}$$

进一步根据数理统计学中的定义，如果真实的 σ^2 未知，而用它的无偏估计量 $\hat{\sigma}^2 = \frac{\sum e_i^2}{n-2}$ 替代时，可构造如下统计量：

$$t=\frac{\hat{\beta}_1-\beta_1}{\sqrt{\frac{\hat{\sigma}^2}{\sum x_i^2}}}=\frac{\hat{\beta}_1-\beta_1}{S_{\hat{\beta}_1}} \tag{1.26}$$

则该统计量服从自由度为 $n-2$ 的 t 分布。因此，可用该统计量作为 β_1 显著性检验的 t 统计量。

如果变量 X 是显著的，那么参数 β_1 应该显著地不为0，于是，在变量显著性检验中设计的原假设与备择假设分别为

$$H_0: \beta_1=0, H_1: \beta_1 \neq 0 \tag{1.27}$$

给定一个显著性水平 α，比如0.05，查 t 分布表（见附录），得到一个临界值 $t_{\frac{\alpha}{2}}(n-2)$，则 $|t|>t_{\frac{\alpha}{2}}(n-2)$ 为原假设 H_0 下的一个小概率事件。

在参数估计完成后，可以很容易计算 t 的数值。如果发生了 $|t|>t_{\frac{\alpha}{2}}(n-2)$，则在 α 的显著性水平下拒绝原假设 H_0，即变量 X 是显著的，通过变量显著性检验；如果未发生 $|t|>t_{\frac{\alpha}{2}}(n-2)$，则在显著性水平 α 下不拒绝原假设 H_0，表明变量 X 是不显著的，未通过变量显著性检验。

对于一元线性回归方程中的 β_0，可构造如下 t 统计量进行显著性检验：

$$t=\frac{\hat{\beta}_0-\beta_0}{\sqrt{\frac{\hat{\sigma}^2\sum x_i^2}{n\sum x_i^2}}}=\frac{\hat{\beta}_0-\beta_0}{S_{\hat{\beta}_0}} \tag{1.28}$$

同样地，该统计量服从自由度为 $n-2$ 的 t 分布，检验的原假设一般仍为 $\beta_0=0$。

五、参数估计的置信区间

假设检验可以通过一次抽样的结果检验总体参数可能值的范围，但它并没有指出在一次抽样中样本参数值到底离总体参数的真值有多“近”。要判断估计的参数值 $\hat{\beta}_j$ 离真实的参数值 β_j 有多“近”（$j=0$，1），可预先选择一个概率 $\alpha(0<\alpha<1)$，并求一个正数 δ，使随机区间（$\hat{\beta}_j-\delta$，$\hat{\beta}_j+\delta$）包含参数 β_j 的真值的概率为 $1-\alpha$，即

$$P(\hat{\beta}_j-\delta \leqslant \beta_j \leqslant \hat{\beta}_j+\delta)=1-\alpha \tag{1.29}$$

如果存在一个上述区间，称之为置信区间；$1-\alpha$ 称为置信系数（置信度），α 称为显著性水平；置信区间的端点称为置信限或临界值。

在变量的显著性检验中已经知道 $t=\frac{\hat{\beta}_i-\beta_j}{S_{\hat{\beta}_j}} \sim t\ (n-2)$（$j=0$，1），这就是说，如果给定置信度 $1-\alpha$，从 t 分布表中查得自由度为 $n-2$ 的临界值 $t_{\frac{\alpha}{2}}$，那么 t 值处在（$-t_{\frac{\alpha}{2}}$，$t_{\frac{\alpha}{2}}$）的概率是 $1-\alpha$，表示为 $P(-t_{\frac{\alpha}{2}}<t<t_{\frac{\alpha}{2}})=1-\alpha$，$P(\hat{\beta}_j-t_{\frac{\alpha}{2}}\times S_{\hat{\beta}_j}<\beta_j<\hat{\beta}_j+t_{\frac{\alpha}{2}}\times S_{\hat{\beta}_j})=1-\alpha$，于是得到在 $1-\alpha$ 的置信度下 β_j 的置信区间是（$\hat{\beta}_j-t_{\frac{\alpha}{2}}\times S_{\hat{\beta}_j}$，$\hat{\beta}_j+t_{\frac{\alpha}{2}}\times S_{\hat{\beta}_j}$）。

由于置信区间在一定程度上给出了样本参数估计值与总体参数真值的“接近”程度，因此置信区间越小越好。缩小置信区间的方法如下：

（1）增加样本容量 n。样本容量变大，可使样本参数估计量的标准差缩小；同时，在同样的显著性水平下，n 越大，t 分布表中的临界值越小。

（2）提高模型的拟合优度。因为样本参数估计量的标准差与残差平方和成正比，模型的拟合优度越高，残差平方和应越小。

第五节　一元线性回归分析的应用：预测

经济预测是计量经济学模型的重要应用之一，因此，对于一元线性回归模型

$$\hat{Y}_i = \hat{\beta}_0 + \hat{\beta}_1 X_i \tag{1.30}$$

如果给定样本意外的解释变量的观测值 X_0，可以得到被解释变量的预测值 $\hat{Y}_0$，可以此作为其条件均值 $E(Y|X=X_0)$ 或个别值 Y 的一个近似估计。

一、预测值是条件均值或个别值的无偏估计

在总体回归函数为 $E(Y|X)=\beta_0+\beta_1 X$ 的情况下，Y 在 $X=X_0$ 时的条件均值为

$$E(Y|X=X_0)=\beta_0+\beta_1 X_0 \tag{1.31}$$

通过样本回归函数 $\hat{Y}=\hat{\beta}_0+\hat{\beta}_1 X_i$，求得 $X=X_0$ 条件下的拟合值为

$$\hat{Y}_0=\hat{\beta}_0+\hat{\beta}_1 X_0 \tag{1.32}$$

根据上式，

$$E(\hat{Y}_0)=E(\hat{\beta}_0+\hat{\beta}_1 X_0)=E(\hat{\beta}_0)+X_0 E(\hat{\beta}_1)=\beta_0+\beta_1 X_0$$

另一方面，在总体回归模型为 $Y=\beta_0+\beta_1 X_0+\mu$ 的情况下，Y 在 $X=X_0$ 条件下的值为

$$Y_0=\beta_0+\beta_1 X_0+\mu \tag{1.33}$$

根据上式，

$$E(Y_0)=E(\beta_0+\beta_1 X_0+\mu)=\beta_0+\beta_1 X_0+E(\mu)=\beta_0+\beta_1 X_0$$

因此，在 $X=X_0$ 条件下，样本估计值 $\hat{Y}_0$ 是总体均值 $E(Y|X=X_0)$ 和个别值 Y_0 的无偏估计。

例如，对于用例 1.1 样本估计的计量经济学模型为

$$y_i = 37.2270 + 0.5414\, x_i$$

如果预计在预测期家庭可支配收入为 $x_i=370$（百元），利用所估计的模型可计算出在预测期家庭消费支出的平均值为

$$y_i = 37.2270+0.5414\times 370 = 237.5\text{（百元）}$$

这样计算出的 $\hat{y}_i$ 是对 y_i 平均值的点预测。

二、总体条件均值与个别值预测值的置信区间

1. 总体条件均值预测值的置信区间

由于 $\hat{Y}_0=\hat{\beta}_0+\hat{\beta}_1 X_0$，且 $\hat{\beta}_1\sim N\left(\beta_1,\dfrac{\sigma^2}{\sum x_i^2}\right)$，$\hat{\beta}_0\sim N\left(\beta_0,\dfrac{\sum x_i^2}{n\sum x_i^2}\sigma^2\right)$，则

$$E(\hat{Y}_0) = E(\hat{\beta}_0) + X_0E(\hat{\beta}_1) = \beta_0 + \beta_1 X_0 \tag{1.34}$$

$$\mathrm{Var}(\hat{Y}_0) = \mathrm{Var}(\hat{\beta}_0) + 2X_0\mathrm{Cov}(\hat{\beta}_0,\hat{\beta}_1) + X_0^2\mathrm{Var}(\hat{\beta}_1) \tag{1.35}$$

$$\mathrm{Cov}(\hat{\beta}_0,\hat{\beta}_1) = \frac{-\sigma^2 \bar{X}}{\sum x_i^2} \tag{1.36}$$

因此 $\mathrm{Var}(\hat{Y}_0) = \sigma^2\left[\frac{1}{n} + \frac{(X_0 - \bar{X})^2}{\sum x_i^2}\right]$，故 $\hat{Y}_0 \sim N\left\{\beta_0 + \beta_1 X_0, \sigma^2\left[\frac{1}{n} + \frac{(X_0 - \bar{X})^2}{\sum x_i^2}\right]\right\}$。将未知的 σ^2 代替它的无偏估计量 $\hat{\sigma}^2$，则可构造 t 统计量：

$$t = \frac{\hat{Y}_0 - (\beta_0 + \beta_1 X_0)}{S_{\hat{Y}_0}} \sim t(n-2) \tag{1.37}$$

其中 $S_{\hat{Y}_0} = \sqrt{\hat{\sigma}^2\left[\frac{1}{n} + \frac{(X_0 - \bar{X})^2}{\sum x_i^2}\right]}$。

于是，在 $1-\alpha$ 的置信度下，总体均值 $E(Y|X_0)$ 的置信区间为

$$\hat{Y}_0 - t_{\frac{\alpha}{2}} \times S_{\hat{Y}_0} < E(Y|X_0) < \hat{Y}_0 + t_{\frac{\alpha}{2}} \times S_{\hat{Y}_0} \tag{1.38}$$

例如，当给定 $\alpha = 0.05$ 时，对于例 1.3.1 所估计的模型 $\hat{y}_i = 37.227 + 0.5414x_i$，查 t 分布表得 $t_{0.025}(8) = 2.306$。当预计 $x_i = 370$(百万) 时可得预测期消费支出平均值为

$$E(y_i) = 237.5 \pm 2.306 \times 7.2865 \times \sqrt{\frac{1}{10} + \frac{(370-195)^2}{74\,250}} = 237.5 \pm 12.0289$$

也就是说，当预测期可支配收入为370(百元)时，家庭消费支出的置信度为95%的置信区间为［225.198 1，249.528 9］(百元)。

2. 总体个别值预测值的置信区间

由 $Y_0 = \beta_0 + \beta_1 X_0 + \mu$, 知 $Y_0 \sim N(\beta_0 + \beta_1 X_0, \sigma^2)$，于是有 $\hat{Y}_0 - Y_0 \sim N\left\{0, \sigma^2\left[1 + \frac{1}{n} + \frac{(X_0 - \bar{X})^2}{\sum x_i^2}\right]\right\}$。

将未知的 σ^2 代替它的无偏估计量 $\hat{\sigma}^2$，则可构造 t 统计量：

$$t = \frac{\hat{Y}_0 - Y_0}{S_{\hat{Y}_0 - Y_0}} \sim t(n-2) \tag{1.39}$$

其中

$$S_{\hat{Y}_0 - Y_0} = \sqrt{\sigma^2\left[1 + \frac{1}{n} + \frac{(X_0 - X)^2}{\sum x_i^2}\right]}$$

从而在 $1-\alpha$ 的置信度下，Y_0 的置信区间为

$$\hat{Y}_0 - t_{\frac{\alpha}{2}} \times S_{\hat{Y}_0 - Y_0} < Y_0 < \hat{Y}_0 + t_{\frac{\alpha}{2}} \times S_{\hat{Y}_0 - Y_0} \tag{1.40}$$

影响置信区间大小的因素有 4 个：

(1) 随机干扰项 μ_i 的方差或者标准差 S. E = $\hat{\sigma}$ 的大小。这是随机影响因素，由总体决定。$\hat{\sigma}$ 越小，说明预测精度越高。

(2) 样本容量 n 的大小。当 n 变大，$E(y_i)$ 和 y_i 的置信区间就将减小。当 n 趋向于无穷大时，分母 $\sum(x_i-\bar{x})^2$ 也就趋向于无穷大，而分子 $(x_i-\bar{x})^2$ 是有限的，因此 $E(y_i)$ 的置信区间将与样本回归直线重合，y_i 的置信区间也将变得更小，预测误差将达到最小值。样本容量越大，预测越准确，预测精度越高。

(3) $\sum(x_i-\bar{x})^2$ 的大小。$\sum(x_i-\bar{x})^2$ 的数值越大，说明抽取样本的取值范围越大。从大范围获得的样本能够更准确地反映总体，因此预测误差将减小。$\sum(x_i-\bar{x})^2$ 越大，预测精度越高。

(4) $(x_i-\bar{x})^2$ 的大小。预测点 x_i 离平均值 $\bar{x}$ 越远，预测所依据的信息越不充分，因此预测误差越大。因为预测的信息来自样本，接近样本中心（$\bar{x}$,$\bar{y}$）点信息充分。这个特点表明回归分析不适于长期预测，否则预测误差会变大。

要减少外推带来的预测误差明显变大的危险，应该从尽可能大的范围选取样本，并注意样本观测值是否表现出非线性关系，是否还有其他影响因素。修改回归模型可使其更好地反映真实总体。

本章练习题

1. 为什么要对回归模型设定经典假设条件？

2. 什么是随机干扰项？影响随机干扰项的主要因素有哪些？

3. 为什么要进行显著性检验？说明显著性检验的过程。

4. 假设已经得到关系式 $Y=\beta_0+\beta_1X$ 的最小二乘估计，试回答：

(1) 假设决定把变量 X 的单位扩大 10 倍，这样对原回归直线的斜率和截距有什么样的影响？如果把变量 Y 的单位扩大 10 倍，又会怎样？

(2) 假定给 X 的每个观测值都增加 2，对原回归直线的斜率和截距有什么样的影响？如果给 Y 的每个观测值都增加 2，又会怎样？

5. 假设王先生估计的消费函数用模型 $C_i=\beta_0+\beta_1y_i+\mu_i$ 表示，其中 C 表示消费支出，y 表示收入，获得如下结果：

$$\hat{C}_i = 15 + 0.81y_i$$
$$t = (3.1)(18.7)$$
$$R^2 = 0.98n = 19$$

回答下列问题：

(1) 利用 t 值检验假设：H_0：$\beta_1=0$（取显著性水平 $\alpha=0.05$）；

(2) 确定参数估计量的标准方差；

(3) 构造 β_1 的 95% 置信区间，这个区间包括零吗？

第二章

多元线性回归模型

本章从多元线性回归模型的相关概念、假定条件以及与一元线性回归模型的区别出发，介绍普通最小二乘法在多元线性回归模型中的应用以及估计参数的统计性质、多元线性回归方程拟合优度检验、方程和参数的显著性检验；通过案例分析多元线性回归中计量经济学软件 EViews 的操作程序及其在多元线性回归模型中的具体应用。

本章学习目标：

(1) 理解多元线性回归模型的基本概念和基本假定；

(2) 掌握多元线性回归模型参数估计方法和性质；

(3) 掌握多元线性回归模型统计检验方法；

(4) 掌握多元线性回归模型的点预测和区间预测方法。

第一节　多元线性回归模型及其基本假定

一元线性回归模型所研究的是经济现象（经济变量）受一个因素的影响，总体回归函数被设定为一元线性形式。但事实上，社会中许多经济现象往往受到多个因素的影响，研究被解释变量受多个解释变量的影响，就要利用多元回归模型。

在计量经济学中，如果总体回归函数描述了一个被解释变量与多个解释变量（两个以上）之间的线性关系，由此设定的回归模型就称为多元线性回归模型，在此基础上进行的回归分析为多元线性回归分析。

一、多元线性回归模型

多元线性回归模型与一元线性回归模型基本类似，只不过解释变量由一个增加到两个以上，被解释变量 Y 与多个解释变量 X_1，X_2，…，X_k 之间存在线性关系。

假定被解释变量 Y 与多个解释变量 X_1，X_2，…，X_k 之间具有线性关系，是解释变量的多元线性函数，则称为多元线性回归模型，即

$$Y=\beta_0+\beta_1X_1+\beta_2X_2+\cdots+\beta_kX_k+u \tag{2.1}$$

其中 Y 为被解释变量；$X_j(j=1,2,\cdots,k)$ 为 k 个解释变量；$\beta_j(j=0,1,\cdots,k)$ 为 $k+1$ 个未知参数；μ 为随机误差项。

被解释变量 Y 的期望值与解释变量 $X_1,X_2,\cdots,X_k$ 的线性方程

$$E(Y)=\beta_0+\beta_1X_1+\beta_2X_2+\cdots+\beta_kX_k \tag{2.2}$$

称为多元总体线性回归方程，简称总体回归方程。

对于 n 组观测值 $Y_i,X_{1i},X_{2i},\cdots,X_{ki}(i=1,2,\cdots,n)$，其方程组形式为

$$Y_i=\beta_0+\beta_1X_{1i}+\beta_2x_{2i}+\cdots+\beta_kX_{ki}+u_i(i=1,2,\cdots,n) \tag{2.3}$$

即

$$\begin{cases}Y_1=\beta_0+\beta_1X_{11}+\beta_2X_{21}+\cdots+\beta_kX_{k1}+u_1\\Y_2=\beta_0+\beta_1X_{12}+\beta_2X_{22}+\cdots+\beta_kX_{k2}+u_2\\\cdots\\Y_n=\beta_0+\beta_1X_{1n}+\beta_2X_{2n}+\cdots+\beta_kX_{kn}+u_n\end{cases}$$

其矩阵形式为

$$\begin{bmatrix}Y_1\\Y_2\\\vdots\\Y_n\end{bmatrix}=\begin{bmatrix}1&X_{11}&X_{21}&\cdots&X_{k1}\\1&X_{12}&X_{22}&\cdots&X_{k2}\\\vdots&\vdots&\vdots&\vdots&\vdots\\1&X_{1n}&X_{2n}&\cdots&X_{kn}\end{bmatrix}\begin{bmatrix}\beta_0\\\beta_1\\\beta_2\\\vdots\\\beta_k\end{bmatrix}+\begin{bmatrix}\mu_1\\\mu_2\\\vdots\\\mu_n\end{bmatrix}$$

即

$$\boldsymbol{Y}=\boldsymbol{X\beta}+\boldsymbol{U} \tag{2.4}$$

其中

$\boldsymbol{Y}=\begin{bmatrix}Y_1\\Y_2\\\vdots\\Y_n\end{bmatrix}$为被解释变量的观测值向量；$\boldsymbol{X}=\begin{bmatrix}1&X_{11}&X_{21}&\cdots&X_{k1}\\1&X_{12}&X_{22}&\cdots&X_{k2}\\\vdots&\vdots&\vdots&\vdots&\vdots\\1&X_{1n}&X_{2n}&\cdots&X_{kn}\end{bmatrix}$为解释变量的观测值矩阵；$\boldsymbol{\beta}=\begin{bmatrix}\beta_0\\\beta_1\\\beta_2\\\vdots\\\beta_k\end{bmatrix}$为总体回归参数向量；$\boldsymbol{U}=\begin{bmatrix}u_1\\u_2\\\vdots\\u_n\end{bmatrix}$为随机误差项向量。

总体回归方程表示为

$$E(\boldsymbol{Y})=\boldsymbol{X\beta} \tag{2.5}$$

与一元线性回归分析一样，多元线性回归分析仍是根据观测样本估计模型中的各个参数，对估计参数及回归方程进行统计检验，从而利用回归模型进行经济预测和分析。多元线性回归模型包含多个解释变量，多个解释变量同时对被解释变量 $\boldsymbol{Y}$ 发生作用，若要考察其中一个解释变量对 $\boldsymbol{Y}$ 的影响，就必须假设其他解释变量保持不变来进行分析。因此多元线

性回归模型中的回归系数为偏回归系数，即反映了当模型中的其他变量不变时，其中一个解释变量对被解释变量 Y 的均值的影响。

由于参数 β_0，β_1，β_2，…，β_k 都是未知的，可以利用样本观测值 Y_i，X_{1i}，X_{2i}，…，X_{ki}（$i=1$，2，…，n）对它们进行估计。若计算得到的参数估计值为 $\hat{\beta}_0$，$\hat{\beta}_1$，$\hat{\beta}_2$，…，$\hat{\beta}_k$，用参数估计值替代总体回归函数的未知参数 β_0，β_1，β_2，…，β_k，则得多元线性样本回归方程

$$\hat{Y}_i=\hat{\beta}_0+\hat{\beta}_1X_{1i}+\hat{\beta}_2X_{2i}+\cdots+\hat{\beta}_kX_{ki}\quad(i=1,2,\cdots,n)\tag{2.6}$$

其中 $\hat{\beta}_0$，$\hat{\beta}_1$，$\hat{\beta}_2$，…，$\hat{\beta}_k$ 为参数估计值；$\hat{Y}_i$（$i=1$，2，…，n）为样本估计值或样本回归值。

其矩阵表达形式为

$$\hat{\boldsymbol{Y}}=\boldsymbol{X}\hat{\boldsymbol{\beta}}\tag{2.7}$$

其中 $\hat{\boldsymbol{Y}}=\begin{bmatrix}\hat{Y}_1\\\hat{Y}_2\\\vdots\\\hat{Y}_n\end{bmatrix}$ 为被解释变量样本观测值向量 $\boldsymbol{Y}$ 的 $n\times1$ 阶拟合值列向量；$\boldsymbol{X}=\begin{bmatrix}1&X_{11}&X_{21}&\cdots&X_{k1}\\1&X_{12}&X_{22}&\cdots&X_{k2}\\\vdots&\vdots&\vdots&\vdots&\vdots\\1&X_{1n}&X_{2n}&\cdots&X_{kn}\end{bmatrix}$ 为解释变量 X 的 $n\times(k+1)$ 阶样本观测值矩阵；$\hat{\boldsymbol{\beta}}=\begin{bmatrix}\hat{\beta}_0\\\hat{\beta}_1\\\hat{\beta}_2\\\vdots\\\hat{\beta}_k\end{bmatrix}$ 为未知参数向量 $\boldsymbol{\beta}$ 的 $(k+1)\times1$ 阶估计值列向量。

样本回归方程得到的被解释变量估计值 $\hat{Y}_i$ 与实际观测值 Y_i 之间的偏差称为残差 e_i，即

$$e_i=Y_i-\hat{Y}_i=Y_i-(\hat{\beta}_0+\hat{\beta}_1X_{1i}+\hat{\beta}_2X_{2i}+\cdots+\hat{\beta}_kX_{ki})\,(i=1,2,\cdots,n)\tag{2.8}$$

二、多元线性回归模型的基本假定

与一元线性回归模型相同，多元线性回归模型利用普通最小二乘法对参数进行估计时，有如下基本假定：

假定 1 随机误差项的期望或均值为零，即 $E(\mu_i)=0$（$i=1$，2，…，n）。

用矩阵形式表示为

$$E(\boldsymbol{U})=E\begin{bmatrix}\mu_1\\\mu_2\\\vdots\\\mu_n\end{bmatrix}=\begin{bmatrix}E(\mu_1)\\E(\mu_2)\\\vdots\\E(\mu_n)\end{bmatrix}=\begin{bmatrix}0\\0\\\vdots\\0\end{bmatrix}\tag{2.9}$$

假定 2 随机误差项方差相同（μ 的方差为同一常数）

$$\mathrm{Var}(\mu_i)=E(\mu_i^2)=\sigma^2\quad(i=1,2,\cdots,n)\tag{2.10}$$

假定3　随机误差项无序列相关性

$$\mathrm{Cov}(u_i,u_j)=E(u_iu_j)=0 \quad (i\neq j;i,j=1,2,\cdots,n) \tag{2.11}$$

也就是说，随机误差项的方差－协方差矩阵为

$$\mathrm{Var}(\boldsymbol{U})=E[(\boldsymbol{U}-E\boldsymbol{U})(\boldsymbol{U}-E\boldsymbol{U})^{\mathrm{T}}]=E(\boldsymbol{U}\boldsymbol{U}^{\mathrm{T}})$$

$$=\begin{bmatrix} E(\mu_1\mu_1) & E(\mu_1\mu_2) & \cdots & E(\mu_1\mu_n) \\ E(\mu_2\mu_1) & E(\mu_2\mu_2) & \cdots & E(\mu_2\mu_n) \\ \vdots & \vdots & \cdots & \vdots \\ E(\mu_n\mu_1) & E(\mu_n\mu_2) & \cdots & E(\mu_n\mu_n) \end{bmatrix}$$

$$=\begin{bmatrix} \sigma^2 & 0 & \cdots & 0 \\ 0 & \sigma^2 & \cdots & 0 \\ \cdots & \cdots & \cdots & \cdots \\ 0 & 0 & \cdots & \sigma^2 \end{bmatrix}$$

即 $\mathrm{Var}(\boldsymbol{U})=\sigma^2\boldsymbol{I}_n$，其中 $\boldsymbol{I}_n$ 为 n 阶单位阵。

假定4　随机误差项与解释变量不相关。

$$\mathrm{Cov}(X_{ji},\mu_i)=0 \quad (j=1,2,\cdots,k;i=1,2,\cdots,n) \tag{2.12}$$

假定5　解释变量之间不存在多重共线性，即各解释变量的样本观测值之间线性无关，解释变量的样本观测值矩阵 $\boldsymbol{X}$ 列满秩为参数个数 $k+1$，从而保证参数 β_0，β_1，β_2，…，β_k 的估计值唯一。

$$\mathrm{r}(\boldsymbol{X})=k+1\leqslant n \tag{2.13}$$

此时，方阵 $\boldsymbol{X}^{\mathrm{T}}\boldsymbol{X}$ 满秩：

$$\mathrm{r}(\boldsymbol{X}^{\mathrm{T}}\boldsymbol{X})=k+1$$

从而 $\boldsymbol{X}^{\mathrm{T}}\boldsymbol{X}$ 可逆，$(\boldsymbol{X}'\boldsymbol{X})^{-1}$存在。

假定6　随机误差项 μ_i 服从均值为零、方差为 σ^2 的正态分布。

$$\mu_i\sim N(0,\sigma^2) \tag{2.14}$$

上述这些假定称为多元线性回归模型的基本假定。在实际经济问题中，这些假定有时可能并不成立。如何识别这些假定是否满足，以及假定不成立时如何进行参数估计和检验，将在后面几章中讨论。

第二节　多元线性回归模型的参数估计及统计性质

在对模型作出基本假定的基础上，即可对多元线性回归模型的参数加以估计，并分析参数估计式的统计性质。

一、多元线性回归参数的最小二乘估计

与简单线性回归模型参数的估计类似，多元线性回归模型也需要用样本信息建立的样本回归函数尽可能“接近”地去估计总体回归函数。按最小二乘准则，采用使估计的剩余平方和最小的原则去确定样本回归函数。

随机抽取 n 组样本观测值 Y_i，X_{1i}，X_{2i}，…，X_{ki}（$i=1$，2，…，n），如果样本函数的参数估计值已经得到，则有

$$\hat{Y}_i=\hat{\beta}_0+\hat{\beta}_1X_{1i}+\hat{\beta}_2X_{2i}+\cdots+\hat{\beta}_kX_{ki}\quad(i=1,2,\cdots,n) \tag{2.15}$$

根据最小二乘原理，参数估计值应使

$$\begin{aligned}Q&=\sum_{i=1}^{n}(e_i)^2\sum_{i=1}^{n}(Y_i-\hat{Y}_i)^2\\&=\sum_{i=1}^{n}[Y_i-(\hat{\beta}_0+\hat{\beta}_1X_{1i}+\hat{\beta}_2X_{2i}+\cdots+\hat{\beta}_kX_{ki})]^2\end{aligned} \tag{2.16}$$

达到最小。由微积分知识可知，只需求 Q 关于待估参数 $\hat{\beta}_j$（$j=0$，1，…，k）的偏导数，并令其值为零，就可得到待估参数估计值的正规方程组：

$$\begin{cases}\sum(\hat{\beta}_0+\hat{\beta}_1X_{1i}+\hat{\beta}_2X_{2i}+\cdots+\hat{\beta}_kX_{ki})=\sum Y_i\\\sum(\hat{\beta}_0+\hat{\beta}_1X_{1i}+\hat{\beta}_2X_{2i}+\cdots+\hat{\beta}_kX_{ki})X_{1i}=\sum Y_iX_{1i}\\\sum(\hat{\beta}_0+\hat{\beta}_1X_{1i}+\hat{\beta}_2X_{2i}+\cdots+\hat{\beta}_kX_{ki})X_{2i}=\sum Y_iX_{2i}\\\cdots\\\sum(\hat{\beta}_0+\hat{\beta}_1X_{1i}+\hat{\beta}_2X_{2i}+\cdots+\hat{\beta}_kX_{ki})X_{ki}=\sum Y_iX_{2i}\end{cases} \tag{2.17}$$

解这 $k+1$ 个方程组成的线性代数方程组，即可得到 $k+1$ 个待估参数的估计值 $\hat{\beta}_j$（$j=0$，1，…，k）。

式（2.17）的矩阵形式如下：

$$\begin{bmatrix}n&\sum X_{1i}&\cdots&\sum X_{ki}\\\sum X_{1i}&\sum X_{1i}^2&\cdots&\sum X_{1i}X_{ki}\\\vdots&\vdots&\vdots&\vdots\\\sum X_{ki}&\sum X_{ki}X_{1i}&\cdots&\sum X_{ki}^2\end{bmatrix}\begin{bmatrix}\hat{\beta}_0\\\hat{\beta}_1\\\vdots\\\hat{\beta}_k\end{bmatrix}=\begin{bmatrix}1&1&\cdots&1\\X_{11}&X_{12}&\cdots&X_{1n}\\\vdots&\vdots&\vdots&\vdots\\X_{k1}&X_{k2}&\cdots&X_{kn}\end{bmatrix}\begin{bmatrix}Y_1\\Y_2\\\vdots\\Y_n\end{bmatrix}$$

即满足等式

$$(\boldsymbol{X}'\boldsymbol{X})\hat{\boldsymbol{\beta}}=\boldsymbol{X}^{\mathrm{T}}\boldsymbol{Y} \tag{2.18}$$

由 $\boldsymbol{X}$ 的列满秩性可得到 $\boldsymbol{X}'\boldsymbol{X}$ 为满秩对称矩阵，故有

$$\hat{\boldsymbol{\beta}}=(\boldsymbol{X}'\boldsymbol{X})^{-1}\boldsymbol{X}^{\mathrm{T}}\boldsymbol{Y} \tag{2.19}$$

根据最小二乘原理，需寻找一组参数估计值 $\hat{\boldsymbol{\beta}}$，使残差平方和

$$Q=\sum_{i=1}^{n}e_i^2=\boldsymbol{e}^{\mathrm{T}}\boldsymbol{e}=(\boldsymbol{Y}-\boldsymbol{X}\hat{\boldsymbol{\beta}})^{\mathrm{T}}(\boldsymbol{Y}-\boldsymbol{X}\hat{\boldsymbol{\beta}})$$

最小，即参数估计值应该是方程组

$$\frac{\partial}{\partial\hat{\boldsymbol{\beta}}}(\boldsymbol{Y}-\boldsymbol{X}\hat{\boldsymbol{\beta}})^{\mathrm{T}}(\boldsymbol{Y}-\boldsymbol{X}\hat{\boldsymbol{\beta}})=\boldsymbol{0}$$

的解。求解过程如下：

$$\frac{\partial}{\partial\hat{\boldsymbol{\beta}}}(\boldsymbol{Y}^{\mathrm{T}}\boldsymbol{Y}-\hat{\boldsymbol{\beta}}^{\mathrm{T}}\boldsymbol{X}^{\mathrm{T}}\boldsymbol{Y}-\boldsymbol{Y}^{\mathrm{T}}\boldsymbol{X}\hat{\boldsymbol{\beta}}+\hat{\boldsymbol{\beta}}^{\mathrm{T}}\boldsymbol{X}^{\mathrm{T}}\boldsymbol{X}\hat{\boldsymbol{\beta}})=\boldsymbol{0}$$

$$\frac{\partial}{\partial \hat{\boldsymbol{\beta}}}(\boldsymbol{Y}^{\mathrm{T}}\boldsymbol{Y}-2\boldsymbol{Y}^{\mathrm{T}}\boldsymbol{X}\hat{\boldsymbol{\beta}}+\hat{\boldsymbol{\beta}}^{\mathrm{T}}\boldsymbol{X}^{\mathrm{T}}\boldsymbol{X}\hat{\boldsymbol{\beta}})=\boldsymbol{0}$$

$$-\boldsymbol{X}^{\mathrm{T}}\boldsymbol{Y}=\boldsymbol{X}^{\mathrm{T}}\boldsymbol{X}\hat{\boldsymbol{\beta}}=\boldsymbol{0}$$

得到

$$\boldsymbol{X}^{\mathrm{T}}\boldsymbol{Y}=\boldsymbol{X}^{\mathrm{T}}\boldsymbol{X}\hat{\boldsymbol{\beta}}$$

于是，参数的最小二乘估计值为

$$\hat{\boldsymbol{\beta}}=(\boldsymbol{X}^{\mathrm{T}}\boldsymbol{X})^{-1}\boldsymbol{X}^{\mathrm{T}}\boldsymbol{Y}$$

对于二元线性回归模型 $Y_i=\hat{\beta}_0+\hat{\beta}_1X_{1i}+\hat{\beta}_2X_{2i}+e_i$，其参数最小二乘估计式的代数表达式为

$$\hat{\beta}_0=Y-\hat{\beta}_1\overline{X}_1-\hat{\beta}_2\overline{X}_2 \tag{2.20}$$

$$\hat{\beta}_1=\frac{\sum x_{1i}y_i\sum x_{2i}^2-\sum x_{2i}y_i\sum x_{1i}x_{2i}}{\sum x_{1i}^2\sum x_{2i}^2-(\sum x_{1i}x_{2i})^2} \tag{2.21}$$

$$\hat{\beta}_2=\frac{\sum x_{2i}y_i\sum x_{1i}^2-\sum x_{1i}y_i\sum x_{1i}x_{2i}}{\sum x_{1i}^2\sum x_{2i}^2-(\sum x_{1i}x_{2i})^2} \tag{2.22}$$

其中，$x_{1i}=X_{1i}-\overline{X}_1$，$x_{2i}=X_{2i}-\overline{X}_2$ 表示观测值的离差式。

二、估计参数的统计性质

从式（2.19）可以看出，参数的最小二乘估计是样本观测值的函数，因此参数估计量是随抽样而变化的随机变量，当将具体的样本观测值代入时，就可得到参数的估计值。类似简单线性回归，在模型基本假定成立的情况下，多元线性回归模型参数的最小二乘估计也具有线性、无偏性与最小方差性等优良性质。

1. 线性

所谓线性，是指最小二乘估计量 $\hat{\boldsymbol{\beta}}$ 是被解释变量的观测值列向量 $\boldsymbol{Y}$ 的线性函数。

令

$$\boldsymbol{A}=(\boldsymbol{X}^{\mathrm{T}}\boldsymbol{X})^{-1}\boldsymbol{X}^{\mathrm{T}} \tag{2.23}$$

则由于 X_1，X_2，…，X_k 是非随机变量，所以矩阵 $\boldsymbol{A}$ 是一个非随机的 $(k+1)\times n$ 阶常数矩阵。根据式（2.19），最小二乘估计量 $\hat{\boldsymbol{\beta}}$ 可以表示为

$$\hat{\boldsymbol{\beta}}=(\boldsymbol{X}^{\mathrm{T}}\boldsymbol{X})^{-1}\boldsymbol{X}^{\mathrm{T}}\boldsymbol{Y}=\boldsymbol{A}\boldsymbol{Y} \tag{2.24}$$

这就说明了 $\hat{\boldsymbol{\beta}}$ 是 $\boldsymbol{Y}$ 的线性函数。

2. 无偏性

无偏性即尽管参数估计量 $\hat{\beta}_i$ 会随样本变化取不同的值，但其期望等于总体参数真值 β_i。

由于

$$\begin{aligned}\hat{\boldsymbol{\beta}}&=(\boldsymbol{X}^{\mathrm{T}}\boldsymbol{X})^{-1}\boldsymbol{X}^{\mathrm{T}}\boldsymbol{Y}=(\boldsymbol{X}^{\mathrm{T}}\boldsymbol{X})^{-1}\boldsymbol{X}^{\mathrm{T}}(\boldsymbol{X}\boldsymbol{\beta}+\boldsymbol{U})\\&=\boldsymbol{\beta}+(\boldsymbol{X}^{\mathrm{T}}\boldsymbol{X})^{-1}\boldsymbol{X}^{\mathrm{T}}\boldsymbol{U}\end{aligned} \tag{2.25}$$

两边取期望得

$$E(\hat{\boldsymbol{\beta}})=E[(\boldsymbol{X}^{\mathrm{T}}\boldsymbol{X})^{-1}\boldsymbol{X}^{\mathrm{T}}\boldsymbol{Y}]=\boldsymbol{\beta}+(\boldsymbol{X}^{\mathrm{T}}\boldsymbol{X})^{-1}\boldsymbol{X}^{\mathrm{T}}E(\boldsymbol{U})=\boldsymbol{\beta} \tag{2.26}$$

这里利用了随机误差项期望为零的基本假定和解释变量与随机误差项之间彼此不相关的基本假定。

3. 最小方差性（有效性）

首先给出 $\hat{\boldsymbol{\beta}}$ 的方差－协方差矩阵：

$$\begin{aligned}\operatorname{Var}(\hat{\boldsymbol{\beta}})&=E[\hat{\boldsymbol{\beta}}-E(\hat{\boldsymbol{\beta}})][\hat{\boldsymbol{\beta}}-E(\hat{\boldsymbol{\beta}})]^{\mathrm{T}}=E(\hat{\boldsymbol{\beta}}-\boldsymbol{\beta})(\hat{\boldsymbol{\beta}}-\boldsymbol{\beta})^{\mathrm{T}}\\&=E\left(\begin{bmatrix}\hat{\beta}_0-\beta_0\\\hat{\beta}_1-\beta_1\\\vdots\\\hat{\beta}_k-\beta_k\end{bmatrix}(\hat{\beta}_0-\beta_0,\hat{\beta}_1-\beta_1,\cdots,\hat{\beta}_k-\beta_k)\right)\\&=\begin{bmatrix}\operatorname{Var}(\hat{\beta}_0)&\operatorname{Cov}(\hat{\beta}_0,\hat{\beta}_1)&\cdots&\operatorname{Cov}(\hat{\beta}_0,\hat{\beta}_k)\\\operatorname{Cov}(\hat{\beta}_1,\hat{\beta}_0)&\operatorname{Var}(\hat{\beta}_1)&\cdots&\operatorname{Cov}(\hat{\beta}_0,\hat{\beta}_k)\\\vdots&\vdots&\vdots&\vdots\\\operatorname{Cov}(\hat{\beta}_k,\hat{\beta}_0)&\operatorname{Cov}(\hat{\beta}_k,\hat{\beta}_1)&\cdots&\operatorname{Var}(\hat{\beta}_k)\end{bmatrix}\end{aligned} \tag{2.27}$$

这个矩阵主对角线上的元素为 $\hat{\beta}_0$，$\hat{\beta}_1$，$\hat{\beta}_2$，…，$\hat{\beta}_k$ 的方差，副对角线上的元素为它们的协方差。

另一方面，由式（2.25），有

$$\hat{\boldsymbol{\beta}}=\boldsymbol{\beta}+(\boldsymbol{X}^{\mathrm{T}}\boldsymbol{X})^{-1}\boldsymbol{X}^{\mathrm{T}}\boldsymbol{U}$$

于是

$$\begin{aligned}\operatorname{Var}(\hat{\boldsymbol{\beta}})&=E[\hat{\boldsymbol{\beta}}-E(\hat{\boldsymbol{\beta}})][\hat{\boldsymbol{\beta}}-E(\hat{\boldsymbol{\beta}})]^{\mathrm{T}}\\&=E[(\boldsymbol{X}^{\mathrm{T}}\boldsymbol{X})^{-1}\boldsymbol{X}^{\mathrm{T}}\boldsymbol{U}][(\boldsymbol{X}'\boldsymbol{X})^{-1}\boldsymbol{X}^{\mathrm{T}}\boldsymbol{U}]^{\mathrm{T}}\\&=E[(\boldsymbol{X}^{\mathrm{T}}\boldsymbol{X})^{-1}\boldsymbol{X}^{\mathrm{T}}\boldsymbol{U}\boldsymbol{U}^{\mathrm{T}}\boldsymbol{X}(\boldsymbol{X}^{\mathrm{T}}\boldsymbol{X})^{-1}]\\&=(\boldsymbol{X}^{\mathrm{T}}\boldsymbol{X})^{-1}\boldsymbol{X}^{\mathrm{T}}[\mathrm{E}(\boldsymbol{U}\boldsymbol{U}^{\mathrm{T}})](\boldsymbol{X}^{\mathrm{T}}\boldsymbol{X})^{-1}\boldsymbol{X}^{\mathrm{T}}\\&=(\boldsymbol{X}^{\mathrm{T}}\boldsymbol{X})^{-1}\boldsymbol{X}^{\mathrm{T}}[\sigma^2\boldsymbol{I}_n]\boldsymbol{X}(\boldsymbol{X}^{\mathrm{T}}\boldsymbol{X})^{-1}\\&=\sigma^2(\boldsymbol{X}^{\mathrm{T}}\boldsymbol{X})^{-1}\end{aligned} \tag{2.28}$$

记

$$\boldsymbol{C}=(\boldsymbol{X}^{\mathrm{T}}\boldsymbol{X})^{-1}=(C_{ij})$$

这里，$\boldsymbol{C}=(\boldsymbol{X}^{\mathrm{T}}\boldsymbol{X})^{-1}=(C_{ij})$ 是一个 $k+1$ 阶的方阵，而 C_{ij} 表示位于矩阵 $\boldsymbol{C}=(\boldsymbol{X}^{\mathrm{T}}\boldsymbol{X})^{-1}$ 的第 i 行、第 j 列处的元素。比较式（2.27）和式（2.28），不难看出有下列关系：

$$\operatorname{Var}(\hat{\beta}_i)=\sigma^2(\boldsymbol{X}^{\mathrm{T}}\boldsymbol{X})^{-1}_{i+1,i+1}=\sigma^2C_{i+1,i+1},\quad i=1,2,\cdots,k \tag{2.29}$$

$$\operatorname{Cov}(\hat{\beta}_i,\hat{\beta}_j)=\sigma^2(\boldsymbol{X}^{\mathrm{T}}\boldsymbol{X})^{-1}_{i+1,j+1}=\sigma^2C_{i+1,j+1},\quad i\neq j;i,j=1,2,\cdots,k \tag{2.30}$$

为了说明 $\hat{\boldsymbol{\beta}}$ 的最小方差性，只需要证明 $\hat{\boldsymbol{\beta}}$ 的任一线性无偏估计量 $\boldsymbol{b}$ 的方差都不小于 $\hat{\boldsymbol{\beta}}$

的方差。

由式（2.24），$\hat{\boldsymbol{\beta}}=\boldsymbol{AY}$，不失一般性，将任一线性无偏估计量 $\boldsymbol{b}$ 表示为

$$\boldsymbol{b}=(\boldsymbol{A}+\boldsymbol{P})\boldsymbol{Y} \tag{2.31}$$

其中 $\boldsymbol{P}$ 是一个非随机的$(k+1)\times n$ 阶常数矩阵。显然 $\boldsymbol{b}$ 是 $\boldsymbol{Y}=(Y_1, Y_2, \cdots, Y_n)'$的线性函数。

由式（2.31），有

$$\boldsymbol{b}=(\boldsymbol{A}+\boldsymbol{P})\boldsymbol{Y}=\boldsymbol{AY}+\boldsymbol{PY}=\hat{\boldsymbol{\beta}}+\boldsymbol{PY} \tag{2.32}$$

对上式两边取期望，得

$$\begin{aligned}E(\boldsymbol{b})&=E[(\boldsymbol{A}+\boldsymbol{P})\boldsymbol{Y}]=E(\hat{\boldsymbol{\beta}}+\boldsymbol{PY})=E(\boldsymbol{\beta})+E(\boldsymbol{PY})\\&=\boldsymbol{\beta}+E[\boldsymbol{P}(\boldsymbol{X\beta}+\boldsymbol{U})]=\boldsymbol{\beta}+\boldsymbol{PX\beta}+E(\boldsymbol{PU})\\&=\boldsymbol{\beta}+\boldsymbol{PX\beta}+\boldsymbol{P}E(\boldsymbol{U})=\boldsymbol{\beta}+\boldsymbol{PX\beta}\end{aligned}$$

因为，$\boldsymbol{b}$ 还应是$\boldsymbol{\beta}$ 的无偏估计量，即 $E(\boldsymbol{b})=\boldsymbol{\beta}$，所以矩阵 $\boldsymbol{P}$ 必须满足条件

$$\boldsymbol{PX}=\boldsymbol{0} \tag{2.33}$$

这样一来，就有以下结果：

$$\begin{aligned}\boldsymbol{b}-\boldsymbol{\beta}&=(\boldsymbol{A}+\boldsymbol{P})\boldsymbol{Y}-\boldsymbol{\beta}\boldsymbol{AY}+\boldsymbol{PY}-\boldsymbol{\beta}\\&=\boldsymbol{A}(\boldsymbol{X\beta}+\boldsymbol{U})+\boldsymbol{P}(\boldsymbol{X\beta}+\boldsymbol{U})-\boldsymbol{\beta}\\&=\boldsymbol{AX\beta}+\boldsymbol{PX\beta}+(\boldsymbol{A}+\boldsymbol{P})\boldsymbol{U}-\boldsymbol{\beta}\end{aligned}$$

利用式（2.25）和式（2.29），可以将上式简化为

$$\boldsymbol{b}-\boldsymbol{\beta}=(\boldsymbol{X}^{\mathrm{T}}\boldsymbol{X})^{-1}\boldsymbol{X}^{\mathrm{T}}\boldsymbol{X\beta}+(\boldsymbol{A}+\boldsymbol{P})\boldsymbol{U}-\boldsymbol{\beta}(\boldsymbol{A}+\boldsymbol{P})\boldsymbol{U} \tag{2.34}$$

于是，计算出 $\boldsymbol{b}$ 的方差－协方差矩阵为

$$\begin{aligned}\mathrm{Var}(\boldsymbol{b})&=E[\boldsymbol{b}-E(\boldsymbol{b})][\boldsymbol{b}-E(\boldsymbol{b})]^{\mathrm{T}}=E(\boldsymbol{b}-\boldsymbol{\beta})(\boldsymbol{b}-\boldsymbol{\beta})^{\mathrm{T}}\\&=E[(\boldsymbol{A}+\boldsymbol{P})\boldsymbol{U}][(\boldsymbol{A}+\boldsymbol{P})\boldsymbol{U}]^{\mathrm{T}}=(\boldsymbol{A}+\boldsymbol{P})E(\boldsymbol{UU}^{\mathrm{T}})(\boldsymbol{A}+\boldsymbol{P})^{\mathrm{T}}\\&=\sigma^2(\boldsymbol{A}+\boldsymbol{P})(\boldsymbol{A}+\boldsymbol{P})\end{aligned}$$

因为

$$\begin{aligned}(\boldsymbol{A}+\boldsymbol{P})(\boldsymbol{A}+\boldsymbol{P})^{\mathrm{T}}&=\boldsymbol{AA}^{\mathrm{T}}+\boldsymbol{PA}^{\mathrm{T}}+\boldsymbol{AP}^{\mathrm{T}}+\boldsymbol{PP}^{\mathrm{T}}\\&=(\boldsymbol{X}^{\mathrm{T}}\boldsymbol{X})^{-1}\boldsymbol{X}^{\mathrm{T}}\boldsymbol{X}(\boldsymbol{X}^{\mathrm{T}}\boldsymbol{X})^{-1}+\boldsymbol{PX}(\boldsymbol{X}^{\mathrm{T}}\boldsymbol{X})^{-1}+(\boldsymbol{X}^{\mathrm{T}}\boldsymbol{X})^{-1}\boldsymbol{X}^{\mathrm{T}}\boldsymbol{P}^{\mathrm{T}}+\boldsymbol{PP}^{\mathrm{T}}\\&=(\boldsymbol{X}^{\mathrm{T}}\boldsymbol{X})^{-1}+\boldsymbol{PP}^{\mathrm{T}}\end{aligned}$$

这里利用了事实 $\boldsymbol{PX}=\boldsymbol{X}^{\mathrm{T}}\boldsymbol{P}^{\mathrm{T}}=\boldsymbol{0}$，所以

$$\begin{aligned}\mathrm{Var}(\boldsymbol{b})&=\sigma^2[(\boldsymbol{X}^{\mathrm{T}}\boldsymbol{X})^{-1}+\boldsymbol{PP}^{\mathrm{T}}]=\sigma^2(\boldsymbol{X}^{\mathrm{T}}\boldsymbol{X})^{-1}+\sigma^2\boldsymbol{PP}^{\mathrm{T}}\\&=\mathrm{Var}(\hat{\boldsymbol{\beta}})+\sigma^2\boldsymbol{PP}^{\mathrm{T}}\end{aligned}$$

上式右边第一项是最小二乘估计量 $\hat{\boldsymbol{\beta}}$ 的方差－协方差矩阵，第二项是由任一非随机常数矩阵 $\boldsymbol{P}$ 产生的附加项。由于矩阵 $\boldsymbol{PP}^{\mathrm{T}}$ 的主对角线上的所有元素都是非负的，所以 $\mathrm{Var}(\boldsymbol{b})$ 的主对角线上的所有元素都不可能比 $\mathrm{Var}(\hat{\boldsymbol{\beta}})$ 的相应主对角线上的元素小，即

$$\mathrm{Var}(b_i)\geqslant\mathrm{Var}(\hat{\beta}_i),\ i=0,1,\cdots,k \tag{2.35}$$

至此，最小二乘估计量 $\hat{\boldsymbol{\beta}}$ 的最小方差性得证。

三、随机误差项方差的估计

根据前述，被解释变量的实际观测值与回归值之间的残差为

$$\begin{aligned}
\boldsymbol{e} &= \boldsymbol{Y}-\hat{\boldsymbol{Y}}=\boldsymbol{Y}-\boldsymbol{X}\hat{\boldsymbol{\beta}}=(\boldsymbol{X\beta}+\boldsymbol{U})-\boldsymbol{X}[(\boldsymbol{X}^{\mathrm{T}}\boldsymbol{X})^{-1}\boldsymbol{X}^{\mathrm{T}}\boldsymbol{Y}]\\
&=(\boldsymbol{X\beta}+\boldsymbol{U})-\boldsymbol{X}[(\boldsymbol{X}^{\mathrm{T}}\boldsymbol{X})^{-1}\boldsymbol{X}^{\mathrm{T}}(\boldsymbol{X\beta}+\boldsymbol{U})]\\
&=\boldsymbol{X\beta}+\boldsymbol{U}-\boldsymbol{X}[\boldsymbol{\beta}+(\boldsymbol{X}^{\mathrm{T}}\boldsymbol{X})^{-1}\boldsymbol{X}^{\mathrm{T}}\boldsymbol{U}]\\
&=\boldsymbol{U}-\boldsymbol{X}(\boldsymbol{X}^{\mathrm{T}}\boldsymbol{X})^{-1}\boldsymbol{X}^{\mathrm{T}}\boldsymbol{U}\\
&=[\boldsymbol{I}_n-\boldsymbol{X}(\boldsymbol{X}^{\mathrm{T}}\boldsymbol{X})^{-1}\boldsymbol{X}^{\mathrm{T}}]\boldsymbol{U}\\
&=\boldsymbol{MU}
\end{aligned}$$

这里

$$\boldsymbol{M}=\boldsymbol{I}_n-\boldsymbol{X}\ (\boldsymbol{X}^{\mathrm{T}}\boldsymbol{X})^{-1}\boldsymbol{X}^{\mathrm{T}}$$

不难看出，$\boldsymbol{M}$ 是一个 n 阶对称幂等矩阵，即 $\boldsymbol{M}=\boldsymbol{M}^{\mathrm{T}}$，$\boldsymbol{M}^2=\boldsymbol{M}$。

于是，残差平方和为

$$\boldsymbol{e}^{\mathrm{T}}\boldsymbol{e}=(\boldsymbol{MU})^{\mathrm{T}}\boldsymbol{MU}=\boldsymbol{U}^{\mathrm{T}}\boldsymbol{M}^{\mathrm{T}}\boldsymbol{MU}=\boldsymbol{U}^{\mathrm{T}}\boldsymbol{MU}=\boldsymbol{U}^{\mathrm{T}}[\boldsymbol{I}_n-\boldsymbol{X}(\boldsymbol{X}^{\mathrm{T}}\boldsymbol{X})^{-1}\boldsymbol{X}^{\mathrm{T}}]\boldsymbol{U}$$

$$\begin{aligned}
E(\boldsymbol{e}^{\mathrm{T}}\boldsymbol{e})&=E\{\boldsymbol{U}'[\boldsymbol{I}_n-\boldsymbol{X}(\boldsymbol{X}^{\mathrm{T}}\boldsymbol{X})^{-1}\boldsymbol{X}']\boldsymbol{U}\}=\sigma^2\mathrm{tr}[\boldsymbol{I}_n-\boldsymbol{X}(\boldsymbol{X}^{\mathrm{T}}\boldsymbol{X})^{-1}\boldsymbol{X}^{\mathrm{T}}]\\
&=\sigma^2[\mathrm{tr}\boldsymbol{I}_n-\mathrm{tr}\boldsymbol{X}(\boldsymbol{X}^{\mathrm{T}}\boldsymbol{X})^{-1}\boldsymbol{X}^{\mathrm{T}}]=\sigma^2[n-(k+1)]
\end{aligned}$$

其中符号 tr 表示矩阵的迹，它被定义为矩阵对角线上元素的和，于是有

$$\sigma^2=\frac{E(\boldsymbol{e}^{\mathrm{T}}\boldsymbol{e})}{n-(k+1)}=E\left(\frac{\boldsymbol{e}^{\mathrm{T}}\boldsymbol{e}}{n-(k+1)}\right)$$

从而就得到了随机误差项的方差的无偏估计量

$$\hat{\sigma}^2=\frac{\boldsymbol{e}^{\mathrm{T}}\boldsymbol{e}}{n-(k+1)}=\frac{\sum e_i^2}{n-k-1}\tag{2.36}$$

有时也用 S_e^2 表示 σ^2 的无偏估计量，而 $\hat{\sigma}^2$ 或 S_e 通常称为回归标准差或残差标准差。

式（2.36）中的残差平方和 $\sum e_i^2$ 的计算方法如下：

$$\begin{aligned}
\sum e_i^2&=\boldsymbol{e}^{\mathrm{T}}\boldsymbol{e}=(\boldsymbol{Y}-\boldsymbol{X}\hat{\boldsymbol{\beta}})^{\mathrm{T}}(\boldsymbol{Y}-\boldsymbol{X}\hat{\boldsymbol{\beta}})=\boldsymbol{Y}^{\mathrm{T}}\boldsymbol{Y}-2\hat{\boldsymbol{\beta}}^{\mathrm{T}}\boldsymbol{X}^{\mathrm{T}}\boldsymbol{Y}+\hat{\boldsymbol{\beta}}^{\mathrm{T}}\boldsymbol{X}^{\mathrm{T}}\boldsymbol{X}\hat{\boldsymbol{\beta}}\\
&=\boldsymbol{Y}^{\mathrm{T}}\boldsymbol{Y}-2\hat{\boldsymbol{\beta}}^{\mathrm{T}}\boldsymbol{X}^{\mathrm{T}}\boldsymbol{Y}+\hat{\boldsymbol{\beta}}^{\mathrm{T}}\boldsymbol{X}^{\mathrm{T}}\boldsymbol{X}(\boldsymbol{X}^{\mathrm{T}}\boldsymbol{X})^{-1}\boldsymbol{X}^{\mathrm{T}}\boldsymbol{Y}\\
&=\boldsymbol{Y}^{\mathrm{T}}\boldsymbol{Y}-\hat{\boldsymbol{\beta}}^{\mathrm{T}}\boldsymbol{X}^{\mathrm{T}}\boldsymbol{Y}
\end{aligned}\tag{2.37}$$

第三节　多元线性回归模型的统计检验

对已经估计出参数的多元线性回归模型的检验，除了对假定条件是否满足的检验以外，主要是所估计的模型拟合优度的检验、模型中各个参数显著性的检验以及整个回归方程显著性的检验。

一、拟合优度检验

在简单线性回归模型中，用可决系数 R^2 衡量估计的模型对观测值的拟合程度。在多元线性回归模型中，也需要讨论所估计的模型对观测值的拟合程度。

1. 总离差平方和的分解

对于多元线性回归模型的情形，一元线性回归模型的总离差平方和的分解公式仍然成立。设具有 k 个解释变量的回归模型为

$$Y_i=\beta_0+\beta_1X_{1i}+\beta_2X_{2i}+\cdots+\beta_kX_{ki}+\mu_i \quad (i=1,\ 2,\ \cdots,\ n)$$

其回归方程为

$$\hat{Y}_i=\hat{\beta}_0+\hat{\beta}_1X_{1i}+\hat{\beta}_2X_{2i}+\cdots+\hat{\beta}_kX_{ki} \quad (i=1,\ 2,\ \cdots,\ n)$$

可将 Y_i 与其平均值 $\bar{Y}$ 之间的离差分解如下：

$$Y_i-\bar{Y}=(Y_i-\hat{Y}_i)+(\hat{Y}_i-\bar{Y})$$

则可得总离差平方和分解式为

$$\sum(Y_i-\bar{Y})^2=\sum(\hat{Y}_i-\bar{Y})^2+\sum(Y_i-\hat{Y}_i)^2 \tag{2.38}$$

即

$$\text{TSS}=\text{ESS}+\text{RSS}$$

其中

$\text{TSS}=\sum(Y_i-\bar{Y})^2=\sum y_i^2$——总离差平方和；

$\text{ESS}=\sum(\hat{Y}_i-\bar{Y})^2=\sum \hat{y}_i^2$——回归平方和；

$\text{RSS}=\sum(Y_i-\hat{Y}_i)^2=\sum e_i^2$——残差平方和。

总离差平方和分解为回归平方和与残差平方和两部分。

2. 多元样本可决系数

多元线性回归模型的总离差平方和分解的结果与一元线性回归模型总离差平方和分解的结果形式上是相同的，因此也可以用回归平方和（ESS）占总平方和（TSS）的比重作为衡量模型对样本拟合优度的指标，称为多元样本可决系数，用符号 R^2 表示：

$$R^2=\frac{\text{ESS}}{\text{TSS}}=\frac{\sum(\hat{Y}_i-\bar{Y})^2}{\sum(Y_i-\bar{Y})^2}=\frac{\sum\hat{y}_i^2}{\sum y_i^2}=\frac{\sum y_i^2-\sum e_i^2}{\sum y_i^2}=1-\frac{\sum e_i^2}{\sum y_i^2} \tag{2.39}$$

显然，$0\leqslant R^2\leqslant 1$，并且当 R^2 越接近 1 时，$\sum e_i^2$ 越接近 0，因此，R^2 的值越接近 1，则表明模型对样本数据的拟合优度越好，反之，模型对样本数据的拟合优度越差。

多元样本可决系数可用矩阵来表示，因为

$$\text{TSS}=\sum Y_i^2-n\bar{Y}^2=\boldsymbol{Y}^{\mathrm{T}}\boldsymbol{Y}-n\bar{Y}^2$$

$$\text{RSS}=\boldsymbol{Y}^{\mathrm{T}}\boldsymbol{Y}-\hat{\boldsymbol{\beta}}^{\mathrm{T}}\boldsymbol{X}^{\mathrm{T}}\boldsymbol{Y}$$

$$\text{ESS}=\text{TSS}-\text{RSS}=\hat{\boldsymbol{\beta}}^{\mathrm{T}}\boldsymbol{X}^{\mathrm{T}}\boldsymbol{Y}-n\bar{Y}^2$$

所以

$$R^2=\frac{\text{ESS}}{\text{TSS}}=\frac{\hat{\boldsymbol{\beta}}^{\mathrm{T}}\boldsymbol{X}^{\mathrm{T}}\boldsymbol{Y}-n\bar{Y}^2}{\boldsymbol{Y}^{\mathrm{T}}\boldsymbol{Y}-n\bar{Y}^2}$$

3. 调整后的多元样本可决系数

由多元可决系数的矩阵形式容易证明，多元样本可决系数还可以表示为

$$R^2 = \frac{\hat{\beta}_1 \sum x_{1i}y_i + \cdots + \hat{\beta}_k \sum x_{ki}y_i}{\sum y_i^2} \tag{2.40}$$

式（2.39）表明，在使用 R^2 时，容易发现 R^2 的大小与模型中的解释变量的数目有关。如果模型中增加一个新解释变量，总离差平方和 TSS 不会改变，但总离差平方和中由解释变量解释的部分，即回归平方和 ESS 将会增加，这就是说 R^2 与模型中解释变量的个数有关。但是，现实情况往往是，由增加解释变量个数引起的 R^2 的增大与拟合好坏无关，因此，在多元回归模型之间比较拟合优度，R^2 就不是一个适合的指标，必须加以调整。

在样本容量一定的情况下，增加解释变量必定使自由度减少，所以调整的思路是将残差平方和与总离差平方和分别除以各自的自由度，以剔除变量个数对拟合优度的影响。将之记为调整后的多元样本可决系数，则有

$$\bar{R}^2 = 1 - \frac{\mathrm{RSS}/(n-k-1)}{\mathrm{TSS}/(n-1)} = 1 - (1-R^2)\frac{n-1}{n-k-1} \tag{2.41}$$

其中 $n-k-1$ 为残差平方和的自由度，$n-1$ 为总离差平方和的自由度。显然，当增加一个解释变量时，由式（2.41）分析可知 R^2 会增加，引起（$1-R^2$）减小，而$\frac{n-1}{n-k-1}$增加，因此 $\bar{R}^2$ 不会增加。这样用 $\bar{R}^2$ 判定回归方程的拟合优度，就消除了 R^2 对解释变量个数的依赖。需要指出的是，可决系数只是从已经得到估计的模型出发，检验它对样本观测值的拟合程度，并不能作出对总体模型的推测，因此必须对回归方程和模型中各参数的估计量进行显著性检验。

二、回归方程的显著性检验（*F* 检验）

回归方程显著性的 F 检验是要检验模型

$$Y_i = \beta_0 + \beta_1 X_{1i} + \beta_2 X_{2i} + \cdots + \beta_k X_{ki} + \mu_i \quad (i = 1, 2, \cdots, n)$$

中参数 β_1，β_2，…，β_k 是否显著不为零。按照假设检验的原理与程序，原假设与备择假设分别为

$$H_0: \beta_1 = 0, \beta_2 = 0, \cdots, \beta_k = 0$$
$$H_1: \beta_j (j = 1, 2, \cdots, k) \text{不全为零}$$

F 检验的思想来源于总离差平法和的分解式，由式(2.38)可知，总离差平方和 TSS 的自由度为 $n-1$，回归平方和 ESS 的自由度为 k，残差平方和 RSS 的自由度为 $n-k-1$。

由于回归平方和 $\mathrm{ESS} = \sum \hat{y}_i^2$ 是解释变量 X 的联合体对被解释变量 Y 的线性作用的结果，考虑比值

$$\frac{\mathrm{ESS}}{\mathrm{RSS}} = \frac{\sum \hat{y}_i^2}{\sum e_i^2}$$

如果这个比值较大，则 X 的联合体对 Y 的解释程度高，可认为总体存在线性关系；反之总体上可能不存在线性关系。因此可通过该比值的大小对总体线性关系进行推断。

在 H_0 成立的条件下，统计量

$$F = \frac{\mathrm{ESS}/k}{\mathrm{RSS}/(n-k-1)} \sim F(k, n-k-1) \tag{2.42}$$

因此可以利用统计量 F 对假设 H_0 进行检验。

对于假设 H_0，根据样本观测值计算统计量 F，对于预先给定的显著性水平 α，可从 F 分布表中查出相应的分子自由度为 k、分母自由度为 $n-k-1$ 的 α 水平上临界值 $F_\alpha(k, n-k-1)$。当 $F \geqslant F_\alpha(k, n-k-1)$ 时，拒绝 H_0，则认为总体回归方程存在显著的线性关系；当 $F < F_\alpha(k, n-k-1)$ 时，接受 H_0，则认为总体回归方程不存在显著的线性关系。

三、回归参数的显著性检验（t 检验）

回归方程显著成立并不意味着每个解释变量 X_1，X_2，…，X_k 对被解释变量 Y 的影响都是重要的。如果某个解释变量对被解释变量 Y 的影响不重要，即可从回归模型中把它剔除，重新建立回归方程，以利于对经济问题的分析和对 Y 进行更准确的预测。为此需要对每个变量进行考查，如果某个解释变量 X 对被解释变量 Y 的作用不显著，那么它在多元线性回归模型中，其前面的系数可取值为零。因此必须对 β_i 是否为零进行显著性检验。检验的原假设为

$$H_0: \beta_i = 0 (i = 1, 2, \cdots, k)$$

对立假设为

$$H_1: \beta_i \neq 0$$

根据最小二乘估计量的统计特征，可知 $\hat{\beta}_i$ 是被解释变量观测值 Y_1，Y_2，…，Y_n 的线性函数，于是 $\hat{\beta}_i$ 也服从正态分布。又由于 $\hat{\beta}_i$ 的无偏性

$$E(\hat{\beta}_i) = \beta_i$$

结合式（2.29）给出的 $\hat{\beta}_i$ 的方差

$$\mathrm{Var}(\hat{\beta}_i) = \sigma^2 (\boldsymbol{X}^{\mathrm{T}}\boldsymbol{X})^{-1}_{i+1,i+1} = \sigma^2 C_{i+1,i+1}$$

有

$$\hat{\beta}_i \sim N(\beta_i, \sigma^2 C_{i+1,i+1})$$

从而

$$\frac{\hat{\beta}_i - \beta_i}{\sqrt{\sigma^2 C_{i+1,i+1}}} \sim N(0,1)$$

由于 σ^2 是未知的，用它的无偏估计量 $\hat{\sigma}^2 = \dfrac{\boldsymbol{e}^{\mathrm{T}}\boldsymbol{e}}{n-(k+1)} = \dfrac{\sum e_i^2}{n-k-1}$ 代替，记 $\hat{\beta}_i$ 的方差 $\mathrm{Var}(\hat{\beta}_i)$ 的估计量为

$$S^2(\hat{\beta}_i) = \hat{\sigma}^2 C_{i+1,i+1}$$

可以证明

$$t_i = \frac{\hat{\beta}_i - \beta_i}{\sqrt{\hat{\sigma}^2 C_{i+1,i=1}}} = \frac{\hat{\beta}_i - \beta_i}{S(\hat{\beta}_i)} \sim t(n-k-1) \tag{2.43}$$

于是在 H_0 成立的条件下，检验的统计量为

$$t_i = \frac{\hat{\beta}_i}{S(\hat{\beta}_i)} \tag{2.44}$$

它服从自由度为 $n-k-1$ 的 t 分布，其中 $S(\hat{\beta}_i)$ 是 $\hat{\beta}_i$ 标准差的估计量。对于预先给定的显著性水平 α，可从 t 分布表中查出相应的自由度为 $f=n-k-1$、α 水平的临界值 $t_{\alpha/2}(f)$。将样本观测值和估计值代入式（2.44），如果计算出的结果有 $|t_i|\geqslant t_{\alpha/2}(f)$，则否定原假设 $H_0:\beta_i=0$，接受 $H_1:\beta_i\neq 0$，即认为 $\hat{\beta}_i$ 显著不为零，解释变量 X_i 对被解释变量 Y 存在显著的影响；如果计算结果有 $|t_i|<t_{\alpha/2}(f)$，则接受原假设 $H_0:\beta_i$，即认为 $\hat{\beta}_i$ 显著为零，解释变量 X_i 对被解释变量 Y 不存在显著的影响。

四、回归系数的置信区间

参数的假设检验用来判别所考察的解释变量是否对被解释变量有显著的线性影响，但并未回答在一次抽样中，所估计的参数值离参数的真实值有多“近”。这需要进一步通过对参数的置信区间的估计来考察。

在变量显著性检验中已经知道：

$$t_i=\frac{\hat{\beta}_i-\beta_i}{S(\hat{\beta}_i)}\sim t(n-k-1)$$

对于预先给定的 α，可从 t 分布表中查出相应的自由度为 $v=n-k-1$、α 水平的临界值 $t_{\alpha/2}(v)$，则 β_i 的置信水平为 $1-\alpha$ 的置信区间为

$$\hat{\beta}_i-t_{\alpha/2}(v)\times S(\hat{\beta}_i)<\beta_i<\hat{\beta}_i+t_{\alpha/2}(v)\times S(\hat{\beta}_i) \tag{2.45}$$

第四节　多元线性回归模型的预测

建立计量经济学模型的一个重要目的是利用估计的回归方程进行预测。预测分为点预测和区间预测两种情形。

一、点预测

设多元线性回归模型为

$$Y_i=\beta_0+\beta_1X_{1i}+\beta_2X_{2i}+\cdots+\beta_kX_{ki}+u_i=\boldsymbol{X}_i\boldsymbol{\beta}+\mu_i\quad(i=1,2,\cdots,n)$$

其中

$$\boldsymbol{X}_i=(1,X_{1i},X_{2i},\cdots,X_{ki})$$
$$\boldsymbol{\beta}=(\beta_0,\beta_1,\cdots,\beta_k)^{\mathrm{T}}$$

若根据观测样本已经估计出参数 $\boldsymbol{\beta}$，得到样本回归方程且模型通过检验，即

$$\hat{Y}_i=\hat{\beta}_0+\hat{\beta}_1X_{1i}+\hat{\beta}_2X_{2i}+\cdots+\hat{\beta}_kX_{ki}=\boldsymbol{X}_i\hat{\boldsymbol{\beta}}\quad(i=1,2,\cdots,n)$$

其中

$$\hat{\boldsymbol{\beta}}=(\hat{\beta}_0,\hat{\beta}_1,\cdots,\hat{\beta}_k)^{\mathrm{T}}$$

把样本以外各个解释变量的值表示为行向量 $\boldsymbol{X}_f=(1,\ X_{1f},\ X_{2f},\ \cdots,\ X_{kf})$，直接代入所估计的多元样本回归函数，就可以计算出被解释变量的点预测值 $\hat{Y}_f$：

$$\hat{Y}_f=\hat{\beta}_0+\hat{\beta}_1X_{1f}+\hat{\beta}_2X_{2f}+\cdots+\hat{\beta}_kX_{kf}=\boldsymbol{X}_f\hat{\boldsymbol{\beta}} \tag{2.46}$$

对式（2.46）两边取期望得

$$
\begin{aligned}
E(\hat{Y}_f) &= E(\hat{\beta}_0 + \hat{\beta}_1 X_{1f} + \hat{\beta}_2 X_{2f} + \cdots + \hat{\beta}_k X_{kf}) \\
&= \beta_0 + \beta_1 X_{1f} + \beta_2 X_{2f} + \cdots + \beta_k X_{kf} \\
&= E(Y_f)
\end{aligned}
\tag{2.47}
$$

这说明 $\hat{Y}_f$ 是 $E(Y_f)$ 的无偏估计量，与一元情形一样，对 $\hat{Y}_f$ 有两种解释，一种是将 $\hat{Y}_f$ 看作 Y 的条件均值 $E(Y_f|\boldsymbol{X}_f)$ 的点估计；另一种是将 $\hat{Y}_f$ 看作 Y 的个别值 Y_f 的点估计。

在实际应用中，人们不仅关心被解释变量 Y 的估计值，而且希望能提供它所处的大致范围，即人们希望得到一个以相当大的可能性包含被解释变量 Y 的真值的区间。这个区间就是数理统计中的置信区间，称为预测区间。因为对 $\hat{Y}_f$ 有两种解释，所以有两种类型的预测区间，即关于 Y 的条件均值 $E(Y_f|\boldsymbol{X}_f)$ 的预测区间和关于 Y 的个别值 Y_f 的预测区间。

二、平均值的区间预测

为了对预测的平均值 $E(Y_f)$ 作区间预测，要明确得到的点预测值 $\hat{Y}_f$ 与预测的平均值 $E(Y_f)$ 的关系，并分析其概率分布性质。如果记 $\hat{Y}_f$ 和 $E(Y_f)$ 的偏差为 δ_f，即

$$\delta_f = \hat{Y}_f - E(Y_f) \tag{2.48}$$

因为 $\hat{Y}_f$ 服从正态分布，δ_f 也服从正态分布，而且

$$E(\delta_f) = E[\hat{Y}_f - E(Y_f)] = E(\hat{Y}_f) - E(Y_f) = 0 \tag{2.49}$$

可以证明，δ_f 的方差为 $\sigma^2 \boldsymbol{X}_f(\boldsymbol{X}^{\mathrm{T}}\boldsymbol{X})^{-1}\boldsymbol{X}_f^{\mathrm{T}}$，即

$$\delta_f \sim N[0, \sigma^2 \boldsymbol{X}_f(\boldsymbol{X}'\boldsymbol{X})^{-1}\boldsymbol{X}_f^{\mathrm{T}}] \tag{2.50}$$

若用 $\hat{\sigma}^2$ 代替未知 σ^2，构造如下统计量：

$$t = \frac{\hat{\delta}_f - E(\delta_f)}{\mathrm{SE}(\hat{\delta}_f)} = \frac{\hat{Y}_f - E(Y_f)}{\hat{\sigma}\sqrt{\boldsymbol{X}_f(\boldsymbol{X}^{\mathrm{T}}\boldsymbol{X})^{-1}\boldsymbol{X}^{\mathrm{T}}f}} \tag{2.51}$$

该统计量 t 服从自由度为 $n-k-1$ 的 t 分布。

给定显著性水平 α，查自由度为 $n-k-1$ 的 t 分布，可得临界值 $t_{\alpha/2}(n-k-1)$，则 Y_f 的平均值 $E(Y_f)$ 的置信度为 $1-\alpha$ 的预测区间为

$$\hat{Y}_f - t_{\alpha/2} \times \hat{\sigma}\sqrt{\boldsymbol{X}_f(\boldsymbol{X}^{\mathrm{T}}\boldsymbol{X})^{-1}\boldsymbol{X}_f^{\mathrm{T}}} \leqslant E(Y_f) \leqslant \hat{Y}_f + t_{\alpha/2} \times \hat{\sigma}\sqrt{\boldsymbol{X}_f(\boldsymbol{X}^{\mathrm{T}}\boldsymbol{X})^{-1}\boldsymbol{X}_f^{\mathrm{T}}} \tag{2.52}$$

三、个别值的区间预测

要对预测的个别值 Y_f 作区间预测，除了已经得到的点预测值 $\hat{Y}_f$ 以外，还需要分析已知的点预测值 $\hat{Y}_f$ 和个别值 Y_f 的联系，并明确其概率分布性质。显然，与点预测值 $\hat{Y}_f$ 和个别值 Y_f 有关的是残差 e_f：

$$e_f = Y_f - \hat{Y}_f \tag{2.53}$$

因为 Y_f 和 $\hat{Y}_f$ 均服从正态分布，e_f 也服从正态分布，而且

$$E(e_f)=E(Y_f-\hat{Y}_f)=E(\boldsymbol{X}_f\boldsymbol{\beta}+\mu_f-\boldsymbol{X}_f\hat{\boldsymbol{\beta}})$$
$$=\boldsymbol{X}_f\boldsymbol{\beta}+E(\mu_f)-\boldsymbol{X}_fE(\hat{\boldsymbol{\beta}})=0 \tag{2.54}$$

还可以证明，e_f 的方差为 $\sigma^2[1+\boldsymbol{X}_f(\boldsymbol{X}^{\mathrm{T}}\boldsymbol{X})^{-1}\boldsymbol{X}_f^{\mathrm{T}}]$，即

$$e_f\sim N\{0,\sigma^2[1+\boldsymbol{X}_f(\boldsymbol{X}^{\mathrm{T}}\boldsymbol{X})^{-1}\boldsymbol{X}_f^{\mathrm{T}}]\} \tag{2.55}$$

若用 $\hat{\sigma}^2$ 代替未知 σ^2，构造如下统计量：

$$t=\frac{e_f-E(e_f)}{\mathrm{SE}(e_f)}=\frac{Y_f-\hat{Y}_f}{\hat{\sigma}\sqrt{1+\boldsymbol{X}_f(\boldsymbol{X}^{\mathrm{T}}\boldsymbol{X})^{-1}\boldsymbol{X}_f^{\mathrm{T}}}} \tag{2.56}$$

则该统计量 t 服从自由度为 $n-k-1$ 的 t 分布。

给定显著性水平 α，查自由度为 $n-k-1$ 的 t 分布表，可得临界值 $t_{\alpha/2}(n-k-1)$，则 Y_f 的置信度为 $1-\alpha$ 的预测区间为

$$\hat{Y}_f-t_{\alpha/2}\times\hat{\sigma}\sqrt{1+\boldsymbol{X}_f(\boldsymbol{X}^{\mathrm{T}}\boldsymbol{X})^{-1}\boldsymbol{X}_f^{\mathrm{T}}}\leqslant Y_f\leqslant\hat{Y}_f+t_{\alpha/2}\times\hat{\sigma}\sqrt{1+\boldsymbol{X}_f(\boldsymbol{X}^{\mathrm{T}}\boldsymbol{X})^{-1}\boldsymbol{X}_f^{\mathrm{T}}} \tag{2.57}$$

四、案例分析

经研究发现，学生用于购买课外书籍的支出（Y 元/年）与本人受教育年限（X_1 年）和其家庭人均收入水平（X_2 元/月）有关，对 20 名学生进行调查的统计资料如表 2.1 所示。

表 2.1　学生购买课外书籍调查统计数据

学生序号	购买课外书籍支出 Y 元/年	受教育年限 X_1/年	家庭人均收入水平 X_2 元/月	学生序号	购买课外书籍支出 Y 元/年	受教育年限 X_1/年	家庭人均收入水平 X_2 元/月
1	451	4	171	11	661	5	366
2	508	4	174	12	793	6	351
3	614	5	204	13	581	4	357
4	563	4	219	14	613	5	359
5	502	4	219	15	891	7	372
6	782	7	240	16	1 121	9	435
7	542	4	274	17	1 094	8	524
8	612	5	295	18	1 253	10	604
9	1 222	10	330	19	755	6	340
10	793	7	333	20	867	7	365

（1）试求学生购买课外书籍支出 Y 与受教育年限 X_1 和家庭人均收入水平 X_2 的回归方程估计式

$$\hat{Y}=\hat{\beta}_0+\hat{\beta}_1X_1+\hat{\beta}_2X_2$$

（2）在 5% 显著性水平上，对方程进行 F 检验，对参数 β_1 和 β_2 进行 t 检验。

（3）假设有一学生的受教育年限 $X_{1f}=10$ 年，家庭人均收入水平 $X_{2f}=490$ 元/月，试预测该学生全年购买课外书籍的支出，并求出相应的平均值的区间预测（$\alpha=5\%$）。

利用表 2.1 中的数据，用 EView 软件对模型进行普通最小二乘法估计，其回归结果如表 2.2 所示。

表 2.2　普通最小二乘法估计回归结果

Dependent Variable：Y				
Method：Least Squares				
Date：05/28/18　Time：14：54				
Sample：1 20				
Included observations：20				
Variable	Coefficient	Std. Error	t – Statistic	Prob.
C	–0.435 714	28.379 13	–0.015 353	0.987 9
X1	104.2051	5.989 015	17.399 38	0.000 0
X2	0.400 780	0.108 954	3.678 442	0.001 9
R – squared	0.979 972	Mean dependent var		760.900 0
Adjusted R – squared	0.977 616	S. D. dependent var		245.828 8
S. E. of regression	36.779 20	Akaike info criterion		10.185 22
Sum squared resid	22 996.06	Schwarz criterion		10.334 58
Log likelihood	–98.852 23	Hannan – Quinn criter		10.214 38
F – statistic	415.908 8	Durbin – Watson stat		2.575 375
Prob（F – statistic）	0.000 000			

根据结果，得到以下回归方程：

$$\hat{Y}_i = 0.4357 + 104.205X_1 + 0.4008X_2$$
$$(-0.015\,4)(17.399\,4)(3.678\,4)$$
$$R^2 = 0.980\,0,\ F = 415.908\,8$$

其中括号内为 t 统计量值。

对方程整体显著性进行 F 检验：针对 $H_0: \beta_1 = \beta_2 = \cdots = \beta_k = 0$，从表 2.2 看出，检验统计量 $F = \dfrac{ESS/k}{RSS/(n-k-1)} = 415.91$，它在零假设下服从自由度为（$k$，$n-k-1$）的 F 分布。取 $\alpha = 0.05$，查 F 分布表自由度为（2，17）的临界值 $F_\alpha(k, n-k-1) = F_{0.05}(2,17) = 3.59$。因为 $F = 415.91 > F_{0.05}(2,17) = 3.59$，所以应拒绝 $H_0: \beta_1 = \beta_2 = \cdots = \beta_k = 0$，这表明，在 5% 显著性水平上，被解释变量与所有解释变量之间在总体上有显著的线性关系，回归方程是显著的。或者用 p 值进行 F 检验，在 5% 显著性水平上，F 统计量对应的 p 值为 0.000 0，明显小于 0.05，说明受教育年限和家庭人均收入水平对学生购买课外书籍支出的共同影响是相当显著的，即模型整体显著。

对回归系数的 t 检验：针对 $H_0: \beta_i = 0$（$i = 1,2$），从表 2.2 看出，$t(\hat{\beta}_1) = 17.40$，$t(\hat{\beta}_2) = 3.68$。取 $\alpha = 0.05$，查 t 分布表的自由度为 $n-k-1 = 17$ 的临界值 $t_{\alpha/2}(n-k-1) =$

$t_{0.025}(17)=2.11$。因为 $|t(\hat{\beta}_1)|=17.40>t_{0.025}(17)=2.11$，所以应拒绝 $H_0:\beta_1=0$，这表明，受教育年限对学生购买课外书籍支出有显著影响；因为 $|t(\hat{\beta}_2)|=3.68>t_{0.025}(17)=2.11$，所以应拒绝 $H_0:\beta_2=0$，这表明，家庭人均收入水平收入对学生购买课外书籍支出亦有显著影响。或者用 p 值进行检验，在 5% 显著水平上，t 统计量对应的 p 值分别为 $p(\hat{\beta}_1)=0.000<0.05$，$p(\hat{\beta}_2)=0.0019<0.05$，说明受教育年限和家庭人均收入水平对学生购买课外书籍支出的影响是显著的，两个回归系数均显著不为零。

将 $X_{1f}=10$，$X_{2f}=490$ 代入回归方程，可得

$$\hat{Y}_f=-0.4357+104.205\times10+0.4008\times490=1\,237.998$$

下面通过 EViews 软件计算 Y_f 的预测区间。Y_f 的置信度为 $1-\alpha$ 的平均值预测区间为

$$\hat{Y}_f-t_{\alpha/2x}\hat{\sigma}\sqrt{\boldsymbol{X}_f(\boldsymbol{X}^{\mathrm{T}}\boldsymbol{X})^{-1}\boldsymbol{X}_f^{\mathrm{T}}}\leqslant Y_f\leqslant\hat{Y}_f+t_{\alpha/2}\times\hat{\sigma}\sqrt{\boldsymbol{X}_f(\boldsymbol{X}^{\mathrm{T}}\boldsymbol{X})^{-1}\boldsymbol{X}_f^{\mathrm{T}}}$$

首先计算 Y_f 预测的标准差 $S(\hat{Y}_f)=\hat{\sigma}\sqrt{\boldsymbol{X}_f(\boldsymbol{X}^{\mathrm{T}}\boldsymbol{X})^{-1}\boldsymbol{X}_f^{\mathrm{T}}}$。在进行预测前，把样本的区间扩展到 21，并输入第 21 个学生的受教育年限 $X_{1f}=10$ 年，家庭人均收入水平 $X_{2f}=490$ 元/月，然后单击最小二乘估计输出结果上方的“Forecast”菜单。

在“Forecast”对话框中输入预测序列的名字“Yf”，在“S. E.”对话框中输入保存预测值标准差的序列名字“YfSE”，单击“确定”按钮，即可得所需结果。打开“Yf”序列，第 21 个预测值对应的就是该地区点预测值 1 237.998。打开“YfSE”序列，第 21 个数据就是 $\hat{Y}_f$ 的标准差 $S(\hat{Y}_f)=41.175\,86$，在 5% 的显著性水平下，自由度为 $n-k-1=17$ 的 t 分布的临界值为 $t_{\alpha/2}(n-k-1)=t_{0.025}(17)=2.11$，于是 Y 的单点估计值的 95% 的预测区间为

$$\hat{Y}_f-t_{0.025}(17)\times S(\hat{Y}_f)\leqslant Y_f\leqslant\hat{Y}_f+t_{0.025}(17)\times S(\hat{Y}_f)$$

即

$$1237.998-2.11\times41.175\,86\leqslant Y_f\leqslant1\,237.998+2.11\times41.175\,86$$

得出

$$1151.117\leqslant Y_f\leqslant1\,324.879$$

则该学生全年购买课外书籍的支出 95% 的预测区间为［1 151.117，1 324.879］。

复习思考题

1. 设二元线性回归模型 $Y=\beta_0+\beta_1X_1+\beta_2X_2+\mu$：

（1）求参数 β_0，β_1，β_2 的最小二乘估计量 $\hat{\beta}_0$，$\hat{\beta}_1$，$\hat{\beta}_2$；

（2）求多元样本可决系数 R^2；

（3）对回归系数和回归方程进行显著性检验。

2. 在多元线性回归分析中，为什么用调整后的多元样本可决系数衡量估计模型对样本观测值的拟合优度？

3. 可决系数 R^2 与总体线性关系显著性 F 检验之间的关系是什么？在多元线性回归分析中，F 检验与 t 检验有何不同？在一元线性回归分析中二者是否有等价的作用？

4. 二元线性回归模型的基本假定是什么？

第三章

非线性回归模型

本章从标准线性回归模型和非标准线性回归模型的概念出发，讨论了非线性回归模型相关的概念和主要类型，并进一步对非线性回归模型的 3 种类型的特点进行分析，并针对各自不同的特征，分别采用直接变量代换法、间接变量代换法和迭代估计法进行线性化估计，最后通过实际案例分析了非标准线性回归模型中计量经济学软件 EViews 的线性化估计的操作程序及其在非标准线性回归模型中的具体应用。

本章学习目标：

（1）理解非线性回归模型的基本概念；

（2）理解非线性回归模型 3 种类型及其特点；

（3）掌握非线性回归模型的线性化方法；

（4）掌握非线性回归模型在社会经济问题中的实际应用。

第一节　变量间的非线性关系

在第二章讨论的线性回归模型有如下形式：

$$Y = \beta_0 + \beta_1 X_1 + \beta_2 X_2 + \cdots + \beta_k X_k + u$$

其结构具有两个特点，一方面是被解释变量 Y 是解释变量 X_1，X_2，…，X_k 的线性函数，即解释变量线性模型；另一方面是被解释变量是相应参数 β_0，β_1，β_2，…，β_k 的线性函数，即参数线性模型。这种模型称为标准的线性回归模型。但是在现实经济问题的研究中，只有少数一部分经济变量之间存在这种标准的线性关系，经济变量之间大多是非线性关系，即模型为非线性回归模型。在这种情况下，前面介绍的线性回归分析方法就不能够直接应用，而需要通过变量代换或函数变换的方式，将非线性函数关系转化成线性关系，从而应用线性回归模型的分析方法予以解决。

一般情况下，非线性模型可以表示成如下形式：

$$Y = f(X_1, X_2, \cdots, X_k; \beta_0, \beta_1, \beta_2, \cdots, \beta_p) + u$$

其中 f 是关于解释变量 X_1，X_2，…，X_k 和未知参数 β_0，β_1，β_2，…，β_p 的一个非线性函数。对于非线性回归模型，按其形式和估计方法的不同，又可分为 3 种类型。

第一种类型是，虽然被解释变量 Y 和解释变量 X_1，X_2，…，X_k 之间不存在线性关系，但与未知参数 β_0，β_1，β_2，…，β_p 之间存在线性关系。这种类型的非线性回归模型仍旧归入线性模型的范畴，称为非标准线性回归模型。非标准线性回归模型的一般形式如下：

$$Y=\beta_0+\beta_1 f_f(X_1,X_2,X\cdots,X_k)+\beta_2 f_2(X_1,X_2,\cdots,X_k)+\cdots+\beta_p f_p(X_1,X_2,\cdots,X_k)+u$$

其中 f_1，…，f_p 是关于 X_1，X_2，…，X_k 的 p 个已知的非线性函数；β_0，β_1，β_2，…，β_p 是 $(p+1)$ 个未知参数。显然，上式是关于未知参数 β_0，β_1，β_2，…，β_p 的一个线性函数。

例如，根据平均成本与产量的关系曲线为 U 形曲线的理论，总成本 C 可以用产量 X 的三次多项式近似表示，得总成本函数模型为

$$C=\beta_0+\beta_1 X+\beta_2 X^2+\beta_3 X^3+u$$

不难看出，这是一个非标准线性回归模型。

第二种类型是，虽然被解释变量 Y 与解释变量 X_1，X_2，…，X_k 和未知参数 β_0，β_1，β_2，…，β_p 之间都不存在线性关系，但是可以通过适当的变换将其化为标准的线性回归模型。这种类型的非线性回归模型称为可线性化的非线性回归模型。

例如，在实际中广泛应用的柯布－道格拉斯生产函数，其形式为

$$Y=AK^{\alpha}L^{\beta}\mathrm{e}^{u}$$

其中 Y 表示产出量，K 表示资本，L 表示劳动力，A 为效率系数，α 和 β 分别为 K 和 L 的产出弹性，A、α 和 β 均为待估计的未知参数。在这个模型中，被解释变量 Y 无论对于解释变量 K 和 L，还是对于未知参数 A、α 和 β 都不是线性的，所以它是一个非线性回归模型。但只要在模型的两边取对数：

$$\ln Y=\ln A+\alpha\ln K+\beta\ln L+u$$

即可转换为关于未知参数 $\ln A$、α 和 β 的一个多元对数模型形式，然后通过变量代换写成一个标准的线性回归模型的形式。

第三种类型是，不但被解释变量 Y 与解释变量 X_1，X_2，…，X_k 和未知参数 β_0，β_1，β_2，…，β_p 之间都不存在线性关系，而且也不能通过适当的变换将其化为标准的线性回归模型。这种类型的非线性回归模型称为不可线性化的非线性回归模型。

例如对于模型

$$Y=\alpha_0+\alpha_1\mathrm{e}^{\beta_1 X_1}+\alpha_2\mathrm{e}^{\beta_2 X_2}+u$$

无论通过什么变化都不可能将其线性化，因此也就不可能应用前面介绍的线性回归分析方法进行参数估计。

第二节　非线性回归模型的线性化方法

针对上一节讨论的 3 种非线性回归模型类型，不能直接应用线性回归模型分析，而需要通过变量代换或函数变换的方式，将非线性函数关系转化成线性函数关系，从而应用线性回归模型的分析方法解决问题。对这 3 种非线性回归模型的类型，分别用直接变量代换法、间接变量代换法和迭代估计法（级数展开法）进行线性化。

一、非标准线性回归模型的线性化方法

非标准线性回归模型的线性化方法是直接变量代换法。

设非标准线性回归模型的一般形式为：

$$Y=\beta_0+\beta_1 f_1(X_1,X_2,\cdots,X_k)+\beta_2 f_2(X_1,X_2,\cdots,X_k)+\cdots+\beta_p f_p(X_1,X_2,\cdots,X_k)+u \quad (3.1)$$

其中f_1，…，f_p是关于X_1，X_2，…，X_k的p个已知的非线性函数，β_0，β_1，β_2，…，β_p是（$p+1$）个未知参数。对于这种类型的模型，只要采用适当的变量代换，例如令

$$\begin{cases}Z_1=f_1(X_1,X_2,\cdots,X_k)\\ Z_2=f_2(X_1,X_2,\cdots,X_k)\\ \vdots\\ Z_p=f_p(X_1,X_2,\cdots,X_k)\end{cases} \quad (3.2)$$

就可将模型式（3.1）转化为标准的多元线性回归模型

$$Y=\beta_0+\beta_1 Z_1+\beta_2 Z_2+\cdots+\beta_p Z_p+u \quad (3.3)$$

其中，Z_1，Z_2，…，Z_p是新的解释变量。对于给定的样本观测值（X_{1i}，X_{2i}，…，X_{ki}；Y_i）（$i=1$，2，…，n），可以通过式（3.2）求得相应的（Z_{1i}，Z_{2i}，…，Z_{ki}；Y_i）（$i=1,2,\cdots,n$），并把它们作为变换后的模型式（3.3）的样本观测值，于是就能利用前面介绍的多元线性回归分析方法，求出未知参数β_0，β_1，β_2，…，β_p的估计值，从而得到模型式（3.3）的估计的回归方程

$$\hat{Y}=\hat{\beta}_0+\hat{\beta}_1 Z_1+\hat{\beta}_2 Z_2+\cdots+\hat{\beta}_p Z_p$$

下面给出在研究经济问题中常遇到的几种非标准线性回归模型，这些模型经过适当的变量代换都可以化为标准的线性回归模型。

1. 多项式函数模型

多项式函数模型的一般形式为

$$Y_i=\beta_0+\beta_1 X_i+\beta_2 X_i^2+\cdots+\beta_k X^k+u_i \quad (3.4)$$

令

$$Z_{1i}=X_i,Z_{2i}=X_i^2,\cdots,Z_{ki}=X_i^k$$

则可将原模型化为标准的线性回归模型，即

$$Y_i=\beta_0+\beta_1 Z_{1i}+\beta_2 Z_{2i}+\cdots+\beta_k Z_{ki}+u_i \quad (3.5)$$

模型式（3.5）即可利用多元线性回归分析方法进行估计和检验。

2. 倒数变换模型（双曲线函数模型）

在社会经济生活中，某些经济变量与其他经济变量的倒数存在数量依存关系。如工资变化率与失业率、生产平均固定成本与产量等经济变量之间就存在这种类型的依存关系。

倒数变换模型的一般形式为

$$Y_i=\alpha+\beta\frac{1}{X_i}+u_i \text{ 或 } \frac{1}{Y_i}=\alpha+\beta\frac{1}{X_i}+u_i \quad (3.6)$$

令

$$Y_i^*=\frac{1}{Y_i},\ X_i^*=\frac{1}{X_i}$$

则可将原模型化为标准的线性回归模型

$$Y_i = \alpha + \beta X_i^* + u_i \text{ 或 } Y_i^* = \alpha + \beta X_i^* + u_i \tag{3.7}$$

模型式（3.7）即可利用一元线性回归分析方法进行估计和检验。

倒数变换模型有一个明显的特征，即随着 X 的无限扩大，Y 将趋于极限值 α（或 $1/\alpha$），即有一个渐进下限或上限。有些经济现象（如平均固定成本曲线、商品的成长曲线、恩格尔曲线、菲利普斯曲线等）恰好有类似的变动规律，因此可以由倒数变换模型进行描述。

3. 对数函数模型

对数函数模型可分为双对数函数模型、半对数函数模型两种，其中半对数函数模型又分为对数 - 线性函数模型和线性 - 对数函数模型。

1）双对数函数模型

双对数函数模型的一般形式为

$$\ln Y_i = \beta_0 + \beta_1 \ln X_i + u_i \tag{3.8}$$

令

$$Y_i^* = \ln Y_i, \quad X_i^* = \ln X_i$$

则可将原模型化为标准的线性回归模型

$$Y_i^* = \beta_0 + \beta_1 X_i^* + u_i \tag{3.9}$$

模型式（3.9）即可利用一元线性回归分析方法进行估计和检验。

双对数函数模型的特点是其回归参数 β_1 恰好就是被解释变量 Y_i 关于解释变量 X_i 的弹性，即给 X 一个 1% 的变动所引起的 Y 变动的百分比，它是一个不变量，因此，又称双对数函数模型为不变弹性模型。这是因为，将对数结构方程两边微分得

$$\mathrm{d}(\ln Y) = \mathrm{d}(\beta_0 + \beta_1 \ln X)$$

即有

$$\frac{\mathrm{d}Y}{Y} = \beta_1 \frac{\mathrm{d}X}{X}$$

从而有

$$\beta_1 = \frac{\mathrm{d}Y/Y}{\mathrm{d}X/X} = \frac{Y\text{ 的相对变化率}}{X\text{ 的相对变化率}} = \frac{\mathrm{d}Y}{\mathrm{d}X} \cdot \frac{Y}{X} \tag{3.10}$$

如果研究的经济关系可以用双对数函数模型描述，那么估计模型后就可以直接利用系数 β_1 进行弹性分析，如果 Y 和 X 分别表示商品需求量和价格，式（3.10）说明当价格 X 变动 1% 时，商品需求量 Y 将变动 $\beta_1\%$。如果变量之间呈线性的模型，其斜率为一常数，而弹性系数是一个变量，但在双对数函数模型中，其弹性系数是常数，而斜率为一个变量。

当然，两个变量的对数函数模型，也可以推广到多个解释变量的情形，如 3 个变量的对数函数模型 $\ln Y_i = \beta_0 + \beta_1 \ln X_{1i} + \beta_2 \ln X_{2i} + u_i$，这时偏回归系数 β_1 和 β_2 又称为偏弹性系数。

2）半对数函数模型

如果简单模型中只有变量 Y 或者只有变量 X 用对数形式表示，就称为半对数函数模型。在对经济变量的变动规律研究中，测定其增长率或衰减率是一个重要方面。如测定人口增长率、劳动力增长率、货币供应量增长率、GDP 增长率、商品需求增长率、进出口贸易增长率等，是经常需要进行的工作，也是人们十分关注的问题。在回归分析中，可以用半对数模

型测度这些增长率，其形式有以下两种：

第一种为线性 – 对数函数模型，其一般形式为

$$Y_i = \beta_0 + \beta_1 \ln X_i + u_i \tag{3.11}$$

两边求微分得

$$d(Y_i) = \beta_1 d(\ln X_i) = \beta_1 \frac{dX_i}{X_i}$$

从而

$$\beta_1 = \frac{dY_i}{dX_i / X_i} = \frac{Y\text{的绝对变化量(幅度)}}{X\text{的相对变化率(速度)}} \tag{3.12}$$

式（3.12）表明，当 X 发生一定的相对变动时，引起变量 Y 平均值的绝对变动是一个常数，即当 X 增长 1% 时，Y 将增长 $0.01\beta_1$ 个单位。

第二种为对数 – 线性函数模型，其一般形式为

$$\ln Y_i = \alpha_0 + \alpha_1 X_i + u_i \tag{3.13}$$

两边求微分得

$$\frac{dY_i}{Y_i} = \alpha_1 dX_i$$

从而

$$\alpha_1 = \frac{dY_i / Y_i}{dX_i} = \frac{Y\text{的相对变化量(速度)}}{X\text{的绝对变化率(幅度)}} \tag{3.14}$$

式（3.14）表明，当 X 的绝对量发生一个单位变化时，引起变量 Y 平均值的相对变化率（即增长率）是一个常数，即当 X 增长 1 个单位时，Y 将增长 $100\alpha_1\%$。特别地，若 X 为时间变量（年份），则 $\ln Y_i = \alpha_0 + \alpha_1 X_i + u_i$ 的系数 α_1 衡量了 Y 的年均增长速度。正因为如此，半对数函数模型又称为增长模型，通常用这类模型测度变量的增长率，包括经济变量和其他一些非经济变量。

令 $\ln X_i = X_i^*$，则线性 – 对数函数模型 $Y_i = \beta_0 + \beta_1 \ln X_i + u_i$ 变为

$$Y_i = \beta_0 + \beta_1 X_i^* + u_i \tag{3.15}$$

令 $\ln Y_i = Y_i^*$，则对数 – 线性函数模型 $\ln Y_i = \alpha_0 + \alpha_1 X_i + u_i$ 变为

$$Y_i^* = \alpha_0 + \alpha_1 X_i + u_i \tag{3.16}$$

式（3.15）和式（3.16）两个模型都可用一元线性回归模型参数估计的方法对其中的参数进行估计，进而进行检验及应用。

4. 成长曲线（logistic）模型

成长曲线又称为增长曲线，最早应用于生物学领域，后移植于研究经济学问题。成长曲线模型对经济活动的过程及经济变量的变化规律具有很强的描绘功能，在计量经济学模型中占有重要地位。

成长曲线模型因其函数图形为 S 形状，又被称为 S 曲线模型。其一般表达式为

$$Y_i = \frac{K}{1 + e^{f(X_i)}} \tag{3.17}$$

其中，$f(X_i) = \alpha_0 + \alpha_1 X_{1i} + \alpha_2 X_{2i}^2 + \cdots + \alpha_k X_{ki}^k$。

成长曲线模型经过在应用过程中的逐渐简化，目前的主要表达式变为

$$Y_i = \frac{K}{1 + \beta_0 e^{-\beta_1 X_i}} \tag{3.18}$$

其函数图形如图 3.1 所示。

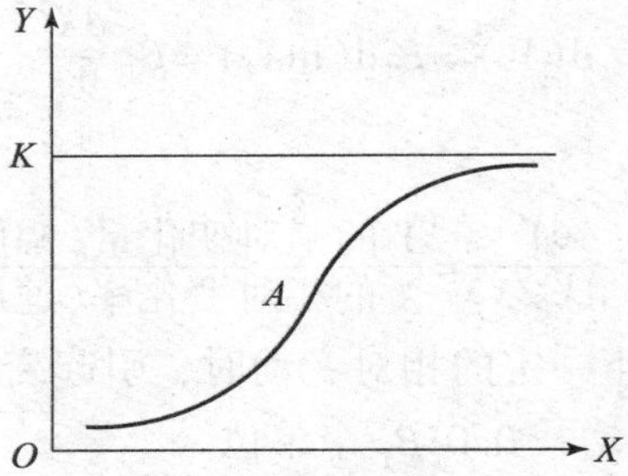

图 3.1　成长曲线

从式（3.18）及图 3.1 可以发现成长曲线有两个特点。一是 Y 的最小值为零，最大值（极限值）为 K，当 $X_i \to \infty$ 时，$Y \to 0$；当 $X_i \to +\infty$ 时，Y 趋近极限值 K。二是成长曲线有一个拐点 A，在 A 点之前，Y 的增长速度越来越快；在 A 点之后，Y 的增长速度越来越慢，逐渐趋近零。在实际的社会经济活动中，有很多经济现象的发展过程都遵循成长曲线的特点，例如一种可变生产要素的生产函数的产量曲线、新技术的推广过程、新产品的销售过程等，都可用成长曲线模型进行描绘。因此，成长曲线模型是一种在经济计量分析中具有广泛用途的重要模型。

在式（3.18）中，K、β_0、β_1 是待估计参数。因该式不是线性模型，一般线性模型的估计方法已不适用。对该模型的参数估计将成长曲线模型线性化，再用线性模型的估计方法进行参数估计。对于式（3.18），两边同时取倒数得

$$\frac{1}{Y_i} = \frac{1}{K}(1 + \beta_0 e^{-\beta_1 X_i}) \tag{3.19}$$

若 K 为给定常数，式（3.19）便可写为

$$\ln\left(\frac{1}{Y_i} - \frac{1}{K}\right) = \ln\left(\frac{\beta_0}{K}\right) - \beta_1 X_i$$

令 $Y_i^* = \ln\left(\frac{1}{Y_i} - \frac{1}{K}\right)$，$\beta_0^* = \ln\left(\frac{\beta_0}{K}\right)$，$\beta_1^* = -\beta_1$，则上式可表示为

$$Y_i^* = \beta_i^* X_i \tag{3.20}$$

式（3.20）是一个简单线性模型，可以对其参数进行估计和检验。

应用线性化估计法的关键是确定 K 的值，在很多情况下，K 的取值可以依据理论或经验事先确定或进行推算，如新技术的推广率最高为 100%、消费品的最大需求量可以根据人口及消费水平确定、单位耕地面积农产品产量的极限值可以根据光能转换效率进行计算等。对 K 值的确定还可以选择不同的水平进行模拟和试验，通过不同水平的 K 值对模型参数估计的影响分析，最后确定 K 值的合理水平。

5. 交互作用函数模型

如果一个解释变量的边际效用依赖于另一个解释变量，就说存在交互作用。例如，对于

下面的函数模型：

$$Y_i = \beta_0 + \beta_1 X_{1i} + \beta_2 X_{2i} + \beta_3 X_{1i} X_{2i} + u_i \tag{3.21}$$

式（3.21）中的 X_{1i}、X_{2i}就表示交互作用项。

举例说明：在分析学生的考试成绩时，一般而言，学生过去的学习基础和课堂出勤率对期末考试结果有正向的影响，同时还存在过去的学习基础和课堂出勤率之间的交互作用，比如，过去的学习基础很好，课堂出勤率对期末考试成绩的影响就更大。因此，可以设定如下模型：

$$S_i = \beta_0 + \beta_1 P_i + \beta_2 A_i + \beta_3 P_i \cdot A_i + u_i$$

其中 S_i 表示期末考试成绩，P_i 表示过去的学习基础，A_i 表示课堂出勤率。

根据该函数模型，课堂出勤率对期末考试成绩的边际效应为

$$\frac{\partial S_i}{\partial A_i} = \beta_2 + \beta_3 P_i，\beta_2 > 0，\beta_3 > 0$$

显然，边际效应是过去的学习基础的函数。

二、可线性化的非线性回归模型的线性化方法

如果一般的非线性回归模型可以通过适当的变换实现线性化，则称之为可线性化的非线性回归模型。可线性化的非线性回归模型的线性化方法为间接变量代换法。

在某些经济问题中，经济变量之间的非线性关系不能通过直接变量代换转化为线性形式，而是需要先进行函数变换（通常是对方程两边取对数），然后进行变量代换，使其转化为线性形式，再进行参数估计。

1. 指数函数模型

指数函数模型的一般形式为

$$Y_i = A e^{\beta_1 X_i} \tag{3.22}$$

对式（3.22）两边取对数，得

$$\ln Y_i = \ln A + \beta_1 X_i$$

令 $Y_i^* = \ln Y_i$，$\beta_0 = \ln A$，则原模型可转化为

$$\ln Y_i = \beta_0 + \beta_1 X_i \tag{3.23}$$

模型式（3.23）即可用利用一元线性回归分析方法进行估计和检验。

2. 幂函数模型

幂函数模型的一般形式为

$$Y_i = A X_{1i}^{\beta_1} X_{2i}^{\beta_2} \cdots X_{ki}^{\beta_k} e^{u_i} \tag{3.24}$$

对式（3.24）两边取对数，得

$$\ln Y_i = \ln A + \beta_1 \ln X_{1i} + \beta_2 \ln X_{2i} + \cdots + \beta_k \ln X_{ki} + u_i$$

令

$$Y_i^* = \ln Y_i, \beta_0 = \ln A, X_{1i}^* = \ln X_{1i}, X_{2i}^* = \ln X_{2i}, \cdots, X_{ki}^* = \ln X_{ki}$$

则可将原模型转化为标准的线性回归模型：

$$Y_i^* = \beta_0 + \beta_1 X_{1i}^* + \beta_2 X_{2i}^* + \cdots + \beta_k X_{ki}^* + u_i \tag{3.25}$$

模型式（3.25）即可利用多元线性回归分析方法进行估计和检验。

三、不可线性化的非线性回归模型的线性化方法

在实际问题中，如果非线性回归模型无论采用什么样的变换都不能实现线性化，则称之为不可线性化的非线性回归模型。对于不可线性化的非线性回归模型，一般采用迭代线性估计法，即借助泰勒级数展开式进行逐次的、线性的近似估计。

这种方法的基本思想是通过泰勒级数展开先使非线性方程在某一组初始参数估计值附近线性化，然后对这一线性方程应用普通最小二乘法，得出一组新的参数估计值。下一步是使非线性方程在新参数估计值附近线性化，对新的线性方程再应用普通最小二乘法，又得出一组新的参数估计值。不断重复上述过程，直至参数估计值收敛为止。其主要步骤如下：

假设非线性回归模型的一般形式为

$$Y=f(X_1,X_2,\cdots,X_k;\beta_1,\beta_2,\cdots,\beta_p)+u \tag{3.26}$$

其中 f 是关于 k 个解释变量 X_1，X_2，…，X_k 和 p 个未知参数 β_1，β_2，…，β_p 的一个非线性函数，且 f 是参数 β_1，β_2，…，β_p 的连续可导函数。

第一步，将非线性函数 f 对参数 β_1，β_2，…，β_p 给定的初始值 β_{10}，β_{20}，…，β_{p0} 展开为泰勒级数

$$\begin{aligned}Y &= f(X_1,X_2,\cdots,X_k;\beta_{10},\beta_{20},\cdots,\beta_{p0}) + \sum_{i=1}^{p}\left[\frac{\partial f}{\partial \beta_i}\right]_0(\beta_i-\beta_{i0}) \\ &\quad + \frac{1}{2}\sum_{i=1}^{p}\sum_{j=1}^{p}\left[\frac{\partial^2 f}{\partial \beta_i \partial \beta_j}\right]_0(\beta_i-\beta_{i0})(\beta_j-\beta_{j0})+\cdots+u\end{aligned} \tag{3.27}$$

偏导数符号的下标“0”表示这些偏导数是在点（β_{10}，β_{20}，β_{p0}）处取值，在式（3.27）中，前两项就是非线性函数 f 的一个线性近似，略去展开式第三项及以后所有各项即高阶项，得式（3.27）的线性近似：

$$Y = f(X_1,X_2,\cdots,X_k;\beta_{10},\beta_{20},\cdots,\beta_{p0}) + \sum_{i=1}^{p}\left[\frac{\partial f}{\partial \beta_i}\right]_0(\beta_i-\beta_{i0})+v \tag{3.28}$$

其中 v 是泰勒级数展开式中的高阶项与随机误差项之和。移项整理后得

$$Y - f(X_1,X_2,\cdots,X_k;\beta_{10},\beta_{20},\cdots,\beta_{p0}) - \sum_{i=1}^{p}\beta_{i0}\left[\frac{\partial f}{\partial \beta_i}\right]_0 = \sum_{i=1}^{p}\beta_i\left[\frac{\partial f}{\partial \beta_i}\right]_0+v \tag{3.29}$$

式（3.29）对参数 β_1，β_2，…，β_p 已具有线性形式。

第二步，将式（3.29）左端看成一组新的因变量，将式（3.29）右端 $\left[\frac{\partial f}{\partial \beta_1}\right]_0$，$\left[\frac{\partial f}{\partial \beta_2}\right]_0$，…，$\left[\frac{\partial f}{\partial \beta_p}\right]_0$ 看成一组新的自变量，这样式（3.29）就已经成为标准模型，对式（3.29）应用普通最小二乘法，得出一组参数的估计值 $\hat{\beta}_{11}$，$\hat{\beta}_{21}$，…，$\hat{\beta}_{p1}$。

第三步，重复第一步，在新参数估计值 $\hat{\beta}_{11}$，$\hat{\beta}_{21}$，…，$\hat{\beta}_{p1}$ 附近再作一次泰勒展开，得到新的线性回归模型：

$$Y - f(X_1,X_2,\cdots,X_k;\hat{\beta}_{11},\hat{\beta}_{21},\cdots,\hat{\beta}_{p1}) - \sum_{i=1}^{p}\hat{\beta}_{i1}\left[\frac{\partial f}{\partial \beta_i}\right]_1 = \sum_{i=1}^{p}\beta_i\left[\frac{\partial f}{\partial \beta_i}\right]_1+w \tag{3.30}$$

第四步，重复第二步，对式（3.30）应用普通最小二乘法，又得出一组参数的估计值 $\hat{\beta}_{12}$，β_{22}，…，$\hat{\beta}_{p2}$。

第五步，如此反复循环，得出一组点序列 $\hat{\beta}_{1l}$，$\hat{\beta}_{2l}$，…，$\hat{\beta}_{pl}$（$l=1$，2，…），直至其收敛或满足下述条件为止：

$$\left|\frac{\hat{\beta}_{i(l+1)}-\hat{\beta}_{il}}{\beta_{il}}\right|<\delta(i=1,2,\cdots,p) \tag{3.31}$$

在式（3.31）中，$\hat{\beta}_{i(l+1)}$表示第 $l+1$ 次迭代得到的参数估计值，$\hat{\beta}_{il}$表示第 l 次迭代得到的参数估计值，δ 表示允许误差。

这里应指出的是，迭代过程可能不收敛，这时应重选一组初始参数值，重新作逐次线性的近似估计。另外，迭代线性化方法不能保证残差平方和 $Q = \sum e_i^2$ 达到最小，它可能使残差平方和收敛于某一局部极小值，而不是真正的极小值。

从上述估计过程可以看出，对不可线性化的非线性回归模型，将其展开成泰勒级数一阶项并经过适当的变量代换之后，也可以将其转化成线性回归模型。因此，仍可以采用普通最小二乘法估计其中的参数。需要指出的是，上述迭代过程的收敛性及收敛速度与参数初始值的选取密切相关。若选取的初始值与参数真值比较接近，则收敛速度较快；反之，则收敛缓慢甚至发散。因此，估计模型时最好依据参数的经济意义和有关先验信息，设定好参数的初始值。

四、案例分析

下面针对在第一节中关于非线性模型的 3 种类型，分别用社会经济中的实际案例进行分析。

1. 多项式函数模型参数估计

例 3.1 假设某企业在 15 年中每年的产量（X 件）和总成本（C 元）的统计资料如表 3.1 所示，试估计该企业的总成本函数模型。

表 3.1 某企业在 15 年中每年的产量和总成本的统计资料

年份	总成本（C）/元	产量（X）/件
1	10 000	100
2	28 600	300
3	19 500	200
4	32 900	400
5	52 400	600
6	42 400	500
7	62 900	700
8	86 300	900
9	74 100	800

续表

年份	总成本（C）/元	产量（X）/件
10	100 000	1 000
11	133 900	1 200
12	115 700	1 100
13	154 800	1 300
14	178 700	1 400
15	203 100	1 500

根据平均成本与产量的关系曲线为 U 形曲线，总成本函数形式为

$$C_i = \beta_0 + \beta_1 X_i + \beta_2 X_i^2 + \beta_3 X_i^3 + u_i \tag{3.32}$$

它是关于产量 X 的三次多项式。作变量替换：

$$Y_i = C_i,\ Z_{1i} = X_i,\ Z_{2i} = X_i^2,\ Z_{3i} = X_i^3$$

可将原模型化为标准的三元线性回归模型：

$$Y_i = \beta_0 + \beta_1 Z_{1i} + \beta_2 Z_{2i} + \beta_3 Z_{3i} + u_i$$

利用 EViews 的生成程序，得到新变量 Z_1，Z_2，Z_3 的数据，如表 3.2 所示。

表 3.2　某企业在 15 年中总成本和经过变量替换的产量的统计资料

年份	Y	Z_1	Z_2	Z_3
1	10 000	100	10 000	1 000 000
2	28 600	300	90 000	27 000 000
3	19 500	200	40 000	8 000 000
4	32 900	400	160 000	64 000 000
5	52 400	600	360 000	216 000 000
6	42 400	500	250 000	125 000 000
7	62 900	700	490 000	343 000 000
8	86 300	900	810 000	729 000 000
9	74 100	800	640 000	512 000 000
10	100 000	1 000	1 000 000	1 000 000 000
11	133 900	1 200	1 440 000	1 728 000 000
12	115 700	1 100	1 210 000	1 331 000 000
13	154 800	1 300	1 690 000	2 197 000 000
14	178 700	1 400	1 960 000	2 744 000 000
15	203 100	1 500	2 250 000	3 375 000 000

利用 EViews 的普通最小二乘法，输出的结果如表 3.3 所示。

表 3.3　普通最小二乘法估计回归结果

Dependent Variable：Y				
Method：Least Squares				
Date：04/05/20　Time：11：24				
Sample：1 15				
Included observations：15				
Variable	Coefficient	Std. Error	t – Statistic	Prob.
C	2 434.652	1 368.921	1.778 519	0.102 9
Z1	85.702 78	7.170 616	11.951 94	0.000 0
Z2	–0.028 405	0.010 242	–2.773 303	0.018 1
Z3	4.05E –05	4.22E –06	9.593 420	0.000 0
R – squared	0.999 778	Mean dependent var		86353.33
Adjusted R – squared	0.999 717	S. D. dependent var		60 016.44
S. E. of regression	1 009.303	Akaike info criterion		16.895 09
Sum squared resid	11 205 609	Schwarz criterion		17.083 90
Log likelihood	–122.713 1	Hannan – Quinn criter		16.893 07
F – statistic	16 497.11	Durbin – Watson stat		2.275 841
Prob（F – statistic）	0.000 000			

根据结果，得到如下回归方程：

$$Y_i = 2\ 434.7 + 85.7Z_1 - 0.03Z_2 + 0.000\ 04Z_3$$

$$(1.778\ 5)\ (11.995\ 19)\ (-2.773\ 3)\ (9.593\ 4)$$

$$R^2 = 0.999\ 7,\ F = 16\ 497.11$$

其中括号内为 t 统计量值，即

$$\hat{C}_i = 2434.7 + 85.7X - 0.03X^2 + 0.000\ 04X^3$$

将估计的总成本回归方程两边同时除以产量 X，得到估计的平均成本回归方程：

$$\frac{\hat{C}_i}{X} = \frac{2\ 434.7}{X} + 85.7 - 0.03X + 0.000\ 04X^2$$

这就是平均成本的 U 形曲线。

2. C – D（柯布 – 道格拉斯）生产函数的参数估计

例 3.2　根据天津市 1980—1996 年的国内生产总值 GDP（亿元）、资金 K（亿元）和从业人员 L（万人）的有关统计资料（如表 3.4 所示），估计天津市全社会的 C – D 生产函数模型。

表 3.4　天津市 1980—1996 年地区生产总值（GDP）、资金和从业人员的统计资料

年份	GDP（当年价格）/亿元	资金 K/亿元	从业人员 L/万人
1980	103.52	461.67	394.79
1981	107.96	476.32	413.02
1982	114.10	499.13	420.50
1983	123.40	527.22	435.60
1984	147.47	561.02	447.50
1985	175.71	632.11	455.90
1986	194.67	710.51	466.94
1987	220.00	780.12	470.93
1988	259.64	895.66	465.15
1989	283.34	988.65	469.79
1990	310.95	1 075.37	470.07
1991	342.75	1 184.58	479.67
1992	411.24	1 344.14	485.70
1993	536.10	1 688.02	503.10
1994	725.14	2 221.42	513.00
1995	920.11	2 843.48	515.30
1996	1 102.10	3 364.34	512.00

C－D 生产函数模型的形式为

$$Y_i = AL_i^{\alpha}K_i^{\beta}e^{u_i}\quad(i=1,2,\cdots,n)\tag{3.33}$$

其中，Y 表示产出量，K 表示资金投入量，L 表示劳动投入量，u 是随机误差项，A、α、β 为未知参数。

设天津市 C－D 生产函数模型为

$$\text{GDP}_i = AL_i^{\alpha}K_i^{\beta}e^{u_i}\quad(i=1,\ 2,\ \cdots,\ 17)$$

两边取对数，得到

$$\ln\text{GDP}_i = \ln A + \alpha\ln K_i + \beta\ln L_i + u_i$$

令

$$Y_i = \ln\text{GDP}i,\ X_{1i} = \ln K_i,\ X_{2i} = \ln L_i$$

$$\beta_0 = \ln A,\ \beta_1 = \alpha,\ \beta_2 = \beta,$$

则可将 C－D 生产函数模型转换成标准的二元线性回归模型：

$$Y_i = \beta_0 + \beta_1 X_{1i} + \beta_2 X_{2i} + u_i$$

利用 EViews 的生成程序，得到新变量的数据，如表 3.5 所示。

表 3.5　1980—1996 年天津市 GDP、资金和从业人员的统计资料经过对数变换后的数据

年份	Y	X_1	X_2
1980	4.639 8	6.134 9	5.978 4
1981	4.681 8	6.166 1	6.023 9
1982	4.737 1	6.212 9	6.041 4
1983	4.815 4	6.267 6	6.076 7
1984	4.993 6	6.329 8	6.103 7
1985	5.168 8	6.449 1	6.122 3
1986	5.271 3	6.566 0	6.146 2
1987	5.393 6	6.659 4	6.154 7
1988	5.559 3	6.797 6	6.142 4
1989	5.646 6	6.896 3	6.152 3
1990	5.739 6	6.980 4	6.152 9
1991	5.837 0	7.077 1	6.173 1
1992	6.019 2	7.203 5	6.185 6
1993	6.284 3	7.431 3	6.220 8
1994	6.586 4	7.705 9	6.240 3
1995	6.824 5	7.952 8	6.240 9
1996	7.005 0	8.121 0	6.238 3

利用 EViews 的普通最小二乘法，输出的结果如表 3.6 所示。

表 3.6　普通最小二乘估计法估计回归结果

Dependent Variable：LOG（GDP）				
Method：Least Squares				
Date：04/05/20　Time：13：00				
Sample：1980 1996				
Included observations：17				
Variable	Coefficient	Std. Error	t – Statistic	Prob.
C	–10.463 86	1.287 010	–8.130 363	0.000 0
LOG（K）	1.021 124	0.029 404	34.72 712	0.000 0
LOG（L）	1.471 943	0.239 290	6.151 284	0.000 0
R – squared	0.998 608	Mean dependent var		5.600 196
Adjusted R – squared	0.998 409	S. D. dependent var		0.749 974
S. E. of regression	0.029 918	Akaike info criterion		–4.021 929
Sum squared resid	0.012 531	Schwarz criterion		–3.874 891
Log likelihood	37.186 39	Hannan – Quinn criter		–4.007 313
F – statistic	5 020.103	Durbin – Watson stat		1.568 312
Prob（F – statistic）	0.000 000			

根据表 3.6 得到估计的回归方程为

$$Y_i = -10.463\ 9 + 1.021\ 1X_1 + 1.471\ 9X_2$$
$$(-8.130\ 4)\ (34.727\ 1)\ (6.151\ 3)$$
$$R^2 = 0.998\ 6,\ F = 5\ 020.103$$

其中括号内为 t 统计量值。

最后，得到估计的 C－D 生产函数方程为

$$\widehat{\mathrm{GDP}} = 0.000\ 03K^{1.021\ 1}L^{1.471\ 9}$$

注意，如果随机误差项 u_i 满足基本假定，那么 $\hat{\beta}_1 = \hat{\alpha}$，$\hat{\beta}_2 = \hat{\beta}$ 分别是 α，β 的无偏估计量，而 $\hat{A}$ 却不是 A 的无偏估计量。这是因为虽然 $\hat{\beta}_0$ 是 β_0 的无偏估计量，但由于 $\hat{A} = \mathrm{e}^{\hat{\beta}_0}$ 是无偏估计量 $\hat{\beta}_0$ 的非线性函数，因此 $E(\hat{A}) \neq \mathrm{e}^{E(\hat{\beta}_0)} = \mathrm{e}^{\beta_0} = A$。

3. *两要素不变替代弹性生产函数的参数估计*

两要素不变替代弹性（Constant Elasticity of Substitution，CES）生产函数模型，简称为 CES 生产函数模型，其基本形式为

$$Y = A[\delta K^{-\rho} + (1-\delta)L^{-\rho}]^{-\frac{m}{\rho}} \tag{3.34}$$

其中参数 A 为效率参数，是广义技术进步水平的反映，应该有 $A>0$；δ 为分配系数，满足 $0<\delta<1$；ρ 为替代参数，满足 $\rho \geqslant -1$；参数 m 为规模报酬参数。

对式（3.34），当要素投入量同时扩大 λ 倍时，有

$$A[\delta(\lambda K)^{-\rho} + (1-\delta)(\lambda L)^{-\rho}]^{-\frac{m}{\rho}} = \lambda^m\{A[\delta K^{-\rho} + (1-\delta)L^{-\rho}]^{-\frac{m}{\rho}}\}$$

因此，当 $m=1$ 时，CES 生产函数为不变规模报酬；当 $m>1$ 时，CES 生产函数为递增规模报酬；当 $m<1$ 时，CES 生产函数为递减规模报酬。

由定义可知，CES 生产函数的要素替代弹性为固定常数：

$$\sigma = 1/(1+\rho) \tag{3.35}$$

显然，如果 $\rho=0$，则要素替代弹性为 $\rho=1$，于是 CES 生产函数退化为 C－D 生产函数。

CES 生产函数是一个关于 4 个参数（A，δ，ρ，m）的非线性函数模型，采用简单的方法含义化为线性模型，本书采用迭代估计法进行参数估计，具体步骤如下：

对 CES 生产函数式（3.34）两边取对数，得到

$$\ln Y = \ln A - \frac{m}{\rho}\ln[\delta K^{-\rho} + (1-\delta)L^{-\rho}] \tag{3.36}$$

设 $f(\rho) = \ln[\delta \mathrm{K}^{-\rho} + (1-\delta)\mathrm{L}^{-\rho}]$，将 $f(\rho)$ 在 $\rho=0$ 处作泰勒级数展开，取 0 阶、1 阶和 2 阶项，得

$$\begin{aligned} f(\rho) &= f(0) + f'(0)(\rho-0) + f''(0)(\rho-0)^2 \\ &= -\rho[\delta\ln K + (1-\delta)\ln L] + \frac{1}{2}\rho^2\delta(1-\delta)(\ln K - \ln L)^2 \\ &= -\rho[\delta\ln K + (1-\delta)\ln L] + \frac{1}{2}\rho^2\delta(1-\delta)\left[\ln\left(\frac{K}{L}\right)\right]^2 \end{aligned} \tag{3.37}$$

将式（3.37）代入式（3.36），得到线性化的 CES 生产函数：

$$\ln Y = \ln A + m\delta \ln K + m(1-\delta)\ln L - \frac{1}{2}m\rho\delta(1-\delta)\left[\ln\left(\frac{K}{L}\right)\right]^2 \tag{3.38}$$

设 $Z=\ln Y$ 为被解释变量，$X_1=\ln K$，$X_2=\ln L$，$X_3=\left[\ln\left(\frac{K}{L}\right)\right]^2$ 为解释变量，$\beta_0=\ln A$，$\beta_1=m\delta$，$\beta_2=m(1-\delta)$，$\beta_3=-\frac{1}{2}m\rho\delta(1-\delta)$ 为未知参数，则可将线性化的 CES 生产函数式（3.38）转换为一个简单的线性回归模型：

$$Z=\beta_0+\beta_1X_1+\beta_2X_2+\beta_3X_3+u$$

利用普通最小二乘法可以得到 β_0，β_1，β_2，β_3 的估计值 $\hat{\beta}_0$，$\hat{\beta}_1$，$\hat{\beta}_2$，$\hat{\beta}_3$，进而得到 CES 生产函数的结构参数 A，δ，ρ，m 的估计值：

$$\hat{A}=e^{\hat{\beta}_0},\ \hat{\delta}=\frac{\hat{\beta}_1}{\hat{\beta}_1+\hat{\beta}_2},\ \hat{\rho}=\frac{-2\hat{\beta}_3(\hat{\beta}_1-\hat{\beta}_2)}{\hat{\beta}_1\hat{\beta}_2},\ \hat{m}=\hat{\beta}_1+\hat{\beta} \tag{3.39}$$

式（3.38）的前三项相当于 $\rho=0$ 时的 CES 生产函数，显然，它是 C－D 生产函数的形式。最后一项是对 $\rho=0$ 情形的一个调整，调整的幅度取决于 ρ 的大小。由此可见，用式（3.38）近似 CES 生产函数 $Y=A[\delta K^{-\rho}+(1-\delta)L^{-\rho}]^{m/\rho}$，近似误差的大小与 ρ 偏离 0 的程度有关。所以，若 ρ 的估计量 $\hat{\rho}$ 接近 0，则参数估计量是较好的近似；若 ρ 的估计量 $\hat{\rho}$ 与 0 相差较大，则参数估计量不是较好的近似。

例 3.3　根据天津市 1980—1996 年的国内生产总值 GDP（亿元）、资金 K（亿元）和从业人员 L（万人）的有关统计资料（如表 3.4 所示），估计天津市全社会的 CES 生产函数模型。

利用 EViews 的生成程序，根据表 3.4，得到新变量 $Z=\ln(\text{GDP})$，$X_1=\ln K$，$X_2=\ln L$，$X_3=[\ln(K/L)]^2$ 的数据，如表 3.7 所示。

表 3.7　1980—1996 年天津市 GDP、资金和从业人员的统计资料经过对数变换后的数据

年份	Z	X_1	X_2	X_3
1980	4.639 8	6.134 9	5.978 4	0.024 5
1981	4.681 8	6.166 1	6.023 5	0.020 3
1982	4.737 1	6.212 9	6.041 4	0.029 4
1983	4.815 4	6.267 6	6.076 7	0.036 4
1984	4.993 6	6.329 8	6.103 7	0.051 1
1985	5.168 8	6.449 1	6.122 3	0.106 8
1986	5.271 3	6.566 0	6.146 2	0.176 2
1987	5.393 6	6.659 4	6.154 7	0.254 8
1988	5.559 3	6.797 6	6.142 4	0.429 3
1989	5.646 6	6.896 3	6.152 3	0.553 6
1990	5.739 6	6.980 4	6.152 9	0.684 8
1991	5.837 0	7.077 1	6.173 1	0.817 3

续表

年份	Z	X_1	X_2	X_3
1992	6.019 2	7.203 5	6.185 6	1.036 2
1993	6.284 3	7.431 3	6.220 8	1.465 4
1994	6.586 4	7.705 9	6.240 3	2.148 1
1995	6.824 5	7.952 8	6.244 7	2.917 4
1996	7.005 0	8.121 0	6.238 3	3.544 4

利用 EView 软件对模型进行普通最小二乘法估计，其结果如表 3.8 所示。

表 3.8　普通最小二乘法估计回归结果

Dependent Variable：LOG（GDP）				
Method：Least Squares				
Date：04/05/20　Time：16：31				
Sample：1980 1996				
Included observations：17				
Variable	Coefficient	Std. Error	t - Statistic	Prob.
C	-8.714 523	1.475 951	-5.904 344	0.000 1
X1	1.169 303	0.080 377	14.547 73	0.000 0
X2	1.029 326	0.314 436	3.273 563	0.006 0
X3	-0.060 194	0.030 779	-1.955 664	0.072 3
R - squared	0.998 924	Mean dependent var		5.600 196
Adjusted R - squared	0.998 676	S. D. dependent var		0.749 974
S. E. of regression	0.027 291	Akaike info criterion		-4.162 176
Sum squared resid	0.009 683	Schwarz criterion		-3.966 125
Log likelihood	39.378 49	Hannan - Quinn criter		-4.142 688
F - statistic	4 023.243	Durbin - Watson stat		1.741 752

根据结果，得到以下回归方程：

$$\ln(\text{GDP}) = -8.714\,5 + 1.169\,3\ln K + 1.029\,3\ln L - 0.060\,2[\ln(K/L)]^2$$

$$(-5.904\,3)\ (14.547\,7)\ (32\,736)\ (-1.955\,7)$$

$$R^2 = 0.998\,9,\ F = 4\,023.243$$

于是，得到 A，δ，ρ，m 的估计值：

$\hat{A} = e^{\beta_0} = 0.000\,16$，$\hat{\delta} = \dfrac{\hat{\delta}_1}{\hat{\delta}_1 + \hat{\beta}_2} = 0.531\,8$，$\hat{\rho} = \dfrac{-2\hat{\beta}_3(\hat{\beta}_1 + \hat{\beta}_2)}{\hat{\beta}_1\hat{\beta}_2} = 0.219\,9$，$\hat{m} = \hat{\beta}_1 + \hat{\beta} = 2.198\,6$

所以，估计的 CES 生产函数为

$$\widehat{\mathrm{GDP}}=0.000\,16\left[0.531\,8K^{-0.219\,9}+0.468\,2L^{-0.219\,9}\right]^{-\frac{2.198\,6}{0.219\,9}}$$

K 与 L 的替代弹性 σ 的估计值为

$$\hat{\sigma}=1/(1+\hat{\sigma})=1/(1+0.219\,9)=0.819\,7$$

因为替代弹性值比较接近1，而C－D生产函数的替代弹性是1，这就表明C－D生产函数模型可能是较适宜的形式。

复习思考题

1. 什么是标准的线性回归模型？什么是非标准线性回归模型？

2. 对于非线性回归模型，按照其形式和估计方法的不同，又可分为哪几种类型？其各有什么样的特征？

3. 非标准线性回归模型的线性化主要有哪几种方法？其各有什么样的特征？

4. 阐述迭代线性估计法的基本思想和主要步骤。

第四章

经典单方程计量经济学模型的拓展

在古典假设条件下，应用最小二乘法可得到线性的、无偏的、有效的参数估计，若遇到解释变量之间存在线性关系的情况，将产生多重共线性；若随机误差项违背古典假设中随机误差项的方差等于常数的条件，将产生异方差性；若随机误差项之间存在相关性，将产生序列自相关性，进而导致参数估计量不再具有最小方差性，并使 t 检验和 F 检验失效，降低预测精度。为此，本章介绍多重共线性、异方差性和序列自相关性的产生原因、后果及各种检验方法，并通过案例分析结合 EViews 软件，介绍克服多重共线性、异方差性和序列自相关性的方法和虚拟变量问题，以分析和解决经济现象中的实际问题。

本章学习目标：

（1）理解多重共线性、异方差性、序列自相关性的基本概念和产生的经济背景；

（2）掌握检验多重共线性与消除多重共线性的方法；

（3）掌握检验异方差性与消除异方差性的方法；

（4）掌握检验序列自相关性与消除序列自相关性的方法；

（5）理解虚拟变量的基本概念及其在计量经济学模型中的作用。

第一节　多重共线性问题

本书在第二章对多元线性回归模型提出了若干基本假定，在古典假设的前提下，应用最小二乘法可以得到线性的、无偏的、有效的参数估计，强调了假定无多重共线性，即假定各个解释变量之间不存在线性关系，或者说各个解释变量中的任何一个都不能是其他解释变量的线性组合，但现实生活中的实际问题往往比古典模型假定的情况复杂，在人们所选择的解释变量中，某些解释变量之间往往也有相互关系，这种自变量间的相互关系是违背使用最小二乘法时所要满足的假设条件的，称这类问题为多重共线性问题。

一、多重共线性的含义

多重共线性包含完全多重共线性和不完全多重共线性两种类型。完全多重共线性是指线性回归模型中至少有一个解释变量可以被其他解释变量线性表示，存在严格的线性关系。

如对于被解释变量 Y 关于 k 个解释变量 X_1，X_2，…，X_k 的多元线性回归模型

$$Y_i = \beta_0 + \beta_1 X_{1i} + \beta_2 X_{2i} + \cdots + \beta_k X_{ki} + u_i \quad (i = 1, 2, \cdots, n) \tag{4.1}$$

存在不全为零的常数 c_0，c_1，…，c_k，使得

$$c_0 + c_1 X_{1i} + c_2 X_{2i} + \cdots + c_k X_{ki} = 0 \quad (i = 1, 2, \cdots, n) \tag{4.2}$$

则可以说解释变量 X_1，X_2，…，X_k 之间存在完全的线性相关关系，即存在完全多重共线性。

从矩阵形式来看，就是 $|\boldsymbol{X}^{\mathrm{T}}\boldsymbol{X}| = 0$，即 $R(\boldsymbol{X}) < k - 1$，观测值矩阵是降秩的，表明在向量 $\boldsymbol{X}$ 中至少有一个列向量可以由其他列向量线性表示。不完全多重共线性是指线性回归模型中解释变量间存在不严格的线性关系，即近似线性关系。一般情况下，完全多重共线性并不常见，通常是

$$c_0 + c_1 X_{1i} + c_2 X_{2i} + \cdots + c_k X_{ki} \approx 0 \quad (i = 1, 2, \cdots, n) \tag{4.3}$$

此时称模型存在不完全多重共线性。

需要强调，不存在多重共线性只说明解释变量之间没有线性关系，但不排除它们之间存在某种非线性关系。

二、产生多重共线性的原因

多重共线性是多元线性回归模型中普遍存在的现象。当经济现象的变化涉及多个影响因素时，各影响因素间就不可避免地存在一定的相关性，一般存在多重共线性的原因主要有以下几种：

（1）经济变量间具有共同的变化趋势。例如，在经济繁荣时期，收入、消费、储蓄、投资、就业等都趋向增长；在经济衰退时期，都趋向下降。当这些变量同时作为解释变量进入模型时就可能带来多重共线性问题。

（2）模型中含有滞后变量。例如，在研究消费规律时，解释变量因素不但要考虑当期收入，还要考虑以往各期收入，而当期收入与滞后收入间存在多重共线性的可能性很大。

（3）样本数据收集范围过窄。例如，抽样仅限于总体中解释变量取值的一个有限范围，使变量变异不大；或由于总体受限，多个解释变量的样本数据之间存在相关，这时都可能出现多重共线性。

三、多重共线性的后果

多元线性回归模型中如果存在完全的多重共线性，则参数的最小二乘估计量是不确定的，其标准差为无穷大；如果存在近似的多重共线性，则参数的最小二乘估计量是确定的，而且具有无偏性，但其方差较大，常产生以下后果：

（1）参数 β 估计值不精确，也不稳定，样本观测值稍有变动，增加或减少解释变量等都会使参数估计值发生较大变化，甚至出现符号错误，从而不能正确反映解释变量对被解释变量的影响。

（2）参数估计值的标准差较大，使参数的显著性 t 检验增加了接受零假设的可能，从而舍去对被解释变量有显著影响的解释变量。

多重共线性产生的后果一般具有一定的不确定性，在一些模型中，程度不高的多重共线性可能带来严重的后果；而在另一些模型中，程度较高的多重共线性却没有造成不利的影响，甚至参数估计量的标准差也不大。一般地，只要模型中存在多重共线性，便有造成不利后果的可能。

例如，对于二元线性回归模型

$$Y_i = \beta_0 + \beta_1 X_{1i} + \beta_2 X_{2i} + u_i (i = 1, 2, \cdots, n) \tag{4.4}$$

若解释变量 X_1 与 X_2 存在精确线性关系

$$X_{2i} = a_0 + a_1 X_{1i} (i = 1, 2, \cdots, n)$$

将该关系代入二元线性回归模型参数估计量的表达式中，经过简单计算，可得

$$\hat{\beta}_1 = \frac{0}{0}, \ \hat{\beta}_2 = \frac{0}{0}$$

故参数的估计值不确定。将该关系代入二元线性回归模型参数估计量的方差表达式中，可得

$$\mathrm{Var}(\hat{\beta}_1) = \infty, \ \mathrm{Var}(\hat{\beta}_2) = \infty$$

即 $\hat{\beta}_1$ 和 $\hat{\beta}_2$ 的方差为无穷大，也不是确定的。

需要指出的是，在近似的多重共线性下，主要模型满足古典假设，回归系数的最小二乘估计量就具有线性、无偏性和最小方差性，但无偏性并不保证对某个给定样本参数估计值等于真值，最小方差性也不保证参数估计量的方差在给定样本下很小。

四、多重共线性检验

在多元线性回归模型中，多重共线性是较为普遍的现象，其造成的后果也比较复杂，从上面的分析可以看出，程度较高的多重共线性对最小二乘估计产生严重后果，因此，在运用最小二乘法进行多元线性回归时，不但要检验解释变量间是否存在多重共线性，还要检验多重共线性的严重程度。

1. 多个解释变量的相关性检验

对于有两个解释变量的模型，可以利用解释变量样本观测值的散点图或者计算两个解释变量之间的相关系数来判定是否存在显著的线性关系，相关系数越接近 1，二者的线性关系越强。对于有两个以上解释变量的模型，可以用其中一个解释变量对其他所有解释变量进行线性回归，并计算多元样本可决系数 R^2，其中 R^2 最大且接近 1 的（一般来说在 0.8 以上），说明对应的解释变量与其他所有解释变量之间线性关系显著。也可计算两两解释变量的相关系数，其值接近 1 或 −1（一般在 0.8 以上），说明相应解释变量之间线性关系显著。

2. 参数估计值的统计检验

若多元线性回归模型的多元样本可决系数 R^2 较大，但回归系数在统计上均不显著，即 t 检验值的绝对值过小，说明模型存在多重共线性。

3. 参数估计值的稳定性

增加或减少解释变量，变动样本观测值，考察参数估计值的变化，如果变化明显，说明

模型中可能存在多重共线性。

4. 参数估计值的经济检验

考察参数最小二乘估计值的符号和大小，如果不符合经济理论或实际情况，说明模型中可能存在多重共线性。

五、多重共线性的修正方法

1. 逐步回归法（修正 Frisch 法）

该方法不仅可以对多重共线性进行检验，同时也是处理多重共线性问题的一种有效方法，其步骤如下：

（1）用该解释变量分别对每个解释变量进行回归，根据经济理论和统计检验从中选择一个最合适的回归方程作为基本回归方程，通常选取多元样本可决系数 R^2 最大的回归方程。

（2）在基本回归方程中逐个增加其他解释变量，重新进行线性回归。如果新增加的这个解释变量提高了回归方程的多元样本可决系数 R^2，并且回归方程中的其他参数在统计上仍然显著，就在模型中保留该解释变量；如果新增加的解释变量没有提高回归方程的拟合优度，并且回归方程中某些参数的数值或符号等受到显著的影响，说明模型中存在多重共线性，对该解释变量同与之相关的其他解释变量进行比较，在模型中保留对解释变量影响较大的，略去影响较小的。

2. 利用解释变量之间的关系

如果造成多重共线性的解释变量之间满足一定的关系，则可以在模型中引入附加方程，将单方程模型化为联立方程模型，利用联立方程中的方法估计参数，来克服多重共线性。

3. 增加样本法

如果多重共线性是由样本引起的，例如测量误差或偶然的样本，但解释变量的总体不存在多重共线性，则可以通过收集更多的观测值增加样本容量来避免或减弱多重共线性。一般来说，当样本量加大时，解释变量的随机性增大，解释变量的变化区域也会扩大。这会使自变量之间的相似性减少，其相互的差异性增大，从而减少了不必要的共性，也就解决了多重共线性的问题。

4. 合并变量法

可以将两个相关性非常强的解释变量合并成一个新的变量，用这个新变量取代原来的两个变量在模型中的位置，然后再对新变量作回归分析。例如，某产品的销售量 Y 取决于其出厂价格 X_1、市场价格 X_2 和市场总供应量 X_3，模型为

$$\ln Y_i = \beta_0 + \beta_1 \ln X_{1i} + \beta_2 \ln X_{2i} + \beta_3 \ln X_{3i} + u_i (i = 1, 2, \cdots, n) \tag{4.5}$$

通常 X_1 与 X_2 是高度相关的，如果研究目的主要是预测某厂该产品销售量，则可以用相对价格 $\frac{X_1}{X_2}$ 来代替 X_1、X_2 对 Y 的影响，得

$$\ln Y_i = \alpha_0 + \alpha_1 \ln \frac{X_{1i}}{X_{2i}} + \alpha_2 \ln X_{3i} + u_i (i = 1, 2, \cdots, n) \tag{4.6}$$

从而克服了 X_1 与 X_2 的相关性。

5. *差分回归法*

如果多重共线性是由解释变量的现期值与过去值高度相关引起的，则可以用被解释变量的前一期滞后值代替解释变量的滞后值来避免多重共线性。例如，个人消费 Y_t 取决于现期收入 X_t 和过去收入 X_{t-1}，X_{t-2}，…，模型为

$$Y_t=\beta_0+\beta_1X_t+\beta_2X_{t-1}+\beta_3X_{t-3}+\cdots+u_t(t=1,2,\cdots,T) \tag{4.7}$$

通常 X_t，X_{t-1}，…是高度相关的，用消费的前一期值 Y_{t-1} 代替 X_{t-1}，X_{t-2}，…对现期值 Y_t 的影响，得模型

$$Y_t=\beta_0+\beta_1X_t+\rho Y_{t-1}+\cdots+u_t^*(t=1,2,\cdots,T) \tag{4.8}$$

一般地，X_t 与 Y_{t-1} 的线性关系较弱。

六、案例分析

本节用一个实例说明逐步回归法。

例 4.1 如表 4.1 所示，我国 2004—2015 年国内旅游收入为 Y 亿元，国内旅游人数为 X_1 万人次，城镇居民人均旅游花费为 X_2 元，农村居民人均旅游花费为 X_3 元，公路里程为 X_4 万公里，铁路里程为 X_5 万公里。

表 4.1 2004—2015 年中国旅游收入及相关数据

年份	国内旅游收入 Y/亿元	国内旅游人数 X_1/万人次	城镇居民人均旅游花费 X_2/元	农村居民人均旅游花费 X_3/元	公路里程 X_4/万公里	铁路里程 X_5/万公里
2004	4 710.7	110 200	731.80	210.20	187.07	7.44
2005	5 285.9	121 200	737.10	227.60	193.05	7.54
2006	6 229.7	139 400	766.40	221.90	345.70	7.71
2007	7 770.6	161 000	906.90	222.50	358.37	7.80
2008	8 749.3	171 200	849.40	275.30	373.02	7.97
2009	10 183.7	190 200	801.10	295.30	386.08	8.55
2010	12 579.8	210 300	883.00	306.00	400.82	9.12
2011	19 305.4	264 100	877.80	471.40	410.64	9.32
2012	22 706.2	295 700	914.50	491.00	423.75	9.76
2013	26 276.1	326 200	946.60	518.90	435.62	10.31
2014	30 311.9	361 100	975.40	540.20	446.39	11.18
2015	34 195.1	400 000	985.50	554.20	457.73	12.10

（资料来源：《中国统计年鉴》，2016 年）

利用表 4.1 中的数据，用 EViews 软件进行普通最小二乘法估计，结果如表 4.2 所示。

表 4.2　普通最小二乘估计法结果

Dependent Variable：Y				
Method：Least Squares				
Date：06/11/17　Time：16：54				
Sample：2001 2015				
Included observations：15				
Variable	Coefficient	Std. Error	t – Statistic	Prob.
C	–22 750.66	10 334.61	–2.201 406	0.055 2
X1	0.049 561	0.032 109	1.543 544	0.157 1
X2	8.643 099	6.894 668	1.253 592	0.241 6
X3	21.219 77	8.639 227	2.456 211	0.036 4
X4	–15.265 18	5.046 673	–3.024 801	0.014 4
X5	1 947.404	1 139.320	1.709 269	0.121 6
R – squared	0.997 383	Mean dependent var		13 276.50
Adjusted R – squared	0.995 929	S. D. dependent var		10 521.98
S. E. of regression	671.353 2	Akaike info criterion		16.145 64
Sum squared resid	4 056 436	Schwarz criterion		16.428 86
Log likelihood	–115.092 3	Hannan – Quinn criter		16.142 63
F – statistic	685.982 0	Durbin – Watson stat		1.497 810
Prob（F – statistic）	0.000 000			

由此可见，该模型的 $R^2=0.997\ 3$，$\bar{R}^2=0.995\ 9$，可决系数很大，F 检验值为 685.982 0，明显显著。但当 $\alpha=0.05$ 时，$t_{\alpha/2}(n-k+1)=t_{0.025}(12-6)=2.45$，不仅 X_1、X_2、X_5的系数 t 检验不显著，而且 X_4 系数的符号与预期相反，这说明很可能模型存在严重的多重共线性。

计算各解释变量的相关系数，选择数据，得出相关系数矩阵如表 4.3 所示。

表 4.3　相关系数矩阵

变量	X_1	X_2	X_3	X_4	X_5
X_1	1	0.926 565 886	0.971 443 352	0.875 697 482	0.987 005 42
X_2	0.926 565 9	1	0.856 443 381	0.915 630 894	0.888 890 582
X_3	0.971 443 4	0.856 443 381	1	0.799 777 799	0.950 545 352
X_4	0.875 697 5	0.915 630 894	0.799 777 799	1	0.825 430 124
X_5	0.987 005 4	0.888 890 582	0.950 545 352	0.825 430 124	1

由相关系数矩阵可以看出，各解释变量之间相关系数较大，证实存在严重的多重共线性。

采用逐步回归的方法，检验和处理多重共线性问题。分别作 Y 对 X_1、X_2、X_3、X_4、X_5 的一元回归，结果如表 4.4 所示。

表 4.4　一元回归结果

变量	X_1	X_2	X_3	X_4	X_5
参数估计值	0.098 87	92.571 6	73.769 7	75.865 5	6 634.249
t 统计量	27.102 9	7.172 7	18.298 5	5.033 7	22.832 2
R^2	0.982 6	0.798 3	0.962 6	0.660 9	0.975 7
$\bar{R}^2$	0.981 3	0.782 8	0.959 8	0.634 8	0.973 8

其中，加入 X_1 的方程 $\bar{R}^2$ 最大，以 X_1 为基础，顺次加入其他变量进行逐步回归，结果如表 4.5 所示。

表 4.5　加入新变量的回归结果（一）

变量	X_1	X_2	X_3	X_4	X_5	$\bar{R}^2$
X_1，X_2	0.115 2 (13.214 5)	−18.312 2 (−2.022 1)				0.984 9
X_1，X_3	0.067 6 (5.188 9)		24.273 8 (2.472 1)			0.986 6
X_1，X_4	0.119 5 (30.302 7)			−22.048 8 (−5.975 50)		0.994 9
X_1，X_5	0.063 1 (2.979 0)				2 438.399 (1.708 8)	0.983 7

分别加入 X_2、X_4 后，虽然调整后的多元样本可决系数 $\bar{R}^2$ 有所改善，但是这两个变量的参数符号不符合经济理论。加入 X_5后，$\bar{R}^2$ 有所改善，但其参数值不显著。经比较，新加入 X_3 的方程 $\bar{R}^2$ 有所改进，并且各参数的 t 检验显著，从而选择保留 X_3，再加入其他新变量逐步回归，结果如表 4.6 所示。

表 4.6　加入新变量的回归结果（二）

变量	X_1	X_2	X_3	X_4	X_5	$\bar{R}^2$
X_1，X_3，X_2	0.084 6 (4.154 6)	−10.502 9 (−1.080 6)	18.382 5 (1.642 3)			0.986 7
X_1，X_3，X_4	0.103 7 (9.914 6)		10.228 1 (1.612 2)	−19.276 7 (−4.982 2)		0.995 5
X_1，X_3，X_5	0.012 4 (0.659 9)		29.684 0 (4.043 7)		3 288.154 (3.395 9)	0.992 8

在 X_1、X_3 的基础上加入 X_2 后，$\bar{R}^2$ 值有所增加，但参数的 t 检验不显著，且参数符号为负值，不合理，故略去 X_2。加入 X_4 后，$\bar{R}^2$ 值有所增加，但 X_3 参数的 t 检验不显著，且 X_4 参数符号为负值，不合理，故略去 X_4。加入 X_5 后，$\bar{R}^2$ 值有所增加，但 X_1 参数的 t 检验不显著，从上面相关系数表中也可以看出，X_1、X_5 变量之间高度相关，故应略去 X_5。

综上所述，得到 Y 关于 X_1 和 X_3 的回归方程，得到回归结果为

$$\hat{Y} = -8\ 279.585 + 0.067\ 6X_1 + 24.273\ 8X_3$$
$$(-8.334\ 0)\quad(5.188\ 9)\quad(2.472\ 1)$$
$$R^2 = 0.988\ 5,\ \bar{R}^2 = 0.986\ 6,\ F = 514.739\ 8,\ \mathrm{DW} = 0.38$$

该模型中系数均显著其符号正确，虽然解释变量之间仍存在高度线性关系，但多重共线性并没有造成不利后果，所以该模型是较好的旅游收入方程模型。

第二节　异方差性问题

现实生活中的问题比古典模型假定的情况复杂，其基本假定并非都能满足，上一节介绍的多重共线性只是其中一个方面，本节讨论违背基本假定的另一个方面——异方差性。前者属于解释变量之间存在的问题，后者是随机误差项出现的问题。为此，本节将讨论异方差性产生的原因、后果以及各种检验和修正异方差性的方法。

一、异方差性的含义

第二章对线性回归模型提出了若干基本假定，其中一个重要假定就是同方差性，即对所有的 $i(i=1,2,\cdots,n)$，都有 $\mathrm{Var}(u_i)=\sigma^2=$ 常数。这里的方差 σ^2 度量的是随机误差项围绕其均值的离散程度。由于 $E(u_i)=0$ 即方差度量的是被解释变量 Y 的观测值围绕回归线 $E(Y_i)=\beta_0+\beta_1X_{1i}+\cdots+\beta_kX_{ki}$ 的离散程度，同方差性实质指的是相对于回归线被解释变量所有观测值的分散程度相同。

若 $\mathrm{Var}(u_i)=\sigma^2\neq$ 常数，即 $\mathrm{Var}(u_i)\neq\mathrm{Var}(u_j)$ $(i\neq j;\ i,\ j=1,\ 2,\ \cdots,\ n)$，此时称 u_i 具有异方差性。

图 4.1（a）显示了一元线性回归中随机误差项 u_i 随 X_i 的增加而增加，u_i 的方差也随之增大，为异方差的递增形式。图 4.1（b）显示了相对应的观测值 Y 围绕回归线的离散程度。

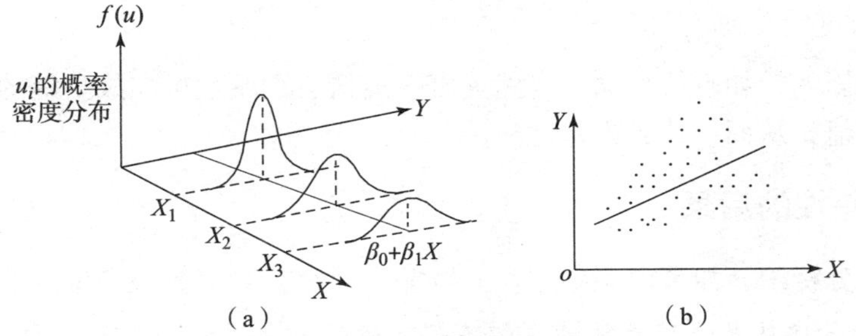

图 4.1　异方差图形及相应散点图

异方差性通常表现为 3 种常见类型，分别是：

（1）单调递增型：随机误差项的方差 σ_i^2 随 X 的增大而增大，即在 X 与 Y 的散点图中，表现为随着 X 值的增大 Y 值的波动越来越大，如图 4.1（b）所示。

（2）单调递减型：随机误差项的方差 σ_i^2 随 X 的增大而减小，即在 X 与 Y 的散点图中，表现为随着 X 值的增大 Y 值的波动越来越小。

（3）复杂型：随机误差项的方差 σ_i^2 与 X 的变化呈复杂形式，即在 X 与 Y 的散点图中，表现为随着 X 值的增大 Y 值的波动复杂多变，没有系统关系。

二、产生异方差性的原因

在实际经济问题中，错综复杂的经济现象往往与同方差性的假定相违背，在计量经济分析中，某些因素往往随其观测值的变化对被解释变量产生不同的影响，导致随机误差项的方差相异。产生异方差性的主要原因有以下几种。

1. 截面数据中总体单位的差异

一般情况下，用截面数据作样本时出现异方差性的可能性较大。例如以某一时间截面上不同收入家庭的数据为样本，研究家庭对某一消费品的需求时，若采用不同家庭收入组的数据，低收入组的家庭一般用于购买生活必需品的比例较大，消费的分散程度不大，组内各家庭消费的差异也较小。高收入组的家庭有更多可自由支配的收入，家庭消费有广泛的选择范围，消费的分散程度较大，组内各家庭消费差异也较大。这种不同收入组家庭的消费偏离均值程度的差异反映为随机误差项偏离其均值的程度有变化，造成异方差性。

2. 测量误差

一方面，测量误差常常在一定时间内逐渐积累，误差趋于增加，如解释变量越大，测量误差就会越大，另一方面，测量误差可能随时间的变化而变化，如抽样观测技术的改进使测量误差逐渐减小，所以测量误差引起的异方差性一般都存在于时间序列中。

3. 模型设定误差

模型设定包括变量的选择和模型数学形式的确定。由于随机误差项包含了所有无法用解释变量表示的各种因素对被解释变量的影响，即模型中略去的经济变量对被解释变量的影响。如果将某些未在模型中出现的重要因素归入随机误差项，而且这些影响因素的变化具有差异性，则会对被解释变量产生不同的影响，进而导致随机误差项的方差随之变化，产生异方差性。

4. 异常值出现

随机因素的影响，如政策变动、自然灾害、疫情、金融危机、战争等的影响，将使被解释变量出现异常值，从而导致异方差性。

三、异方差性的后果

在计量经济分析中，如果模型中存在异方差性，则其对模型会产生以下后果。

1. 参数估计量仍然是线性无偏的，但不是有效的

事实上，在用普通最小二乘法估计模型参数及证明参数的普通最小二乘估计为无偏估计

时，并没有利用随机误差项具有同方差性的假定，所以只要其他假定不变，不管随机误差项是同方差还是异方差，并不影响估计参数的线性和无偏性。而在模型参数的所有线性估计式中，普通最小二乘法估计方差最小的重要前提条件之一是随机误差项为同方差，如果随机误差项是异方差，将不能保证用普通最小二乘法估计的方差最小。也就是说，在异方差性存在时，虽然普通最小二乘法估计仍保持线性无偏性和一致性，但已失去了有效性，即参数的普通最小二乘法估计量不再具有最小方差。

2. t 分布和 F 分布的检验失效

在 u_i 存在异方差性时，会严重破坏 t 检验和 F 检验的有效性，因为 t 分布和 F 分布之上的检验的统计量都是利用总体方差的估计量 $\hat{\sigma}^2 = \dfrac{\sum e_i^2}{n-k-1}$ 构造而成的，这里包括随机误差项的方差。在同方差假定下，$\hat{\sigma}^2$ 可以估计并且服从特定的分布，这样就能进行显著性检验。在出现异方差性的情况下，$\hat{\sigma}^2$ 不再是总体方差 σ^2 的无偏估计量。这时无法构造服从特定分布的检验统计量，从而导致计算出的 t 统计量和 F 统计量不再满足 t 分布和 F 分布，其假设检验失效，得出错误的结论。

3. 预测值的精确度下降

尽管参数的普通最小二乘法估计量仍然无偏，并且基于此的预测也是无偏的，但是由于参数估计量的非有效性，对 Y 的预测也将不是有效的。在 u_i 存在异方差性时，σ_i^2 与 X_i 的变化有关，可表示为 $\sigma_i^2 = \sigma^2 f(X_i)$，参数普通最小二乘法估计的方差 $\mathrm{Var}(\hat{\beta}_k)$ 不能唯一确定，参数的方差将会比无异方差时增大或减小，但在大多数情况下，参数的方差会增大，Y 预测区间的建立将发生困难，而且当 $\mathrm{Var}(\hat{\beta}_k)$ 增大时，Y 预测值的精确度也将下降。

四、异方差性的检验

要检验模型是否存在异方差性，需要了解随机误差项 u_i 的概率分布。由于随机误差项很难直接观测，只能对随机误差项的分布特征进行某种推测，因此对异方差性的检验还没有完全可靠的准则，只能根据不同的情况使用不同的方法，以下为几种检验异方差性的方法。

1. 图示法

1）相关图分析

方差即随机变量取值的离散程度。由于被解释变量 Y 与随机误差项 u 的方差相同，因此可通过观察 Y 与 X 的相关图来粗略分析 Y 的离散程度与 X 之间是否有相关关系。若随着 X 值的增加，Y 的离散程度呈现逐渐增大（或减小）的趋势，则表明模型存在着递增型（或递减型）的异方差性。

2）残差图形分析

（1）对观测值用普通最小二乘法进行回归，计算出随机误差项 u_i 的估计值 e_i。

（2）计算残差的平方 e_i^2，并以 e_i^2 为纵坐标，以解释变量或被解释变量（X 或 Y）为横坐标，做相应的散点图。

(3) 根据所做散点图分析判断 e_i^2 与 X 或 Y 是否存在系统关系。如果不存在系统关系，如图 4.2 (a) 所示，则表明不存在异方差性；如果存在系统关系，如图 4.2 (b)、(c)、(d) 所示，则表明存在异方差性。

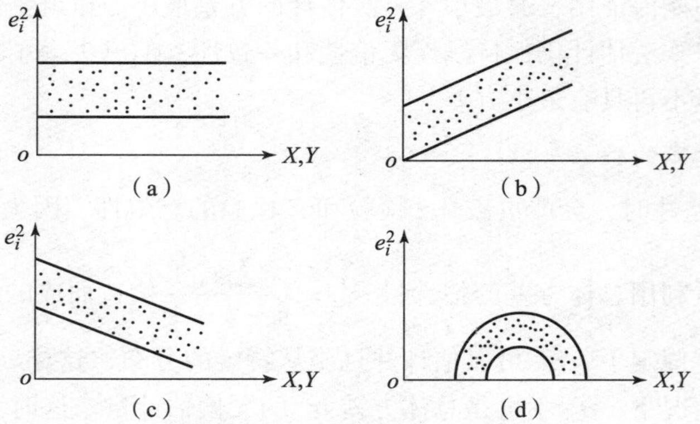

图 4.2　e_i^2 对 X 或 Y 的散点图

图示法虽然比较简单、直观、容易理解，但对异方差性的检验比较粗糙，若要对异方差性进行准确判断，还需要采用其他统计检验方法。

2. 怀特 (White) 检验

怀特检验的基本思想：如果 σ_t^2 存在异方差性，其方差与解释变量有关系，分析 σ_t^2 是否与解释变量有某些形式上的联系以判断异方差性。但是 σ_t^2 一般是未知的，可用普通最小二乘法估计的残差平方 e_t^2 作为其估计值。在大样本的情况下，作 e_t^2 对常数项、解释变量、被解释变量的平方及其交叉乘积等所构成的辅助回归，利用辅助回归相应的检验统计量，即可判断是否存在异方差性。怀特提出一种可以直接对异方差性进行检验的方法，不需要假设事先知道异方差性的存在。

以两个解释变量的模型为例，检验多元线性回归模型的异方差性：

$$Y_t = \beta_0 + \beta_2 X_{1t} + \beta_2 X_{2t} + u_t \tag{4.9}$$

并且设 σ_t^2 异方差与 X_{1i}、X_{2i} 的一般关系为

$$\sigma_t^2 = \alpha_0 + \alpha_1 X_{1t} + \alpha_2 X_{2t} + \alpha_3 X_{1t}^2 + \alpha_4 X_{2t}^2 + \alpha_5 X_{1t} X_{2t} + v_t \tag{4.10}$$

其中，v_t 为随机误差项。怀特检验的基本步骤如下：

(1) 用普通最小二乘法估计式 (4.9)，计算残差 $e_t = Y_t - \hat{Y}_t = Y_t - (\hat{\beta}_0 + \hat{\beta}_1 X_{1t} + \hat{\beta}_2 X_{2t})$，并求残差的平方 e_t^2。

(2) 用残差的平方 e_t^2 作为 σ_t^2 异方差的估计，并作对 e_t^2 的辅助回归，即

$$\hat{e}_t^2 = \hat{\alpha}_0 + \hat{\alpha}_1 X_{1t} + \hat{\alpha}_2 X_{2t} + \hat{\alpha}_3 X_{1t}^2 + \hat{\alpha}_4 X_{2t}^2 + \hat{\alpha}_5 X_{1t} X_{2t} \tag{4.11}$$

其中，$\hat{e}_t^2$ 表示对 e_t^2 的估计。

(3) 计算统计量 nR^2，其中 n 为样本容量，R^2 为辅助回归的可决系数。

(4) 在 $H_0: \alpha_1 = \alpha_2 = \cdots \alpha_5 = 0$ 的条件下，可证明 nR^2 渐进地服从自由度为 p 的 χ^2 分布，p 为辅助回归式中解释变量的个数。本例中，辅助回归共有 5 个解释变量，所以自由度为 5。

(5) 给定显著性水平 α，查 χ^2 分布表，得临界值 $\chi_\alpha^2(5)$。如果 $nR^2 > \chi_\alpha^2(5)$，则拒绝原

假设，表明模型中随机误差项存在异方差性；如果 $nR^2 < \chi^2_\alpha(5)$，则接受原假设，表明随机误差项具有同方差性。

在计量经济软件 EViews 有利用怀特检验进行异方差性检验的功能。下面介绍该软件进行怀特检验的命令：

（1）建立工作文件“Workfile”，并导入数据；

（2）选择“Objects”→“New Object”→“Equation”→“OK”选项或者单击“Quick”→“Estimate Equation”按钮；

（3）输入要估计的回归方程，对方程进行普通最小二乘法估计；

（4）选择“View”→“Residual Tests”→“White Heterokedasticity（cross terms)”选项（检验中有含交叉项与不含交叉项两种选择方式，但自由度不同）；

（5）根据检验输出结果中的“Obs * R - squared”，即 nR^2 后面的 p 值判断原模型是否存在异方差性。

3. 戈德菲尔德－夸特（Goldfeld－Quandt）检验

这种方法是戈德菲尔德和夸特于 1965 年提出的，可用于检验单调递增型和单调递减型异方差性。此检验的基本思想是将样本分为两部分，然后分别对两个样本进行回归，并计算比较两个回归的剩余平方和是否有明显差异，以此判断是否存在异方差性。该方法使用的前提条件：一是适用于大样本，二是除了同方差假定不成立外，其他假定均满足。检验的具体步骤如下：

（1）将解释变量 X_i 的观测值按绝对值由小到大顺序排列，被解释变量 Y_i 保持与 X_i 的对应关系。

（2）任意选择 c 个中间观测值略去。经验表明，略去数目 c 的大小，大约相当于样本观测值个数的 1/4。剩下的 $n-c$ 个样本观测值平均分成两组，每组样本观测值的个数为 $\frac{n-c}{2}$。

（3）提出假设，即 H_0：两部分数据的方差相等；H_1：两部分数据的方差不相等。

（4）构造 F 统计量。对两个子样本分别用普通最小二乘法求出回归方程，然后分别计算出相应的残差平方和。设为前一部分子样本的残差平方和为 $\sum e_{1i}^2$，后一部分子样本的残差平方和为 $\sum e_{2i}^2$，它们的自由度均为 $\frac{n-c}{2}-k-1$，其中 k 为计量模型中解释变量的个数。在原假设成立的条件下，因 $\sum e_{1i}^2$ 和 $\sum e_{2i}^2$ 分别服从自由度为 $\frac{n-c}{2}-k-1$ 的 χ^2 分布，可导出

$$F^* = \frac{\sum e_{2i}^2 \Big/ \left(\frac{n-c}{2}-k-1\right)}{\sum e_{1i}^2 \Big/ \left(\frac{n-c}{2}-k-1\right)} = \frac{\sum e_{1i}^2}{\sum e_{2i}^2} \sim F\left(\frac{n-c}{2}-k-1, \frac{n-c}{2}-k-1\right) \quad (4.12)$$

（5）判断。给定显著性水平 α，查 F 分布表，得临界值 $F_\alpha = F_\alpha\left(\frac{n-c}{2}-k-1, \frac{n-c}{2}-k-1\right)$。计算统计量 F^*，如果 $F^* > F_{(\alpha)}$，则拒绝原假设，即模型中随机误差项存在异方差性。反

之，如果 $F^* < F_{(\alpha)}$，则接受原假设，认为模型中随机误差项具有同方差性。

4. 戈里瑟（Glejser）检验

戈里瑟检验是戈里瑟（Glejser）于 1969 年提出的，其基本思想是：先由普通最小二乘法得到残差 e_t 及 $|e_t|$，将对 X_i 进行回归，确定 $|e_t|$ 与 X_i 之间的关系，以便判断 u_t 的异方差性。其步骤如下：

（1）建立 Y 与 X 之间的回归方程 $\hat{Y}_t = \hat{\beta}_1 + \hat{\beta}_2 X_t$，计算 $|e_t|$。

（2）用 $|e_t|$ 对 X_i 进行回归，由于 $|e_t|$ 与 X_i 之间的真实函数形式未知，所以通常用各种不同的函数形式进行试验，以选择最佳形式。如设：

$$|e_t| = \alpha_0 + \alpha_1 f(X_t) + \varepsilon_t \tag{4.13}$$

其中 $f(X_t)$ 可选为 $f(X_t) = X_t^p (p = 1, 2, -1, 1/2, \cdots)$，再利用判定系数、$t$ 检验、F 检验等统计量确定式（4.13）的最佳形式。

（3）对于式（4.13）的最佳形式，对 α_1 进行显著性检验。如果显著不为零，就可以认为存在异方差性；否则认为具有同方差性。

戈里瑟检验的最大优点是，不仅回答了是否存在异方差性，同时也给出了异方差性形式的信息，这个信息对于消除随机误差项的异方差性是很重要的。对于大样本而言，这种方法一般能得出满意的结果；但对于小样本，它只能作为了解异方差性的定性手段。

5. 帕克（Park）检验

由于异方差性存在时，σ_i^2 与 X_i 之间呈现某种依存关系，于是帕克（Park）提出 σ_i^2 是解释变量 X_i 的某种函数，使图示法显示的异方差性具有具体的形式。他提出的函数形式是：

$$\sigma_i^2 = \sigma^2 X_i^{\beta} e^{u_i} \tag{4.14}$$

然后对参数 β 进行估计并作假设检验，若 β 显著不为零，则存在异方差性；否则不存在明显的异方差性。实际上这是一种间接的推测。帕克检验的具体实施步骤如下：

（1）提出假设。原假设 $H_0: \beta = 0$，备择假设：$\beta \neq 0$。

（2）对函数关系式 $\sigma_i^2 = \sigma^2 X_i^{\beta} e^{u_i}$ 取对数，化成线性模型：$\ln\sigma_i^2 \ln\sigma^2 + \beta \ln X_i + u_i$。

（3）由于 σ_i^2 一般为未知，可以用 e_i^2 来代替，即

$$\ln e_i^2 = \ln\sigma^2 + \beta \ln X_i + u_i \tag{4.15}$$

（4）利用已知数据 e_i^2、X_i 对参数 $\alpha(\alpha = \ln\sigma^2)$、$\beta$ 进行估计。事实上，这里存在两个阶段的估计：第一阶段，先不考虑异方差性，对原总体回归模型进行回归，估计参数 $\hat{\beta}_0$、$\hat{\beta}_1$，并计算残差项 $e_i = Y_i - \hat{Y}_i$，再计算 e_i^2；第二阶段，利用已知数据 e_i^2 和 X_i，对上面的模型式（4.15）进行普通最小二乘法估计，得出 $\hat{\alpha}$、$\hat{\beta}$。

（5）计算 $\hat{\beta}$ 的方差 $\mathrm{Var}(\hat{\beta})$ 及 t 值，并进行 t 检验。若显著不为零，表明 X_i 对 e_i^2 影响显著，从而对 σ_i^2 有显著的线性作用，存在异方差性；若显著为零，X_i 对 e_i^2 无显著影响，则推测不存在异方差性。

6. ARCH 检验

异方差性不但存在于截面数据中，在时间序列资料中同样也会存在异方差性。像股票价格、通货膨胀率、外汇汇率等经济变量，根据它们的时间序列数据建立的模型所作的预测，其随机误差项也不一定是同方差的。恩格尔（Engel）于 1982 年提出了在时间序列背景下也有可能出现异方差性，并从理论上提出了一种观测时间序列方差变动的方法，这就是所谓的 ARCH（Autoregressive Conditional Heteroscedasticity）检验方法。ARCH 检验的思想是，在时间序列数据中，可认为存在异方差性为 ARCH（自回归条件异方差）过程，并通过检验这一过程是否成立去判断时间序列有无异方差性。具体步骤如下：

设 ARCH 模型为

$$\sigma_t^2 = \alpha_0 + \alpha_1\sigma_{t-1}^2 + \alpha_2\sigma_{t-2}^2 + \cdots + \alpha_p\sigma_{t-p}^2 + v_t \tag{4.16}$$

其中，p 为 ARCH 过程的阶数，v_t为随机误差项。

（1）提出假设：

H_0：$\alpha_1 = \alpha_2 = \cdots = \alpha_p = 0$；$H_1$：$\alpha_j(j=1,2,\cdots,p)$中至少有一个不为零。

（2）对原模型作普通最小二乘法估计，求出残差 e_t，并计算残差平方序列 e_t^2，e_{t-1}^2，…，e_{t-p}^2，以分别作为对 σ_t^2，σ_{t-1}^2，…，σ_{t-p}^2的估计。

（3）作辅助回归：

$$\hat{e}_t^2 = \hat{\alpha}_0 + \hat{\alpha}_1 e_{t-1}^2 + \hat{\alpha}_2 e_{t-2}^2 + \cdots + \hat{\alpha}_p e_{t-p}^2 \tag{4.17}$$

其中，$\hat{e}_t^2$ 表示 e_t^2 的估计。

（4）计算式（4.17）辅助回归的可决系数 R^2，可以证明，在 H_0 成立的条件下，基于大样本，有$(n-p)R^2$ 渐进服从$\chi_\alpha^2(p)$，p 为自由度，亦即式（4.16）中变量的滞后期数；给定显著性水平 α，查χ^2 分布表得临界值$\chi_\alpha^2(p)$，如果$(n-p)R^2 > \chi_\alpha^2(p)$，则拒绝原假设，表明模型中的随机误差项存在异方差性。

ARCH 检验的特点是：要求变量的观测值为大样本，并且数据是时间序列数据，而且它只能判断模型中是否存在异方差性，而不能判断出是哪一个变量引起的异方差性。

利用 EViews 作时间序列数据回归的异方差性检验，可以在“Equation”回归结果中单击“View”→“Residual Tests”→“Heteroscedasticity Tests”→“ARCH Tests”按钮，在“Number of Lags”对话框中逐步输入滞后期 p 的值，一般取 $p=1$，2，…，10。单击“OK”按针，ARCH 检验结果中的“Obs * R – squared”即$(n-p)R^2$ 统计量。

ARCH 检验的特点是，要求变量的观测值为大样本，并且是时间序列数据；它只能判断模型中是否存在异方差性，而不能判断出是哪一个变量引起的异方差性。

五、异方差性的修正方法

通过检验如果证实存在异方差性，则需要采取措施对异方差性进行修正，基本思想是在确认异方差性形式的基础上，采用适当的估计方法，消除或减小异方差性对模型的影响。

1. 模型变化法

模型变化法是对模型进行变换以消除异方差性的影响，这种方法尤其适用于戈里瑟检验

所得出的异方差性。因为用戈里瑟检验可以得出异方差性的具体形式。如果未采用戈里瑟检验，可以把$|e_t|$与和σ_i^2有关系的解释变量进行回归，给出最优的拟合形式，然后将其作为异方差性的形式，再利用这一形式对模型进行变换，以克服异方差性。若异方差性与X_i的变化有关，且

$$\mathrm{Var}(u_i)=\sigma_i^2=\sigma^2 f(X_i)$$

其中，σ^2为常数，$f(X_i)$是解释变量的函数，$f(X_i)>0$，则用$\sqrt{f(X_i)}$除以原模型的两端，就可以将原模型转化为同方差模型，然后再利用普通最小二乘法估计变换后的模型，估计的参数仍是最佳线性无偏估计。设原模型为

$$Y_i=\beta_0+\beta_1 X_i+u_i$$

其中，u_i是异方差性的，但它满足线性回归模型的所有其他假定条件。对此模型进行变化得

$$\frac{Y_i}{\sqrt{f(X_i)}}=\frac{\beta_0}{\sqrt{f(X_i)}}+\frac{\beta_1}{\sqrt{f(X_i)}}X_i+\frac{u_i}{\sqrt{f(X_i)}} \tag{4.18}$$

则变换后模型的随机误差项是$\frac{u_i}{\sqrt{f(X_i)}}$，设其为$v_i$，则$v_i=\frac{u_i}{\sqrt{f(X_i)}}$，此时，

$$\mathrm{Var}(v_i)=\mathrm{Var}\left(\frac{u_i}{\sqrt{f(X_i)}}\right)=\frac{1}{f(X_i)}\mathrm{Var}(u_i)=\frac{1}{f(X_i)}\cdot f(X_i)\sigma^2=\sigma^2 \tag{4.19}$$

显然v_i是同方差性的，即变换后的模型具有同方差性，这时就可以应用普通最小二乘法进行参数估计。在实际处理异方差性问题时，函数$f(X_i)$可以有不同的形式，通常取下列形式：

（1）假定异方差性形式为

$$\mathrm{Var}(u_i)=\sigma_i^2=\sigma^2 X_i$$

原模型两边同除以$\sqrt{X_i}$得

$$\frac{Y_i}{\sqrt{X_i}}=\frac{\beta_0}{\sqrt{X_i}}+\frac{\beta_1}{\sqrt{X_i}}X_i+\frac{u_i}{\sqrt{X_i}} \tag{4.20}$$

令$v_i=\frac{u_i}{\sqrt{X_i}}$，则$\mathrm{Var}(v_i)$为同方差性的，因为

$$\mathrm{Var}(v_i)=\mathrm{Var}\left(\frac{u_i}{\sqrt{X_i}}\right)=\frac{1}{X_i}\mathrm{Var}(u_i)=\sigma^2 \tag{4.21}$$

（2）假定异方差性形式为

$$\mathrm{Var}(u_i)=\sigma_i^2=\sigma^2 X_i^2$$

原模型两边同除以$\sqrt{X_i^2}$得

$$\frac{Y_i}{\sqrt{X_i^2}}=\frac{\beta_0}{\sqrt{X_i^2}}+\frac{\beta_1}{\sqrt{X_i^2}}X_i+\frac{u_i}{\sqrt{X_i^2}} \tag{4.22}$$

令$v_i=\frac{u_i}{\sqrt{X_i^2}}$，则$\mathrm{Var}(v_i)$为同方差性的，因为

$$\mathrm{Var}(v_i)=\mathrm{Var}\left(\frac{u_i}{\sqrt{X_i^2}}\right)=\frac{1}{X_i^2}\mathrm{Var}(u_i)=\sigma^2 \tag{4.23}$$

（3）假定异方差性形式为

$$\mathrm{Var}(u_i)=\sigma_i^2=\sigma^2(a_0+a_1X_i)_i^2$$

原模型两边同除以 $a_0+a_1X_i$ 得

$$\frac{Y_i}{a_0+a_1X_i}=\frac{\beta_0}{a_0+a_1X_i}+\frac{\beta_1}{a_0+a_1X_i}X_i+\frac{u_i}{a_0+a_1X_i} \tag{4.24}$$

令 $v_i=\dfrac{u_i}{a_0+a_1X_i}$，则 $\mathrm{Var}(v_i)$ 为同方差性的，因为

$$\mathrm{Var}(v_i)=\mathrm{Var}\left(\frac{u_i}{a_0+a_1X_i}\right)=\frac{1}{(a_0+a_1X_i)^2}\mathrm{Var}(u_i)=\sigma^2 \tag{4.25}$$

在异方差性形式已知或通过检验能够确认的前提下，运用上述模型变换的方法可以较好地修正异方差性对模型的影响，另外，异方差性现象可以视为模型设定偏误的一种特殊形式，故修正异方差性的一种有效方法是重新设定回归模型的形式。

2. 加权最小二乘法

加权最小二乘法简称 WLS（Weighted Least Squares），为了便于说明问题，以一元线性回归模型为例：

$$Y_i=\beta_0+\beta_1X_i+u_i \tag{4.26}$$

异方差性形式为 $\mathrm{Var}(u_i)=\sigma_i^2=\sigma^2f(X_i)$，其中 σ^2 为常数，$f(X_i)$ 为 X_i 的某种函数。对式（4.26）应用普通最小二乘法时，就是要使残差平方和 $\sum e_i^2=\sum(Y_i-\hat{\beta}_0-\hat{\beta}_1X_i)^2$ 为最小，当 u_i 具有同方差性时，可以求出相应的 $\hat{\beta}_0$，$\hat{\beta}_1$。但当 μ_i 存在异方差性时，如果 μ_i 的方差随着 X_i 值的递增而递增，显然，这时离散情况就不同，X_i 值较大处的离散程度比较严重，这时得出的回归结果就不是很精确。要避免这一情况就要对离散较大处的 μ_i 给定较小的权重，而对于离散较小处的 u_i 给定较大的权重，这样，就可以把 $\dfrac{1}{\mathrm{Var}(\mu_i)}=\dfrac{1}{\sigma_i^2}$ 作为 e_i^2 的权数，它满足上述应给定权重的情况，即方差越大时，权重越小；方差越小时，权重越大。这时，残差的平方和就变为

$$\sum\frac{e_i^2}{\sigma_i^2}=\sum\frac{1}{\sigma_i^2}(Y_i-\hat{\beta}_0-\hat{\beta}_1X_i)^2=\sum\frac{1}{\sigma^2f(X_i)}(Y_i-\hat{\beta}_0-\hat{\beta}_1X_i)^2 \tag{4.27}$$

求出式（4.27）的最小值，这种方法就称为加权最小二乘法，利用加权最小二乘法相当于把原模型变换为

$$\frac{Y_i}{\sigma_i}=\frac{\beta_0}{\sigma_i}+\beta_1\frac{X_i}{\sigma_i}+\frac{u_i}{\sigma_i} \tag{4.28}$$

此时 $\mathrm{Var}\left(\dfrac{u_i}{\sigma_i}\right)=\dfrac{1}{\sigma_i^2}\mathrm{Var}(u_i)=1$，即变换后的新模型的随机误差项具有同方差性，这时就可以利用普通最小二乘法进行回归了，因此加权最小二乘法能克服异方差性的影响。容易证明，对原模型进行变换的方法与加权最小二乘法实际上是等价的。例如，以式（4.26）的一元线性模型为例，如果已知存在异方差性，且 $\mathrm{Var}(u_i)=\sigma_i^2=\sigma^2f(X_i)$，变换后的模型为

$$\frac{Y_i}{\sqrt{f(X_i)}} = \frac{\beta_0}{\sqrt{f(X_i)}} + \frac{\beta_1}{\sqrt{f(X_i)}}X_i + \frac{u_i}{\sqrt{f(X_i)}} \tag{4.29}$$

由前面的讨论知，式（4.29）的随机误差项已具有同方差性。用普通最小二乘法估计式（4.29）的参数，其剩余平方和为

$$\sum e_i^2 = \sum\left(\frac{Y_i}{\sqrt{f(X_i)}} = \frac{\hat{\beta}_0}{\sqrt{f(X_i)}} - \frac{\hat{\beta}_1}{\sqrt{f(X_i)}}X_i\right)^2 = \sum \frac{1}{f(X_i)}(Y_i - \hat{\beta}_0 - \hat{\beta}_1 X_i)^2 \tag{4.30}$$

将加权最小二乘法的残差平方和式（4.27）与模型变换的残差平方和式（4.30）加以对比，可以看出二者的残差平方和只相差常数因子 σ^2，能使其中一个最小时必能使另一个最小。对模型变换后使用普通最小二乘法估计其参数，实际与应用加权最小二乘法估计的参数是一致的，这也间接证明了加权最小二乘法可以消除异方差性的影响。

3. 模型的对数变换

在经济意义成立的情况下，如果对式（4.26）的模型作对数变换，将变量 Y_i 和 X_i 分别用 $\ln Y_i$ 和 $\ln X_i$ 代替，即

$$\ln Y_i = \beta_0 + \beta_1 \ln X_i + u_i \tag{4.31}$$

对数变换后的模型通常可以降低异方差性的影响。其原因如下：

（1）对数变换能使测定变量值的尺度缩小，它可以将两个数值之间原来 10 倍的差异缩小到只有两倍的差异，缓解产生的后果。

（2）经过对数变换后的线性模型，其残差只表示为相对误差，而相对误差往往比绝对误差小。

经过对数变换的模型的斜率系数 β_1 就是 Y 相对于 X 的弹性系数，而在原模型中它代表的是 Y 对 X 的变化率。在经济分析中，弹性是比变化率应用更为广泛的概念，在实际分析中有较强的应用价值，所以计量经济学模型多采用对数结构。

但是特别要注意的是，对变量取对数虽然能够减少异方差性对模型的影响，但应注意取对数后变量的经济意义。如果变量之间在经济意义上并非呈对数线性关系，则不能简单地对变量取对数，这时只能用其他方法对异方差性进行修正。

六、案例分析

例 4.2 表 4.7 所示为 2015 年全国 31 个省、市、自治区医疗机构数 Y（个）和人口数 X（万人）的数据，建立它们之间的线性计量经济学模型并估计之。

1. 模型设定

根据经济理论建立计量经济学模型：

$$Y_i = \beta_0 + \beta_1 X_i + u_i$$

其中，Y_i 表示医疗机构数，X_i 表示人口数。

2. 参数估计

用 EViews 软件进行普通最小二乘法估计，结果如表 4.8 所示。

表 4.7　2015 年全国 31 个省、市、自治区医疗机构数与人口数

地区	医疗机构数 Y/个	人口数 X/万人	地区	医疗机构数 Y/个	人口数 X/万人
北京	9 771	2 171	湖北	36 179	5 852
天津	5 223	1 547	湖南	62 646	6 783
河北	78 594	7 425	广东	48 320	10 849
山西	41 002	3 664	广西	34 439	4 796
内蒙古	23 886	2 511	海南	5 046	911
辽宁	35 236	4 382	重庆	19 806	3017
吉林	20 612	2 753	四川	80 109	8 204
黑龙江	20 752	3 812	贵州	28 712	3 530
上海	5 016	2 415	云南	24 181	4 742
江苏	31 925	7 976	西藏	6 814	324
浙江	31 137	5 539	陕西	37 030	3 793
安徽	24 853	6 144	甘肃	27 799	2 600
福建	27 921	3 839	青海	6 223	588
江西	38 557	4 566	宁夏	4 288	668
山东	77 259	9 847	新疆	18 798	2 360
河南	71394	9 480	—	—	—

（资料来源：《中国统计年鉴》，2016 年）

表 4.8　普通最小二乘法估计回归结果

Dependent Variable：Y				
Method：Least Squares				
Date：06/28/17　Time：11：13				
Sample：1 31				
Included observations：31				
Variable	Coefficient	Std. Error	t – Statistic	Prob.
C	1 896. 321	4 057. 261	0. 467 390	0. 643 7
X	6. 745 609	0. 777 422	8. 676 895	0. 000 0
R – squared	0. 721 925	Mean dependent var		31 726. 71
Adjusted R – squared	0. 712 336	S. D. dependent var		22 366. 48
S. E. of regression	11 996. 10	Akaike info criterion		21. 684 89
Sum squared resid	4. 17E +09	Schwarz criterion		21. 777 41
Log likelihood	–334. 115 8	Hannan – Quinn criter		21. 715 05
F – statistic	75. 288 51	Durbin – Watson stat		1. 635 393
Prob（F – statistic）	0. 000 000			

医疗机构数与人口数的线性回归方程为

$$\hat{Y}_i = 1\ 896.321 + 6.745\ 6X_i$$
$$(0.467\ 4)\quad(8.676\ 9)$$
$$R^2 = 0.721\ 9,\ F = 75.288\ 5$$

其中括号内为 t 统计量值。

3. 检验模型的异方差性

1）图示法

保存线性回归方程的残差，即在工作文件窗口中输入命令“genr e2 =（resid）^2”，则将残差保存在变量序列“e2”中，并应用 EViews 软件分别绘制 X、Y 坐标系，X、e_i^2 坐标系散点图，如图 4.3 和图 4.4 所示。从散点图上可以初步判定随机误差项存在异方差性。

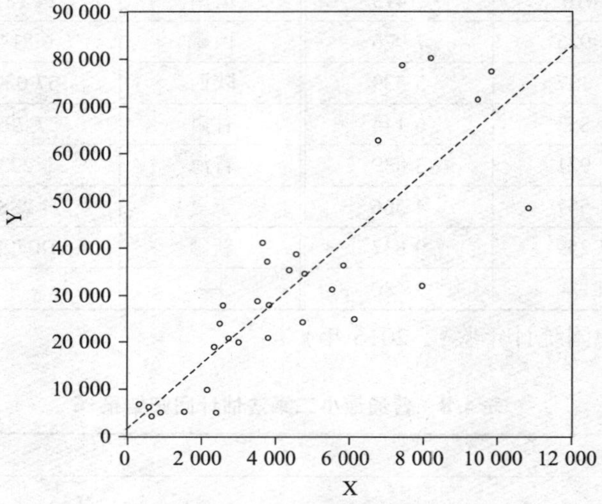

图 4.3　*Y* 关于 *X* 的散点图

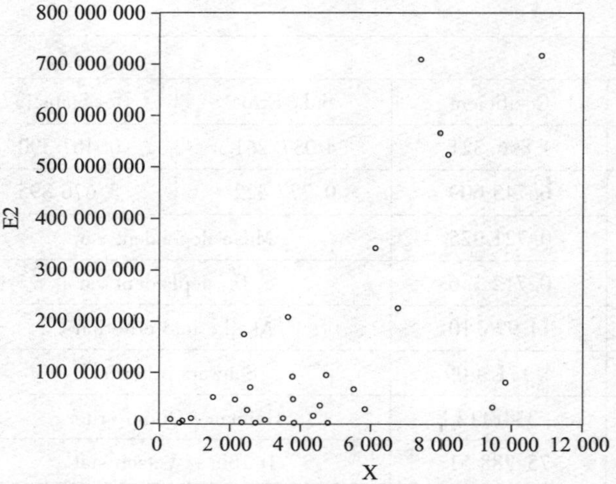

图 4.4　残差平方 e^2 关于 *X* 的散点图

2）怀特检验

建立回归模型，在方程窗口中单击“Views”→“Resident Test”→“Heteroskedasticity Test”按钮，出现检验方法设定窗口，选择怀特检验，结果如表 4.9 所示。

表 4.9　怀特检验结果

Heteroskedasticity Test：White				
F – statistic	10.547 76	Prob. F（2，28）		0.000 4
Obs * R – squared	13.320 18	Prob. Chi – Square（2）		0.001 3
Scaled explained SS	13.793 42	Prob. Chi – Square（2）		0.001 0
Test Equation：				
Dependent Variable：RESID^2				
Method：Least Squares				
Date：06/28/17　Time：11：31				
Sample：1 31				
Included observations：31				
Variable	Coefficient	Std. Error	t – Statistic	Prob.
C	–19 590 717	87 972 040	–0.222 693	0.825 4
X	16 318.44	38 493.25	0.423 930	0.674 9
X^2	3.012 478	3.503 901	0.859 750	0.397 2
R – squared	0.429 683	Mean dependent var		1.35E+08
Adjusted R – squared	0.388 946	S. D. dependent var		2.11E+08
S. E. of regression	1.65E+08	Akaike info criterion		40.767 27
Sum squared resid	7.58E+17	Schwarz criterion		40.906 04
Log likelihood	–628.892 7	Hannan – Quinn criter		40.812 51
F – statistic	10.547 76	Durbin – Watson stat		1.386 518
Prob（F – statistic）	0.000 385			

根据输出结果，得到如下辅助回归方程：

$$e_i^2 = -195\,90717 + 16\,318.44X_i + 3.012\,5X_i^2$$

$$(-0.227)\quad(0.423\,9)\quad(0.859\,8)$$

$$R^2 = 0.429\,7,\ nR^2 = 31 \times 0.429\,7 = 13.320\,2,\ F = 10.547\,8$$

其中括号内为 t 统计量值，R^2 为辅助回归模型的可决系数，F 为辅助回归模型的 F 统计量值。取显著水平 $\alpha = 0.05$，由于 $nR^2 = 13.3202 > \chi^2_{0.05}(2) = 5.99$，所以在 5% 显著水平上，医疗机构数函数存在异方差性。实际上，由于 nR^2 对应的 p 值为 0.001 3，小于 0.05，判定模型存在异方差性。

3）戈德菲尔德 – 夸特检验

首先将样本按全国各省、市、自治区人口数 X 的升序进行排列，然后去掉中间 7 个样本，将剩余的样本分为容量各为 12 的两个子样本，并分别进行回归。样本取值较小的残差平方和 $RSS_1=3.69\times10^8$。样本取值较大的残差平方和 $RSS_2=3.36\times10^9$。

利用 EViews 软件进行戈德菲尔德－夸特检验的具体步骤如下：

（1）SORT X：将样本数据关于 X 排序；

（2）SMPL 1 12：确定子样本 1；

（3）LS Y C X：进行回归并求出 $RSS_1=3.69\times10^8$；

（4）SMPL20 31：确定子样本 2；

（5）LS Y C X：进行回归并求出 $RSS_2=3.36\times10^9$

因此，检验统计量为：$F=3.36\times10^9/3.69\times10^8=9.1057$，在 5% 的显著性水平上，查 F 分布表得 $F_{0.05}(10,10)=2.97$。由于 $F=9.1057>F_{0.05}=2.97$，因此拒绝原假设，认为原模型中存在单调递增型的异方差性。

4）戈里瑟检验

在方程窗口中单击"View"→"Residual Tests"→"Heteroskedasticity Tests"按钮，出现检验方法设定窗口，选择戈里瑟检验，在"Regressors"栏中输入 X、$1/X$、$\sqrt{X}$、$1/\sqrt{X}$的值，得到如下估计结果：

$|e_i|$对解释变量 X 的辅助回归方程：

$$|e_i|=451.7821+1.8455X_i$$
$$(0.2207)\quad(4.7043)$$
$$R^2=0.4328,\ F=22.1314$$

$|e_i|$对解释变量 $1/X$ 的辅助回归方程：

$$|e_i|=10800.13-4722822\frac{1}{X_i}$$
$$(6.4077)\qquad(-2.1429)$$
$$R^2=0.1367,\ F=4.5921$$

$|e_i|$对解释变量$\sqrt{X}$的辅助回归方程：

$$|e_i|=-5425.197+223.6281\sqrt{X_i}$$
$$(-1.5989)\qquad(4.3827)$$
$$R^2=0.3984,\ F=19.2084$$

$|e_i|$对解释变量 $1/\sqrt{X}$的辅助回归方程：

$$|e_i|=15425.46-358392.5\frac{1}{\sqrt{X_i}}$$
$$(5.6586)\qquad(-2.8292)$$
$$R^2=0.2163,\ F=8.0045$$

其中括号内为 t 统计量值，在 5% 显著性水平上，t 检验的临界值为 $t_{0.025}(29)=2.045$，显然上述 3 个回归方程的系数都是显著的，拒绝了同方差性的假设。

5）帕克检验

在方程窗口中单击"View"→"Residual Tests"→"Heteroskedasticity Tests"按钮，出现检验方法设定窗口，选择帕克检验，在"Regressors"栏中输入"log(x)"，输出结果即帕克检验结果，如表4.10所示。

表4.10　帕克检验结果

Heteroskedasticity Test：Park				
F – statistic	6.246 606	Prob. F（1，29）		0.018 4
Obs * R – squared	5.493 998	Prob. Chi – Square（1）		0.019 1
Scaled explained SS	9.402 766	Prob. Chi – Square（1）		0.002 2
Test Equation：				
Dependent Variable：LRESID2				
Method：Least Squares				
Date：06/28/17　Time：17：18				
Sample：1 31				
Included observations：31				
Variable	Coefficient	Std. Error	t – Statistic	Prob.
C	4.947 991	4.778 985	1.035 364	0.309 1
LOG（X）	1.461 935	0.584 933	2.499 321	0.018 4
R – squared	0.177 226	Mean dependent var		16.829 39
Adjusted R – squared	0.148 854	S. D. dependent var		2.954 192
S. E. of regression	2.725 465	Akaike info criterion		4.905 496
Sum squared resid	215.416 6	Schwarz criterion		4.998 011
Log likelihood	–74.035 19	Hannan – Quinn criter		4.935 654
F – statistic	6.246 606	Durbin – Watson stat		2.036 111
Prob（F – statistic）	0.018 354			

根据表4.10所示的检验结果，得到 $\ln e_i^2$ 对解释变量 X_i 的辅助回归方程：

$$\ln e_i^2 = 4.948\,0 + 1.461\,9\ln X_i$$

$$(1.035\,3)\quad(2.499\,3)$$

$$R^2 = 0.177\,2,\ F6.246\,6$$

其中括号内为 t 统计量值，从辅助回归方程看，回归系数显著不为零，F 统计量值较大，回归方程显著成立，表明存在异方差性。在5%显著水平上，t 检验的临界值 $t_{0.025}(29) = 2.045$，根据帕克检验规则，回归参数在统计上是显著的，因此拒绝了同方差性假设。

4. 异方差性的修正

（1）根据前面已检验出的模型中存在的异方差性，用加权最小二乘法进行估计，以消除异方差性。

①利用帕克检验，可以得出的一般形式为

$$\ln e_i^2 = 4.948\,0 + 1.461\,9\ln X_i$$

即

$$e_i^2 = \mathrm{e}^{4.948} X_i^{1.4619}$$

因此可以取权数 $W_1 = 1/X^{(1.4619/2)} = 1/X^{(0.7310)}$。

②利用戈里瑟检验，可知方程 $|e_i| = 451.7821 + 1.8455X_i$ 的拟合优度最大，因此可以取权数变量 $W_2 = 1/X$。

③根据异方差性的定义，可以取某个与异方差变动趋势反向变动的变量序列，如 $W_3 = 1/|e_i|$，$W_4 = 1/e_i^2$（取 e_i^2 是确保 $f(X_i) > 0$，使异方差为非负数）两种形式作为权数变量。

④分别选取权数 $W_1 = 1/X^{(0.7310)}$，$W_2 = 1/X$，$W_3 = 1/|e_i|$，$W_4 = 1/e_i^2$，在原回归方程窗口中单击"Estimate"→"Options"按钮，并依次输入权数变量 W_1、W_2、W_3、W_4，在得到的模型的基础上，同时利用怀特检验法检验模型是否存在异方差性。

经估计检验分析，用权数 W_4 的效果最好。下面仅给出用权数 W_4 的回归结果，如表 4.11 所示。

表 4.11 用权数 W_4 的回归结果

Dependent Variable：Y				
Method：Least Squares				
Date：06/30/17　Time：20：22				
Sample：1 31				
Included observations：31				
Weighting series：W4				
Variable	Coefficient	Std. Error	t－Statistic	Prob.
C	2 422.990	146.666 8	16.520 37	0.000 0
X	6.604 671	0.067 414	97.972 00	0.000 0
Weighted Statistics				
R－squared	0.996988	Mean dependent var		16 523.43
Adjusted R－squared	0.996 884	S. D. dependent var		41 515.98
S. E. of regression	1 122.998	Akaike info criterion		16.947 73
Sum squared resid	36 572 602	Schwarz criterion		17.040 25
Log likelihood	－260.689 8	Hannan－Quinn criter		16.977 89
F－statistic	9 598.513	Durbin－Watson stat		1.885 068
Prob（F－statistic）	0.000 000			
Unweighted Statistics				
R－squared	0.721 591	Mean dependent var		31 726.71
Adjusted R－squared	0.711 991	S. D. dependent var		22 366.48
S. E. of regression	12 003.31	Sum squaredresid		4.18E＋09
Durbin－Watson stat	1.639 877			

表 4.11 所示的估计结果如下：

$$\hat{Y}_i = 2\ 422.990 + 6.604\ 7X_i$$
$$(16.520\ 4)\ (97.972\ 0)$$
$$R^2 = 0.997\ 0,\ F = 9\ 598.513$$

其中括号内为 t 统计量值，可以看出运用加权最小二乘法消除了异方差性后，参数的 t 检验、F 检验、多元样本可决系数 R^2 比没有加权的回归模型显著增加了。

再进行怀特检验：在加权后的方程窗口中单击 “View”→“Residual Tests”→“Heteroskedasticity Tests” 按钮，出现检验方法设定窗口，选择怀特检验，检验结果如表 4.12 所示。

表 4.12　怀特检验结果

Heteroskedasticity Test：White			
F – statistic	0.051 905	Prob. F（3，27）	0.984 1
Obs * R – squared	0.177 759	Prob. Chi – Square（3）	0.981 1
Scaled explained SS	0.371 626	Prob. Chi – Square（3）	0.946 0

由怀特检验的输出结果可知，nR^2 对应的 p 值远大于 0.05，表明用加权最小二乘法估计医疗机构数不存在异方差性。

（2）变量对数变换法。

对变量 Y 和 X 同时取对数，得到两个新变量 $\ln Y$ 和 $\ln X$。用 $\ln Y$ 对 $\ln X$ 进行普通最小二乘法回归，得到回归结果如表 4.13 所示。

表 4.13　回归结果

Dependent Variable：LOG（Y）				
Method：Least Squares				
Date：06/30/17　Time：21：17				
Sample：1 31				
Included observations：31				
Variable	Coefficient	Std. Error	t – Statistic	Prob.
C	2.830 697	0.764 496	3.702 698	0.000 9
LOG（X）	0.890 143	0.093 572	9.512 935	0.000 0
R – squared	0.757 314	Mean dependent var		10.065 04
Adjusted R – squared	0.748 945	S. D. dependent var		0.870 154
S. E. of regression	0.435 994	Akaike info criterion		1.239 962
Sum squared resid	5.512 622	Schwarz criterion		1.332 478
Log likelihood	–17.219 42	Hannan – Quinn criter		1.270 120
F – statistic	90.495 92	Durbin – Watson stat		1.395 596
Prob（F – statistic）	0.000 000			

$$\ln\hat{Y}_i = 2.830\,7 + 0.891\,0\ln X_i$$
$$(3.702\,7)\quad(9.512\,9)$$
$$R^2 = 0.757\,3,\ F = 90.495\,9$$

其括号中数据为 t 统计量值。由怀特检验的输出结果可知，$nR^2 = 2.486\,5$ 对应的 p 值远大于 0.05，表明取对数后的模型不存在异方差性。

表 4.11 所对线性模型的回归系数 $\hat{\beta}_1 = 6.604\,7$ 是边际系数，表示人口数每增加 1 万时，医疗机构数增加 6.604 7；表 4.13 所对数模型的回归系数 $\hat{\beta}_1 = 0.891\,0$ 是弹性系数，表示人口数每增加 1% 时，医疗机构数增加 0.891 0%。弹性系数是相对系数，便于比较。对数模型与线性模型相比，亦可以消除异方差性。

第三节　序列自相关性问题

第二章假定随机误差项前、后期之间是不相关的，但在经济现象中，经济变量前、后期之间很可能有关联，这使随机误差项不能满足无自相关的假定，从而带来严重后果。本节将在阐述序列自相关性含义的基础上，分析序列自相关性产生的原因及影响，探讨检验序列自相关性和解决序列自相关性的基本方法。

一、序列自相关的含义

序列自相关又称自相关，原指一个随机变量在时间上与其滞后项之间的相关。这里主要是指总体回归模型的随机误差项 u_i 与其滞后项的相关关系。由于第二章中回归模型的假设条件之一是

$$\mathrm{Cov}(u_i, u_j) = E(u_i u_j) = 0 \quad (i \neq j; i, j = 1, 2, \cdots\cdots, n)$$

即随机误差项 u_t 的取值在时间上是相互无关的，称随机误差项 u_t 非自相关。如果该假定不能满足，就称 u_i 与 u_j 存在自相关，即不同观测点上的随机误差项彼此相关。自相关也是相关关系的一种。

二、序列自相关的分类

序列自相关按形式可分为两类，即一阶自回归形式和高阶自回归形式。

1. 一阶自回归形式

当随机误差项 u_t 只与其滞后一期的值 u_{t-1} 有关时，即

$$u_t = f(u_{t-1}) + v_t$$

称 u_t 具有一阶自回归形式。在计量经济学对序列自相关性问题的分析中，一阶自回归是最常见、最简单的线性函数形式，即

$$u_t = \beta_1 u_{t-1} + v_t \tag{4.32}$$

其中，β_1 是一个取常数值的参数，也称为一阶自回归系数；v_t 为满足古典假定的随机误差项，即 $E(v_t) = 0$，$\mathrm{Var}(v_t) = \sigma^2$，$\mathrm{Cov}(v_t, v_{t+s}) = 0$，$s \neq 0$。因为式（4.32）中 u_{t-1} 是 u_t 滞后一期的值，则式（4.32）称为一阶自回归形式，记为 AR(1)。通过以下推导，可以看出 u_t

和 u_{t-1} 的自回归系数与 u_t 和 u_{t-1} 的自相关系数相等。

自相关系数表示序列自相关的程度。随机误差项 u_t 与滞后一期的 u_{t-1} 的自相关系数的计算方法和样本相关系数相同，由于 u_t 与 u_{t-1} 的均值为0，自相关系数 ρ 为

$$\rho = \frac{\sum_{t=2}^{T} u_t u_{t-1}}{\sqrt{\sum_{t=2}^{T} u_t^2}\sqrt{\sum_{t=2}^{T} u_{t-1}^2}} \tag{4.33}$$

式（4.33）中 u_{t-1} 是 u_t 滞后一期的随机误差项，因此，将由式（4.33）计算的自相关系数 ρ 称为一阶自相关系数。

根据普通最小二乘法原理，式（4.32）中 β_1 的普通最小二乘法估计式为（在大样本情况下）：

$$\hat{\beta}_1 = \frac{\sum_{t=2}^{T} u_t u_{t-1}}{\sum_{t=2}^{T} u_{t-1}^2} \tag{4.34}$$

对于大样本，显然有

$$\sum u_i^2 \approx \sum u_{t-1}^2$$

把以上关系代入式（4.33）得

$$\rho \approx \frac{\sum_{t=2}^{T} u_t u_{t-1}}{\sum_{t=2}^{T} u_{t-1}^2} = \hat{\beta}_1 \tag{4.35}$$

因此对于总体参数有 $\rho = \hat{\beta}_1$，即一阶自回归形式的自回归系数等于该两个变量的自相关系数。因此，原回归模型中随机误差项 u_t 的一阶自回归形式式（4.32）可表示为

$$u_t = \rho u_{t-1} + v_t \tag{4.36}$$

ρ 为自相关系数，它的取值范围为 $-1 \leqslant \rho \leqslant 1$。根据自相关系数 ρ 的符号可以判断序列自相关的状态：如果 $\rho > 0$，则 u_t 与 u_{t-1} 为正相关；如果 $\rho < 0$，则 u_t 与 u_{t-1} 为负相关；如果 $\rho = 0$，则 u_t 与 u_{t-1} 不相关。

下面推导当随机误差项 u_t 为一阶线性自回归形式时，u_t 的期望、方差与协方差公式。由式（4.36）有

$$E(u_t) = E(\rho u_{t-1}) + E(v_t) = \rho E(u_{t-1}) + E(v_t) \tag{4.37}$$

因为对于平稳序列有 $E(u_t) = E(u_{t-1})$，整理上式得

$$E(u_t) = E(v_t)/(1-\rho) \tag{4.38}$$

$$\begin{aligned} \mathrm{Var}(u_t) &= E(u_t)^2 = E(\rho u_{t-1} + v_t)^2 \\ &= E(\rho^2 u_{t-1}^2 + v_t^2 + 2\rho u_{t-1} v_t) \\ &= \rho^2 E(u_{t-1}^2) + E(v_t^2) + 2\rho E(u_{t-1} v_t) \end{aligned} \tag{4.39}$$

由于现期的随机误差项 v_t 并不影响回归模型中随机误差项 u_t 的以前各期值 u_{t-s}，所以 v_t 与 u_{t-s} 不相关，即 $E(v_t u_{t-s}) = 0$，因为 $E(u_{t-1}^2) = \mathrm{Var}(u_{t-1}) = \mathrm{Var}(u_t)$，因此，可得出如下

结论：

$$\mathrm{Var}(u_t)=\rho^2\mathrm{Var}(u_t)+\sigma_v^2$$

整理上式得

$$\mathrm{Var}(u_t)=\sigma_u^2=\sigma_v^2/(1-\rho^2) \tag{4.40}$$

其中 σ_u^2 表示 u_t 的方差，σ_v^2 表示 v_t 的方差。u_t，u_{t-1}的协方差是

$$\begin{aligned}\mathrm{Cov}(u_t,u_{t-1})&=E(u_tu_{t-1})=E((\rho u_{t-1}+v_t)u_{t-1})\\&=E(\rho u_{t-1}^2+u_{t-1}v_t)\\&=\rho E(u_{t-1}^2)+E(u_{t-1}v_t)\\&=\rho\sigma_u^2\end{aligned} \tag{4.41}$$

类似地，

$$\begin{aligned}\mathrm{Cov}(u_t,u_{t-2})&=E(u_tu_{t-2})=E(\rho u_{t-1}u_{t-2}+u_{t-2}v_t)\\&=\rho E(u_{t-1}u_{t-2})+E(u_{t-2}v_t)\\&=\rho^2\sigma_u^2\end{aligned}$$

一般地，

$$\mathrm{Cov}(u_t,u_{t-s})=\rho^s\mathrm{Var}(u_t)=\rho^s\sigma_u^2(s\neq0) \tag{4.42}$$

2. 高阶自回归形式

当随机误差项 u_t 的当期值不仅与其前一期值有关，而且与其前若干期值都有关系时，即

$$u_t=f(u_{t-1},u_{t-2},\cdots)+v_t$$

则称 u_t 具有高阶自回归形式。

一般地，如果 u_1，u_2，…，u_t 之间的关系为

$$u_t=\rho_1u_{t-1}+\rho_2u_{t-2}+\cdots+\rho_su_{t-s}+v_t \tag{4.43}$$

其中，v_t 为满足古典假定的随机误差项，则称式（4.43）为 s 阶自回归形式，记为AR(s)。

此外，序列自相关的形式可能为移动平均形式，记为 MA(t)，还可能为更复杂的自回归移动平均形式，记为 ARMA(s,t)，这些是时间序列分析的专门内容，在本节中只讨论假定自相关为 AR(1) 的形式。

注意：(1) 经济问题中的序列自相关主要表现为正自相关。(2) 序列自相关主要发生于时间序列数据中。

三、序列自相关性产生的原因

在实际经济问题中，产生序列自相关性的原因主要有以下几种：

1. 模型设定偏误

若所用的数学模型与变量间的真实关系不一致，省略了某些重要的解释变量或者模型函数形式不正确，随机误差项就常表现出序列自相关性。例如，本来应该用两个解释变量去解释 Y，即

$$Y_t=\beta_0+\beta_1X_{1t}+\beta_2X_{2t}+u_t$$

而建立模型时，模型设定为

$$Y_t = \beta_0 + \beta_1 X_{1t} + u_t$$

这样，X_{2t}对 Y_t 的影响在上式中便归入随机误差项 u_t 中，由于 X_{2t}在不同观测点上是相关的，就造成了 u_t 是自相关的。由经济理论知，平均成本与产量呈抛物线关系，当用线性回归模型拟合时，随机误差项必存在序列自相关性。

2. 经济系统惯性

序列自相关性大多出现在时间序列数据中，而经济系统的经济现象都具有时间上的惯性。如居民收入、消费支出、国内生产总值、物价指数等经济数据，会随着时间缓慢地发生变化，从而导致在建模时存在随机误差项的序列自相关性。

3. 经济现象的滞后效应

滞后效应是指某一变量对另一变量的影响不仅限于当期，而是延续若干期，由此带来变量的自相关。例如微观经济学中的蛛网模型概念，表示某种商品（特别是农产品）的供给量 Y_t 受前一期价格 P_{t-1} 的影响而表现出来的某种规律性，即呈蛛网状收敛或发散于供需的均衡点。又如居民消费支出不仅与当期的收入和商品的价格有关，而且与前期消费支出有关，当居民的当期收入增加时，由于人们的消费观念改变需要一定的适应期，故当期居民的消费支出不会达到应有的水平。

4. 观测数据的处理造成的序列自相关性

因为某些原因对数据进行了修正和内插处理，在这样处理后的时间序列数据与原始数据之间的差异便会在随机误差项中反映出来，并引起序列自相关性。例如在具有季节性时序资料的建模中，要消除季节性影响，对数据作修均处理，但如果采用了不恰当的数据变换，就会带来序列自相关性。

四、序列自相关性的后果

当一个线性回归模型的随机误差项 u_t 存在序列自相关性时，就违背了线性回归模型的古典假定，如果仍然用普通最小二乘法估计参数，将会产生严重的后果。

下面以一元线性回归模型 $Y_t = \beta_0 + \beta_1 X_t + u_t$ 为例加以说明。

（1）参数普通最小二乘法估计量虽然是无偏估计量，但不再是有效估计量。

因为 $\hat{\beta}_1 = \beta + \dfrac{\sum x_i u_i}{\sum x_i^2}$，所以 $E(\hat{\beta})_1 = \beta_1 + E\left(\dfrac{\sum x_i u_i}{\sum x_i^2}\right) = \beta_1$，同理，$\beta_0$ 也有类似结果。

可以看出，在普通最小二乘法估计量无偏性特征中并未涉及无自相关假定，所以在模型 $Y_t = \beta_0 + \beta_1 X_t + u_t$ 中，只要 u_t 与 X_t 无关且 $E(u_t) = 0$，不论随机误差项 u_t 是否存在序列自相关性，其普通最小二乘法估计量仍是无偏估计量，但其方差将增大，其原因如下：

用普通最小二乘法估计的 β_1 的方差为

$$\mathrm{Var}(\hat{\beta}_1) = \frac{\sigma_u^2}{\sum x_i^2}$$

在存在一阶序列自相关性的情况下，用普通最小二乘法估计的方差为

$$\begin{aligned}
\mathrm{Var}^{(自)}(\hat{\beta}_1) &= E[\hat{\beta}_1 - E(\hat{\beta}_1)]^2 = E(\hat{\beta}_1 - \beta_1)^2 = E\left(\frac{\sum x_i u_i}{\sum x_i^2}\right)^2 \\
&= \frac{1}{(\sum x_i^2)^2} E\left(\sum (x_i u_i)^2 + 2\sum_{i \neq j} x_i x_j u_i u_j\right) \\
&= \frac{1}{(\sum x_i^2)^2} \left(\sum x_i^2 \sigma_u^2 + 2\sum_{i \neq j} x_i x_j E(u_i u_j)\right) \\
&= \frac{1}{(\sum x_i^2)^2} \left(\sum x_i^2 \sigma_u^2 + 2\sum_{i \neq j} x_i x_j \rho^{i-j} \sigma_u^2\right) \qquad (4.44) \\
&= \frac{\sigma_u^2}{\sum x_i^2}\left(1 + 2\rho \frac{\sum x_i x_{i-1}}{\sum x_i^2} + 2\rho^2 \frac{\sum x_i x_{i-2}}{\sum x_i^2} + \cdots\right) \\
&= \mathrm{Var}(\hat{\beta}_1) + \mathrm{Var}(\hat{\beta}_1)\left(2\rho \frac{\sum x_i x_{i-1}}{\sum x_i^2} + 2\rho^2 \frac{\sum x_i x_{i-2}}{\sum x_i^2} + \cdots\right)
\end{aligned}$$

$\mathrm{Var}(\hat{\beta}_1)$为无自相关情况下 $\hat{\beta}_1$ 的方差，上式大括号内的结果大于零，因为在经济问题中，X_i 与 Y_j 一般为正相关，自相关系数也为正。所以在存在序列自相关性的情况下，参数估计值的方差大于无自相关的参数估计值的方差，如果用 $\mathrm{Var}(\hat{\beta}_1) = \frac{\sigma_u^2}{\sum x_i^2}$ 计算 $\hat{\beta}_1$ 的方差，将严重低估存在序列自相关性时参数估计值的真实方差。可以证明，当存在序列自相关性时，普通最小二乘法估计量不再是最佳线性无偏估计量，即它在线性无偏估计量中不是方差最小的。

（2）随机误差项的方差也有被严重低估的现象。

在古典一元线性回归模型中，当 u_t 无自相关时，随机误差项的方差 σ^2 的无偏估计量为 $\hat{\sigma}^2 = \frac{\sum e_i^2}{n-2}$，

即

$$E(\hat{\sigma}^2) = \sigma^2,\ \sum e_i^2 = (n-2)\hat{\sigma}^2,\ E\left(\sum e_i^2\right) = (n-2)\sigma^2$$

本来用 $\sum e_i^2$ 估计方差时，满足上式，但存在序列自相关性时，$E(\sum e_i^2)$ 就不会有原来那样大，而是比原来小，可以证明：

$$\begin{aligned}
E\left(\sum e_i^2\right) &= \sigma^2\left[(n-2)\cdot\left(2\rho\frac{\sum x_i x_{i-1}}{\sum x_i^2} + 2\rho^2\frac{\sum x_i x_{i-2}}{\sum x_i^2} + \cdots + 2\rho^{n-1}\frac{\sum x_i x_n}{\sum x_i^2}\right)\right] \qquad (4.45) \\
&= \sigma^2(n-2-c)
\end{aligned}$$

这时，

$$\hat{\sigma}^2 = \frac{\sum e_i^2}{n-2-c} \qquad (4.46)$$

其中 c 为式（4.45）中大括号中的数值，如果用 $\frac{\sum e_i^2}{n-2}$ 估计总体方差，必然低估 σ^2。这时，

如果仍然按原来的公式 $\hat{\mathrm{SE}}(\hat{\beta}) = \sqrt{\frac{\sigma_u^2}{\sum x_i^2}}$ 计算 $\hat{\beta}_1$ 的标准误差，则会得到一个偏低的估计值，真实的标准误差可能会比它大很多。

（3）通常的 t 检验将无效。

由上面的讨论可知，在存在序列自相关性的情况下仍然用普通最小二乘法估计参数，将会过低估计 $\hat{\beta}_1$ 的真实方差及标准误差，因而在 t 检验中，将使统计量 $t = \frac{\hat{\beta}_1 - \beta_1}{\hat{\mathrm{SE}}(\hat{\beta}_1)}$ 的值变大。这就使得在给定显著性水平下，增大了计算 t 值大于临界值的机会，也就增大了接受 $H_1: \beta_1 \neq 0$ 的可能，这样可能出现把实际上不重要的解释变量当作重要的解释变量接受的危险，从而导致严重错误的结论，使 t 检验失效。类似地，由于序列自相关性的存在，参数的普通最小二乘法估计量是无效的，使 F 检验和 R^2 检验也是不可靠的。

（4）Y 的区间预测将失效，从而降低预测精度。

由于存在序列自相关性时，应用普通最小二乘法所得参数估计量的方差将增大，故用于预测时被解释变量 Y 的预测区间变宽，使预测精度降低；如果无视序列自相关性的存在，将 $\hat{\sigma}_u^2 = \frac{\sum e_i^2}{n-2}$ 代入 Y_F 的预测误差公式 $\hat{\mathrm{SE}}(e_F) = \hat{\sigma}_u^2\sqrt{1 + \frac{1}{n} + \frac{(X_F - X)^2}{\sum x_i^2}}$ 中，在方差 $\hat{\sigma}_u^2$ 失真的情况下，致使预测区间的可信度降低，故此时计算的被解释变量 Y_F 的预测区间将失去意义，从而降低了预测的精度。

五、序列自相关性的检验

随机误差项 u_t 存在序列自相关性，为普通最小二乘法的应用带来严重影响，因此必须采取相应的措施加以修正，而在修正之前应对模型的误差序列是否存在序列自相关性进行判断，这就是序列自相关性的检验。序列自相关性的检验主要是检验模型的随机误差项序列是否存在某种形式的相关关系，检验的方法主要有以下几种。

1. 图示法

图示法是一种很直观的检验方法，它是通过对残差散点图的分析来判断随机误差项的序列相关性。把给定的回归模型直接用普通最小二乘法估计参数，求出残差项 e_t，并把 e_t 作为随机误差项 u_t 的估计值，画出 e_t 的散点图，根据散点图判断 e_t 的序列相关性。残差项 e_t 的散点图通常有两种绘制方式。

1）按时间顺序绘制残差图

如果残差项 $e_t(t=1,2,\cdots,T)$ 随时间 t 的变化呈现有规律的变动，则 e_t 存在序列相关性，进而可以推断随机误差项 u_t 之间存在序列相关性。如果随着时间 t 的变化，e_t 并不频繁地改变符号，而是取几个正值后又连续地取几个负值（或者与之相反，几个连续的负值后面紧跟着几个正值），则表明随机误差项 u_t 存在正的序列相关性（如图 4.5 所示）；如果随着时间 t 的变化，e_t 不断地改变符号（如图 4.6 所示），那么随机误差项 u_t 之间存在负的序列相关性。

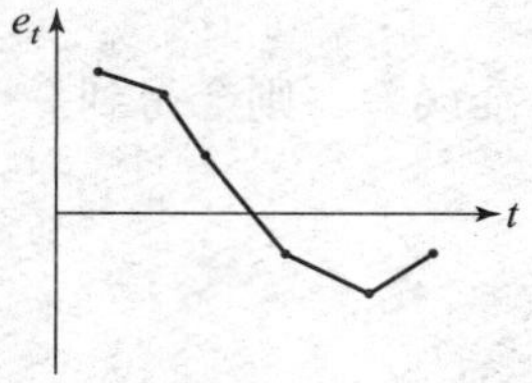

图 4.5　正的序列相关性

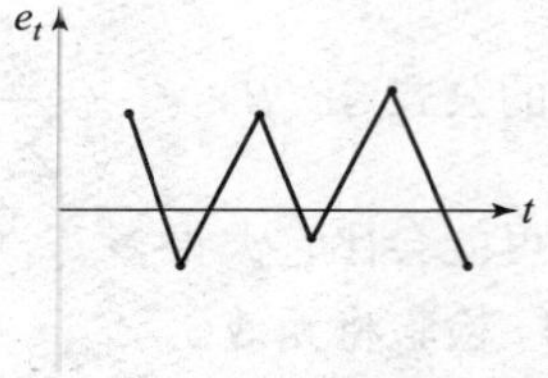

图 4.6　负的序列相关性

在 EViews 软件中，通过在方程窗口单击“Resid”按钮，或者单击“View”→“Actual”“Ditted”“Residual”→“Table”按钮，都可以得到残差图。要观察残差自相关图，可输入命令“Scat resid（－1）resid”后按 Enter 键得到。

2）绘制 e_t，e_{t-1} 的散点图

将残差项 e_t，e_{t-1}，…组成一个数组（e_{t-1}，e_t），接着把它们绘制在二维图形上，便可获得 u_i 是否存在序列相关性的直观初步映像。如果数组中 e_{t-1}，e_t，…各项是相关的，则表明真实的 u_{t-1} 和 u_t 也存在序列自相关性。（e_{t-1}，e_t）的数据排列如表 4.14 所示。

表 4.14　（e_{t-1}，e_t）的数据排列

e_{t-1}	e_1	e_2	e_3	…	e_{n-2}	e_{n-1}
e_t	e_2	e_3	e_4	…	e_{n-1}	e_n

计算 e_t 和 e_{t-1}，建立直角坐标系，以 e_t 为纵轴，以 e_{t-1} 为横轴，绘制（e_{t-1}，e_t）的散点图。如果大部分点落在第Ⅰ、Ⅲ象限，表明随机误差项 u_t 存在正的序列相关性，如图 4.7 所示；如果大部分点落在第Ⅱ、Ⅳ象限，表明随机误差项 u_t 存在负的序列相关性，如图 4.8 所示。

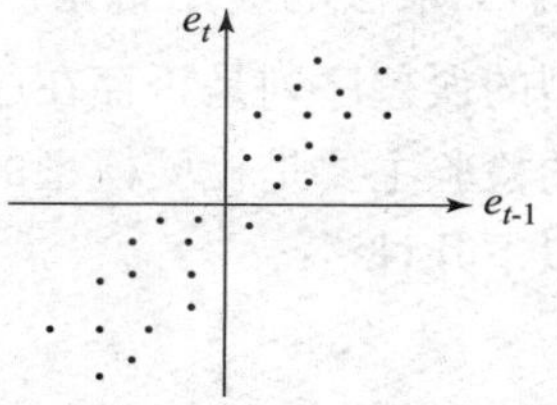

图 4.7　正的序列相关性

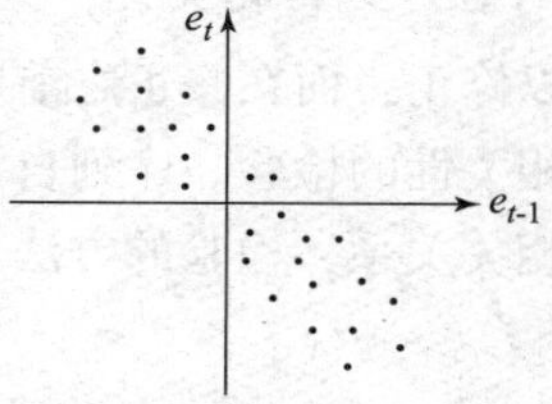

图 4.8　负的序列相关性

2. 杜宾－瓦特森（D－W）检验

D－W 检验是杜宾（Drubin）和瓦特森（Watson）于 1951 年提出的一种检验序列自相关性的方法。D－W 检验是目前检验序列自相关性最为常用的方法，此方法适用于大样本（$n \geqslant 15$），而且仅适用于检验是否存在序列自相关性的一阶自回归的形式：$u_t = \rho u_{t-1} + v_t$，并且被解释变量的滞后值 Y_{t-1} 不能在回归模型中作解释变量。

1）提出假设

$H_0: \rho = 0$，即不存在序列自相关性；$H_1: \rho \neq 0$，即存在序列自相关性。

为了检验上述假设，构造 D－W 检验统计量，首先求出回归估计式的残差 e_t，定义 D－W统计量为

$$\mathrm{DW}=\frac{\sum_{t=2}^{n}(e_t-e_{t-1})^2}{\sum_{t=1}^{n}e_t^2} \tag{4.47}$$

将分子的二项式展开，在大样本情况下，有 $\sum_{t=2}^{n}e_t^2 \approx \sum_{t=2}^{n}e_{t-1}^2 \approx \sum_{t=1}^{n}e_t^2$，可得

$$\mathrm{DW}=\frac{\sum_{t=2}^{n}e_t^2+\sum_{t=2}^{n}e_{t-1}^2-2\sum_{t=2}^{n}e_te_{t-1}}{\sum_{t=1}^{n}e_t^2}=2-2\frac{\sum_{t=2}^{n}e_te_{t-1}}{\sum_{t=1}^{n}e_t^2} \tag{4.48}$$

由于 e_t 是 u_t 的估计值，且 $\bar{e}_t=0$，所以

$$\hat{\rho}=\frac{\sum e_te_{t-1}}{\sqrt{\sum e_t^2}\sqrt{\sum e_{t-1}^2}} \tag{4.49}$$

式（4.49）为扰动项自相关系数 $\rho=\dfrac{\sum_{t=2}^{n}u_tu_{t-1}}{\sqrt{\sum_{t=2}^{n}u_t^2}\sqrt{\sum_{t=2}^{n}u_{t-1}^2}}$ 的估计值，易见

$$\frac{\sum_{t=2}^{n}e_te_{t-1}}{\sum_{t=1}^{n}e_t^2}\approx\hat{\rho} \tag{4.50}$$

于是

$$\mathrm{DW}\approx 2(1-\hat{\rho}) \tag{4.51}$$

$\hat{\rho}$ 是衡量 u_t 自相关程度的一个数量指标，它介于 -1 和 1 之间，即 $-1\leqslant\hat{\rho}\leqslant 1$。由式（4.51）可知：$\hat{\rho}=-1$，DW = 4，负自相关；$\hat{\rho}=0$，DW = 2，无序列自相关，$\hat{\rho}=1$，DW = 0，正自相关。

这就是 D－W 统计量的含义。由此可知，D－W 检验只适用于一阶自回归形式的序列自相关性。

2）检验序列自相关性

用作假设检验的统计量，必须知道其统计分布，但是 D－W 统计量的精确分布无法知道，所以杜宾和瓦尔森根据样本容量和解释变量个数，在给定的显著性水平下，查 DW 分布表，可得临界值 d_L 和 d_U，然后依据表 4.15 中的准则考察计算的 DW 值，以决定模型的序列自相关状态。

表 4.15 还可以用示意图更加直观地表示出来，如图 4.9 所示。

3）D－W 检验的特点

D－W 检验法的优点在于其计算简单、应用方便，目前已成为最常用的序列自相关性检验的方法。EViews 软件在输出回归分析结果中直接给出了 DW 值，并且人们也习惯将 DW 值作为常规的检验统计量，连同 R^2，t 值等一起在报告回归分析的计算结果时表明。但需要注意的是，D－W 检验尽管为常规检验统计量，但也有明显的局限性：

表 4.15　DW 检验决策规则

DW 值范围	序列自相关状态
$0 \leqslant DW \leqslant d_L$	误差项 u_1，u_2，…，u_n 间存在正相关
$d_L \leqslant DW \leqslant d_U$	不能判断是否有自相关
$d_U \leqslant DW \leqslant 4-d_U$	误差项 u_1，u_2，…，u_n 间无自相关
$4-d_U \leqslant DW \leqslant 4-d_L$	不能判定是否有自相关
$4-d_L \leqslant DW \leqslant 4$	误差项 u_1，u_2，…，u_n 间存在负相关

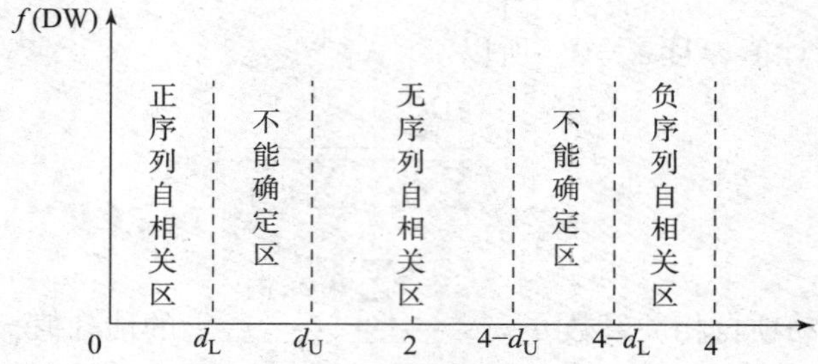

图 4.9　D－W 检验示意

（1）D－W 检验有两个不能确定的区域，一旦 DW 值落在这两个区域，就无法判断。这时，只有增大样本容量或选取其他方法；

（2）D－W 检验不适用于对联立方程模型中各单一方程随机误差项序列自相关性的检验；

（3）D－W 检验不适用于随机误差项具有高阶序列自相关性的检验；

（4）D－W 检验不适用于模型中含有滞后的被解释变量的情况。

3. 拉格朗日乘数检验

拉格朗日乘数（Lagrange Multiplicator，LM）检验也称为布雷斯－戈弗雷检验（B－G 检验）。它既是检验一阶序列自相关性的方法，也是检验高阶序列自相关性的重要方法。

对于多元回归模型

$$Y_t = \beta_0 + \beta_1 X_{1t} + \beta_2 X_{2t} + \cdots + \beta_k X_{kt} + u_t$$

设序列自相关形式为

$$u_t = \rho_1 u_{t-1} + \rho_2 u_{t-2} + \cdots + \rho_p u_{t-p} + v_t \tag{4.52}$$

其中 v_t 为随机误差项，符合基本假定条件。原假设为 $H_0: \rho_1 = \rho_2 = \cdots = \rho_p = 0$，备择假设为 $H_1: \rho_i$（$i=1, 2, \cdots, p$），不全为 0，即存在序列自相关性。对该假设的检验过程如下：

（1）用普通最小二乘法估计模型，得到残差序列 e_t。

（2）将 e_t 关于所有解释变量和残差的滞后值 e_{t-1}，e_{t-2}，…，e_{t-p} 进行回归：

$$e_t = \beta_0 + \beta_1 X_{1t} + \beta_2 X_{2t} + \cdots + \beta_k X_{kt} + \hat{\rho}_1 e_{t-1} + \hat{\rho}_2 e_{t-2} + \cdots + \hat{\rho}_p e_{t-p} + v_t \tag{4.53}$$

其中，e_t 是式（4.52）中 u_t 的估计值。计算出辅助回归模型式（4.53）的可决系数 R^2。构造 LM 统计量：

$$M = nR^2$$

（3）布雷斯和戈弗雷证明，在大样本情况下，渐进地有

$$nR^2 \sim \chi^2(p)$$

其中 p 为式（4.53）中的自回归阶数。

（4）给定显著水平 α，查自由度为 p 的卡方分布表，得 χ_α 临界值。

（5）判定：若 nR^2 大于自由度为 p 的 χ_α 临界值，则拒绝原假设 H_0，即认为至少有一个 ρ_i 的值显著地不等于零，说明模型存在序列自相关性；否则，模型不存在序列自相关性。

利用 EViews 软件可以直接进行 LM 检验：在方程窗口中单击“View”→“Residual Test”→“Serial Correlation LM Test”按钮，屏幕将输入辅助回归模型的有关信息，包括 nR^2 及其临界概率值。但在 LM 检验中，需要人为确定滞后期的长度。在实际应用中，一般是从低阶的 $p(p=1)$ 开始，直到 $p=10$ 左右，若未能得到显著的检验结果，可以认为不存在序列自相关性。

从以上的检验过程可以看出，利用普通最小二乘法估计建立回归模型之后，一般先根据残差图和 DW 值初步判断模型是否存在序列自相关性，然后利用 LM 检验进一步确认序列自相关性，但最后还需要通过序列自相关性的调整过程，确定序列自相关性的具体形式。

4. 回归检验法

回归检验法的步骤如下：

（1）用给定样本估计模型并计算残差 e_t。

（2）对残差序列 $e_t(t=1,2,\cdots,T)$，用普通最小二乘法进行不同形式的回归拟合，如

$$e_t = \rho e_{t-1} + v_t$$

$$e_t = \rho_1 e_{t-1} + \rho_2 e_{t-2} + v_t$$

$$e_t = \rho e_{t-1}^2 + v_t$$

$$e_t = \rho\sqrt{e_{t-1}} + v_t$$

$$\cdots$$

（3）对上述各种拟合形式进行显著性检验，若某个回归式的估计参数具有显著性（不为零），则说明随机误差项存在该种形式的序列自相关性，否则不存在该种形式的序列自相关性。

回归检验法的优点是：（1）适用于任何形式的序列自相关性检验；（2）若结论存在序列自相关性，则同时能提供序列自相关的具体形式与参数的估计值。其缺点是计算量大。

六、序列自相关性的修正

若经检验模型存在序列自相关性，就应具体分析序列自相关性产生的原因。如果序列自相关性是模型中省略了重要的解释变量造成的，那么解决办法就是找出省略的解释变量，把它作为重要的解释变量列入模型。怎样查明序列自相关性是省略重要的解释变量引起的？一种方法是用残差 e_t 对那些可能影响被解释变量但又未列入模型的解释变量回归，并作显著性检验，从而确定该解释变量的重要性。如果是重要的解释变量，就应该列入模型。

如果序列自相关性是错误地设定模型的函数形式所致，那么就应当修改模型的函数形式。怎样查明序列自相关性是模型函数形式不妥造成的？一种方法是用残差 e_t 对解释变量

的较高次幂进行回归，然后对新的残差作 D－W 检验，如果此时序列自相关性消失，则说明模型的函数形式不妥。

只有当以上两种引起序列自相关性的原因都消除后，才能认为序列自相关性主要来源于随机误差项本身，这就是真正的序列自相关性，序列自相关性修正就是要解决这种正真自相关下模型参数估计问题，其基本思想是通过差分变换，对原始数据序列进行整理，将序列自相关变为无自相关。

1. *广义差分法*

设原回归模型是

$$Y_t=\beta_0+\beta_1X_{1t}+\beta_2X_{2t}+\cdots+\beta_kX_{kt}+u_t \quad (t=1,2,\cdots,T) \tag{4.54}$$

其中 u_t 具有一阶自回归形式：

$$u_t=\rho u_{t-1}+v_t$$

其中 v_t 满足通常的假定条件，把上式代入式（4.54），得

$$Y_t=\beta_0+\beta_1X_{1t}+\beta_2X_{2t}+\cdots+\beta_kX_{kt}+\rho u_{t-1}+v_t \tag{4.55}$$

求模型式（4.54）的（$t-1$）期关系式，并在两侧同乘 ρ，得

$$\rho Y_{t-1}=\rho\beta_0+\rho\beta_1X_{1(t-1)}+\rho\beta_2X_{2(t-1)}+\cdots+\rho\beta_kX_{k(t-1)}+\rho u_{t-1}$$

用式（4.55）与上式相减，得

$$Y_t-\rho Y_{t-1}=\beta_0(1-\rho)+\beta_1(X_{1t}-\rho X_{1(t-1)})+\cdots+\beta_k(X_{kt}-\rho X_{k(t-1)})+v_t \tag{4.56}$$

令

$$\begin{cases}Y_t^*=Y_t-\rho Y_{t-1}\\ X_{jt}^*=X_{jt}-\rho X_{j(t-1)}\,(j=1,2,\cdots,k)\end{cases} \tag{4.57}$$

则模型式（4.56）表示如下：

$$Y_t^*=\beta_0^*+\beta_1X_{1t}^*+\cdots+\beta_kX_{kt}^*+v_t\,(t=2,3,\cdots,T) \tag{4.58}$$

其中，$\beta_0^*=\beta_0(1-\rho)$，上式中的随机误差项 v_t 是非自相关的，满足假定条件，所以可对模型式（4.58）应用最小二乘法估计回归参数。所得估计量具有最佳线性无偏性。式（4.57）的变换称作广义差分变换。

注意：

（1）上式中的 β_1，β_2，…，β_k 就是原模型式（4.54）中的 β_1，β_2，…，β_k，而 β_0^* 与原模型式（4.54）中的 β_0 有如下关系：

$$\beta_0=\beta_0^*/(1-\rho) \tag{4.59}$$

用普通最小二乘法估计式（4.58）得到的 $\hat{\beta}_1$，$\hat{\beta}_2$，…，$\hat{\beta}_k$ 称作式（4.54）中相应回归系数的广义最小二乘法估计量。

（2）这种变换损失了一个观测值，样本容量由 T 变成（$T-1$）。为避免这种损失，可以对 Y_t 与 X_{jt} 的第一个观测值分别作如下定义：

$$Y_1^*=Y_1\sqrt{1-\rho^2} \tag{4.60}$$

$$X_{j1}^*=X_{j1}\sqrt{1-\rho^2} \quad (j=1,2,\cdots,k) \tag{4.61}$$

于是对模型式（4.58），样本容量仍然为 T。

这种变换的目的就是使相应随机误差项 u_1 的方差与其他随机误差项 u_2，u_3，…，u_T 的

方差保持相等。作上述变换后，有

$$u_1^* = u_1 \sqrt{1-\rho^2}$$

则

$$\mathrm{Var}(u_1^*) = 1-\rho^2 \mathrm{Var}(u_1)$$

把式（4.40）代入上式，得

$$\mathrm{Var}(u_1^*) = (1-\rho^2)[\sigma_v^2/(1-\rho^2)] = \sigma_v^2$$

与其他随机误差项的方差相同。

（3）当随机误差项 u_t 的序列自相关具有高阶自回归形式时，仍可以用与上述相类似的方法进行广义差分变换。比如 u_t 具有二阶自回归形式：

$$u_t = \rho_1 u_{t-1} + \rho_2 u_{t-2} + v_t \tag{4.62}$$

则变换时应首先求出原模型（$t-1$）期与（$t-2$）期的两个关系式，然后利用与上述类似的变化方法建立随机误差项符合假定条件的广义差分模型。若 u_t 具有 k 阶自回归形式，则首先求 k 个不同滞后期的关系式，然后通过广义差分变换使模型的随机误差项符合假定条件。需要注意的是，对二阶自回归形式，作广义差分变换后，要损失两个观测值；对 k 阶自回归形式，作广义差分变换后，将损失 k 个观测值。

（4）当用广义差分变量回归的结果中仍存在序列自相关性时，可以对广义差分变量继续进行广义差分，直至回归模型中不存在序列自相关性为止。

2. 自相关系数的估计

上面介绍了修正序列自相关性的方法，在进行上述差分变换时，需要先知道 u_t 的自相关系数 ρ，而 ρ 通常是未知的，因此，下面介绍两种估计 ρ 的方法。

1）用 D－W 统计量的值计算 ρ

前面已谈到 D－W 统计量 DW 与 $\hat{\rho}$ 之间的关系，即 $\mathrm{DW}=2(1-\hat{\rho})$，在进行 D－W 检验时，需要求出 DW 值。经检验后，若存在序列自相关性，这可利用 DW 值求出 $\hat{\rho}$ 值：

$$\hat{\rho} = 1 - \mathrm{DW}/2 \tag{4.63}$$

但是必须注意，这种方法只适用于样本较大的情况。因为关系式 $\mathrm{DW}=2(1-\hat{\rho})$ 只对大样本渐进有效，对于小样本来说往往不适用。在小样本情况下，Theil 和 Nagar 建议采用如下关系式：

$$\hat{\rho} = \frac{n^2(1-\mathrm{DW}/2)+(k+1)^2}{n^2-(k+1)^2} \tag{4.64}$$

式中，n 为观测数据总个数，即样本容量；DW 为 D－W 统计量；k 为解释变量个数。

2）杜宾（Durbin）两步法

杜宾两步法是将自相关系数 ρ 的估计方法与消除序列自相关性的方法相结合的方法，其实质仍然是广义差分法。其具体步骤为：第一步，通过打开广义差分回归式中的括号求 ρ 的估计值 $\hat{\rho}$；第二步，利用 $\hat{\rho}$ 进行广义差分变换，然后对原模型求广义最小二乘法估计值。下面以一阶自相关形式 $u_t = \rho u_{t-1} + v_t$ 为例具体介绍。

（1）把原模型式（4.54）的一阶差分形式

$$Y_t - \rho Y_{t-1} = \beta_0(1-\rho) + \beta_1(X_{1t} - \rho X_{1(t-1)}) + \cdots + \beta_k(X_{kt} - \rho X_{k(t-1)}) + v_t \tag{4.65}$$

写成

$$Y_t = \alpha_0 + \rho Y_{t-1} + \alpha_1 X_{1t} - \alpha_2 X_{1(t-1)} + \cdots + \alpha_k X_{kt} - \alpha_{k+1} X_{k(t-1)} + v_t \tag{4.66}$$

其中，$\alpha_0 = \beta_0(1-\rho)$，$\alpha_1 = \beta_1$，$\alpha_2 = -\rho\beta_1$，…，$\alpha_k = \beta_k$，$\alpha_{k+1} = -\rho\beta_k$，$\rho$ 在式中为 Y_{t-1} 的参数，由于 v_t 满足通常的假定条件，故可用普通最小二乘法估计上式，求出 ρ 的估计值 $\hat{\rho}$。

（2）利用式（4.57）的广义差分变换方法，对式（4.65）进行差分变换，可得

$$Y_t^* = \beta_0^* + \beta_1 X_{1t}^* + \cdots + \beta_k X_{kt}^* + v_t \quad (t = 2, 3, \cdots, T) \tag{4.67}$$

应用普通最小二乘法求得 $\hat{\beta}_0^*$ 和 $\hat{\beta}_1$，$\hat{\beta}_2$，…，$\hat{\beta}_k$，则 $\hat{\beta}_0 = \beta_0^* / (1-\rho)$。杜宾两步法的一个重要特点是能将该方法推广到较高阶自相关序列。

3）迭代法

迭代法又称科克伦－奥克特（Cochrane－Orcutt）估计法，当用广义差分变量回归的结果中仍存在序列自相关性时，可以对广义差分变量继续进行广义差分，直至回归模型中不存在序列自相关性为止。迭代法就是用逐步逼近的办法寻求更为满意的 ρ 的估计值，然后再用广义差分法。其具体步骤如下：

设回归模型为

$$Y_t = \beta_0 + \beta_1 X_t + u_t \quad (t = 1, 2, \cdots, T) \tag{4.68}$$

其中，$u_t = \rho u_{t-1} + v_t$，v_t 满足通常的假定条件。

第一步，用普通最小二乘法估计原模型，求出残差 e_t。

第二步，根据第一步计算出的残差 e_t，计算 ρ 的估计值 $\hat{\rho}$：

$$\hat{\rho} = \frac{\sum e_t e_{t-1}}{\sum e_{t-1}^2} \tag{4.69}$$

第三步，利用第二步求得的 $\hat{\rho}$ 值，对原模型进行广义差分变换：

$$\begin{cases} Y_t^* = Y_t - \rho Y_{t-1} \\ X_t^* = X_t - \rho X_{t-1} \end{cases} \tag{4.70}$$

并得到广义差分模型：

$$Y_t^* = \beta_0(1-\rho) + \beta_1 X_t^* + v_t \tag{4.71}$$

第四步，利用普通最小二乘法估计式（4.71），计算出残差 e_t^*，根据残差 ρ 计算 $\hat{\rho}^*$：

$$\hat{\rho}^* = \frac{\sum e_t^* e_{t-1}^*}{\sum e_{t-1}^{*2}} \tag{4.72}$$

第五步，重复执行第三、四步，直到 ρ 的前、后两次估计值比较接近，即收敛时为止，一般可选取某一个精度 δ（10^{-m}）为衡量标准，当前、后两次 ρ 的估计值之差的绝对值小于 10^{-m}，即 $|\hat{\rho}^* - \hat{\rho}| < \delta$ 或迭代的次数达到预定上限时，迭代停止。此时，以 $\hat{\rho}^*$ 作为 ρ 的估计值，并用广义差分法进行变换，得到回归系数的估计值。

七、案例分析

改革开放以来，中国城镇居民人均消费性支出 Y，人均可支配收入 X 以及消费价格指数 P 的数据（1990—2015 年）如表 4.16 所示，其中 1978 年中国城镇居民消费价格指数为 100，现研究中国城镇居民人均消费与人均可支配收入之间的关系。

表 4.16　中国城镇居民人均消费与人均可支配收入数据

年份	人均消费性支出 Y/元	人均可支配收入 X/元	消费价格指数 P	年份	人均消费性支出 Y/元	人均可支配收入 X/元	消费价格指数 P
1990	1 278.89	1 510.20	222.0	2003	6 510.94	8 472.20	479.4
1991	1 453.81	1 700.60	233.3	2004	7 182.10	9 421.60	495.2
1992	1 671.73	2 026.60	253.4	2005	7 942.88	10 493.00	503.1
1993	2 110.81	2 577.40	294.2	2006	8 696.55	11 759.50	510.6
1994	2 851.34	3 496.20	367.8	2007	9 997.47	13 785.80	533.6
1995	3 537.57	4 283.00	429.6	2008	11 242.85	15 780.80	563.5
1996	3 919.47	4 838.90	467.4	2009	12 264.55	17 174.70	558.4
1997	4 185.64	5 160.30	481.9	2010	13 471.50	19 109.40	576.3
1998	4 331.61	5 425.10	479.0	2011	15 160.90	21 809.80	606.8
1999	4 615.91	5 854.00	472.8	2012	16 674.30	24 564.70	623.2
2000	4 998.00	6 280.00	476.6	2013	18 022.60	26 955.10	639.4
2001	5 309.01	6 859.60	479.9	2014	19 968.10	29 381.00	652.8
2002	6 029.88	7 702.80	475.1	2015	21 392.40	31 790.30	662.6

（资料来源：《中国统计年鉴》，1990—2015 年）

1. 绘制相关图，确定模型的函数形式

先定义不变价格（$P_{1978}=100$）的人均消费性支出（Y_1）和人均可支配收入（X_1）。

令 $Y_1=Y/(P/100)$，$X_1=X/(P/100)$。

利用SCAT命令，得到关于 Y_1 与 X_1 的散点图，如图4.10所示。显然两者存在明显的线性关系。假定所建立的回归模型的函数形式是

$$Y_{1T}=\beta_0+\beta_1 X_{1t}+u_t \tag{4.73}$$

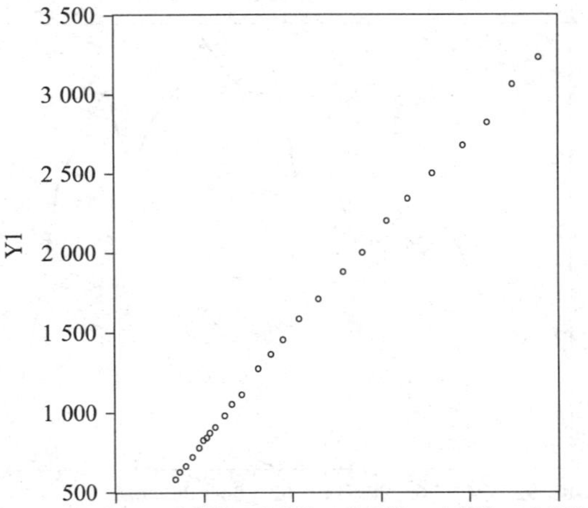

图 4.10　Y_1 与 X_1 的散点图

估计线性回归模型并计算残差用普通最小二乘法求估计的回归方程结果如下：

$$Y_{1t}=188.531+0.640\,2X_{1t}$$
$$(14.571\,6)\quad(121.441\,1) \tag{4.74}$$
$$R^2=0.998\,4,\ DW=0.435\,7,\ n=26$$

回归方程拟合的效果比较好，但是 DW 值比较小。

2. 检验序列自相关性

1）自相关图和残差图分析

通过命令“scat resid（-1）resid”得到残差的自相关图，如图 4.11 所示，可以看出 e_{t-1} 与 e_t 存在正的序列相关性。在方程窗口中单击“Resids”按钮，所显示的残差图如图 4.12 所示，表明 e_t 呈现有规律的波动，预示着可能存在序列自相关性。

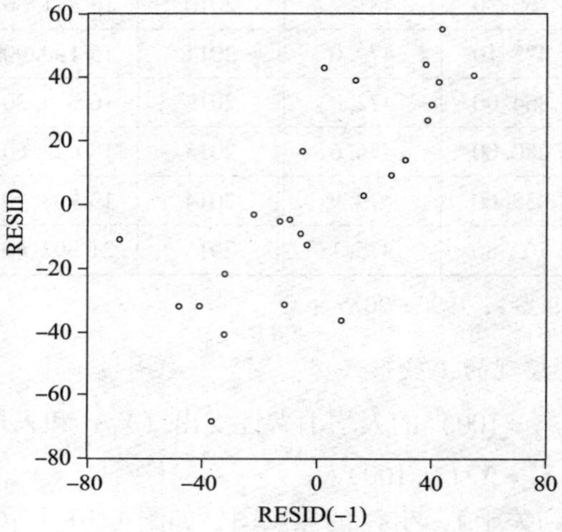

图 4.11　自相关图

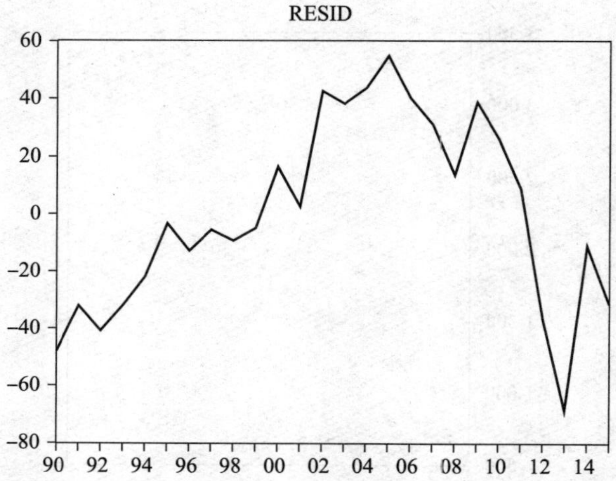

图 4.12　残差图

2）D－W 检验

因为 $n=26$，$k=1$，显著性水平 $\alpha=0.05$ 时，查表得 $d_L=1.30$，$d_U=1.46$，而 $0<DW=0.43<d_L$，所以存在正的序列自相关性。

3）LM 检验

在方程窗口中单击"View"→"Residual Test"→"Serial Correlation LM Test"按钮，并选择滞后期为 2，屏幕将显示表 4.17 所示信息。

表 4.17　LM 检验结果

Breusch－Godfrey Serial Correlation LM Test：				
F－statistic	13.782 15	Prob. F（2，22）		0.000 1
Obs * R－squared	14.459 43	Prob. Chi－Square（2）		0.000 7
Test Equation：				
Dependent Variable：RESID				
Method：Least Squares				
Date：07/26/17　Time：17：34				
Sample：1990 2015				
Included observations：26				
Presample missing value lagged residuals set to zero.				
Variable	Coefficient	Std. Error	t－Statistic	Prob.
C	4.073 844	9.077 986	0.448 761	0.658 0
X1	－0.002 419	0.003 728	－0.648 892	0.523 1
RESID（－1）	0.663 298	0.214 484	3.092 529	0.005 3
RESID（－2）	0.132 683	0.217 208	0.610 857	0.547 6
R－squared	0.556 132	Mean dependent var		4.48E－14
Adjusted R－squared	0.495 605	S. D. dependent var		33.182 60
S. E. of regression	23.566 55	Akaike info criterion		9.298 172
Sum squared resid	12 218.41	Schwarz criterion		9.491 725
Log likelihood	－116.876 2	Hannan－Quinn criter		9.353 908
F－statistic	9.188 097	Durbin－Watson stat		1.793 099
Prob（F－statistic）	0.000 392			

其中 $nR^2=26\times0.556\ 132=14.459\ 43$，临界概率 $p=0.000\ 7<\alpha=0.05$，认为辅助回归模型是显著的，即存在序列自相关性。又因为 e_{t-1} 的回归系数显著不为零，表明该模型存在一阶序列自相关性。但由于 e_{t-2} 的回归系数显著为零，表明该模型不存在二阶序列自相关性。

从检验过程可以看出，利用普通最小二乘法估计建立回归模型之后，一般先根据残差图和 DW 值，初步判断模型是否存在序列自相关性，然后利用 LM 检验进一步确认序列自相关性，最后还需要通过序列自相关性的调整过程确定序列自相关性的具体形式。

3. 序列自相关性的修正

1）广义差分变换法

首先估计自相关系数 $\hat{\rho}$。由原回归模型可得到残差序列 e_t，在 EViews 中，每次回归的残差存放在“resid”序列中，为了对残差进行回归分析，需生成命名为“e”的残差序列。在主菜单中选择“Quick”→“Generate Series”选项，在弹出的对话框中输入 e = resid，单击“确定”按钮后得到残差序列 e_t。使用进行滞后一期的自回归，在 EViews 命令栏中输入“ls e e(−1)”可得回归方程：

$$e_t = 0.749\,4 e_{t-1} + v_t$$

$$(5.885\,0) \tag{4.75}$$

$$R^2 = 0.589\,2,\ \mathrm{DW} = 2.104\,0,\ n = 25$$

上式括号中为 t 统计量值，e_{t-1}的回归参数显著不为零，且式（4.75）残差的 $LM = TR^2$ 统计量的值为 0.400 1，说明式（4.74）的随机误差项具有一阶自回归形式的序列自相关性，即 $\hat{\rho} = 0.749\,4$，对原模型进行广义差分，得到广义差分方程：

$$Y_{1t} - 0.749\,4Y_{1(t-1)} = \beta_0(1 - 0.749\,4) + \beta_1(X_{1t} - 0.749\,4X_{1(t-1)}) + v_t \tag{4.76}$$

对式（4.76）的广义差分方程进行回归，在 EViews 命令栏中输入“ls Y1 −0.749 4 Y1(−1) c X1 −0.7494 * X1(−1)”，按 Enter 键后可得方程输出结果，如表 4.18 所示。

表 4.18　广义差分法输出结果

Dependent Variable：Y1 −0.7494 * Y1(−1)				
Method：Least Squares				
Date：07/28/17　Time：17：00				
Sample（adjusted）：1991 2015				
Included observations：25 after adjustments				
Variable	Coefficient	Std. Error	t − Statistic	Prob.
C	56.511 39	8.259 332	6.842 126	0.000 0
X1 −0.749 4 * X1(−1)	0.627 738	0.010 760	58.338 36	0.000 0
R − squared	0.993 287	Mean dependent var		474.298 7
Adjusted R − squared	0.992 995	S. D. dependent var		245.817 2
S. E. of regression	20.573 16	Akaike info criterion		8.962 470
Sum squared resid	9 734.864	Schwarz criterion		9.059 980
Log likelihood	−110.030 9	Hannan − Quinn criter		8.989 515
F − statistic	3 403.364	Durbin − Watson stat		2.238 124
Prob（F − statistic）	0.000 000			

由表 4.18 可得回归方程为

$$\hat{Y}_{1t}^{*}=56.5114+0.6277\hat{X}_{1t}^{*}$$

$$(6.8421)\quad(58.3384) \tag{4.77}$$

$$R^2=0.9933,\ F=3403.364,\ DW=2.2381$$

其中，$\hat{Y}_{1t}^{*}=Y_{1t}-0.7494Y_{1(t-1)}$，$\hat{X}_{1t}^{*}=\beta_1(X_{1t}-0.7494X_{1(t-1)})$。

由于使用了广义差分数据，样本容量减少了 1 个，$n=25$，$k=1$。查 5% 显著性水平的 DW 统计表可知 $d_L=1.29$，$d_U=1.45$，模型中 $d_U<DW=2.2381<4-d_U$，说明广义差分模型中已无序列自相关性，不必再进行迭代。同时可见，可决系数 R^2、t、F 统计量也均达到理想水平。

由差分方程式（4.76）有

$$\hat{\beta}_0=56.5114/(1-0.7494)=225.5044 \tag{4.78}$$

由此得到原模型式（4.73）的最终广义最小二乘法估计结果是

$$\hat{y}_{1t}=225.5044+0.6277X_{1t} \tag{4.79}$$

2）迭代估计法

根据案例的检验结果，模型存在一阶序列自相关性，首先假设残差结构为 $u_1=\rho_1u_{t-1}+v_t$，在 LS 命令中加上 AR(1)，使用迭代估计法估计模型参数。EViews 给出了自动处理带有序列自相关性问题的处理程序。在命令窗口中输入“ls Y1 c X1 AR(1)”，估计结果如表 4.19 所示。

表 4.19　迭代估计法输出结果

Dependent Variable：Y1				
Method：Least Squares				
Date：07/26/17　Time：15：36				
Sample（adjusted）：1991 2015				
Included observations：25 after adjustments				
Convergence achieved after 5 iterations				
Variable	Coefficient	Std. Error	t – Statistic	Prob.
C	228.621 4	45.308 77	5.045 853	0.000 0
X1	0.626 876	0.013 812	45.385 31	0.000 0
AR（1）	0.766 433	0.134 219	5.710 301	0.000 0
R – squared	0.999 391	Mean dependent var		1 575.371
Adjusted R – squared	0.999 336	S. D. dependent var		816.055 1
S. E. of regression	21.027 55	Akaike info criterion		9.041 710
Sum squared resid	9 727.470	Schwarz criterion		9.187 976
Log likelihood	–110.021 4	Hannan – Quinn criter		9.082 278
F – statistic	18 062.53	Durbin – Watson stat		2.279 823
Prob（F – statistic）	0.000 000			
Inverted AR Roots	0.77			

由表4.19得，估计过程经过5次迭代后收敛；ρ_1 的回归系数的估计值为0.7664，并且 t 检验显著，说明原模型确实存在一阶序列自相关性。调整后模型的 DW = 2.2798，说明迭代估计后的模型不存在序列自相关性，为了强调采用迭代估计法修正序列自相关性，可以将有关估计结果用下述形式标注在模型的右端：

$$\hat{Y}_{1t} = 228.6214 + 0.6269X_{1t} \quad [\mathrm{AR}(1) = 0.7664]$$
$$(5.0459) \quad (45.3853) \qquad\qquad (5.7103) \tag{4.80}$$
$$R^2 = 0.9994,\ F = 18062.53,\ \mathrm{DW} = 2.2798$$

将式（4.80）的估计结果与未消除序列自相关性的估计结果式（4.74）相比，未消除序列自相关性的估计结果常数项偏小，回归系数偏大。与广义差分变换法模型式（4.79）相比，这两种方法的估计结果是相近的，其差距是由计算误差引起的。

由式（4.80）的中国城镇居民消费模型可知，中国城镇居民的边际消费倾向为0.6269，即中国城镇居民人均收入每增加1元，平均人均消费支出将增加0.6269元。

第四节　虚拟变量问题

一、虚拟变量的含义

在前面的讨论中，回归模型中的解释变量和被解释变量都具有定量的含义，其取值都是可以用数值表示的数据，如收入、GDP、投资额、受教育年限等，这些变量的大小传递了有用的信息。在经济研究中，在很多时候还需要考虑定性因素的影响，如性别、民族、职业、文化程度等，或者一个企业所属的行业、一个经济体所处的发展阶段等。它们只表示某种特征的存在与不存在，所以称作定性因素。这些变量由于各种原因不能计量，但是在建立计量经济学模型时它们又是必不可少的影响因素，因此可以构造一种特殊的变量，只取1和0两个值。由于这种变量是人为虚构出来的，所以称为虚拟变量（Dummy Variable）。虚拟变量就是把某种属性拟设为可以用数值表示的变量，习惯用 D 表示。例如，对于人的性别这个属性，就可以用一个虚拟变量 D 表示，同时规定若性别为男性时，D 的取值为1；若为女性时，D 的取值为0。当虚拟变量对被解释变量（因变量）产生影响时，当然也应该包括在回归模型中。

二、虚拟变量设置的规则

定性因素的变化通常表现为某种属性或特征是否存在，所以可以用只取1和0两个值的虚拟变量来量化定性因素的变化。一般地，用1表示这种属性或特征存在，用0表示这种属性或特征不存在。或者说，设置虚拟变量时，将肯定类型、比较类型取值为1，而将否定类型、基础类型取值为0。

在计量经济学模型中设置虚拟变量时，要注意避免陷入所谓的“虚拟变量陷阱”。例如，居民家庭可以分为城镇和农村两种类型，居民住房消费模型可以写成以下形式：

$$C_i = \beta_0 + \beta_1 D_i + \beta_2 Y_i + u_i \tag{4.81}$$

其中，C_i 为住房消费；Y_i 为收入；$D_i = \begin{cases} 1，城镇居民 \\ 0，农村居民 \end{cases}$。

而不能设置成如下模型：

$$C_i = \alpha_0 + \beta_0 Y_i + \beta_1 D_{1i} + \beta_2 D_{2i} + u_i \tag{4.82}$$

其中，$D_{1i} = \begin{cases} 1，城镇居民 \\ 0，其他 \end{cases}$；$D_{2i} = \begin{cases} 1，农村居民 \\ 0，其他 \end{cases}$。

因为模型式（4.82）中，当 $D_{1i}=1$ 时同时有 $D_{2i}=0$；反之，当 $D_{2i}=1$ 时有 $D_{1i}=0$，即对于任何被调查的居民家庭，都有 $D_{1i}+D_{2i}=1$，说明模型中存在着完全多重共线性，这时参数将无法估计，这就是所谓的“虚拟变量陷阱”。

当一个定性变量含有 m 个类别时，在有截距项的模型中，应向模型引入 $m-1$ 个虚拟变量，否则会陷入“虚拟变量陷阱”。

三、虚拟变量的作用

在计量经济学模型中加入虚拟变量，可以同时兼顾定量因素和定性因素的影响，能够比较准确地反映经济变量之间的相互关系，提供模型的精度。虚拟变量的作用可以归纳为以下几个方面：

（1）可以检验和度量用文字所表示的定性因素的影响，如性别、职业、受教育程度、行业等；

（2）可以作为时间序列分析中季节（月份）的代表，来测量变量在不同时期的影响；

（3）作为某些偶然因素或政策因素的代表，来处理异常数据的影响，如改革、战争、自然灾害等；

（4）可以实现分段回归，研究斜率、截距的变动，或比较两个回归模型的结构差异等。

四、虚拟解释变量模型

1. 以加法方式引入虚拟变量，表示不同截距的回归

下面给出的模型都属于用虚拟变量测量截距变动的模型：

$$Y_i = \beta_0 + \beta_1 D_i + u_i \tag{4.83}$$

$$Y_i = \beta_0 + \beta_1 D_i + \beta_2 X_i + u_i \tag{4.84}$$

$$\vdots$$

以模型式（4.84）为例，当 $D_i=1$，0 时，回归函数分别是

$$E(Y_i) = (\beta_0 + \beta_1) + \beta_2 X_i \quad (D_i = 1) \tag{4.85}$$

$$E(Y_i) = \beta_0 + \beta_2 X_i \quad (D_i = 0) \tag{4.86}$$

由此可见，向模型中引入虚拟变量，其数学意义就是回归函数截距项发生变化。对虚拟变量的系数作显著性检验，就是判别两条回归直线式（4.85）、式（4.86）的截距项之间是否存在显著性差异。

例如，香烟消费量除了受收入因素影响外，还与地区有关。如果把农村地区当作基础类型，把城镇地区当作比较类型，就可以用虚拟变量 D 描述地区这个属性对香烟消费量的影响。当在不同地区条件下，居民关于香烟消费量的边际消费倾向（斜率）相同时，其消费

模型可写为

$$Y_i = \beta_0 + \beta_1 D_i + \beta_2 X_i + u_i \tag{4.87}$$

其中，Y_i 为消费量；X_i 为收入；$D_i = \begin{cases} 1, & \text{城镇地区} \\ 0, & \text{农村地区} \end{cases}$。

模型式（4.87）的意义在于描述收入和城乡差别对香烟消费量的影响。模型中的 u_i 服从古典假定时，基础类型（农村地区香烟消费量）和比较类型（城镇地区香烟消费量）分别为

城镇地区香烟消费量：

$$E(Y_i | X_i) = (\beta_0 + \beta_1) + \beta_2 X_i \tag{4.88}$$

农村地区香烟消费量：

$$E(Y_i | X_i) = \beta_0 + \beta_2 X_i \tag{4.89}$$

其中，β_1 为差异截距系数。

式（4.87）可表示为图 4.13，它表明城镇地区与农村地区两种类型收入函数的斜率相同（均为 β_2），而截距水平不同。这说明，城镇地区和农村地区在香烟消费量水平上存在着规模为 β_1 的差异，而由收入因素产生的平均消费量水平变化却是相同的。

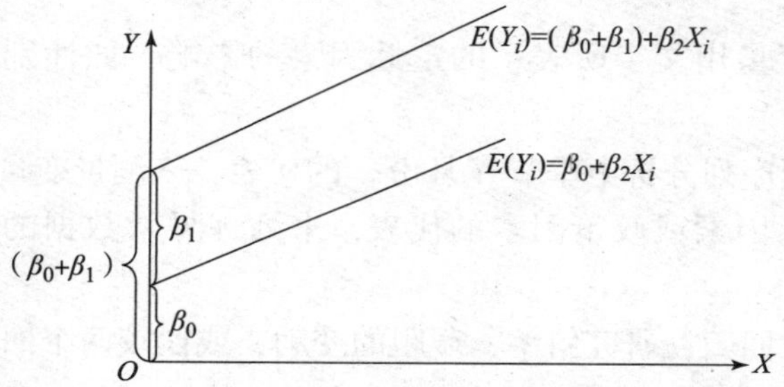

图 4.13　城镇和农村地区香烟消费量水平差异（截距不同）

在 $H_0: \beta_1 = 0$ 的假设下，对参数 β_1 进行 t 检验，可以判断香烟消费量是否存在城乡差异。

注意：当模型中含有 k 个定性变量，每个变量含有 m（$i=1, 2, \cdots, k$）个类别时，应设 $\sum_{i=1}^{k} m_i - 1$ 个虚拟变量。

2. *以乘法方式引入虚拟变量，表示不同斜率的回归*

定性因素的影响不仅表现在截距上，有时也会影响斜率。例如，随着收入水平的提高，消费的边际倾向可能发生变化。当不同类型模型中截距相等而斜率不同时，可通过乘法方式在模型中引入虚拟变量，也就是虚拟变量和其他解释变量之间是相乘的关系。

例如，文化用品消费量在城镇地区和农村地区的边际消费倾向是不同的，其消费模型可写为

$$Y_i = \beta_0 + \beta_1 X_i + \beta_2 D_i X_i + u_i \tag{4.90}$$

其中，Y_i 为文化用品消费量；X_i 为居民收入；$D_i = \begin{cases} 1, & \text{城镇地区} \\ 0, & \text{农村地区} \end{cases}$。

在该模型中，虚拟变量和解释变量的乘积作为一个解释变量，这就是以乘法方式引入了虚拟变量。如果式（4.90）满足普通最小二乘法的基本假定条件，可估计出不同类型文化用品消费函数。

城镇地区文化用品消费量：

$$E(Y_i)=\beta_0+(\beta_1+\beta_2)X_i \tag{4.91}$$

农村地区文化用品消费量：

$$E(Y_i)=\beta_0+\beta_1 X_i \tag{4.92}$$

可以看出，上述两个函数的截距相等，斜率不同，如图 4.14 所示。

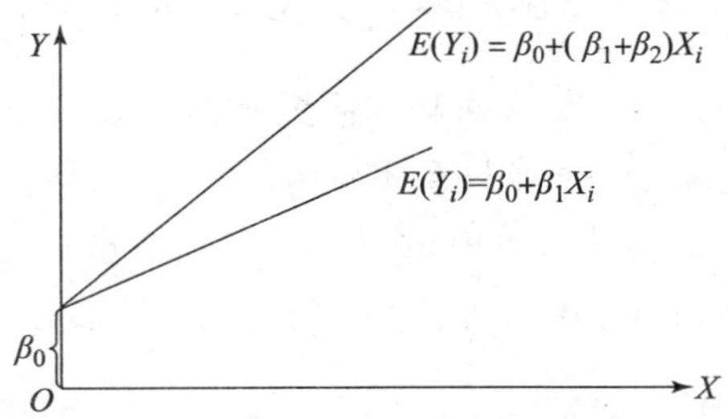

图 4.14　城镇和农村地区的文化用品消费量水平差异（斜率不同）

3. *以加法和乘法的混合方式引入虚拟变量，表示不同截距和斜率的回归*

当不同类型模型中截距和斜率都不相同时，可考虑同时以加法和乘法方式引入虚拟变量。例如，文化用品消费量在城镇地区和农村地区的边际消费倾向不同，而且基本消费量也不同，其消费模型可写成

$$Y_i=\beta_0+\beta_1 D_i+\beta_2 X_i+\beta_3 D_i X_i+u_i \tag{4.93}$$

其中，Y_i 为文化用品消费量；X_i 为居民收入；$D_i=\begin{cases}1，城镇地区\\0，农村地区\end{cases}$。

当式（4.93）满足普通最小二乘法的基本假定条件后，可估计出各类型文化用品消费函数如下：

城镇地区文化用品消费量：

$$E(Y_i)=(\beta_0+\beta_1)+(\beta_2+\beta_3)X_i \tag{4.94}$$

农村地区文化用品消费量：

$$E(Y_i)=\beta_0+\beta_2 X_i \tag{4.95}$$

可以看出，上述两个函数的截距和斜率都不相同，如图 4.15 所示。

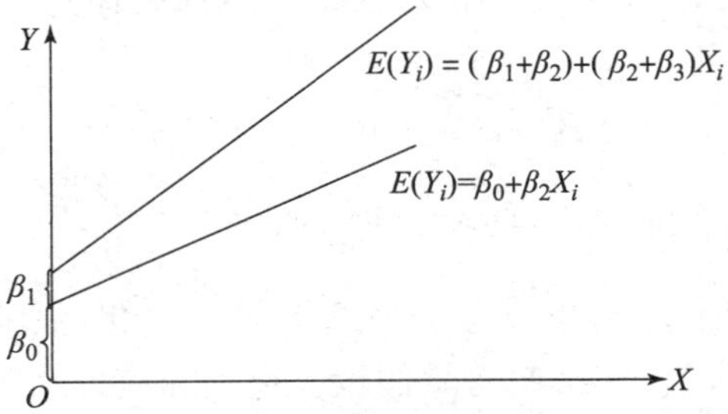

图 4.15　城镇和农村地区的文化用品消费量水平差异（截距和斜率均不同）

4. 在分段线性回归模型中引入虚拟变量

能否既可以用虚拟变量描述模型结构的变化，又使回归函数保持连续呢？这就是分段线性回归模型所研究的内容，当经济现象在某一时期（或超过某一数量界限）有一明显转折点时，可利用虚拟变量建立分段函数回归模型。例如，进口消费品数量主要取决于国民总收入，但 1980 年前后我国进口消费品数量明显不同，设 $t^*=1980$ 年为转折期，1980 年国民总收入为 X_t^*，其他年份国民总收入为 X_t，则进口消费品模型为

$$Y_t=\beta_0+\beta_1 X_t+\beta_2(X_t-X_t^*)D_t+u_t \tag{4.96}$$

其中，Y_t 为进口消费品数量；X_t 为国民总收入；虚拟变量 $D_t=\begin{cases}1, & t\geqslant t^*\\ 0, & t<t^*\end{cases}$。

若式（4.96）满足普通最小二乘法的基本假定条件，通过估计得到

$$E(Y_t)=\beta_0+\beta_1 X_t+\beta_2(X_t-X_t^*)D_t \tag{4.97}$$

这时，只要检验 β_2 的统计显著性，就可以判断在临界水平 X_t^* 处是否存在“突变”。如果 β_2 在统计上是显著的，则在 1980 年以前，即 $t<t^*$，$D_t=0$，进口消费品模型的函数形式为

$$E(Y_t)=\beta_0+\beta_1 X_t \tag{4.98}$$

1980 年以后，$t\geqslant t^*$，$D_t=1$，进口消费品模型的函数形式为

$$E(Y_t)=(\beta_0-\beta_2 X_t^*)+(\beta_1+\beta_2)X_t \tag{4.99}$$

可以看出，1980 年以后函数图像的斜率明显大于 1980 年以前的斜率，如图 4.16 所示。

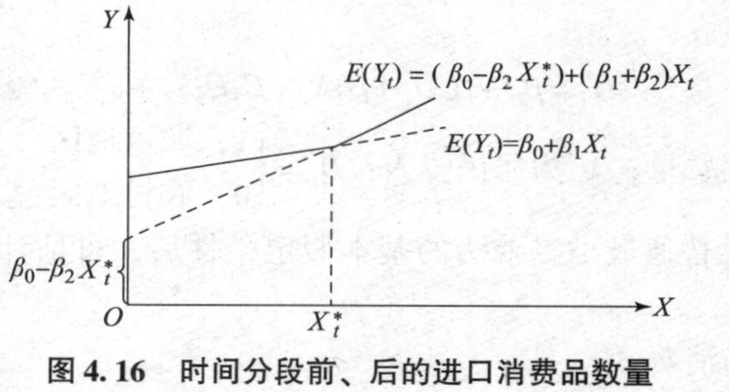

图 4.16　时间分段前、后的进口消费品数量

5. 在交互效应回归模型中引入虚拟变量

当分析解释变量对变量的影响时，在大多数情形下只是分析了解释变量自身变动对被解释变量的影响作用，而没有深入分析解释变量间相互作用的结果对被解释变量的影响。采取乘法形式引入虚拟变量，可达到分析解释变量交互影响的目的。

考虑下列模型：

$$Y_i=\beta_0+\beta_1 X_i+\alpha_1 D_{1i}+\alpha_2 D_{2i}+u_i \tag{4.100}$$

其中，Y_i 为奢侈品年消费支出；X_i 为收入水平；$D_{1i}=\begin{cases}1, & \text{女性}\\ 0, & \text{男性}\end{cases}$，$D_{2i}=\begin{cases}1, & \text{本科及以上}\\ 0, & \text{其他}\end{cases}$。

显然式（4.100）描述了性别与教育水平的差异对奢侈品消费支出的影响。虚拟变量 D_{1i}和 D_{2i}是以加法形式引入的，那么暗含着假设：性别和教育水平分别独立地影响奢侈品消费支出。但是，在实际经济活动中，性别和教育水平两个定性变量对奢侈品消费支出可能存

在一定的交互作用，即性别变量的边际效应有时可能依赖于另一个教育水平变量，即性别和教育水平的虚拟变量 D_{1i} 和 D_{2i} 可能存在着一定的交互影响，且这种交互影响对被解释变量奢侈品消费支出产生影响。

为了描述交互影响对被解释变量的作用，必须以加法形式引入两个虚拟变量的乘积。考虑下列模型：

$$Y_i = \beta_0 + \beta_1 X_i + \alpha_1 D_{1i} + \alpha_2 D_{2i} + \alpha_3 D_{1i} D_{2i} + u_i \tag{4.101}$$

其中，各变量的含义同式（4.100）。在式（4.101）中引入虚拟变量 $D_{1i}D_{2i}$，以描述定性因素的交互效应对它的影响。

（1）基础类型：未受过高等教育的男性的奢侈品年消费支出

$$E(Y_i \mid D_{2i}=0, D_{2i}=0) = \beta_0 + \beta_1 X_i \tag{4.102}$$

（2）比较类型：受过高等教育的女性的奢侈品年消费支出

$$E(Y_i \mid D_{1i}=1, D_{2i}=1) = (\beta_0 + \alpha_1 + \alpha_2 + \alpha_3) + \beta_1 X_i \tag{4.103}$$

其中，α_1 为性别对奢侈品消费支出的截距差异系数；α_2 是教育水平对奢侈品消费支出的截距差异系数；α_3 为同时受过高等教育的女性对奢侈品年消费支出的交互效应系数。

关于交互效应是否存在，可借助交互效应虚拟变量系数的显著性检验加以判断。当 t 检验表明交互效应虚拟变量在统计意义上是显著的时，交互效应将对 Y_i 存在显著影响。

五、案例分析

中国年均货币流通量（M）数据（1952—2003 年）如表 4.20 所示，对数的中国年均货币流通量序列 LM_t 如图 4.17 所示。通过对 LM_t 序列的分析，可知从建国初期到 1961 年（三年经济困难时期开始年）的增长速度比较快。1962—1978 年由于处于经济困难和“文化大革命”时期，LM_t 的增加速度明显减缓。1978 年改革开放以后，进入社会主义市场经济时期，LM_t 的增加速度是建国以来最快的。下面以 1961 年和 1978 年为结构突变点建立分段线性回归模型。

为研究 1952—2003 年对数的中国年均货币流通量序列 LM_t 随时间 T 的变化规律是否有变化，作时序图，如图 4.17 所示。

从图 4.17 可以看出，对数的中国年均货币流通量表现出明显的阶段特征：在 1961 年和 1978 年有两个明显的转折点。为了分析中国年均货币流通量在 1961 年和 1978 年前后 3 个阶段的数量关系，以 1961 年、1978 年两个转折点为依据，1961 年的 T 为 10，1978 年的 T 为 27，并设定以加法和乘法两种方式同时引入虚拟变量 D_1 和 D_2 的模型如下：

$$LM_t = \beta_0 + \beta_1 T + \beta_2 (T-10) D_{1t} + \beta_3 (T-27) D_{2t} + u_t$$

其中

$$D_{1t} = \begin{cases} 0, & 1 \leqslant T \leqslant 10 \text{（1952—1961 年）} \\ 1, & 10 < T \leqslant 52 \text{（1962—2003 年）} \end{cases}$$

$$D_{2t} = \begin{cases} 0, & 1 \leqslant T \leqslant 27 \text{（1952—1978 年）} \\ 1, & 27 < T \leqslant 52 \text{（1978—2003 年）} \end{cases}$$

对上式进行回归后，其输出结果如表 4.21 所示。

表 4.20　1952—2003 年中国年均货币流通量（M）数据

年份	M	T	D_1	D_2	年份	M	T	D_1	D_2
1952	NA	1	0	0	1978	193.7	27	1	1
1953	27.1	2	0	0	1979	225.3	28	1	1
1954	34.4	3	0	0	1980	275.1	29	1	1
1955	32.0	4	0	0	1981	341.4	30	1	1
1956	42.9	5	0	0	1982	385.9	31	1	1
1957	50.0	6	0	0	1983	460.5	32	1	1
1958	53.6	7	0	0	1984	576.6	33	1	1
1959	71.4	8	0	0	1985	822.2	34	1	1
1960	83.3	9	0	0	1986	978.0	35	1	1
1961	111.0	10	0	0	1987	1 239.0	36	1	1
1962	102.0	11	1	0	1988	1 674.7	37	1	1
1963	83.0	12	1	0	1989	2 157.3	38	1	1
1964	75.1	13	1	0	1990	2 296.6	39	1	1
1965	75.6	14	1	0	1991	2 724.3	40	1	1
1966	85.8	15	1	0	1992	3 466.6	41	1	1
1967	99.0	16	1	0	1993	4 937.1	42	1	1
1968	123.7	17	1	0	1994	6 243.5	43	1	1
1969	128.3	18	1	0	1995	7 507.4	44	1	1
1970	124.3	19	1	0	1996	8 296.6	45	1	1
1971	122.1	20	1	0	1997	9 489.8	46	1	1
1972	135.3	21	1	0	1998	10 690.9	47	1	1
1973	147.6	22	1	0	1999	12 329.9	48	1	1
1974	160.6	23	1	0	2000	14 054.1	49	1	1
1975	173.0	24	1	0	2001	15 170.8	50	1	1
1976	186.1	25	1	0	2002	16 483.4	51	1	1
1977	198.9	26	1	0	2003	18 512.0	52	1	1

（资料来源：《中国统计年鉴》，2004 年）

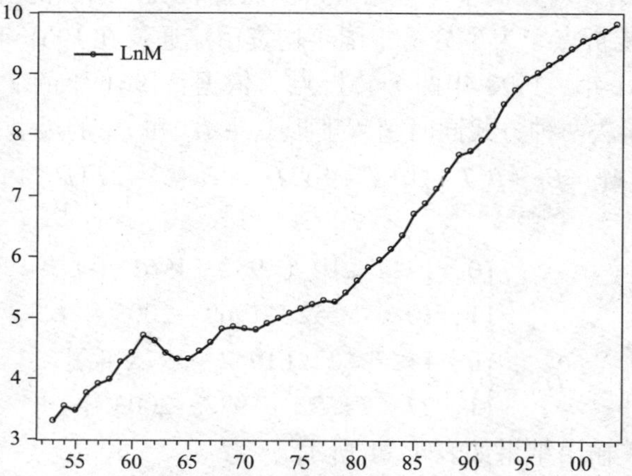

图 4.17　对数的中国年均货币流通量序列 LM_t（1952—2003 年）

表 4.21 中国年均货币流通量模型的回归结果

Dependent Variable：LNM				
Method：Least Squares				
Date：08/06/17 Time：20：12				
Sample（adjusted）：1953 2003				
Included observations：51 after adjustments				
Variable	Coefficient	Std. Error	t－Statistic	Prob.
C	3.077 802	0.119 264	25.806 53	0.000 0
T	0.131 425	0.015 168	8.664 364	0.000 0
(T－10) ＊D1	－0.078 545	0.018 561	－4.231 763	0.000 1
(T－27) ＊D2	0.144 581	0.007 678	18.829 43	0.000 0
R－squared	0.994 208	Mean dependent var		6.156 922
Adjusted R－squared	0.993 838	S. D. dependent var		2.009 183
S. E. of regression	0.157 715	Akaike info criterion		－0.780 868
Sum squared resid	1.169 081	Schwarz criterion		－0.629 352
Log likelihood	23.912 14	Hannan－Quinn criter		－0.722 969
F－statistic	2 689.170	Durbin－Watson stat		0.401 045
Prob（F－statistic）	0.000 000			

表 4.21 的估计结果如下：

$$\mathrm{LM}_t = 3.0778 + 0.1314T - 0.0785(T-10)D_{1t} + 0.1446(T-27)D_{2t}$$

$$(25.8065)\quad(8.6644)\quad(-4.2318)\qquad\qquad(18.8294)\qquad\qquad(4.104)$$

$$R^2 = 0.9942,\ \mathrm{DW} = 0.4010,\ F = 2689.170,\ T = 51$$

由于各个系数的 t 检验均大于 2，表明各个解释变量的系数显著不为 0，所以年均货币流通量按 3 个不同时期的回归模型为

$$\mathrm{LM}_t = \begin{cases} 3.0778 + 0.1314T,\ 1 \leqslant T \leqslant 10 & (1952—1961\text{ 年}) \\ 3.8628 + 0.0529T,\ 10 < T \leqslant 27 & (1962—1978\text{ 年}) \\ -0.0412 + 0.1975T,\ 27 < T \leqslant 52 & (1978—2003\text{ 年}) \end{cases}$$

上述分段线性回归模型在 1961 年（$T=10$）和 1978 年（$T=27$）是连续的。折点的纵坐标分别为 4.391 8 和 5.291 3。1978 年改革开放之后的 LM_t 的年增长系数最大，1961 年之前的次之，1962—1978 年的再次之。分段回归的拟合函数如图 4.18 所示。

六、虚拟被解释变量模型

在计量经济学模型中，虚拟变量除了可作为解释变量外，还可以作为被解释变量。虚拟被解释变量在日常经济活动中常表现在人们的决策行为上，即对某一问题人们要作出“是”或“否”的回答，是否考上大学、是否能够就业、是否购买家用汽车、某一商品在市场上是否畅销等。对这些问题，可以利用虚拟被解释变量模型进行决策。当被解释变量只取有限

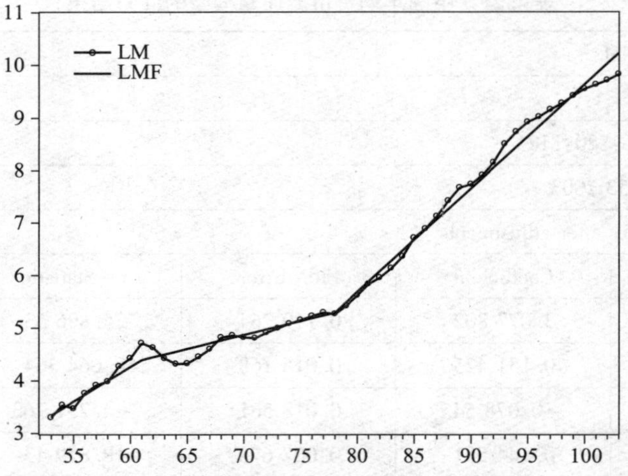

图 4.18 LM_t的观测值序列（LM）与拟合值序列（LMF）

个离散值，特别是只取两个值时，所建立的模型称为离散选择模型。离散选择模型的是被解释变量取值的概率模型，而不是直接预测其取值。常用的模型有线性概率模型和非线性概率模型。

1. 线性概率模型形式

例如，假设人们是否购买商品房的决定主要依赖于收入水平，其模型为

$$Y_i = \beta_0 + \beta_1 X_i + u_i \tag{4.105}$$

其中，X_i 为收入水平，$Y_i = \begin{cases} 1，购买商品房 \\ 0，不购买商品房 \end{cases}$。

现在来看当 X_i 给定时，Y_i 的条件期望的含义：

$$E(Y_i | X_i) = \beta_0 + \beta_1 X_i \tag{4.106}$$

若以 P_i 代表 $Y_i = 1$ 的概率，则 $1 - P_i$ 便代表 $Y_i = 0$ 的概率，于是 Y_i 的数学期望为

$$E(Y_i | X_i) = 1 \cdot P_i + 0 \cdot (1 - P_i) = P_i \tag{4.107}$$

于是有

$$E(Y_i | X_i) = \beta_0 + \beta_1 X_i = P_i \tag{4.108}$$

由此可见，式（4.108）中被解释变量的条件期望可解释为在 X_i 给定时，在 X_i 这个收入水平上人们购买商品房的概率，即表明购买商品房的概率是收入的线性函数。因为概率 P_i 的数值介于 0 和 1 之间，所以 $E(Y_i | X_i)$ 满足限制条件 $0 \leqslant E(Y_i | X_i) \leqslant 1$，也就是说，$Y_i$ 的条件期望值只能在 0 和 1 之间。由于 Y_i 的条件期望具有概率含义，所以线性模型式（4.105）称为线性概率模型。

2. 线性概率模型的估计

线性概率模型在形式上同普通线性回归模型很相似，但由于 Y_i 是虚拟变量，这就出现了不同于普通线性回归模型的新问题。

（1）随机误差项 u_i 不服从正态分布。

在线性概率模型中，关于 u_i 的正态性假设不再成立，因为

$$u_i = Y_i - \beta_0 - \beta_1 X_i \tag{4.109}$$

显然

$$u_i = \begin{cases} 1 - \beta_0 - \beta_1 X_i & \text{当 } Y_i = 1 \text{ 时} \\ -\beta_0 - \beta_1 X_i & \text{当 } Y_i = 0 \text{ 时} \end{cases} \tag{4.110}$$

这就是说，对于一定的 X_i 值，Y_i 只能取两个值，u_i 也只能有两种可能值出现，显然，这里的 u_i 不遵从正态分布，u_i 服从的是二项分布。虽然 u_i 不服从正态分布，但对参数的估计不会产生影响，因为普通最小二乘法估计的无偏性、有效性与 u_i 的概率分布无关，但进行 t 检验、F 检验等统计推断时，却要求随机误差项服从正态分布。根据中心极限定理可知，在大样本情况下二项分布趋近正态分布，所以这时仍然可以在正态分布假定下进行统计推断。

（2）随机误差项 u_i 具有异方差性。

$$\begin{aligned} \mathrm{Var}(u_i) &= E[u_i - E(u_i)]^2 = E(u_i^2) = \sum u_i^2 P_i \\ &= (1 - \beta_0 - \beta_1 X_i)^2 P_i + (-\beta_0 - \beta_1 X_i)^2 (1 - P_i) \\ &= (1 - P_i)^2 P_i + (-P_i)^2 (1 - P_i) = P_i (1 - P_i) \\ &= (\beta_0 + \beta_1 X_i)(1 - \beta_0 - \beta_1 X_i) \neq \text{常数} \end{aligned} \tag{4.111}$$

式（4.111）表示，当 u_i 满足 $E(u_i|X_i)=0$ 和 $E(u_i u_j|X_i)=0(i \neq j)$ 时，u_i 的方差是 Y_i 条件期望的函数，即 $\mathrm{Var}(u_i) = f[E(u_i|X_i)]$，这表明 u_i 是异方差性的。这时就不能直接用普通最小二乘法估计模型中的参数。

（3）线性概率模型的估计方法。

为了消除异方差性的影响，可利用加权最小二乘法估计线性概率模型中的参数。其权数 W_i 取 $\mathrm{Var}(u_i)$，然后对原模型式（4.105）两边同除以 $\mathrm{Var}(u_i)$ 的平方根，得到

$$\frac{Y_i}{\sqrt{\mathrm{Var}(u_i)}} = \frac{\beta_0}{\sqrt{\mathrm{Var}(u_i)}} + \beta_1 \frac{X_i}{\sqrt{\mathrm{Var}(u_i)}} + \frac{u_i}{\sqrt{\mathrm{Var}(u_i)}} \tag{4.112}$$

变换后，式（4.112）的随机误差项变为同方差性的，因此可用普通最小二乘法估计其中的参数。但是由于 $\mathrm{Var}(u_i) = P_i(1 - P_i)$，$P_i$ 是未知的，而 $P_i = E(Y_i|X_i) = \beta_0 + \beta_1 X_i$，所以可以先利用普通最小二乘法估计式（4.105），求出 $E(Y_i|X_i)$ 的估计值 $\hat{Y}_i$，然后用 $\hat{Y}_i$ 代替 P_i，这样就可以求得 u_i 的方差：

$$\mathrm{Var}(u_i) = \hat{Y}_i (1 - \hat{Y}_i) \tag{4.113}$$

（4）条件 $0 \leqslant E(Y_i|X_i) \leqslant 1$ 不一定成立。

因为线性概率模型中 $E(Y_i|X_i)$ 度量的是事件“$Y_i = 1$”发生的概率，所以从理论上讲，$E(Y_i|X_i)$ 的值应介于 0 和 1 之间。但是从实际估计结果看，$E(Y_i|X_i)$ 的估计值 $\hat{Y}_i$ 并不一定在 0 和 1 之间，也就是说 $\hat{Y}_i$ 的值可以大于 1，或者为负数。在这种情况下，可以作以下处理：当 $\hat{Y}_i > 1$ 时，应认为它等于 1；当 $\hat{Y}_i < 0$ 时，就认为它等于 0。

3. 非线性概率模型

线性概率模型虽然计算简单，但不能自然符合概率值介于 0 和 1 之间的要求，当 $\hat{Y}_i < 0$ 或 $\hat{Y}_i > 1$ 时，人为地视为它们等同于 $\hat{Y}_i < 0$ 或 $\hat{Y}_i > 1$，这在理论上是不严密的，在实践中也

会造成大概率事件就等同于必然事件，小概率事件就等同于不可能事件的认识偏差。要消除这一缺陷，就应放弃线性概率模型，选用对任意解释变量都能保证条件期望 $E(Y_i|X_i)$ 介于 0 与 1 之间的非线性概率模型。这里介绍一种常用的非线性概率模型——Logit 模型。

Logistic 回归模型是用于研究经济学中行为主体的选择过程的一种计量经济学模型，是对被解释变量为定性变量的回归分析，其基本特点是被解释变量必须是二分类变量。

从模型角度出发，不妨把事件发生的情况定义为 $y=1$，把事件未发生的情况定义为 $y=0$，这样取值为 0、1 的被解释变量可以写作

$$y=\begin{cases}1,\text{事件发生}\\0,\text{事件未发生}\end{cases}$$

可以采用多种方法对取值为 0、1 的被解释变量进行分析。通常以 p 表示事件发生的概率（事件未发生的概率为 $1-p$），并把 p 看作解释变量 x 的线性函数。简单的线性回归模型为

$$y_i=\beta_0+\beta_1x_i+u_i \tag{4.114}$$

因为 y 的取值只有两个，故被解释变量的均值为

$$E(y_i)=\beta_0+\beta_1x_i \tag{4.115}$$

由于 y_i 是 0－1 型二项分布，因此有如下概率分布：

$P_i=P(y_i=1|x_i)$：表示解释变量为 x_i 时 $y_i=1$ 的概率。

$P_i=P(y_i=1|x_i)$：表示解释变量为 x_i 时 $y_i=0$ 的概率。

事件发生和不发生的概率比称为事件的发生比，即相对风险，表现为 $\text{odds}=P_i/(1-P_i)$。因为是以对数的形式出现的，故该发生比表现为对数发生比，表现为 $\text{odds}=\ln[P_i/(1-P_i)]$。对数发生比也是事件发生概率 P_i 的一个特定函数。通过 Logistic 转换，该函数可以写成 Logit 模型：

$$\text{Logit}(P_i)=\log_e\frac{P_i}{1-P_i}=\ln\frac{P_i}{1-P_i} \tag{4.116}$$

$\text{Logit}(P_i)$称为“P 的逻辑斯蒂概率单位”，或简称为“逻辑斯蒂 P”。对于被解释变量取值区间的变化，概率是以 0.5 为对称点，分布在 0～1 的范围内的，而相应的 $\text{Logit}(P_i)$的大小为

当 $P_i=0$ 时，$\text{Logit}(P_i)=\ln(0/1)=-\infty$；

当 $P_i=0.5$ 时，$\text{Logit}(P_i)=\ln(0.5/0.5)=0$；

当 $P_i=1$ 时，$\text{Logit}(P_i)=\ln(1/0)=+\infty$。

显然，通过变换，$\text{Logit}(P_i)$的取值范围被扩展为以 0 为对称点的整个实数区间（$-\infty$，$+\infty$），这使得在任何解释变量取值下，对 P_i 值的预测均有实际意义。其次，大量实践证明，$\text{Logit}(P_i)$ 往往和解释变量呈线性关系，换言之，概率和解释变量间关系的 S 形曲线往往符合 Logit 函数关系，从而可以通过该变换将曲线直线化。

由式（4.108）可以看出，当被解释变量的取值为 0、1 时，均值 $E(y)=\beta_0+\beta_1x$ 总是代表给定解释变量时 $y=1$ 的概率。虽然这是从简单线性回归函数分析而得，但也适合复杂的多元回归函数情况，即

$$\text{Logit}(P_i)=\ln\frac{P_i}{1-P_i}=\beta_0+\beta_1x_{i1}+\beta_2x_{i2}+\cdots+\beta_kx_{ik}=\beta_0+\sum_{j=1}^{k}\beta_jx_{ij} \tag{4.117}$$

由上式变形整理，得到 Logit 模型为

$$P_i = P(y_i = 1 \mid x_i) = \frac{\exp\left(\beta_0 + \sum_{j=1}^{k} \beta_j x_{ij}\right)}{1 + \exp\left(\beta_0 + \sum_{j=1}^{k} \beta_j x_{ij}\right)} \tag{4.118}$$

在式（4.118）中，y_i 是取值为 0 或 1 的随机被解释变量；x_{ij}是解释变量，表示第j种影响因素；i 表示观察对象（个体）的编号；k 表示影响因素个数；β_0 为常数项，β_1，β_2，…，β_j 分别为对应解释变量 x_{ij}的回归系数。

通过大量的分析实践，发现 Logit 模型可以很好地满足对分类数据的建模需要，因此目前它已经成为分类被解释变量的标准建模方法。由于被解释变量为二分类，所以 Logit 模型的随机误差项应当服从二项分布，而不是正态分布。因此，该模型实际上不应当使用最小二乘法进行参数估计，目前均使用最大似然法解决方程的估计和检验问题。

七、案例分析

假定某房地产企业希望建立一个模型，能够利用诸如家庭收入等相关数据来解释家庭的购买商品房行为，并依据模型对某些家庭是否购买商品房作出预测和判断，假设家庭购买商品房的决定因素主要是其收入水平。用 Y_i 表示第 i 个家庭拥有住房的情况（$Y_i = 1$ 表示其购买了商品房；$Y_i = 0$ 表示其未购买商品房）；X_i 表示其年收入水平。表 4.22 所示是关于 40 个家庭是否购买商品房及家庭收入的调查资料。

表 4.22　家庭是否购买了商品房及其收入水平　　单位：千元

Y	*X*	*Y*	*X*	*Y*	*X*	*Y*	*X*
0	8	1	17	1	22	1	17
1	16	1	18	1	16	0	13
1	18	0	14	0	12	1	21
1	11	1	20	0	11	1	20
0	12	0	6	1	16	0	11
1	19	1	19	0	11	0	8
1	20	1	16	1	20	1	17
0	13	0	10	1	18	1	16
0	9	0	8	0	11	0	7
0	10	1	8	0	10	1	17

（资料来源：庞皓．计量经济学［M］．北京：科学出版社，2007.）

利用 EViews 软件绘制出 Y 关于 X 的散点图，如图 4.19 所示。从图中可以看出，当 X 较小时，Y 更多地取 0；当 X 较大时，Y 更多地取 1。现用 Logit 模型拟合它们之间的关系，建立模型为

$$\ln \frac{P_i}{1 - P_i} = \beta_0 + \beta_1 x_i \tag{4.119}$$

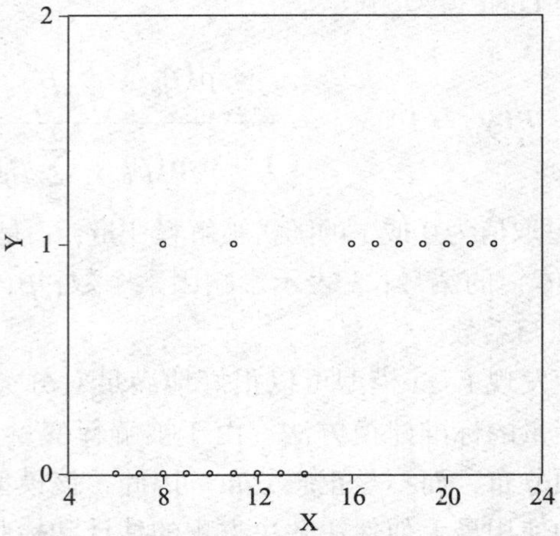

图 4.19　购买商品房与收入水平的散点图

用 EViews 软件估计的步骤及结果如下：打开当前样本数据窗口后，选择“主菜单”→“Quick”→“Estimate Equation”选项，打开估计模型对话框，在方程设定栏中输入“Y C X”；在估计方法选择栏的下拉菜单中选中二元选择模型 BINARY，在弹出的离散选择方法设定对话框中，给出了“Probit”“Logit”和“Extreme value”（极值分布）3 种方法，默认估计方法是 Logit。按照默认的估计方法，得到的估计结果如表 4.23 所示。

表 4.23　Logit 方法估计结果

Dependent Variable：Y				
Method：ML – Binary Logit（Quadratic hill climbing）				
Date：08/10/17　Time：10：20				
Sample：1 40				
Included observations：40				
Convergence achieved after 5 iterations				
Covariance matrix computed using second derivatives				
Variable	Coefficient	Std. Error	z – Statistic	Prob.
C	–9.620 462	2.814 750	–3.417 875	0.000 6
X	0.717 924	0.206 794	3.471 684	0.000 5
McFadden R – squared	0.611 988	Mean dependent var		0.550 000
S. D. dependent var	0.503 831	S. E. of regression		0.270 779
Akaike info criterion	0.634 012	Sum squared resid		2.786 215
Schwarz criterion	0.718 456	Log likelihood		–10.680 25
Hannan – Quinn criter	0.664 545	Restr. log likelihood		–27.525 55
LR statistic	33.690 61	Avg. log likelihood		–0.267 006
Prob（LR statistic）	0.000 000			
Obs with Dep = 0	18	Totalobs		40
Obs with Dep = 1	22			

根据表4.23所示输出结果，得到的模型为

$$\ln \frac{P_i}{1-P_i}=9.6205+0.7179X_i \tag{4.120}$$

输出结果显示，参数的伴随概率分别为0.000 6和0.000 5，表明变量 X_i 在1%的统计水平上是显著的。这说明在其他条件不变的情况下，家庭收入每增加1 000元，则家庭购买商品房发生比的对数值平均变化0.717 9个单位。或者说，在其他条件不变的情况下，家庭收入每增加1 000元，家庭购买商品房的发生比为家庭不购买商品房的 $e^{0.7179}=2.0501$ 倍，这说明家庭收入水平越高，就越倾向于购买商品房。

在方程的输出窗口中选择"Views"→"Expectation Table"选项，打开一个对话框，在对话框中输入一个截断值 P，系统默认值为0.5，单击"确定"按钮后给出期望－预测表，如表4.24所示。

表4.24 截断值为0.5时的期望－预测表

Expectation – Prediction Evaluation for Binary Specification						
Equation：EQ01						
Date：08/10/17　Time：07：35						
Success cutoff：C = 0.5						
	Estimated Equation			Constant Probability		
	Dep = 0	Dep = 1	Total	Dep = 0	Dep = 1	Total
P(Dep = 1) < = C	17	2	19	0	0	0
P(Dep = 1) > C	1	20	21	18	22	40
Total	18	22	40	18	22	40
Correct	17	20	37	0	22	22
% Correct	94.44	90.91	92.50	0.00	100.00	55.00
% Incorrect	5.56	9.09	7.50	100.00	0.00	45.00
Total Gain *	94.44	−9.09	37.50			
Percent Gain * *	94.44	NA	83.33			

表4.24中的左边给出对观测数据的分组结果。检验结果显示，归入第一组的观测数据共19个，其中分组准确的有17个，不准确的有2个；归入第二组的观测数据共21个，其中分组准确的有20个，不准确的有1个。这样，对于被解释变量取值为0的观测数据，模型的分组准确率为94.44%；对于被解释变量取值为1的观测数据，模型的分组准确率为90.91%。模型对所有观测数据的总体预测准确率为92.50%。

复习思考题

1. 什么是多重共线性？产生多重共线性的经济背景是什么？
2. 多重共线性对模型的主要影响是什么？

3. 简述检验多重共线性与消除多重共线性的方法。
4. 什么是异方差性？产生异方差性的经济背景是什么？
5. 异方差性对模型的主要影响是什么？
6. 简述检验异方差性与消除异方差性的方法。
7. 什么是序列自相关性？产生序列自相关性的经济背景是什么？
8. 序列自相关性对模型的主要影响是什么？
9. 简述检验序列自相关性与消除序列自相关性的方法。
10. 什么是虚拟变量？它在模型中有什么作用？
11. 引入虚拟变量的两种基本公式是什么？它们各适用于什么情况？

第五章

时间序列计量经济学模型

数据是计量经济分析的基础。目前在计量经济分析中主要存在3种类型的数据结构：横截面数据（Cross - sectional Data）、时间序列数据（Time Series Data）和面板数据（Panel Data）。横截面数据是指在一定的时间点下不同个体采集的样本形成的数据集合。时间序列数据是指某一个体在不同的时间点下特殊实现的数据集合。面板数据则综合了横截面数据和时间序列数据的特点，指的是不同个体在不同时间点下特殊实现的数据集合。时间序列数据主要用于宏观经济分析及预测，在计量经济学中占有重要的地位。本章重点介绍时间序列计量经济学模型在计量经济分析中的应用。

本章学习目标：

（1）理解时间序列平稳性及其检验，了解时间序列平稳性检验在时间序列分析中的作用；

（2）掌握自回归移动平均模型 ARMA(p, q) 及其判别；

（3）掌握自相关条件异方差（ARCH）模型；

（4）理解掌握协整与误差修正模型。

第一节　时间序列平稳性

事物都是发展变化的，经济系统中的各种变量也是如此。为了定量描述和分析这些变量的动态变化，需要时间测度指标来标注变量在时间上的动态变化。由于这些变量是随机的，故用随机过程（Stochastic Process）来描述随机变量的动态变化。随机过程是指对于每一特定的时间标度 t（$t \in T$），x_t 为一随机变量，则称这一族随机变量 $\{x_t\}$ 为一个随机过程。若 t 为连续变量，则 $\{x_t\}$ 为一连续型随机过程。若 t 为离散变量，则 $\{x_t\}$ 为离散型随机过程。在经验研究上，把同一指标在不同时间点获得的观察值按时间顺序排列形成的序列，称为时间序列（Time Series）。时间序列分为离散型时间序列和连续性时间序列两种类型。本书只考虑离散型时间序列。事实上，对时间序列定义时，在每个时间点上的观测值形成的序列只是该随机过程的某一次特殊实现（Special Realization），因此隐含该特殊实现是一随机过程的假设。时间序列分析的基本任务则是利用随机过程的观测序列（特殊实现）对随机过程的基本特征、性质作出推断。

一、时间序列平稳性的概念

在计量回归分析中，一般要求时间序列是平稳的（Stationary），也就是说要求分析的随机过程是一个平稳的随机过程（Stationary Stochastic Process）。所谓时间序列平稳性（Stationarity），是指时间序列的统计性质不随着时间的推移而发生变化。根据时间序列平稳性要求的不同，可以将平稳过程分为严平稳过程（Strictly Stationary Process）和弱平稳过程（Weakly Stationary Process）。从数学定义上讲，如果一个随机过程 x_t 对任意的时间指数 $1\leqslant t_1<t_2<\cdots<t_m$ 和 m，$h\geqslant1$，如果 $F(x_{1_t},x_{t_2},\cdots,x_{t_m})=F(x_{t_1+h},x_{t_2+h},\cdots,x_{t_m+h})$，则 x_t 为一个严平稳过程，其中函数 F 为其联合概率分布函数。也就是说，对于严平稳过程，其在不同时间点的联合概率密度函数是相等的。而弱平稳过程的要求则相对宽松。如果一个随机过程 x_t 对任意的时间指数 $t>s\geqslant1$，$j=1$，2，…，满足式（5.1）~式（5.3）3 个条件，则称该随机过程 x_t 为一个弱平稳过程，或称为二阶平稳、协方差平稳和宽平稳过程：

$$E(x_t)=E(x_{t-s})=u \tag{5.1}$$

$$E(x_t-u)^2=E(x_{t-s}-u)^2=\sigma^2 \tag{5.2}$$

$$\mathrm{Cov}(x_t,x_{t-s})=\mathrm{Cov}(x_{t-j},x_{t-j-s})=\gamma_s \tag{5.3}$$

其中，u，σ^2 分别为时间序列 x_t 的均值和方差，γ_s 为时间序列 x_t 距离为 s 的自协方差。很显然，对于一个随机过程，如果其均值和方差为一常数，且其自协方差只与距离相关而与时间标度 t 无关，则这一随机过程可称为弱平稳过程。而严平稳过程的定义更为苛刻，要求随机过程的所有统计性质都不随时间变化。

一个严平稳序列并不一定是弱平稳序列，例如一个柯西分布的严平稳序列，由于不存在数学期望，因此不是一个弱平稳序列，而对于一个服从正态分布的弱平稳序列，由于其均值和方差决定了该序列的所有统计性质，可以推断出为一个严平稳序列。一般地，计量经济分析中的时间序列平稳性是指时间序列的弱平稳性。

经典回归分析暗含着一个重要假设：数据是平稳的。如果数据非平稳，即时间序列的统计性质随着时间的推移而发生变化，不能满足对参数统计推断的一致性要求，那么参数的估计很有可能是非有效的，从而出现“伪回归”（Spurious Regression）现象。所谓“伪回归”，是指两个在经济含义上没有任何相关关系的变量，在回归结果上却表现出高度的相关性（高拟合优度）。

在现实经济生活中，实际的时间序列数据往往是非平稳的，而且主要的经济变量如消费、收入、价格往往随经济周期呈现一致或相反的变化。这时，如果仍然通过古典线性回归模型分析变量之间的关系，可能会得到错误的估计结果和推断。

二、常见的随机过程

1. 白噪声过程（White Noise Process）

平稳序列的一个典型例子是白噪声过程。例如在建模时股票收益率可以用一个白噪声过程来描述。设一随机过程 x_t，如果满足：

$$E(x_t)=0,\ \mathrm{Var}(x_t)=\sigma^2<\infty,\ \mathrm{Cov}(x_t,x_{t+k})=0,t,(t+k)\in T,$$

则称 x_t 为一白噪声过程。白噪声过程是平稳的随机过程，其均值为零，方差为某一常数，具有纯随机性和方差齐性的性质。纯随机性是指序列各观测值不存在任何相关关系，即序列没有“记忆性”；方差齐性是指对任何时间段的白噪声序列，其方差为一常数。在经典的时间序列线性回归模型中，扰动项 u_t 即要求为一白噪声过程。根据马尔可夫定理，只有方差齐性假设成立时，用普通最小二乘法得到的未知参数估计值才是无偏、有效的。图 5.1 模拟了一个典型的白噪声过程。

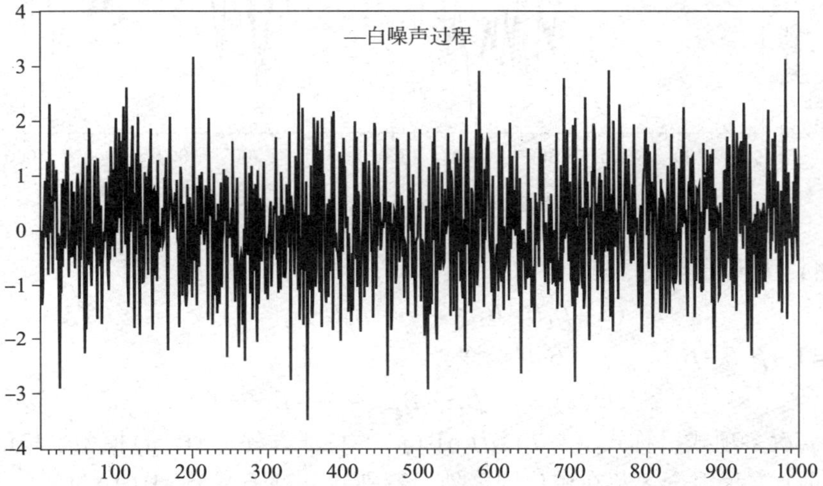

图 5.1　白噪声过程 $x_t=\mu_t$，$\mu\sim N$（0，1）

2. 随机游走过程（Stochastic Walk Process）

另一个简单的随机过程为随机游走过程，该序列的数据生成过程（Data Generating Process）x_t 为

$$x_t=x_{t-1}+u_t,u_t,\sim \mathrm{WN}(0,\sigma^2),t=1,2,3,\cdots,T \tag{5.4}$$

其中，u_t 为白噪声过程。容易知道 $E(x_t)=E(x_{t-1})=0$，$\mathrm{Var}(x_t)=t\sigma^2$，由于 x_t 的方差随时间变化，故随机游走过程为一非平稳序列。图 5.2 模拟了一个特殊的随机游走过程。

3. 自回归过程（Autoregressive Process）

另一个在时间序列建模中经常使用的随机过程为自回归过程，p 阶自回归过程 AR(p) 的一般形式为

$$x_t = a + \sum_{i=1}^{p}\beta_i x_{t-i} + u_t \tag{5.5}$$

其中，a、β 为参数系数；p 为自回归阶数；μ_t 为白噪声。很显然，当 $a=\beta=0$ 时，x_t 为一个白噪声过程。当 $p=1$ 且 $\beta_1=1$ 时，x_t 转化为带有漂移项 a 的随机游走过程，为非平稳时间序列。

如果一个 p 阶自回归过程 AR(p)生成的时间序列是平稳的，就称该 AR(p)模型是平稳的。为了考察 p 阶自回归过程的平稳性，引入滞后算子 L，则有 $Lx_t=x_{t-1}$，$L^px_t=x_{t-p}$，分别

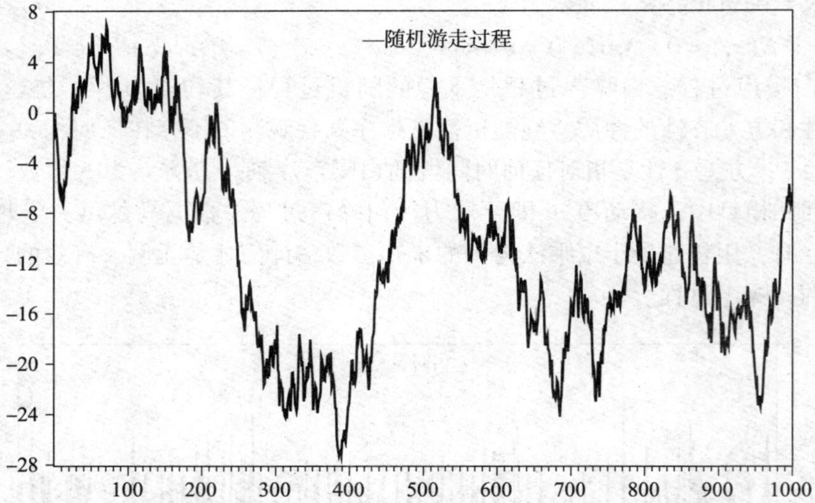

图 5.2　随机游走过程 $x_t = x_{t-1} + u_1$，$u_t \sim N(0,1)$

代入式（5.5）中可得到式（5.6）：

$$(1-\beta_1 L-\beta_2 L^2-\cdots-\beta_p L^p)x_t = a+u_t \tag{5.6}$$

若设 $\Phi(L)=1-\beta_1 L-\beta_2 L^2-\cdots-\beta_P L^P$，令

$$\Phi(z)=1-\beta_1 z-\beta_2 z^2-\cdots-\beta_p z^p=0 \tag{5.7}$$

$\Phi(z)$为 z 的 p 次多项式，称式（5.7）为 AR(p)的特征方程。AR(p)模型平稳的充要条件是特征方程的 p 个方程根全部落在单位圆之外。特别地，对于一个 AR(1)过程，如果$|\beta|<1$，则 x_t 为平稳序列。

4. *移动平均过程*（Moving Average Process）

另一个在时间序列建模中经常使用的随机过程为移动平均过程，q 阶移动平均过程 MA(q)的一般形式为

$$\mu_t = a+\varepsilon_t+\sum_{i=1}^{q}\beta_i\varepsilon_{t-i} \tag{5.8}$$

其中，a 为常数；β_i 是 q 阶移动平均模型的系数；ε_t 是均值为 0，方差为 σ^2 的白噪声序列。对于一个形如式（5.8）的移动平均过程，可以证明：

$$E(\mu_t)=a \tag{5.9}$$

$$\tau_k=\begin{cases}\sigma^2(1+\beta_1^2+\cdots+\beta_q^2), & k=0\\ \sigma^2(\beta_k+\beta_1\beta_{k+1}+\cdots+\beta_{q-k}\beta_q), & 0<k\leqslant q\\ 0, & k>q\end{cases} \tag{5.10}$$

其中，τ_k 为 k 阶自协方差。根据弱平稳性的定义，可知有限阶移动平均模型总是平稳的。

第二节　ARMA(p,q)模型的识别与估计

在金融市场中，收益率的变化不仅跟前期的收益率水平有关，还跟前期收益率的波动显

著相关，因此，单纯的 AR 模型或 MA 模型不能准确地刻画和预测这些变量的动态变化。基于此，博克斯（Box）和詹金斯（Jenkins）在 20 世纪 70 年代提出了一种新的建模方法，即 ARMA(p,q)模型，用以刻画时间序列的这种长记忆性和波动集聚性。

ARMA(p,q)模型的一般形式为

$$x_t = a + \phi_1 x_{t-1} + \cdots + \phi_p x_{t-p} + u_t + \theta_1 u_{t-1} + \cdots + \theta_q u_{t-q} \tag{5.11}$$

其中，p 为自回归阶数，q 为移动平均阶数，u_t 为白噪声。当 $p=0$ 时，模型压缩为 MA(q) 模型；当 $q=0$ 时，模型压缩为 AR(p)模型。

一、ARMA（p，q）模型的平稳性

ARMA(p,q)模型包括了一个自回归模型 AR(p)和一个移动平均模型 MA(q)，用滞后算子可以表示为

$$(1-\phi_1 L-\phi_2 L^2-\cdots-\phi_p L^P)x_t = a+(1+\theta_1 L+\theta_2 L^2+\cdots+\theta_q L^q)u_t \tag{5.12}$$

显然，方程$(1-\phi_1 L-\phi_2 L^2-\cdots-\phi_p L^p)=0$ 的根如果都落在单位圆之外，则该 ARMA(p,q)模型是平稳的。也就是说，ARMA(p,q)模型的平稳性取决于其组成部分 AR(p)模型的平稳性，如果其 AR(p)项是平稳的，则该 ARMA(p,q)模型也是平稳的。

二、ARMA(p,q)模型的识别

在运用 ARMA(p,q)模型进行参数估计和预测之前，需要识别 ARMA(p,q)模型，即确定 p、q 的大小以便建立合适的模型。在实际研究中，只能获得经济指标的样本数据，可以根据经济指标的样本特征来统计推断总体（真实）特征。从统计意义上来说，可以通过自相关系数（Autocorrelations，AC）和偏自相关系数（Partial Autocorrelations，PAC）两个统计量识别 ARMA(p,q)模型中样本数据的生成过程。

1. 自相关函数（ACF）

对于一个平稳时间序列 $x_t, t\in T$，定义 γ_k 为 x_t 的 k 阶自协方差函数，则

$$\gamma_k = \mathrm{Cov}(x_t, x_{t-k}) = E[(x_t - E(x_t))(x_{t-k} - E(x_{t-k}))] \tag{5.13}$$

定义 ρ_k 为 x_t 的 k 阶自相关系数，则

$$\rho_k = \frac{\gamma_k}{\gamma_0} \tag{5.14}$$

由于 γ_k 为阶数 k 的函数，因此 ρ_k 也为 k 的函数，把 ρ_k 称为平稳时间序列 x_t 的自相关函数（Autocorrelation Function，ACF）。对于一个平稳 AR(p)模型来说，其自相关系数 ρ_k 是随着 k 的增加而呈现指数衰减或者振荡式的衰减，称自相关函数的这种性质为拖尾性。而对于一个 MA(q)模型来说，自相关系数 ρ_k 在 q 阶以后为零，称自相关函数的这种性质为截尾性。

2. 偏自相关函数（PACF）

对于平稳时间序列 x_t，k 阶偏自相关系数是指在给定中间 $k-1$ 个随机变量 x_{t-1}，x_{t-2}，…，x_{t-k+1}不变的条件下，或者说，在剔除了中间 $k-1$ 个随机变量 x_{t-1}，x_{t-2}，…，x_{t-k+1}的干扰之后，x_{t-k}对 x_t 影响的相关程度。其计算公式为

$$\varphi_{k,k} = \begin{cases} \rho_1 & ,k = 1 \\ \dfrac{\rho_k - \sum_{j=1}^{k-1} \varphi_{k-1,j}\rho_{k-j}}{1 - \sum_{j=1}^{k-1} \varphi_{k-1,j}\rho_{k-j}} & ,k > 1 \end{cases} \tag{5.15}$$

其中，ρ_k 为 x_t 的 k 阶自相关系数，$\varphi_{k,k}$为 k 阶滞后的偏自相关系数。对于一个平稳AR(p)模型来说，其偏自相关系数 $\varphi_{k,k}$在 p 阶截尾，而对于一个 MA(q)模型来说，其偏自相关系数 $\varphi_{k,k}$呈现某种衰减的形式，表现为拖尾性。

图 5.3 和图 5.4 分别描述了一个平稳 AR(1)和 MA(1)序列的自相关系数和偏自相关系数。从图 5.3 可以看出，AR(1)的自相关系数ρ_k 呈现明显的拖尾性质，而偏自相关系数 $\varphi_{k,k}$ 在 1 阶截尾。从图 5.4 可以看出，MA(1)的自相关系数ρ_k 在 1 阶截尾，而偏自相关系数 $\varphi_{k,k}$ 呈现明显的拖尾性质。

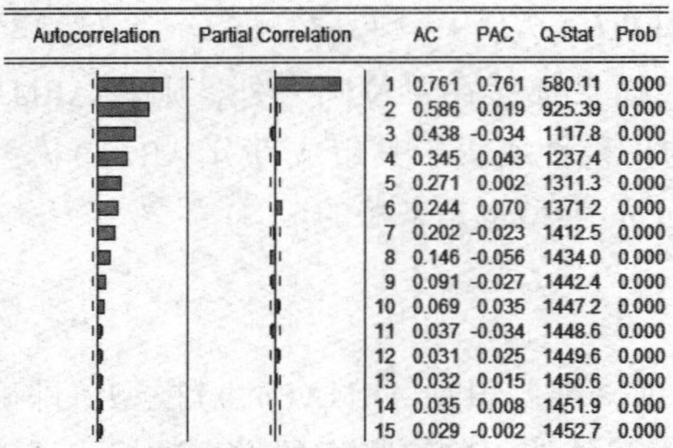

Autocorrelation	Partial Correlation		AC	PAC	Q-Stat	Prob
		1	0.761	0.761	580.11	0.000
		2	0.586	0.019	925.39	0.000
		3	0.438	-0.034	1117.8	0.000
		4	0.345	0.043	1237.4	0.000
		5	0.271	0.002	1311.3	0.000
		6	0.244	0.070	1371.2	0.000
		7	0.202	-0.023	1412.5	0.000
		8	0.146	-0.056	1434.0	0.000
		9	0.091	-0.027	1442.4	0.000
		10	0.069	0.035	1447.2	0.000
		11	0.037	-0.034	1448.6	0.000
		12	0.031	0.025	1449.6	0.000
		13	0.032	0.015	1450.6	0.000
		14	0.035	0.008	1451.9	0.000
		15	0.029	-0.002	1452.7	0.000

图 5.3　AR(1)的自相关系数和偏自相关系数

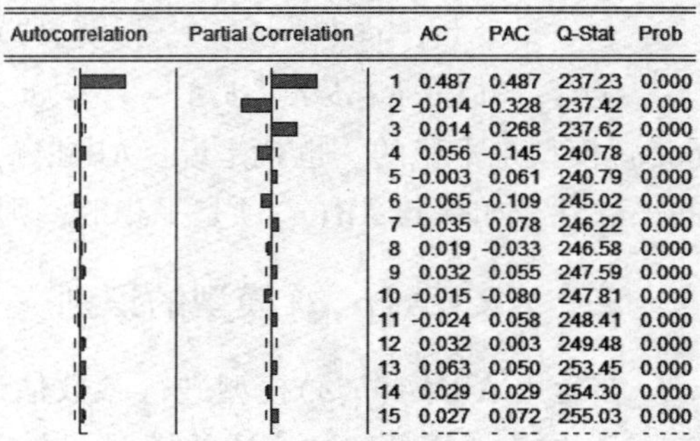

Autocorrelation	Partial Correlation		AC	PAC	Q-Stat	Prob
		1	0.487	0.487	237.23	0.000
		2	-0.014	-0.328	237.42	0.000
		3	0.014	0.268	237.62	0.000
		4	0.056	-0.145	240.78	0.000
		5	-0.003	0.061	240.79	0.000
		6	-0.065	-0.109	245.02	0.000
		7	-0.035	0.078	246.22	0.000
		8	0.019	-0.033	246.58	0.000
		9	0.032	0.055	247.59	0.000
		10	-0.015	-0.080	247.81	0.000
		11	-0.024	0.058	248.41	0.000
		12	0.032	0.003	249.48	0.000
		13	0.063	0.050	253.45	0.000
		14	0.029	-0.029	254.30	0.000
		15	0.027	0.072	255.03	0.000

图 5.4　MA(1)的自相关系数和偏自相关系数

3. ARMA(p,q)模型的建模步骤：

博克斯和詹金斯提出了在节俭性原则下建立 ARMA 模型的系统方法论，即 Box – Jenkins 方法论，他们认为，对时间序列建模，应该遵循以下模型的识别、模型的参数估计、模型的诊断和检验 3 个过程。

三、模型的识别

模型的识别包括以下几个步骤：

（1）检验时间序列的平稳性，如为非平稳序列则需要通过某种方式转化为平稳序列，如通过差分的方式转化为平稳序列，则模型转化为 ARMA(p,d,q)，其中，p 为自回归的阶数，d 为差分的次数，q 为移动平均的阶数。

（2）识别时间序列模型的建模类型。这一步骤的目的是判断时间序列模型是属于 AR 模型、MA 模型还是 ARMA 模型，主要通过自相关函数和偏自相关函数来判断。

如果序列的样本自相关函数拖尾，偏自相关函数在 p 阶截尾，则可选择 AR(p)模型建模；

如果序列的样本自相关函数在 q 阶截尾，偏自相关函数拖尾，则可选择 MA(q)模型建模；

如果序列的样本自相关函数和偏自相关函数都呈现明显的拖尾性，则可选择 ARMA(p,

q)模型建模。至于 p、q 的选择，一般认为，如果序列的样本自相关函数从 q 期后开始衰减，偏自相关函数从 p 期后开始衰减，则可选择 ARMA(p,q)模型。

四、模型的参数估计

对初步选取的模型进行参数估计，可以使用矩方法进行估计，也可以使用普通最小二乘法估计各参数，当 n 足够大时，两者可以得到参数的一致估计量。

五、模型的诊断和检验

完成模型的参数估计后，需要对模型参数的统计显著性和残差的随机性进行检验，以判断所选模型是否合适。如果估计的模型参数统计不显著，或者模型残差不是白噪声过程，则需要修改所选模型。模型估计的参数用 t 统计量来检验，而模型的残差通过 Q 统计量或 LB 统计量来进行白噪声检验。博克斯与詹金斯（1970）用样本自相关系数构造了 Q 统计量：

Q 统计量：

$$Q = n\sum_{k=1}^{p}\rho_k^2 \sim \chi^2(p) \tag{5.16}$$

Ljung 与博克斯（1970）构造了一个更优的适用于小样本的 LB 统计量。

LB 统计量：

$$\text{LB} = n(n+2)\sum_{k=1}^{p}\left(\frac{\rho_k^2}{(n-k)}\right) \sim \chi^2(p) \tag{5.17}$$

其中，n 为样本容量，p 为滞后阶数。在“残差为白噪声”的原假设下，Q 统计量和 LB 统计量服从自由度为 p 的卡方分布。如果 $Q>\chi_\alpha^2(p)$ 或 LB $>\chi_\alpha^2(p)$，则在 α 的显著性水平下拒绝原假设，即认为残差为非白噪声过程。反之，如果 $Q\leqslant\chi_\alpha^2(p)$ 或 LB $\leqslant\chi_\alpha^2(p)$，则在 α 的显著性水平下接受原假设，即认为残差为一白噪声过程。

需要说明的是，在实际识别 ARMA(p,q)模型时，有可能存在不止一组（p，q）值能通过识别检验，因此需多次反复尝试，选择最优的模型。可以用赤池信息准则（Akaike Information Criterion，AIC）与施瓦兹贝叶斯准则（Schwartz Bayesian Criterion，SBC）来选择最优的模型。

赤池信息准则：

$$\text{AIC} = T\log(\text{RSS}) + 2k \tag{5.18}$$

施瓦兹贝叶斯准则：

$$\text{SBC} = T\log(\text{RSS}) + k\log(T) \tag{5.19}$$

其中，T 为样本容量；k 为被估计的参数个数，即当模型存在常数项时，$k=p+q+1$，当模型不含常数项时，$k=p+q$。RSS 为模型的残差平方和。AIC 或 SBC 越小，模型拟合越精确。

第三节　时间序列平稳性检验

一、时间序列平稳性检验方法

非平稳时间序列的一些统计特征随时间变化，当与其他解释变量进行回归分析时，被解释变量的这些特征变化很有可能不是由解释变量引起的，但回归分析的统计结果却表现出高度的相关性，那么，此时的回归分析就可能导致“伪回归”。例如，在一定时段，我国的国内生产总值（GDP）与马路边一排小杨树的树高都有增大的趋势，对两者进行回归分析很有可能会得出估计参数和回归方程都显著的统计结论，但从经济意义上来说，小杨树的长高对 GDP 的增大显然没有明显的促进作用。因此，在对时间序列模型的参数估计和推断之前，需要检验时间序列变量的平稳性，以避免出现“伪回归”。

时间序列平稳性可以通过图形判断，也可以构造统计量检验。目前，单位根检验（Unit Root Test）是检验时间序列平稳性最广泛的一种统计检验方法。EViews6.0 以上版本提供了 5 种常用的单位根检验方法：DF 检验、ADF 检验、PP 检验、KPSS 检验和 ERS 检验，本章只介绍 DF 检验、ADF 检验，后 3 种单位根检验方法需要运用到谱分析的相关知识，在此不作阐述，有兴趣读者可参考相关文献。

1. DF 检验

一个形如式（5.4）的随机游走序列为非平稳序列，可以将其推广到更一般的形式：

$$x_t = \rho x_{t-1} + u_t \tag{5.20}$$

其中，ρ 为待估参数，u_t 为白噪声过程。对其一阶差分可以得到式（5.21）：

$$\Delta x_t = (\rho - 1) x_{t-1} + u_t, \tag{5.21}$$

很明显，如果 $\varphi = (\rho - 1) < 0$，则 x_t 为平稳的一阶自回归过程；反之，如果 $\varphi = (\rho - 1) > 0$，x_t 为发散序列。因此，x_t 的平稳性检验转化为统计检验 $\varphi < 0$。

在更一般的情况下，检验一个时间序列 x_t 的平稳性，可通过检验带有截距项的一阶自回归模型完成：

$$x_t = a + \rho x_{t-1} + u_t \tag{5.22}$$

通过统计检验 $\rho < 1$ 来判断 x_t 的平稳性，或者通过其等价形式式（5.23）统计检验 $\varphi < 0$ 来判断 x_t 的平稳性。

$$\Delta x_t = a + \varphi x_{t-1} + u_t \tag{5.23}$$

基于上述序列平稳性统计检验思想，提出原假设 $H_0: \varphi = 0$，备择假设 $H_1: \varphi < 0$。如果统计量小于某显著性水平上的临界值，则拒绝原假设，接受时间序列为平稳序列的假设。

需要说明的是，在原假设（序列非平稳）下，即使在大样本下 t 统计量也是有偏误的（向下偏倚），通常的 t 检验无法使用。Dicky 和 Fuller 于 1976 年提出了这一情形下 t 统计量服从的分布（这时的 t 统计量称为 τ 统计量），即 DF 分布。可以通过比较统计量与 DF 分布表里样本容量与对应显著性水平上的临界值来统计判断时间序列的平稳性。

DF 检验通过普通最小二乘法估计参数，因此只有当待检序列为 AR(1) 时才有效。如果序列存在高阶滞后相关，运用普通最小二乘法估计参数则违背了扰动项是独立同分布的假设。在这种情况下，可以使用增广的 DF 检验方法（Augmented Dickey - Fuller Test）来检验含有高阶序列相关的序列的单位根。

2. ADF 检验

DF 检验隐含一个很重要的假设，即被检验的时间序列遵循一阶自回归过程，而且随机误差项为白噪声过程。但在实际的数据生成过程中，时间序列可能有更高阶的自回归过程生成，而且随机误差项也不是独立同分布的白噪声过程，从而导致普通最小二乘法的估计和推断失效。另外，很多时间序列包含时间趋势，在进行平稳性检验时，如果遗漏了时间趋势变量，也会导致随机误差项不是白噪声过程。为了保证单位根检验的有效性，Dicky 和 Fuller 对 DF 检验进行了改进，形成了 ADF（Augmented Dickey－Fuller）检验。

ADF 检验基于下述 3 种模型：

模型 1：

$$\Delta x_t = \varphi x_{t-1} + \sum_{i=1}^{p} \beta_i \Delta x_{t-i} + u_t \tag{5.24}$$

模型 2：

$$\Delta x_t = a + \varphi x_{t-1} + \sum_{i=1}^{p} \beta_i \Delta x_{t-i} + u_t \tag{5.25}$$

模型 3：

$$\Delta x_t = a + bt + \varphi x_{t-1} + \sum_{i=1}^{p} \beta_i \Delta_{t-i} + u_t \tag{5.26}$$

其中，b 为待估参数；t 为时间趋势变量，代表时间序列随时间变化的趋势；p 为自回归阶数。ADF 检验与 DF 检验的基本原理相似。在实际应用中，可以通过画出时间序列变量的动态变化趋势来选择合适的模型，也可以按照模型 3、模型 2、模型 1 的检验顺序分别进行检验。在检验时，只要其中一个模型的检验结果在某显著性水平上拒绝原假设，则接受被检时间序列是平稳的备择假设。当 3 个模型的检验结果都不能拒绝原假设的时候，则接受被检时间序列为非平稳的原假设。需要注意的是，在进行单位根检验的时候，需要选择合适的自回归阶数，以使随机误差项是一个白噪声过程。

二、单整序列

如前所述，在实际应用中，一些非平稳时间序列可以通过差分的方式变换成平稳序列，称这样的序列为差分平稳序列或单整（integration）序列，即对一非平稳时间序列 x_t，通过 d 次差分成为一个平稳序列，而差分 $d-1$ 次时却不平稳，那么称序列 x_t 为 d 阶单整序列，记为 $x_t \sim I(d)$。特别地，如果序列 x_t 本身是平稳的，则为零阶单整序列，记为 $x_t \sim I(0)$。很显然，一个随机游走过程为一阶单整序列，而一个白噪声序列则是零阶单整序列。

三、一个单位根检验的例子

在本例中，选取我国 1978—2016 年的国内生产总值 GDPC 变量来说明单位根检验在 EViews 软件中的操作过程。打开相应的工作文件，双击需要检验平稳性的时间序列 GDPC，对其进行单位根检验。步骤如下：

（1）选择菜单项→“Quick”→“Graph”选项，作出时间序列 GDPC 的线性图，判断序列是否含有截距项和时间趋势项，如图 5.5 所示。从图中可以看出，时间序列 GDPC 带有截距项和时间趋势项，可以选择模型 3 对其进行单位根检验。

（2）选择“View”→“unit Root Test”选项，得到图 5.6。该图列出了单位根检验方法、单位根检验类型及模型类型的选择。

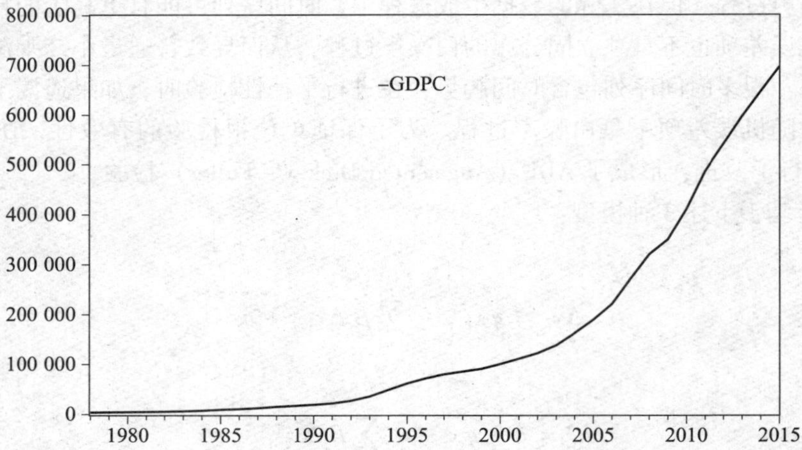

图 5.5　GDPC 的变化趋势

（资料来源：《中国统计年鉴》，2016 年）

①选择检验方法。

在“Test type”下拉列表中选择检验方法。EViews 提供了 6 种单位根检验的方法：

a. Augmented Dickey – Fuller（ADF）；

b. Phillips – Perron（PP）；

c. Dickey – Fuller GLS；

d. Kwiatkowski，Phillips，Schmidt and Shin（KPSS）；

e. Elliot，Rothenberg，and Stock Point Optimal（ERS）；

f. Ng and Perron（NP）。

②选择被检验序列的形式。

在“Test for unit root in”选项区中选择原始序列、一阶差分或二阶差分进行单位根检验，可以使用这个选项判断样本时间序列的单整阶数。以 ADF 检验为例，在一定的显著性水平上如果接受原始序列存在一个单位根的假设，而在一阶差分后拒绝差分序列存在单位根的假设，则认为原始序列含有一个单位根，为一阶单整 $I(1)$ 时间序列；同理，在一定的显著性水平上如果一阶差分后的序列仍存在单位根，而二阶差分后为平稳序列，则该序列为二阶单整 $I(2)$ 时间序列。一般而言，多数时间序列经过两次差分以后都可以变为一个平稳序列。

③定义检验方程中需要包含的选项。

在“Include in test equation”选项区中定义在检验回归方程中是否含有常数项、常数和趋势项，或二者都不包含。单位根检验结果对回归方程的形式敏感，因为检验统计量在原假设下的分布随这 3 种情况的不同选择而变化。

④定义序列相关阶数。

在“Lag lenth”选项区中可以选择一些确定消除序列相关所需的滞后阶数的准则。一般而言，EViews 默认赤池信息准则和施瓦兹贝叶斯准则。

在“Test type”下拉列表中选择“Augmented Dickey – Fuller”选项，表明对序列作 ADF

检验，在“Test for unit root in”选项区中选择“Level”选项，表明对原始序列作单位根检验，在“Include in test equation”选项区中选择“Trend and intercept”选项，表明对时间序列作带截距和时间趋势项的单位根检验。自回归项的阶数 p 由施瓦兹贝叶斯准则决定。

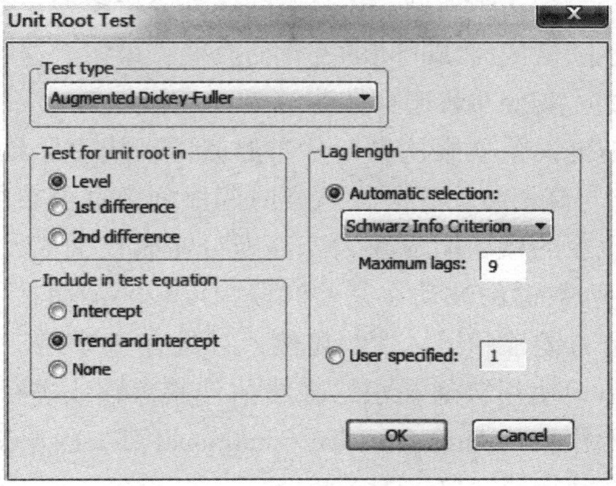

图 5.6　单位根检验

（3）定义上述选项后，单击“OK”按钮进行检验。EViews 显示单位根检验统计量的检验结果，如图 5.7 所示。从图中可以看出 t 统计量大于在 10% 的显著性水平上的临界值，表明在 10% 的显著性水平上接受原假设，即时间序列 GDPC 为非平稳序列。

Null Hypothesis: GDPC has a unit root
Exogenous: Constant, Linear Trend
Lag Length: 6 (Automatic - based on SIC, maxlag=9)

		t-Statistic	Prob.*
Augmented Dickey-Fuller test statistic		0.507019	0.9988
Test critical values:	1% level	-4.284580	
	5% level	-3.562882	
	10% level	-3.215267	

*MacKinnon (1996) one-sided p-values.

Augmented Dickey-Fuller Test Equation
Dependent Variable: D(GDPC)
Method: Least Squares
Date: 10/27/17 Time: 19:44
Sample (adjusted): 1985 2015
Included observations: 31 after adjustments

Variable	Coefficient	Std. Error	t-Statistic	Prob.
GDPC(-1)	0.034177	0.067408	0.507019	0.6172
D(GDPC(-1))	1.023206	0.185072	5.528691	0.0000
D(GDPC(-2))	-1.123112	0.344649	-3.258712	0.0036
D(GDPC(-3))	1.564593	0.344600	4.540313	0.0002
D(GDPC(-4))	-1.269357	0.421139	-3.014104	0.0064
D(GDPC(-5))	1.106717	0.400188	2.765491	0.0113
D(GDPC(-6))	-1.038008	0.362299	-2.865058	0.0090
C	-5650.394	4884.271	-1.156855	0.2597
@TREND("1978")	548.4673	326.6771	1.678928	0.1073

R-squared	0.935062	Mean dependent var	22233.81
Adjusted R-squared	0.911449	S.D. dependent var	22017.99
S.E. of regression	6552.021	Akaike info criterion	20.65064
Sum squared resid	9.44E+08	Schwarz criterion	21.06695
Log likelihood	-311.0848	Hannan-Quinn criter.	20.78634
F-statistic	39.59828	Durbin-Watson stat	2.171149
Prob(F-statistic)	0.000000		

图 5.7　单位根检验结果

第四节　自相关异方差模型

无论是经典的横截面线性回归模型，还是时间序列分析模型，都假定模型的随机误差项服从高斯分布，其方差不随横截面或时间的变化而改变。事实上这一假定很难满足，特别对于一些金融时间序列数据，其分布普遍存在着“厚尾”（Fat Tail）和“波动集聚”（Volatility Cluster）现象，违背随机误差项服从高斯分布的假定，从而导致参数估计和统计推断失效。所谓“厚尾”，是指与高斯分布比较，这类时间序列数据分布的尾部明显更“厚”，也就是说，在底部极端值发生的概率明显要大于高斯分布时极端值发生的概率。所谓“波动集聚”，是指这类时间序列数据的波动在某些时段幅度较小，而在某些时段幅度却特别大，波动特征表现出明显的异方差性和记忆性。显然，对具有“厚尾”和“波动集聚”特征的时间序列建模，如果简单地使用普通最小二乘法估计其参数或进行预测，会带来很大的偏差，而自回归条件异方差模型（Autoregressive Conditional Heteroscedasticity，ARCH）则可以更好地刻画这种厚尾和波动集聚现象。

自回归条件异方差模型是专门用来建立条件方差模型并对其进行估计和预测的时间序列模型。ARCH 模型于 1982 年由恩格尔提出，并由博勒斯莱文（Bollerslev）发展成为广义自回归条件异方差（Generalized Autoregressive Conditional Heteroscedasticity，GARCH）模型。这些模型被广泛应用于经济学的各个领域，尤其应用于金融时间序列分析。自回归条件异方差模型放宽了对随机误差项服从高斯分布的假定，允许其方差随时间改变，因此可以更好地刻画金融时间序列的数据的生成特征。

一、ARCH 模型

考虑一个一般的线性回归模型

$$y_t = c + \sum_{i=1}^{m} \rho_i x_{it} + u_t \qquad (5.27)$$

其中，m 为解释变量个数；u_t 为随机误差项，$u_t \sim N(0,\sigma_t^2)$。为了刻画随机误差项 u_t 的方差随时间变化及波动集聚的特征，假设随机误差项的平方 u_t^2 服从一个 p 阶的自回归过程 AR(p)：

$$\mu_t^2 = \alpha + \sum_{i=1}^{p} \beta_i u_{t-i}^2 + \eta_t \qquad (5.28)$$

其中，p 为自回归阶数，η_t 为白噪声。显然，随机误差项的方差 σ_t^2 依赖于随机误差项的自回归阶数 p，称由式（5.27）和式（5.28）组成的模型为 ARCH(p)模型。特别地，当 $p=1$ 时，$u_t \sim N(0,\alpha+\beta_1 u_{t-1}^2)$，即 $\sigma_t^2=\alpha+\beta_1 u_{t-1}^2$。从式（5.28）可以看到，回归模型的随机误差项的方差并非一个常数，而是依赖于前 p 期的随机误差项的平方，这也是该模型称为“自回归条件异方差模型”的原因。为了保证式（5.27）的平稳性，需要强加一个约束条件 $\sum_{i=1}^{p}\rho_i < 1$，此外，为了保证随机误差项的方差大于零，还需要 α，$\beta_i \geqslant 0$，$1 \leqslant i \leqslant p$。

方程式（5.27）和方程式（5.28）共同构成了一般的 ARCH 模型。从 ARCH 模型可以看出，方程式（5.27）刻画了被解释变量 y_t 的均值变化过程，因此称式（5.27）为均值方程，方程式（5.28）刻画了被解释变量 y_t 的方差变化过程，因此称式（5.28）为方差方程。

ARCH 模型的检验

从式（5.27）可以看出，ARCH 模型与经典线性回归模型的区别在于 ARCH 模型中的随机误差项不再满足正态分布的假定，而是随机误差项的方差随时间变化，表现为一种“波动集聚”现象。可以使用下列两种方法判断 ARCH 模型是否存在这种特性。

1. 拉格朗日乘数检验（LM 检验）

恩格尔提出对 ARCH 模型的残差进行拉格朗日乘数检验（Lagrange Multiplier Test），即 LM 检验。

拉格朗日乘数检验通过构造一个辅助回归方程来检验时间序列模型是否存在 ARCH 效应，其检验过程是首先设定古典线性回归模型的残差 $\hat{\mu}_t$ 服从 p 阶自回归过程，即满足式（5.29）：

$$\hat{u}_t^2 = \beta_0 + \beta_1 \hat{u}_{t-1}^2 + \cdots + \beta_q \hat{u}_{t-q}^2 + \varepsilon_t \tag{5.29}$$

原假设 H_0：$\beta_1 = \beta_2 = \cdots = \beta_q = 0$；

备择假设 H_1：β_1，β_2，…，β_q 中至少存在一个不为 0 的常数。

利用普通最小二乘法对辅助回归方程进行估计，得到其估计参数及可决系数 R^2，构造拉格朗日统计量 $\mathrm{LM} = \mathrm{Obs} \times R^2$。其中，Obs 为样本容量，可以证明，当原假设为真时，统计量 LM 服从自由度为 q 的卡方分布 $\chi^2(q)$。因此，ARCH 效应的检验转化为拉格朗日统计量 LM 是否服从卡方分布的检验。给定显著性水平 α，如果统计量 $\mathrm{LM} \leqslant \chi_\alpha^2(q)$，接受原假设，认为回归方程不存在 ARCH 效应，如果统计量 $\mathrm{LM} > \chi_\alpha^2(q)$，则拒绝原假设，认为回归方程存在 ARCH 效应。

回归方程式（5.29）中的 F 统计量是对所有滞后平方残差联合显著性所作的检验。如果检验的伴随概率 P 值大于给定的显著性水平，则接受原假设，认为回归方程不存在 ARCH 效应，如果检验的伴随概率 P 值小于给定的显著性水平，则拒绝原假设，认为回归方程存在 ARCH 效应。

2. 残差平方相关图

另一种 ARCH 模型的检验方式是通过残差平方的各阶自相关和偏相关函数及 Q 统计量进行判定。如果自相关和偏相关系数的各阶 Q 统计量都不显著，则接受原假设，认为回归方程不存在 ARCH 效应，如果存在自相关和偏相关函数的某阶 Q 统计量显著，则拒绝原假设，认为回归方程存在 ARCH 效应。

二、GARCH 模型族

1. GARCH(p,q)模型

ARCH 模型的典型特征是通过方差方程描述随机误差项方差的动态变化依赖于前期 p 阶的随机误差项的变化。显然，对于频数越高的数据，其数据的依赖性越强，自回归阶数 p 的数值要求更大，从而估计的参数也更多，这无疑增加了模型估计的困难。由于在方差方程中，方差 σ_t^2 表现为 μ_{t-1}^2 的多项滞后分布模型，用一个或两个 σ_t^2 的滞后值代替多个 μ_t^2 的滞后值，从而可以减少需要被估计的系统参数。这就是博勒斯莱文于 1986 年提出的广义自回归条件异方差模型的基本思想。一个标准的 GARCH(p,q)模型可以用下述两个方程来描述：

均值方程：

$$y_t = \sum_{i=1}^{m} \beta_t x_{it} + u_t, \quad u_t \sim N(0, \sigma_t^2) \tag{5.30}$$

方差方程：

$$\sigma_t^2 = c + \sum_{i=1}^{q} \rho_i u_{t-i}^2 + \sum_{i=1}^{p} \gamma_i \sigma_{t-i}^2 \tag{5.31}$$

其中，x_t 与 y_t 分别为解释变量和被解释变量，c、β_i、ρ_i 与 γ_i 为待估参数。为了满足方差方程的平稳性及方差的非负性，要求 $c \geqslant 0, \sum_{i=1}^{q} \rho_i + \sum_{i=1}^{p} \gamma_i < 1, \rho_i \geqslant 0, 1 \leqslant i \leqslant q$。

在 GARCH(p,q)模型中，随机误差项的方差由 3 部分构成，一部分是常数 c，代表了方差的均值水平；第二部分是 ARCH 项，来源于前 q 期的残差平方之和；第三部分是 GARCH 项，来源于前 p 期的预测方差之和。一般的 ARCH 模型是 GARCH 模型的一个特例，即在方差方程中不用预测方差 σ_t^2 的滞后值来刻画方差的动态变化。

2. GARCH－M 模型

金融理论表明，对于风险资产，风险越大，其对应的期望平均收益越高。其原因在于投资者在投资更大风险的资产时，要求获得更高的回报以弥补其所面临的高风险。用风险资产收益率的方差或标准差表示风险，那么，风险资产在某时刻的风险越大，即条件方差越大，其收益率也应越高。这种利用条件方差表示预期风险或风险资产收益关系的模型称为 GARCH 均值模型（GARCH－in－mean）或 GARCH－M 模型。GARCH－M 模型将条件方差或标准差引入均值方程以表征风险与收益的关系。设风险资产的收益率为 y_t，则 GARCH－M 模型的均值方程可转化为下列形式：

$$y_t = \boldsymbol{\alpha x}_t + \rho \sigma_t^2 + u_t, u_t \sim N(0, \sigma_t^2) \tag{5.32}$$

$$y_t = \boldsymbol{\alpha x}_t + \rho \sigma_t + u_t, u_t \sim N(0, \sigma_t^2) \tag{5.33}$$

$$y_t = \boldsymbol{\alpha x}_t + \rho \ln \sigma_t + u_t, u_t \sim N(0, \sigma_t^2) \tag{5.34}$$

其中，$\boldsymbol{x}_t$ 为解释变量向量，σ_t^2 为随机误差项 u_t 的方差，向量 $\boldsymbol{\alpha}$ 及 ρ 为待估参数。上述三个均值方程分别用条件方差、条件标准差及条件标准差的对数来表示对被解释变量的影响。在均值方程的基础上加入方差方程就可以构成一般的 GARCH－M 模型。

3. 非对称的 GARCH 模型

从 GARCH 模型和 GARCH－M 模型可以发现，对来自随机误差项的正、负外生冲击，条件方差 σ_t^2 并不区分方向性。但实证研究发现，金融市场对正、负不同方向的外生冲击产生不同程度的反应。例如，在股票市场中，利好消息和利空消息会对市场产生不同程度的反应，投资者可能对利好消息不会产生强烈的反应，但对利空消息会过度敏感，从而引起股票价格的波动加剧。

为了描述 GARCH 模型中的非对称效应，Zakaran（1990）及 Glosten、Jaganthan 与 Runkle（1994）分别了提出了一种门限 GARCH（TGARCH）模型。TGARCH 模型的均值方程与 GARCH 模型相同，而方差方程转化为式（5.35）的形式：

$$\sigma_t^2 = c + \sum_{i=1}^{q} \rho_i u_{t-i}^2 + \lambda d_{t-1} u_{t-1}^2 + \sum_{i=1}^{p} \gamma_i \sigma_{t-i}^2 \qquad (5.35)$$

其中，$d_{t-1} = \begin{cases} 0, & u_{t-1} \geqslant 0 \\ 1, & u_{t-1} < 0 \end{cases}$，$\lambda$ 为杠杆效应系数。

如果 λ 显著大于零，对于同一程度的外生冲击，μ_{t-1}大于零时对方差的影响系数为 ρ_1，μ_{t-1}小于零时对方差的影响系数为 $\rho_1 + \lambda$。也就是说，利空消息导致的方差要大于利好消息导致的方差，金融资产的价格波动幅度增大。反之，如果 λ 显著小于零，利空消息导致的方差要小于利好消息导致的方差，金融资产的价格波动幅度减小。

针对 GARCH 模型约束条件过多的问题，Nelson（1991）提出了另一种形式的非对称 GARCH 模型——指数 GARCH 模型（EGARCH）。EGARCH(1,1)模型的方差方程为

$$\ln(\sigma_t^2) = c + \gamma \ln(\sigma_{t-1}^2) + \lambda \frac{u_{t-1}}{\sqrt{\sigma_{t-1}^2}} + \beta \frac{|u_{t-1}|}{\sqrt{\sigma_{t-1}^2}} \qquad (5.36)$$

显然，上期扰动项μ_{t-1}的正负对当期方差 σ_t^2 的影响不一致。当 u_{t-1}大于零时，$\frac{u_{t-1}}{\sqrt{\sigma_{t-1}^2}}$的回归系数为 λ 与 β 之和；当 μ_{t-1}小于零时，$\frac{u_{t-1}}{\sqrt{\sigma_{t-1}^2}}$的回归系数为 λ 与 β 之差。

三、一个 GARCH 模型的例子

为了验证股票市场中的股票价格是否存在 ARCH 效应及非对称效应，选取上海证券交易所的上海综合价格指数 1990 年 12 月—2018 年 5 月的月度数据 $\{shzz_t\}$，对其取对数，即令 lnshzz = log（$shzz_t$）。图 5.8 的线性图显示，序列 lnshzz 具有明显的长记忆性和异方差性。

图 5.8　上海综合价格指数 lnshzz 序列

股票价格指数序列通常表现为带有常数项的随机游走过程，因此可设 $lnshzz_t = c + \alpha lnshzz_{t-1} + u_t$，通过普通最小二乘法估计其参数并得到残差序列，从图 5.9 可以看出，残差序列呈现出明显的波动集聚现象，在 1992—1994 年，上海综合价格指数波动剧烈，而在 2002—2006 年，波动相对幅度较小，通过拉格朗日乘数检验和残差平方相关图对回归残差进行检验。

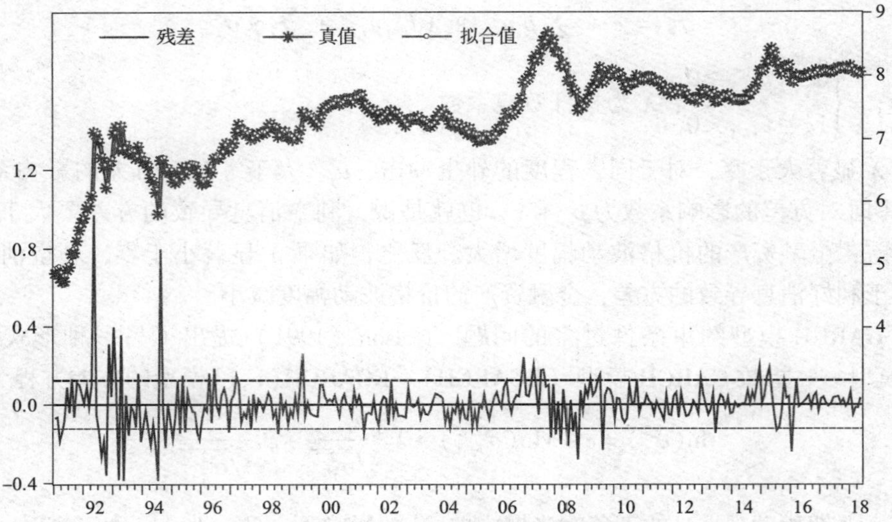

图 5.9　上海综合价格指数 lnshzz 拟合图

从表 5.1 及图 5.10 的结果来看，回归方程存在明显的 ARCH 效应。建立 TGARCH 模型描述外生冲击对股票价格指数影响的非对称效应。选择“Quick”菜单中的“Estimate Equation”选项，弹出图 5.11 所示的对话框，在“Model”下拉列表中选择“GARCH/TGARCH”选项，将“ARCH”项设定为 2，“GARCH”项设定为 1，“Threshold”项设定为 1。得到图 5.12 所示的估计结果。从回归结果来看，杠杆效应系数 λ 统计显著小于零，说明市场中的利空消息并没有引起股票价格的大幅度波动，在一定程度上也表明我国股票市场上的投资者风险防范意识不强。

表 5.1　残差的拉格朗日乘数检验

F – statistic	11.761 87	Prob. F (1, 327)	0.000 7
Obs * R – squared	11.422 93	Prob. Chi – Square (1)	0.000 7

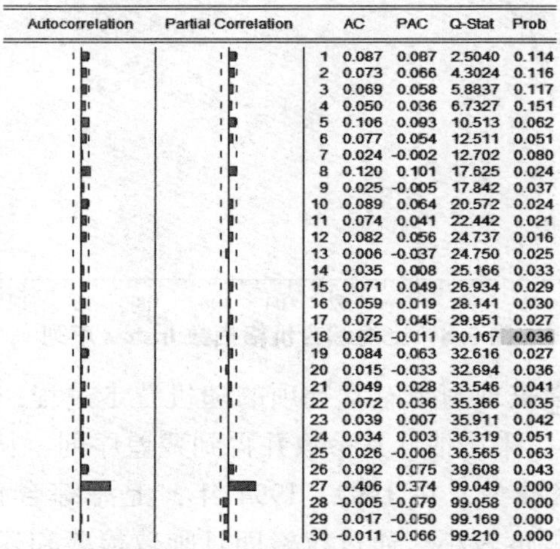

Autocorrelation	Partial Correlation		AC	PAC	Q-Stat	Prob
		1	0.087	0.087	2.5040	0.114
		2	0.073	0.066	4.3024	0.116
		3	0.069	0.058	5.8837	0.117
		4	0.050	0.036	6.7327	0.151
		5	0.106	0.093	10.513	0.062
		6	0.077	0.054	12.511	0.051
		7	0.024	-0.002	12.702	0.080
		8	0.120	0.101	17.625	0.024
		9	0.025	-0.005	17.842	0.037
		10	0.089	0.064	20.572	0.024
		11	0.074	0.041	22.442	0.021
		12	0.082	0.056	24.737	0.016
		13	0.006	-0.037	24.750	0.025
		14	0.035	0.008	25.166	0.033
		15	0.071	0.049	26.934	0.029
		16	0.059	0.019	28.141	0.030
		17	0.072	0.045	29.951	0.027
		18	0.025	-0.011	30.167	0.036
		19	0.084	0.063	32.616	0.027
		20	0.015	-0.033	32.694	0.036
		21	0.049	0.028	33.546	0.041
		22	0.072	0.036	35.366	0.035
		23	0.039	0.007	35.911	0.042
		24	0.034	0.003	36.319	0.051
		25	0.026	-0.006	36.565	0.063
		26	0.092	0.075	39.608	0.043
		27	0.406	0.374	99.049	0.000
		28	-0.005	-0.079	99.058	0.000
		29	0.017	-0.050	99.169	0.000
		30	-0.011	-0.066	99.210	0.000

图 5.10　残差平方相关图

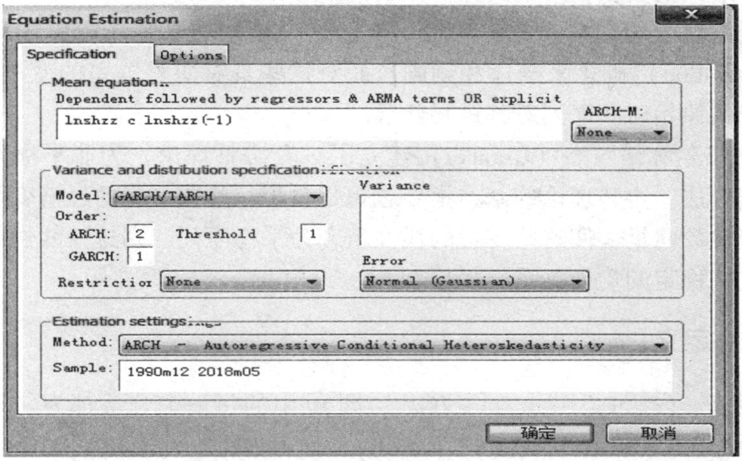

图 5.11　TGARCH 模型估计设定

Convergence achieved after 42 iterations
Presample variance: backcast (parameter = 0.7)
GARCH = C(3) + C(4)*RESID(-1)^2 + C(5)*RESID(-1)^2*(RESID(-1)<0) + C(6)*RESID(-2)^2 + C(7)*GARCH(-1)

Variable	Coefficient	Std. Error	z-Statistic	Prob.
C	0.032969	0.028605	1.152544	0.2491
LNSHZZ(-1)	0.995923	0.003844	259.0974	0.0000
Variance Equation				
C	0.000199	0.000121	1.640939	0.1008
RESID(-1)^2	0.607593	0.083693	7.259776	0.0000
RESID(-1)^2*(RESID(-1)<0)	-0.154826	0.067502	-2.293643	0.0218
RESID(-2)^2	-0.267190	0.091290	-2.926823	0.0034
GARCH(-1)	0.781430	0.049160	15.89549	0.0000

R-squared	0.969562	Mean dependent var	7.353815
Adjusted R-squared	0.969469	S.D. dependent var	0.714451
S.E. of regression	0.124836	Akaike info criterion	-1.820014
Sum squared resid	5.096003	Schwarz criterion	-1.739247
Log likelihood	306.3923	Hannan-Quinn criter.	-1.787794
Durbin-Watson stat	2.062882		

图 5.12　TARCH 模型估计结果

第五节　协整与误差修正模型

经济变量的非平衡性使时间序列的经济建模有可能出现“伪回归”，那么，在时间序列建模过程中，每一个非平稳时间序列都需要转化为平稳时间序列后才能进行参数估计和统计推断吗？答案是否定的。经济学理论表明，一些变量之间可能存在着一种长期稳定的均衡关系，这种关系意味着经济变量之间存在着一种内在机制。当某一变量暂时偏离长期均衡路线时，会存在某一机制将短暂偏离的变量拉回到长期均衡状态。例如，在统计上，居民的人均消费和人均收入一般不是平稳时间序列，但在经济意义上两者之间应该存在一种内在的稳定关系。根据凯恩斯理论，居民消费以其可支配收入为基础，为可支配收入的某个比例，当受到外来冲击时，居民消费会暂时偏离这种比例关系，但从长期看，消费者会理性地根据自己的收入水平来平滑自己的消费。经济学理论上的这种长期均衡关系可以用计量经济学中的“协整”（Cointegration）概念来描述和刻画，而对这些具有协整关系的变量及其经济关系，可以使用非平稳的原始时间序列对其进行建模。

1987 年，恩格尔和格兰杰（Granger）建立了一套协整理论，为非平稳序列的建模提供了一种途径及其方法。协整理论的基本指导思想是对于一些非平稳的经济变量时间序列，如果至少存在一组常数向量，使这些变量的线性组合为平稳序列，则这一线性组合可用来描述这些变量之间长期稳定的均衡关系。

一、协整的定义

设时间序列 $\boldsymbol{x}_t=(x_{1t},x_{2t},\cdots,x_{nt})^{\mathrm{T}}\sim I(d)$，即 $\boldsymbol{x}_t$ 中的每一个分量都为 d 阶单整序列，如果存在常数列向量 $\boldsymbol{\alpha}=(\alpha_1,\alpha_2,\cdots,\alpha_n)^{\mathrm{T}}$（$\boldsymbol{\alpha}\neq\boldsymbol{0}$），使得 $\boldsymbol{\alpha}^{\mathrm{T}}x_t\sim I(d-b)$，$0\leqslant b\leqslant d$，则称变量 $x_{1t},x_{2t},\cdots,x_{nt}$ 存在阶数为（d，b）的协整关系，记为 $\boldsymbol{x}_t\sim \mathrm{CI}(d,b)$，其中，$\boldsymbol{\alpha}$ 称为协整向量，$\boldsymbol{\alpha}$ 中的元素 α_i 称为协整参数。

从协整的定义可知，如果两个变量之间存在协整关系，那么这两个变量必然是同阶单整的。在协整关系中，人们最关注的也是这种协整关系［$\mathrm{CI}(d,d)$］。对于形如 $y_t=\boldsymbol{\alpha}^{\mathrm{T}}\boldsymbol{x}_t+u_t$ 的模型，如果 $y_t,\boldsymbol{x}_t\sim I(d)$，即两者属于同阶单整序列，且 $(\boldsymbol{x}_t,\boldsymbol{x}_t)\sim \mathrm{CI}(d,d)$，则由协整定义可知，存在一个常数列向量（1，$-a$），使得 $\boldsymbol{\mu}_t=y_t-\boldsymbol{\alpha}\boldsymbol{x}_t-I(0)$，即 u_t 为一个白噪声过程，那么通过估计参数 α 就可以描述 y_t 与 $\boldsymbol{x}_t$ 之间的长期关系。

二、协整检验

显然，两个都属于同阶单整的变量并不一定具有协整关系，还需要对其检验以判断它们之间是否存在协整关系，这样的检验称为协整检验。根据检验的对象不同，协整检验分为两种：一种是基于回归系数的协整检验，如 Johansen 协整检验；另一种是基于回归残差的协整检验，如 CRDW 检验、DF 检验和 ADF 检验。本节只介绍恩格尔和格兰杰提出的基于回归残差的协整检验，即“E－G 两步法”，Johansen 协整检验将在第七章详细介绍。E－G 两步法的具体检验步骤如下：

第一步：检验变量之间的同阶单整性，如果变量为同阶单整序列，则建立基本的回归模型为

$$y_t=\alpha_0+\alpha_1x_{1t}+\alpha_2x_{2t}+u_t \tag{5.37}$$

利用普通最小二乘估计法估计回归系数，计算其残差序列 e_t：

$$e_t=y_1-(\hat{\alpha}_0+\hat{\alpha}_1x_{1t}+\hat{\alpha}_2x_{2t}) \tag{5.38}$$

第二步：检验残差序列的平稳性，可以使用的检验方程有

$$\Delta e_t=\delta e_{t-1}+\sum_{i=1}^{p}\gamma_i e_{t-i}+\varepsilon_t \tag{5.39}$$

$$\Delta e_t=\alpha+\delta e_{t-1}+\sum_{i=1}^{p}\gamma_i e_{t-i}+\varepsilon_t \tag{5.40}$$

$$\Delta e_t=\alpha+\beta t+\delta e_{t-1}+\sum_{i=1}^{p}\gamma_i e_{t-i}+\varepsilon_t \tag{5.41}$$

其中，Δ 代表一阶差分，p 代表滞后阶数，可以通过赤池信息准则或施瓦兹贝叶斯信息准则自动确定。式（5.39）表示无截距和趋势项的平稳性检验，式（5.40）表示带截距项的平稳性检验，式（5.41）表示同时带截距项和趋势项的平稳性检验。可以使用 AD 或 ADF 方法检验残差序列 e_t 的平稳性，即检验原假设 $H_0: \delta=0$。如果在一定的显著性水平上拒绝了原假设，则接受残差序列 e_t 为平稳时间序列的假设，意味着 y_t 与 x_{1t}, x_{2t} 存在协整关系（多变量之间可能存在多种协整关系）。如果接受原假设，则表明残差序列 e_t 为非平稳时间序列，意味着 y_t 与 x_{1t}, x_{2t} 不存在协整关系。

需要说明的是，在检验方程中加入差分的滞后项是为了消除随机误差项的序列自相关性，相应的检验被称为扩展的 AEG（Augmented Engle - Granger）检验。其次，如果在第一步估计方程模型中加入了截距项或趋势项，则在第二步的残差检验中不能再次加入截距项或趋势项。最后，在检验残差的平稳性时，检验的统计量不再服从 DF 分布或 ADF 分布，麦金农（Mickinnon）给出了协整检验临界值的计算公式，EViews 可以直接输出麦金农临界值或伴随概率（P 值）。

三、误差修正模型

在经济系统中，一些变量保持一种长期稳定的均衡关系，但从短期来看，保持长期均衡关系的变量可能受到外生冲击而短暂偏离均衡状态。那么，如何度量这种外生冲击对变量变动的短期影响呢？误差修正模型则提供用于同时估计某一变量对另一变量长、短期影响的方法。

“误差修正”（Error Correction）这个术语最早由 Sargen（1964）提出，1978 年 Davidson、Hendry 等提出了误差修正模型（Error Correction Model，ECM）的基本形式，1987 年，恩格尔和格兰杰将误差修正模型和协整结合起来，建立了误差修正模型的一般方法。

对于形如式（5.42）的一阶自回归分布式滞后（Autoregressive Distribution Lag）模型 ADL（1，1），不能直接用普通最小二乘法估计其参数，原因之一是变量可能为非平稳时间序列，其次，即使变量为平稳时间序列，由于解释变量包含被解释变量的滞后项，随机误差项存在序列自相关性，如果使用普通最小二乘法估计参数会导致统计推断失效。

$$y_t=\beta_0+\beta_1 y_{t-1}+\beta_2 x_t+\beta_3 x_{t-1}+u_t \tag{5.42}$$

对式（5.42）一阶差分，并在模型右边加减 $\beta_2 x_{t-1}$ 可得到下式：

$$\Delta y_t=\beta_0+(\beta_1-1)y_{t-1}+\beta_2\Delta x_t+(\beta_2+\beta_3)x_{t-1}+u_t \tag{5.43}$$

令 $\beta_2+\beta_3=k_1(\beta_1-1)$，并令 $\alpha=(\beta_1-1)$，式（5.43）变形为

$$\Delta y_t=\beta_0+\alpha(y_{t-1}-k_1 x_{t-1})+\beta_2\Delta x_t+u_t \tag{5.44}$$

令 $y_{t-1}-k_1 x_{t-1}=\mathrm{ecm}_{t-1}$，则方程变形为

$$\Delta y_t=\beta_0+\alpha\mathrm{ecm}_{t-1}+\beta_2\Delta x_t+u_t \tag{5.45}$$

由式（5.45）可知，一阶差分项 Δy_t 为被解释变量 y_t 的短期变动，主要来源于两个因素，一个因素是解释变量 x_t 的短期变动，另一个因素是长期均衡关系 $y_t=k_1 x_t$ 的短期偏离，即当 x_t 与 y_t 偏离长期均衡关系时，一种内在机制将 x_t 与 y_t 拉回到均衡状态，α 为调整的速度，一般来说，$|\beta_1|<1$，因此 $\alpha<0$，表明 Δy_t 的变动与上期的均衡变动方向相反。值得一提的是，如果变量是自然对数的一阶差分，则自然对数的一阶差分可以看成变量的增长率，

因此估计系数 α 和 β_2 可分别看成相应变量的长、短期弹性。

可以将协整模型与误差修正模型结合起来描述被解释变量 y_t 的长、短期变化规律。

协整模型：

$$y_t = \beta_0 + k_1 x_t + u_t \tag{5.46}$$

误差修正模型：

$$\Delta y_t = \beta_0 + \alpha \mathrm{ecm}_{t-1} + \beta_2 \Delta x_t + \varepsilon_t \tag{5.47}$$

协整模型描述了 y_t 的长期变化规律，k_1 衡量了 y_t 与 x_t 的长期均衡关系。而误差修正模型描述了 y_t 的短期变化规律，其短期波动来源于解释变量 x_t 的变化和上期均衡状态的偏离大小。α 衡量了系统对偏离均衡状态的调整速度。

四、误差修正模型的估计

格兰杰在 1987 年指出，如果非平稳变量之间存在协整关系，则必然可以建立误差修正模型；如果误差修正模型中的变量为非平稳变量，则这些变量必然存在协整关系。

建立误差修正模型的基本步骤如下：

（1）检验被解释变量 y_t 与解释变量 x_t 是否存在协整关系；

（2）如果被解释变量 y_t 与解释变量 x_t 存在协整关系，则估计协整回归模型 $y_t = \alpha + \beta x_t + \mu_t$，计算协整方程的残差 $e_t = y_t - (\hat{\alpha} - \hat{\beta} x_t)$；

（3）将 e_{t-1} 作为解释变量替代 ecm_{t-1}，估计误差修正模型 $\Delta y_t = \beta_0 + \alpha \mathrm{ecm}_{t-1} + \beta_2 \Delta x_t + \varepsilon_t$。

需要说明的是，在第一步检验残差的协整性时，如果残差含有时间确定性趋势，则在第二步的协整回归模型中加入趋势项 γ_t。其次，在第二步计算出残差序列 e_t 后，需要判断该序列是否存在长期趋势和序列自相关性，如果存在，则可以在误差修正模型中加入 Δy_t 的滞后项和 Δx_t 的滞后项以消除长期趋势和残差的序列自相关性。至于滞后项阶数的选择可参考赤池信息准则和施瓦兹贝叶斯准则或统计量的显著性。

五、一个协整与误差修正模型的例子

协整模型最经典的例子莫过于人均消费和人均可支配收入之间的关系。根据凯恩斯的绝对消费函数理论，居民消费水平与其当期收入存在正向关系，居民收入越高，其消费水平也越高。为了验证消费水平与收入之间是否存在协整关系，本例选择辽宁省 1992—2013 年的年度数据进行实证分析。upcs_t 表示名义人均居民总消费；updi_t 表示名义人均居民可支配收入；P_t 表示居民消费价格指数（$P_{1984} = 100$）。令 $\mathrm{lrc}_t = \log\left(\frac{\mathrm{upcs}_t}{P_t}\right)$ 表示实际人均消费的对数，令 $\mathrm{lri}_t = \log\left(\frac{\mathrm{updi}_t}{P_t}\right)$ 表示实际人均可支配收入的对数。对 lrc_t 和 lri_t 分别进行单位根检验，发现在 10% 的显著性水平上二者都为二阶单整序列 $I(2)$。在此基础上建立线性回归模型：

$$\mathrm{lrc}_t = c + c_1 \mathrm{lri}_i + \mu_t \tag{5.48}$$

利用样本数据估计该回归方程，结果如图 5.13 所示。回归结果表明，回归系数在 1%

的显著性水平上统计显著，实际人均可支配收入每增加1%会使实际人均消费增加0.756%，即人均边际消费倾向大约为0.76。

Sample: 1992 2013
Included observations: 22

Variable	Coefficient	Std. Error	t-Statistic	Prob.
C	0.835305	0.092554	9.025012	0.0000
LRI	0.756297	0.031125	24.29832	0.0000

R-squared	0.967235	Mean dependent var	3.040738
Adjusted R-squared	0.965597	S.D. dependent var	0.458026
S.E. of regression	0.084955	Akaike info criterion	-2.006879
Sum squared resid	0.144348	Schwarz criterion	-1.907693
Log likelihood	24.07566	Hannan-Quinn criter.	-1.983513
F-statistic	590.4086	Durbin-Watson stat	0.586775
Prob(F-statistic)	0.000000		

图5.13　实际人均消费与实际人均可支配收入回归结果

为了检验回归残差的平稳性，在工作文档窗口中选择“Proc”菜单中的“Make Residual Series”选项，生成残差序列，并命名为“residual_1”。对“residual_1”序列进行单位根检验。选择水平形式的不带截距和趋势项的单位根检验模型，对残差序列进行单位根检验，具体结果如图5.14所示。

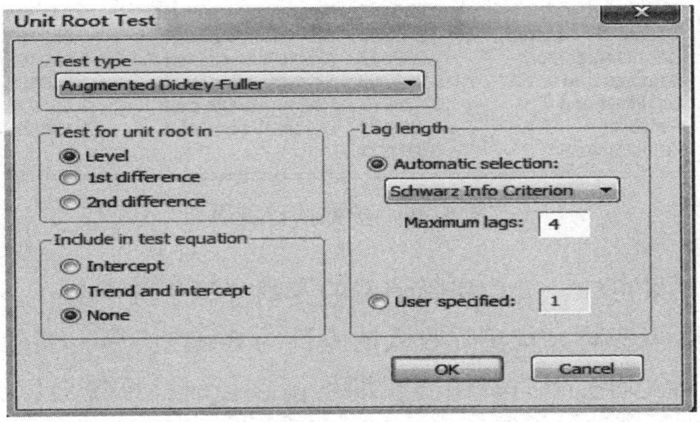

图5.14　残差单位根检验

从图5.15可以看出，在10%的显著性水平上拒绝残差序列存在单位根的原假设，即认为人均实际消费与人均实际收入存在协整关系。

协整方程描述了被解释变量与解释变量统计上的长期均衡关系，但实际上经济数据很多时候并不沿着均衡路径变化，当解释变量的临时冲击会导致被解释变量偏离均衡路径时，经济系统的内在均衡机制存在一种力量将短暂的冲击调整到均衡状态。

在式（5.48）协整方程检验的基础上，建立人均实际消费与人均实际收入的误差修正模型如下：

$$D(\mathrm{lrc}_t) = c + c_1 \mathrm{residual\_1}_{t-1} + c_2 D(\mathrm{lri}_i) + \mu_t \tag{5.49}$$

其中，$D(\mathrm{lrc}_t)$ 表示 lrc_t 的一阶差分。对上述模型进行普通最小二乘估计，得到图5.16所示的参数估计结果。

Null Hypothesis: RESIDUAL_1 has a unit root
Exogenous: None
Lag Length: 0 (Automatic - based on SIC, maxlag=4)

		t-Statistic	Prob.*
Augmented Dickey-Fuller test statistic		-1.887741	0.0578
Test critical values:	1% level	-2.679735	
	5% level	-1.958088	
	10% level	-1.607830	

*MacKinnon (1996) one-sided p-values.

Augmented Dickey-Fuller Test Equation
Dependent Variable: D(RESIDUAL_1)
Method: Least Squares
Date: 05/17/18 Time: 23:43
Sample (adjusted): 1993 2013
Included observations: 21 after adjustments

Variable	Coefficient	Std. Error	t-Statistic	Prob.
RESIDUAL_1(-1)	-0.291935	0.154648	-1.887741	0.0737

R-squared	0.140609	Mean dependent var	0.007048
Adjusted R-squared	0.140609	S.D. dependent var	0.064556
S.E. of regression	0.059845	Akaike info criterion	-2.747662
Sum squared resid	0.071629	Schwarz criterion	-2.697923
Log likelihood	29.85046	Hannan-Quinn criter.	-2.736868
Durbin-Watson stat	1.280426		

图 5.15　残差单位根检验结果

Sample (adjusted): 1993 2013
Included observations: 21 after adjustments

Variable	Coefficient	Std. Error	t-Statistic	Prob.
C	0.025628	0.070426	0.363899	0.7202
RESIDUAL_1(-1)	-0.459931	0.164229	-2.800538	0.0118
LRI	0.013251	0.023736	0.558264	0.5835

R-squared	0.355447	Mean dependent var	0.073925
Adjusted R-squared	0.283830	S.D. dependent var	0.069773
S.E. of regression	0.059047	Akaike info criterion	-2.689402
Sum squared resid	0.062758	Schwarz criterion	-2.540185
Log likelihood	31.23873	Hannan-Quinn criter.	-2.657018
F-statistic	4.963171	Durbin-Watson stat	2.156548
Prob(F-statistic)	0.019201		

图 5.16　参数估计结果

从上述参数估计结果可知，人均实际消费的变动来源于两部分，一部分是人均实际收入的短期变动，人均实际消费对人均实际收入的弹性为 0.013；另一部分是人均实际收入对长期均衡路径的偏离，当人均实际消费偏离长期均衡路径时，系统会以大约 -0.46 的调整力度调回到人均实际消费与人均实际收入的均衡状态。

复习思考题

1. 简述时间序列的平稳性概念。在时间序列建模过程中为什么要对序列进行平稳性检验？

2. 简述 ARMA(p,q)模型建模的基本步骤。

3. 何为单位根检验？

4. 单整变量的单位根检验为什么从 DF 检验发展到 ADF 检验？

5. 如果 $X_t \sim I(1)$，$Y_t \sim I(1)$，$X_t,Y_t \sim CI(1,1)$，而且从经济意义分析，X 是 Y 的唯一原因变量。写出 X 和 Y 之间长期均衡方程的一般形式；写出反映 X 和 Y 之间短期关系的 ECM 模型的一般形式；指出 ECM 模型中 ecm 项参数的符号，并简述它所反映的经济机制。

第六章

联立方程组模型

目前本书讨论的都是单一方程计量经济模型，但有的经济问题的计量需要运用联立方程模型。本章介绍联立方程组模型的基础知识，包括联立方程组模型的概念和类型、联立方程组模型的识别及识别的方法、联立方程组模型的估计方法等。

本章学习目标：

(1) 了解联立方程组模型的特点；

(2) 掌握联立方程组模型的识别方法；

(3) 熟练掌握联立方程组模型的估计方法；

(4) 掌握联立方程组模型的应用。

第一节　联立方程组模型及其偏倚性

一、联立方程组模型的性质

单一方程模型中只有一个被解释变量，而有一个或多个解释变量，这类模型最主要的特征是被解释变量与解释变量间为一种单向的因果关系，通常解释变量是变化的原因，被解释变量是变化的结果。单一方程模型所研究的对象是单一的变量。但是，经济现象是错综复杂的，许多情况下所研究的问题不只是一个单一的变量，而是一个由多变量构成的经济系统。在经济系统中多个经济变量之间可能存在双向的或多向的因果关系。例如，对某种商品的需求量 Q 的研究中，商品需求量 Q 受到商品价格 P 的影响，同时商品价格 P 又受到商品需求量 Q 的影响，这时需求量 Q 与价格 P 相互影响，存在双向的因果关系。在这种情况下，只用单一方程已经不能正确反映经济系统中诸多因素间的复杂关系了，而需要采用能够表现多向的因果关系的联立方程组模型。

所谓联立方程组模型，是指用若干个相互关联的单一方程，同时表示一个经济系统中经济变量相互依存性的模型，即用一个联立方程组表现多个变量间互为因果的联立关系。联立方程组中每个单一方程中包含了一个或多个相互关联的内生变量，每个方程的被解释变量都是内生变量，解释变量既可以是内生变量，也可以是外生变量。

例如，商品需求与价格的模型，根据经济理论，商品需求量 Q 受商品价格 P 和消费者的收入 X 等因素的影响，可建立需求模型：

$$Q_t = \alpha_0 + \alpha_1 P_t + \alpha_2 X_t + u_t \tag{6.1}$$

同时，该商品价格 P 也受商品需求量 Q 和其他代用商品价格 P^* 的影响，又可建立价格模型：

$$P_t = \beta_0 + \beta_1 Q_t + \beta_2 P_t^* + v_t \tag{6.2}$$

式（6.1）和式（6.2）中的商品需求量 Q 与商品价格 P 事实上存在双向因果关系，不能只用单一方程模型去描述这种联立依存性，而需要把两个单一方程组成一个联立方程组，同时去研究商品需求量 Q 和商品价格 P 的数量关系和变化规律，从而形成如下联立方程组模型：

$$\begin{aligned} Q_t &= \alpha_0 + \alpha_1 P_t + \alpha_2 X_t + u_t \\ P_t &= \beta_0 + \beta_1 Q_t + \beta_2 P_t^* + v_t \end{aligned} \tag{6.3}$$

又如，凯恩斯宏观经济模型，设变量有国民总收入 Y、消费 C、投资 I、政府支出 G。国民总收入 Y 既是决定消费 C 和投资 I 的解释变量，同时又被消费 C、投资 I 和政府支出 G 所决定。用联立方程组模型可清晰地描述它们之间的关系：

$$\begin{aligned} Y_t &= C_t + I_t + G_t \\ C_t &= \alpha_0 + \alpha_1 Y_t + u_{1t} \\ I_t &= \beta_0 + \beta_1 Y_t + \beta_2 Y_{t-1} + u_{2t} \end{aligned} \tag{6.4}$$

式中，Y_{t-1}表示收入 Y_t 的滞后一期数值，称为滞后内生变量。

与单一方程模型相比，联立方程组模型有以下特点：

（1）联立方程组模型是由若干个单一方程组成的。模型中不止一个被解释变量，通常建立 M 个方程就应有 M 个被解释变量。

（2）联立方程组模型里既有非确定性方程（即随机方程），又有确定性方程，但必须含有随机方程。

（3）被解释变量和解释变量之间不仅是单向的因果关系，而可能互为因果，有的变量在某个方程中为解释变量，但同时在另一个方程中可能为被解释变量。因此解释变量有可能是随机的不可控变量。

（4）解释变量可能与随机误差项相关，违反普通最小二乘法的基本假定。如将式（6.1）代入式（6.2），有

$$P_t = \beta_0 + \beta_1 P_t^* + \beta_2 (\alpha_0 + \alpha_1 P_t + \alpha_2 Y_t + v_t) + u_t \tag{6.5}$$

考虑式（6.2）与式（6.5），显然 P_t 不仅与 v_t 相关，而且与 u_t 相关。

二、联立方程组模型中变量的类型

在单一方程模型中，被解释变量与解释变量的区分十分清晰，解释变量是变动的原因，被解释变量是变动的结果。在联立方程组模型中，多个变量可能互为因果，同一变量可能作为被解释变量，同时又可能作为解释变量，显然将变量只区分为解释变量与被解释变量的意

义已经不大，而需要将变量区分为内生变量和外生变量。

在联立方程组模型中，从变量的性质看，一些变量是由模型体现的经济系统本身所决定的，称为内生变量，内生变量的取值是模型求解的结果，由于受模型中随机误差项的影响，内生变量是随机变量。例如模型式（6.3）中的商品需求量 Q 和商品价格 P，它们的取值由模型所决定。同样，模型式（6.4）中的国民总收入 Y、消费 C 和投资 I 也都是其取值由模型决定的内生变量。另一些变量是在模型体现的经济系统之外给定的，在模型中是非随机的，称为外生变量。例如模型式（6.3）中的消费者收入 X 和其他代用商品价格 P^*，它们的取值是由模型之外的因素决定的。同理，模型式（6.4）中的政府支出 G 和收入的滞后值 Y_{t-1} 也都是由模型之外的因素决定的外生变量。应当注意，一个变量在模型中是内生变量还是外生变量，是由经济理论和经济意义决定的，而不是由数学形式决定的。区分内生变量和外生变量对联立方程组模型的估计和应用有重要意义。为了求解模型中的内生变量，一般来说联立方程中方程的个数应等于内生变量的个数。如果联立方程组模型中内生变量的个数恰好等于方程组中方程的个数，则称该方程组为完备的。

在联立方程组模型中，外生变量数值的变化能够影响内生变量的变化，而内生变量却不能反过来影响外生变量。对模型体系来讲，外生变量是由模型体系以外的因素所决定的，外生变量是可控制的变量，它与随机误差项不相关，所以是非随机变量。

在联立方程组模型中，有一些变量本来是内生变量，但模型中可能出现了这些变量过去时期的滞后值或更大范围的数值。例如在模型式（6.4）中，收入 Y 是内生变量，而模型中收入滞后值 Y_{t-1} 却不能由模型决定。像这样代表内生变量滞后值的变量称为滞后内生变量。在模型中滞后内生变量或更大范围的内生变量的作用视同于外生变量，并与外生变量一起称为前定变量。在单一方程模型中，前定变量一般作为解释变量，内生变量一般作为被解释变量；而在联立方程组模型中，内生变量既可作为被解释变量，又可作为解释变量。

三、联立方程组模型的偏倚性

在联立方程组模型中，一个方程中的解释变量，在另一个方程中可以是被解释变量。因此联立方程组模型很可能会违反古典假定。下面以式（6.4）的宏观经济模型为例来说明联立方程组模型出现的问题。设宏观经济模型为

$$\begin{aligned} Y_t &= C_t + I_t + G_t \\ C_t &= \alpha_0 + \alpha_1 Y_t + u_{1t} \\ I_t &= \beta_0 + \beta_1 Y_t + \beta_2 Y_{t-1} + u_{2t} \end{aligned} \tag{6.6}$$

由第1个方程和第2个方程可以看出，因为变量 Y 与变量 C 有联系，并且变量 C 与随机误差项 u_1 相关，所以变量 Y 与 u_1 相关，而变量 Y 在第2个方程中作解释变量，这就违背了解释变量与随机误差项不相关的假定。将第2个方程和第3个方程代入第1个方程，得

$$Y_t = \alpha_0 + \alpha_1 Y_t + u_{1t} + \beta_0 + \beta_1 Y_t + \beta_2 Y_{t-1} + u_{2t} + G_t \tag{6.7}$$

整理后得到如下结果：

$$Y_t = \frac{\alpha_0 + \beta_0}{1 - \alpha_1 - \beta_1} + \frac{\beta_2}{1 - \alpha_1 - \beta_1} Y_{t-1} + \frac{1}{1 - \alpha_1 - \beta_1} G_t + \frac{1}{1 - \alpha_1 - \beta_1} (u_{1t} + u_{2t}) \tag{6.8}$$

由上式看出，变量 Y 与（$u_{1t} + u_{2t}$）相关，但在第3个方程里 Y 作为解释变量说明对投

资的影响，这又违背了解释变量与随机误差项不相关的假定。当用普通最小二乘法估计每一个方程时，如果解释变量与随机误差项相关，则参数的估计将是有偏的和不一致的。这种由于联立方程组模型中内生变量作为解释变量与随机误差项相关，而引起的普通最小二乘法估计的参数有偏且不一致，称为联立方程组模型的偏倚性。联立方程组模型的偏倚性是联立方程固有的，所以一般情况下普通最小二乘法不适合估计联立方程组模型的模型。

四、联立方程组模型的种类

为了方便模型的识别和估计，联立方程组模型以变量间的联系形式分类，通常可分为结构型模型、简化型模型和递归型模型。

1. 结构型模型

所谓结构型模型，是指根据经济行为理论或经济活动规律，描述经济变量之间现实的经济结构关系的模型。结构型模型表现变量间直接的经济联系，将某内生变量直接表示为内生变量和前定变量的函数。结构型模型的标准形式为

$$
\begin{aligned}
&\beta_{11}Y_{1t}+\beta_{12}Y_{2t}+\cdots+\beta_{1M}Y_{Mt}+\gamma_{11}X_{1t}+\gamma_{12}X_{2t}+\cdots+\gamma_{1k}X_{kt}=u_{1t}\\
&\beta_{21}Y_{1t}+\beta_{22}Y_{2t}+\cdots+\beta_{2M}Y_{Mt}+\gamma_{21}X_{1t}+\gamma_{22}X_{2t}+\cdots+\gamma_{2k}X_{kt}=u_{2t}\\
&\vdots\\
&\beta_{M1}Y_{1t}+\beta_{M2}Y_{2t}+\cdots+\beta_{MM}Y_{Mt}+\gamma_{M1}X_{1t}+\gamma_{M2}X_{Mt}+\cdots+\gamma_{Mk}X_{kt}=u_{Mt}
\end{aligned}
\tag{6.9}
$$

其中，Y_1，Y_2，…，Y_M 为内生变量；X_1，X_2，…，X_k 为前定变量（当 $X_1=1$ 时表明存在截距项）；u_1，u_2，…，u_M 为随机误差项；β_{ij} 为内生变量的参数（$i=1$，2，…，M；$j=1$，2，…，$M-1$）；γ_{ij} 为前定变量的参数（$i=1$，2，…，M；$j=1$，2，…，k）。β_{ij} 和 γ_{ij} 也统称为结构参数。

结构型模型的标准形式可以用矩阵表示为

$$\boldsymbol{BY}+\boldsymbol{\Gamma X}=\boldsymbol{u} \tag{6.10}$$

其中，$\boldsymbol{Y}$ 为内生变量 Y_{it} 的向量；$\boldsymbol{X}$ 为前定变量 X_{it} 的向量；$\boldsymbol{u}$ 为随机误差项 u_{it} 向量；$\boldsymbol{B}$ 为内生变量参数 β_{ij} 的矩阵；$\boldsymbol{\Gamma}$ 为前定变量参数 γ_{ij} 的矩阵。

结构型模型有以下特点：

（1）结构方程描述了经济变量之间的结构关系，所以结构方程反映了内生变量直接受前定变量、其他内生变量和随机误差项影响的因果关系，也就是说在结构方程的右端可能出现其他内生变量。

（2）结构方程中变量的系数称为结构参数，结构参数反映了结构方程中的解释变量对被解释变量的直接影响程度。所有结构参数组成的矩阵称为结构参数矩阵，因此结构型模型有明确的经济意义，可直接分析解释变量变动对被解释变量的作用。

（3）结构型模型具有偏倚性问题，所以不能直接用普通最小二乘法对结构型模型的未知参数进行估计。

（4）利用联立方程组进行预测，是通过前定变量的未来值来预测内生变量的未来值，由于在结构方程的右端出现了内生变量，所以不能直接用结构型模型进行预测。

下面给出结构型模型的一个例子，设一个简化的凯恩斯宏观经济模型为

$$C_t = \beta_1 + \beta_2 Y_t + u_t \tag{6.11}$$

$$Y_t = C_t + I_t \tag{6.12}$$

其中，C 为消费，Y 为收入，它们是内生变量；I 是作为外生变量的投资；u 为随机误差项。将上述结构型方程组表示成标准形式：

$$C_t - \beta_2 Y_t - \beta_1 + 0I_t = u_t \tag{6.13}$$

$$-C_t + Y_t + 0 - I_t = 0 \tag{6.14}$$

可用矩阵表示为

$$\begin{pmatrix} 1 & -\beta_2 \\ -1 & 1 \end{pmatrix}\begin{pmatrix} C_t \\ Y_t \end{pmatrix} + \begin{pmatrix} -\beta_1 & 0 \\ 0 & -1 \end{pmatrix}\begin{pmatrix} 1 \\ I_t \end{pmatrix} = \begin{pmatrix} u_t \\ 0 \end{pmatrix} \tag{6.15}$$

记矩阵为

$$\boldsymbol{B} = \begin{pmatrix} 1 & -\beta_2 \\ -1 & 1 \end{pmatrix}, \qquad \boldsymbol{\Gamma} = \begin{pmatrix} -\beta_1 & 0 \\ 0 & -1 \end{pmatrix}$$

$$\boldsymbol{Y} = \begin{pmatrix} C_t \\ Y_t \end{pmatrix}, \qquad \boldsymbol{X} = \begin{pmatrix} 1 \\ I_t \end{pmatrix}, \qquad \boldsymbol{u} = \begin{pmatrix} u_t \\ 0 \end{pmatrix}$$

结构型模型的矩阵形式可简记为

$$\boldsymbol{BY} + \boldsymbol{\Gamma X} = \boldsymbol{u} \tag{6.16}$$

2. 简化型模型

所谓简化型模型，是指每个内生变量都只被表示为前定变量及随机误差项函数的联立方程组模型。

直观地看，在简化型模型中的每一个方程的右端不再出现内生变量。简化型模型的建立有两个实现的途径：一是直接写出模型的简化形式，在已知模型所包含的全部前定变量的条件下，将每个内生变量直接表示为前定变量和随机误差项的函数；二是通过结构型模型导出简化型模型，从结构型模型出发，经过代数运算，求解出内生变量，从而将每个内生变量用前定变量和随机误差项的函数来表示。

由式（6.10）的结构型模型，若 $|\boldsymbol{B}| \neq 0$，由矩阵知识知，内生变量结构型参数矩阵 $\boldsymbol{B}$ 的逆矩阵 $\boldsymbol{B}^{-1}$ 一定存在，对式（6.10）两端同时左乘 $\boldsymbol{B}^{-1}$，得

$$\boldsymbol{Y} + \boldsymbol{B}^{-1}\boldsymbol{\Gamma X} = \boldsymbol{B}^{-1}\boldsymbol{u} \tag{6.17}$$

移项得

$$\boldsymbol{Y} = -\boldsymbol{B}^{-1}\boldsymbol{\Gamma X} + \boldsymbol{B}^{-1}\boldsymbol{u} \tag{6.18}$$

分别令

$$\boldsymbol{\Pi} = -\boldsymbol{B}^{-1}\boldsymbol{\Gamma} \tag{6.19}$$

$$\boldsymbol{V} = \boldsymbol{B}^{-1}\boldsymbol{u} \tag{6.20}$$

则简化型模型的一般形式为

$$\boldsymbol{Y} = \boldsymbol{\Pi X} + \boldsymbol{V} \tag{6.21}$$

在式（6.21）中，$\boldsymbol{\Pi}$ 表示简化型模型的参数矩阵，$\boldsymbol{V}$ 表示简化型模型的随机误差项向量。由式（6.19）可以看出，简化型模型的参数 $\boldsymbol{\Pi}$ 是结构型模型参数 $\boldsymbol{B}$ 和 $\boldsymbol{\Gamma}$ 的函数。

事实上可以通过代数变换，将结构型模型转化为简化型模型。例如式（6.5）和式

(6.12) 的结构型联立方程组模型，将式 (6.12) 代入式 (6.5) 得

$$C_t = \beta_1 + \beta_2(C_t + I_t) + u_t$$

即

$$C_t = \frac{\beta_1}{1-\beta_2} + \frac{\beta_2}{1-\beta_2}I_t + \frac{1}{1-\beta_2}u_t$$

由式 (6.12)，有 $C_t = Y_t - I_t$，代入式 (6.5) 得

$$Y_t - I_t = \beta_1 + \beta_2 Y_t + u_t$$

即

$$Y_t = \frac{\beta_1}{1-\beta_2} + \frac{1}{1-\beta_2}I_t + \frac{1}{1-\beta_2}u_t$$

因此，由式 (6.5) 和式 (6.12) 的结构型联立方程组模型导出的简化型模型为

$$C_t = \frac{\beta_1}{1-\beta_2} + \frac{\beta_2}{1-\beta_2}I_t + \frac{1}{1-\beta_2}u_t \tag{6.22}$$

$$Y_t = \frac{\beta_1}{1-\beta_2} + \frac{1}{1-\beta_2}I_t + \frac{1}{1-\beta_2}u_t \tag{6.23}$$

容易验证，用代数形式导出的简化型模型式 (6.22) 和式 (6.23)，与用式 (6.19) ~ 式 (6.21) 导出的结果是一致的。

与结构型模型相比，简化型模型有以下特点：

(1) 在简化型模型中每一个方程的右端不再出现内生变量，而只有前定变量作为解释变量。例如在式 (6.22) 和式 (6.23) 中，等式的右端只有前定变量 I 作为解释变量。

(2) 简化型模型中的前定变量与随机误差项不相关。事实上，因为简化型模型的随机误差项是结构型模型的随机误差项的线性函数，而结构型模型中的前定变量与随机误差项不相关，所以在简化型模型中前定变量与随机误差项同样不相关。简化型模型中每个方程的解释变量全是前定变量，从而避免了联立方程组模型的偏倚性。因此，从理论上讲可以对简化型模型的参数运用普通最小二乘法进行估计，只不过注意估计出的是简化型模型的参数估计值。但简化型模型中的参数是原结构型模型参数的函数，由估计的简化型模型参数，有可能求解出结构型模型的参数。

(3) 简化型模型的参数综合反映了前定变量对内生变量的直接影响与间接影响，其参数表现了前定变量对内生变量的影响乘数。

(4) 在已知前定变量取值的条件下，可利用简化型模型参数的估计式直接对内生变量进行预测分析。

3. 递归型模型

所谓递归型模型，是指在该模型中，第一个方程的内生变量 Y_1 仅由前定变量表示，而无其他内生变量；第二个方程的内生变量 Y_2 表示成前定变量和一个内生变量 Y_1 的函数；第三个方程的内生变量 Y_3 表示成前定变量和两个内生变量 Y_1 与 Y_2 的函数。按此规律，最后一个方程的内生变量 Y_m 可表示成前定变量和 $m-1$ 个内生变量 Y_1，Y_2，…，Y_{m-1}的函数。

例如，以 3 个内生变量 Y_1，Y_2，Y_3 和 3 个前定变量 X_1，X_2，X_3 构造一个递归型联立方程组模型：

$$
\begin{aligned}
Y_1 &= \beta_{11}X_1 + \beta_{12}X_2 + \beta_{13}X_3 + u_1 \\
Y_2 &= \alpha_{21}Y_1 + \beta_{21}X_1 + \beta_{22}X_2 + \beta_{23}X_3 + u_2 \\
Y_3 &= \alpha_{31}Y_1 + \alpha_{32}Y_2 + \beta_{31}X_1 + \beta_{32}X_2 + \beta_{33}X_3 + u_3
\end{aligned}
\tag{6.24}
$$

将上式转化为标准形式：

$$
\begin{aligned}
&Y_1 - \beta_{11}X_1 - \beta_{12}X_2 - \beta_{13}X_3 = u_1 \\
&Y_2 - \alpha_{21}Y_1 - \beta_{21}X_1 - \beta_{22}X_2 - \beta_{23}X_3 = u_2 \\
&Y_3 - \alpha_{31}Y_1 - \alpha_{32}Y_2 - \beta_{31}X_1 - \beta_{32}X_2 - \beta_{33}X_3 = u_3
\end{aligned}
\tag{6.25}
$$

式（6.25）的矩阵形式为

$$\boldsymbol{BY} + \boldsymbol{\Gamma X} = \boldsymbol{u} \tag{6.26}$$

在式（6.26）中，

$$\boldsymbol{B} = \begin{pmatrix} 1 & 0 & 0 \\ -\alpha_{21} & 1 & 0 \\ -\alpha_{31} & -\alpha_{32} & 1 \end{pmatrix} \tag{6.27}$$

$$\boldsymbol{\Gamma} = -\begin{pmatrix} \beta_{11} & \beta_{12} & \beta_{13} \\ \beta_{21} & \beta_{22} & \beta_{23} \\ \beta_{31} & \beta_{32} & \beta_{33} \end{pmatrix} \tag{6.28}$$

由此，可以看到内生变量参数矩阵 $\boldsymbol{B}$ 是一个下三角阵，而前定变量的参数矩阵 $\boldsymbol{\Gamma}$ 只在原结构型模型中前定变量参数前多了一个负号。

递归型模型是联立方程组模型中一种特殊的形式。它的特点是可以直接运用普通最小二乘法对模型中的方程依次进行估计，而不会产生联立方程组模型的偏倚性问题。虽然满足内生变量递归特点的递归型模型确实存在，但在建模中并不多见。而且应指出，递归型模型中事实上没有变量间互为因果的特征，所以它并不是真正意义上的联立方程组模型。

第二节 联立方程组模型的识别

一、对模型识别的理解

由前面的讨论已知，简化型模型中的前定变量与随机误差项不相关，避免了联立方程组模型的偏倚性，因此对简化型模型一般可以运用普通最小二乘方法估计其参数。然而通常的研究目的是获得结构型模型的参数估计值，虽然已知结构型模型的参数是简化型模型参数的函数，但能否从简化型模型参数求解出结构型模型参数呢？这涉及联立方程组模型的识别问题。

联立方程组模型的识别可以从多方面去理解，从根本上说识别是模型的设定问题。

例如，设农产品供需均衡模型为

$$Q_d = \alpha_0 + \alpha_1 p + u_1 \tag{6.29}$$

$$Q_s = \beta_0 + \beta_1 p + u_2 \tag{6.30}$$

$$Q_d = Q_s \tag{6.31}$$

对于方程式（6.29）和式（6.30），由于在均衡条件下，农产品的供给与需求是一致的，所以，这时用普通最小二乘法估计其参数，那么无法区分估计出的参数究竟是需求方程的还是供给方程的，这就是联立方程组模型的识别问题。

又如，设宏观经济模型为

$$Y_t = C_t + I_t \tag{6.32}$$

$$C_t = \alpha_0 + \alpha_1 Y_t + u_{1t} \tag{6.33}$$

$$I_t = \beta_0 + \beta_1 Y_t + u_{2t} \tag{6.34}$$

其中，Y 为国民总收入，C 为消费，I 为投资。

式（6.33）与式（6.34）分别是消费函数和投资函数的参数，其经济意义应该是唯一的，但经过一定的数学变换，可以发现事实并非如此。式（6.32）移项得

$$I_t = Y_t - C_t \tag{6.35}$$

将式（6.35）代入投资函数式（6.34）得

$$Y_t - C_t = \beta_0 + \beta_1 Y_t + u_{2t}$$

则有

$$C_t = -\beta_0 + (1-\beta_1) Y_t - u_{2t} \tag{6.36}$$

比较消费函数式（6.33）与投资函数式（6.36），可以看出二者的变量都是 C_t 和 Y_t。现在的问题是，通过样本数据 C_t 和 I_t 所估计的参数究竟是消费函数的参数还是投资函数的参数呢？显然这时联立方程组模型有无法识别的问题。

从上述两个例子，可以看到联立方程组模型确实存在识别问题。联立方程组模型的识别可以从多方面去理解。对联立方程组模型的识别最直观的理解，是看能否从简化型模型参数估计值中合理地求解出结构型模型参数的估计值。如果结构型模型参数的估计值能由简化型模型的参数求解出，则称这个结构方程是可识别的，否则是不可识别的。从理论上，也可从方程是否具有确定的统计形式去认识联立方程组模型的识别。如果模型中一个结构方程与另一个结构方程含有相同的变量（包括解释变量与被解释变量），而且变量之间具有相同的统计关系，则这两个方程具有相同的统计形式，则它们都是不可识别的。此外，也可以从方程中是否排除了必要的变量去理解。如果一个结构方程包含了模型的所有变量，或者说该结构方程的变量系数均未实行零限制，则称该方程为不可识别。反过来，当模型中的结构方程有零限制出现时，即某些变量不出现在模型中某个结构方程中时，则该方程才有可能被识别。

关于联立方程组模型识别的定义是针对结构型模型来说的，在结构型模型中，除了定义方程、均衡方程（定义方程）不存在识别问题，而每一个需要估计参数的结构方程都有识别问题。如果结构型模型中的每一个结构方程都是可识别的，则称该联立方程组模型是可识别的。在结构型模型中，只要有一个结构方程不可识别，则称该联立方程组模型就是不可识别的。

二、联立方程组模型识别的类型

由于联立方程组模型提供的信息有差异，联立方程组模型的识别可分为 3 种类型：不可识别、恰好识别和过度识别。

1. 不可识别

如果结构型模型中某个方程参数的估计值不能够由简化型模型的参数估计值求解出，则称该方程是不可识别的。

例如，商品需求与供给的结构型模型为

$$Q_t^d = \alpha_1 + \alpha_2 P_t + u_{1t} \tag{6.37}$$

$$Q_t^s = \beta_1 + \beta_2 P_t + u_{2t} \tag{6.38}$$

$$Q_t^d = Q_t^s \tag{6.39}$$

由均衡条件式（6.39），可导出内生变量 P 与 Q 的简化型模型为

$$P_t = \pi_1 + v_{1t} \tag{6.40}$$

$$Q_t = \pi_2 + v_{2t} \tag{6.41}$$

其中，

$$\pi_1 = \frac{\beta_1 - \alpha_1}{\alpha_2 - \beta_2},\ \pi_2 = \frac{\alpha_2\beta_1 - \alpha_1\beta_2}{\alpha_2 - \beta_2},\ v_{1t} = \frac{u_{2t} - u_{1t}}{\alpha_2 - \beta_2},\ v_{2t} = \frac{\alpha_2 u_{2t} - \beta_2 u_{1t}}{\alpha_2 - \beta_2}$$

在上述简化型模型与结构型模型参数的关系式中，由估计的两个简化型模型参数 $\hat{\pi}_1$ 与 $\hat{\pi}_2$，无法求解出结构型模型的 4 个参数 α_1、α_2、β_1、β_2。因此，方程式（6.37）和式（6.38）为不可识别的，从而该联立方程组模型是不可识别的。直观地理解，这是因为供给方程和需求方程的结构形式一致，没有提供分别估计各个结构参数的足够信息，或者说对于模型的设定方程没有施加足够的约束。

2. 恰好识别

如果结构型模型中某个方程的参数能够由简化型模型的参数估计值唯一地解出，则称该方程是恰好识别的。

例如，对上述需求与供给的结的构型模型补充一些信息，在供给函数中引入前定变量价格的滞后值，即上一期的价格 P_{t-1}，这时需求与供给模型为

$$\begin{aligned} Q_t^d &= \alpha_1 + \alpha_2 P_t + u_{1t} \\ Q_t^s &= \beta_1 + \beta_2 P_t + \beta_3 P_{t-1} + u_{2t} \\ Q_t^d &= Q_t^s \end{aligned} \tag{6.42}$$

这时，需求与供给的简化型模型为

$$\begin{aligned} P_t &= \pi_{11} + \pi_{12} P_{t-1} + v_{1t} \\ Q_t &= \pi_{21} + \pi_{22} P_{t-1} + v_{2t} \end{aligned} \tag{6.43}$$

其中，

$$\pi_{11} = \frac{\beta_1 - \alpha_1}{\alpha_2 - \beta_2}, \qquad \pi_{12} = \frac{\beta_3}{\alpha_2 - \beta_2},$$

$$\pi_{21} = \frac{\alpha_2\beta_1 - \beta_2\alpha_1}{\alpha_2 - \beta_2}, \qquad \pi_{22} = \frac{\alpha_2\beta_3}{\alpha_2 - \beta_2};$$

$$v_{1t} = \frac{u_{2t} - u_{1t}}{\alpha_2 - \beta_2}, \qquad v_{2t} = \frac{\alpha_2 u_{2t} - \beta_2 u_{1t}}{\alpha_2 - \beta_2}$$

从简化型模型与结构型模型参数的关系可以看到，这时简化型模型的参数为 4 个，结构型模

型的参数为 5 个，因此也不能在已知简化型模型参数估计值的条件下，唯一地解出结构型模型的所有参数。但可以看出，需求方程的参数 α_1 和 α_2 是可以被唯一地解出的，即

$$\alpha_1 = \pi_{21} - \alpha_2\pi_{11}, \qquad \alpha_2 = \frac{\pi_{22}}{\pi_{12}}$$

即此时需求方程是恰好识别的，而供给方程的参数估计值不能被唯一地解出，故供给方程是不可识别的。

上述例子给出一个启示，模型中引进新的前定变量 P_{t-1}后，能使不可识别的模型向可以识别转变，这为改进模型的识别状态提供了重要线索。很自然，如果继续对模型补充信息，再引进前定变量，模型的识别状况会进一步变好吗？

例如，在需求方程中再引进一个新的前定变量收入 I_t，这时模型为

$$\begin{aligned} Q_t^d &= \alpha_1 + \alpha_2 P_t + \alpha_3 I_t + u_{1t} \\ Q_t^s &= \beta_1 + \beta_2 P_t + \beta_3 P_{t-1} + u_{2t} \\ Q_t^d &= Q_t^s \end{aligned} \tag{6.44}$$

由该结构型模型导出简化型模型：

$$\begin{aligned} P_t &= \pi_{11} + \pi_{12} I_t + \pi_{13} P_{t-1} + u_{1t} \\ Q_t &= \pi_{21} + \pi_{22} I_t + \pi_{23} P_{t-1} + u_{2t} \end{aligned} \tag{6.45}$$

其中，

$$\pi_{11} = \frac{\beta_1 - \alpha_1}{\alpha_2 - \beta_2}, \qquad \pi_{12} = \frac{-\alpha_3}{\alpha_2 - \beta_2}, \qquad \pi_{13} = \frac{\beta_3}{\alpha_2 - \beta_2};$$

$$\pi_{21} = \frac{\alpha_2\beta_1 - \alpha_1\beta_2}{\alpha_2 - \beta_2}, \qquad \pi_{22} = \frac{\alpha_3\beta_1}{\alpha_2 - \beta_2}, \qquad \pi_{23} = \frac{\alpha_3\beta_3}{\alpha_2 - \beta_2};$$

$$v_{1t} = \frac{u_{2t} - u_{1t}}{\alpha_2 - \beta_2}, \qquad v_{2t} = \frac{\alpha_2 u_{2t} - \beta_2 u_{1t}}{\alpha_2 - \beta_2}$$

由上述简化型模型与结构型模型参数的关系可以看出，简化型模型的参数是 6 个，结构型模型的参数也是 6 个，所以由简化型模型的参数估计值可以唯一地求解出结构型模型的参数，即

$$\alpha_1 = \pi_{21} - \alpha_2\pi_{11}, \qquad \alpha_2 = \frac{\pi_{23}}{\pi_{13}}, \qquad \alpha_3 = \alpha_2\pi_{12} - \pi_{22};$$

$$\beta_1 = \pi_{21} - \beta_2\pi_{11}, \qquad \beta_2 = \frac{\pi_{22}}{\pi_{12}}, \qquad \beta_3 = \beta_{23} - \beta_2\pi_{13}$$

这表明该联立方程组模型中的每一个方程都是恰好识别的，所以联立方程组模型是恰好识别的。

3. 过度识别

如果结构型模型中某个方程的参数能够由简化型模型参数估计值解出，但求解出的值不唯一，则称该方程是过度识别的。

例如，在需求方程中继续引进一个前定变量消费者拥有的财富 R_t，这时模型为

$$\begin{aligned} Q_t^d &= \alpha_1 + \alpha_2 P_t + \alpha_3 I_t + \alpha_4 R_t + u_{1t} \\ Q_t^s &= \beta_1 + \beta_2 P_t + \beta_3 P_{t-1} + u_{2t} \\ Q_t^d &= Q_t^s \end{aligned} \tag{6.46}$$

由该结构型模型求出简化型模型为

$$\begin{aligned} P_t &= \pi_{11} + \pi_{12} I_t + \pi_{13} R_t + \pi_{14} P_{t-1} + u_{1t} \\ Q_t &= \pi_{21} + \pi_{22} I_t + \pi_{23} R_t + \pi_{24} P_{t-1} + u_{2t} \end{aligned} \quad (6.47)$$

其中，

$$\pi_{11} = \frac{\beta_1 - \alpha_1}{\alpha_2 - \beta_2}, \quad \pi_{12} = \frac{-\alpha_3}{\alpha_2 - \beta_2}, \quad \pi_{13} = \frac{-\alpha_4}{\alpha_2 - \beta_2}, \quad \pi_{14} = \frac{\beta_3}{\alpha_2 - \beta_2};$$

$$\pi_{21} = \frac{\alpha_2\beta_1 - \alpha_1\beta_2}{\alpha_2 - \beta_2}, \quad \pi_{22} = \frac{\alpha_3\beta_2}{\alpha_2 - \beta_2}, \quad \pi_{23} = \frac{-\alpha_4\beta_2}{\alpha_2 - \beta_2}, \quad \pi_{24} = \frac{\alpha_2\beta_3}{\alpha_1 - \beta_2};$$

$$v_{1t} = \frac{u_{2t} - u_{1t}}{\alpha_2 - \beta_2}, \quad v_{2t} = \frac{\alpha_2 u_{2t} - \beta_2 u_{1t}}{\alpha_2 - \beta_2}$$

从简化型模型与结构型模型参数的关系看出，简化型模型的参数为 8 个，而这时结构型模型的参数为 7 个。虽然可以从参数的关系式求解出结构型模型的参数，但解并不唯一。例如，该结构型联立方程组模型的供给方程中价格 P_t 的系数 β_2 就可由上述关系式导出两个表达式，即 $\beta_2 = \pi_{22}/\pi_{12}$ 和 $\beta_2 = \pi_{23}/\pi_{13}$，产生这个问题的原因是为需求方程提供了过多的信息，或者说为供给方程施加了过多的约束，即供给方程不仅排除了收入变量，而且排除了财产变量，因此供给方程是过度识别的。

三、联立方程组模型的识别方法

由上述商品需求与供给联立方程组模型的例子可以看出，从简化型模型与结构型模型参数的关系去判断模型的可识别性实际上是非常麻烦的，特别是联立方程组模型规模很大的时候。因此，需要寻求更为规范的方法对联立方程组模型的识别性进行判断。这类规范的识别方法主要是模型识别的阶条件和秩条件。

1. 模型识别的阶条件

模型识别的阶条件的基本思想是，一个结构型方程的识别取决于不包含在这个方程中，而包含在模型其他方程中变量的个数，可从这类变量的个数去判断方程的识别性。

如果模型中有 M 个方程，共有 M 个内生变量和 K 个前定变量，其中第 i 个方程包含 m_i 个内生变量和 k_i 个前定变量。模型识别的阶条件可以表述为：当模型的一个方程中不包含的变量（内生变量和前定变量）的总个数，大于或等于模型中内生变量的总个数 $M-1$，则该方程能够识别。这就是说，被模型中第 i 个方程排除的变量个数为 $(M+K)-(m_i+k_i)$，当第 i 个方程可识别时，必须有

$$(M+K)-(m_i+k_i) \geqslant M-1 \quad (6.48)$$

整理后可得

$$K-k_i \geqslant m_i-1 \quad (6.49)$$

即没有包含在第 i 个方程中的前定变量个数 $K-k_i$，大于或等于出现在该方程的内生变量个数 m_i 减 1。

由模型识别的阶条件可以判断：当 $K-k_i > m_i-1$ 时，则第 i 个方程是过度识别的；当 $K-k_i = m_i-1$时，则第 i 个方程是恰好识别的；当 $K-k_i < m_i-1$ 时，则第 i 个方程是不可识别的。

例如，设定的联立方程组模型为

$$Y_t = C_t + I_t + G_t \tag{6.50}$$

$$C_t = \alpha_1 + \alpha_2 Y_t - \alpha_3 T_t + u_{1t} \tag{6.51}$$

$$I_t = \beta_1 + \beta_2 Y_t - \beta_3 Y_{t-1} + u_{2t} \tag{6.52}$$

$$T_t = \gamma_1 + \gamma_2 Y_t + u_{3t} \tag{6.53}$$

模型中有 Y_t、C_t、I_t 和 T_t 等 $M=4$ 个内生变量，有 G_t 和 Y_{t-1} 等 $K=2$ 个前定变量。下面分别对模型中的每一个方程用阶条件进行判断。

方程式（6.51）有 $m_2=3$，$k_2=0$，这时 $K-k_2=2-0=2$，而 $m_2-1=3-1=2$，结果相等，所以，该方程可能是恰好识别的。

方程式（6.52）有 $m_3=2$，$k_3=1$，这时 $K-k_3=2-1=1$，而 $m_3-1=2-1=1$，结果相等，所以，该方程可能是恰好识别的。

方程式（6.53）有 $m_4=2$，$k_4=0$，这时 $K-k_4=2-0=2$，而 $m_4-1=2-1=1$，则 $K-k_4>m_4-1$，所以，该方程可能是过度识别的。

由于式（6.50）为定义方程式，故不需判断其识别性。综合上述判断，该模型有可能是可识别的。

应当指出，模型识别的阶条件只是联立方程组模型中方程识别状态的必要条件，但非充分条件。还需要寻求用联立方程组模型识别的充分必要条件加以判断。

2. 模型识别的秩条件

模型识别的阶条件还不是模型识别的充分条件，即方程不满足模型识别的阶条件时，方程是不可识别的；但方程满足模型识别的阶条件时，并非一定是可识别的。例如式（6.47）的供给方程中，没有包含需求方程式（6.46）中的收入变量 I，按照阶条件，供给方程是可识别的。但是当需求方程式（6.46）中收入 I 的系数 α_3 为 0 时，表明收入 I 仅是可能而实际并没有列入需求方程，这时还不能确保供给方程式（6.47）是可识别的。此时需要运用模型识别的充分必要条件——秩条件。

模型识别的秩条件可以表述为：在有 M 个内生变量、M 个方程的完整联立方程组模型中，当且仅当一个方程不包含，但其他方程包含的变量（不论是内生变量还是外生变量）的结构参数，至少能够构成一个非零的 $M-1$ 阶行列式时，该方程是可以识别的。或者表述为，当且仅当一个方程所排斥（不包含）的变量的参数矩阵的秩等于 $M-1$ 时，该方程可以识别。

设结构型模型为

$$\boldsymbol{BY} + \boldsymbol{\Gamma X} = \boldsymbol{U}$$

上式中 $\boldsymbol{B}$ 为内生变量的系数矩阵，$\boldsymbol{\Gamma}$ 为前定变量的系数矩阵，记矩阵（$\boldsymbol{B}_0$，$\boldsymbol{\Gamma}_0$）为该方程组中第 i 个方程中没有包含的内生变量和前定变量系数所构成的矩阵，如果当（$\boldsymbol{B}_0$，$\boldsymbol{\Gamma}_0$）的秩为 $M-1$ 时，即只有当至少有一个 $M-1$ 阶非零行列式时，该方程才是可识别的。

类似阶条件有 3 种情况，秩条件也有 3 种情况：当只有一个 $M-1$ 阶非零行列式时，该方程是恰好识别的；当不止一个有 $M-1$ 阶非零行列式时，该方程是过度识别的；当不存在 $M-1$ 阶非零行列式时，该方程是不可识别的。

运用模型的判别秩条件识别性的步骤如下：

（1）将结构型模型转变为结构型模型的标准形式，并将全部参数列成完整的参数表（方程中不出现变量的参数以 0 表示）。

（2）考察第 i 个方程的识别问题：划去该方程的那一行，并划去该方程出现的变量的系数（该行中非 0 系数）所在列，余下该方程不包含的变量在其他方程中的系数的矩阵（$\boldsymbol{B}_0$，$\boldsymbol{\Gamma}_0$）。

（3）计算系数矩阵（$\boldsymbol{B}_0$，$\boldsymbol{\Gamma}_0$）的秩，看是否等于 $M-1$，或检验所余系数是否能构成非零 $M-1$ 阶行列式。

（4）判断：如果 $r(\boldsymbol{B}_0,\boldsymbol{\Gamma}_0)=M-1$，则该方程为可识别的；根据非零行列式的个数判别是恰好识别的，还是过度识别的。

例如，设定的联立方程组模型为

$$Y_t = C_t + I_t + G_t \tag{6.54}$$

$$C_t = \alpha_1 + \alpha_2 Y_t - \alpha_3 T_t + u_{1t} \tag{6.55}$$

$$I_t = \beta_1 + \beta_2 Y_t - \beta_3 Y_{t-1} + u_{2t} \tag{6.56}$$

$$T_t = \gamma_1 + \gamma_2 Y_t + u_{3t} \tag{6.57}$$

模型中，有 $M=4$ 个内生变量，Y_t、C_t、I_t、T_t 分别是收入、消费、投资、税收；前定变量 G_t 和 Y_{t-1} 分别是政府支出和上年收入。

由给定联立方程组模型写出其结构型模型的标准形式：

$$-\alpha_1 + C_t + 0I_t - \alpha_2 Y_t + \alpha_3 T_t + 0G_t + 0Y_{t-1} = u_{1t} \tag{6.58}$$

$$-\beta_1 + 0C_t + I_t - \beta_2 Y_t + 0T_t + 0G_t + \beta_3 Y_{t-1} = u_{2t} \tag{6.59}$$

$$-\gamma_1 + 0C_t + 0I_t - \gamma_2 Y_t + T_t + 0G_t + 0Y_{t-1} = u_{3t} \tag{6.60}$$

$$0 - C_t - I_t + Y_t + 0T_t - G_t - 0Y_{t-1} = 0 \tag{6.61}$$

由结构型模型的标准形式写出其系数矩阵（$\boldsymbol{B}$，$\boldsymbol{\Gamma}$），即

$$(\boldsymbol{B},\boldsymbol{\Gamma}) = \begin{pmatrix} -\alpha_1 & 1 & 0 & -\alpha_2 & \alpha_3 & 0 & 0 \\ -\beta_1 & 0 & 1 & -\beta_2 & 0 & 0 & \beta_3 \\ -\gamma_1 & 0 & 0 & -\gamma_2 & 1 & 0 & 0 \\ 0 & -1 & -1 & 1 & 0 & -1 & 0 \end{pmatrix}$$

或者将以上一般形式的结构参数列于表 6.1。

表 6.1　结构参数

		C	I	Y	T	G	Y_{t-1}
方程 1	$-\alpha_1$	1	0	$-\alpha_2$	α_3	0	0
方程 2	$-\beta_1$	0	1	$-\beta_2$	0	0	β_3
方程 3	$-\gamma_1$	0	0	$-\gamma_2$	1	0	0
方程 4	0	-1	-1	1	0	-1	0

下面利用秩条件判断该模型的识别性：

（1）分析消费函数方程 1 的识别问题。划去方程 1 的那一行，并划去该行中非 0 系数所在列（即 C、Y 、T 对应的列），余下方程 1 不包含的变量在其他方程中的系数，构成

$(\boldsymbol{B}_0, \boldsymbol{\Gamma}_0)$：

$$(\boldsymbol{B}_0,\boldsymbol{\Gamma}_0)=\begin{pmatrix}1 & 0 & \beta_3\\ 0 & 0 & 0\\ -1 & -1 & 0\end{pmatrix}$$

所余系数矩阵（$\boldsymbol{B}_0$，$\boldsymbol{\Gamma}_0$）能构成 $M-1=3$ 阶行列式：

$$\begin{vmatrix}1 & 0 & \beta_3\\ 0 & 0 & 0\\ -1 & -1 & 0\end{vmatrix}=0$$

（$\boldsymbol{B}_0$，$\boldsymbol{\Gamma}_0$）只能构成一个等于零的 $M-1$ 阶行列式，或者说 $r(\boldsymbol{B}_0,\boldsymbol{\Gamma}_0)<M-1$，这说明消费函数方程 1 是不可识别的。值得注意的是，在阶条件的判断中该方程有可能为恰好识别的［见式（6.51）的阶条件判断］，这一例子正好说明模型阶条件只是必要条件，而非充分条件，亦即满足阶条件的未必一定满足秩条件。

（2）分析投资函数方程 2 的识别问题。同样道理，可以划去方程 2 的那一行，并划去该行中非 0 系数所在列（即 I、Y 和 Y_{t-1} 对应的列），余下方程 2 不包含的变量在其他方程中的系数，构成（$\boldsymbol{B}_0$，$\boldsymbol{\Gamma}_0$），得到 $(\boldsymbol{B}_0,\boldsymbol{\Gamma}_0)=\begin{pmatrix}1 & \alpha_3 & 0\\ 0 & 1 & 0\\ -1 & 0 & -1\end{pmatrix}$，其行列式为

$$\begin{vmatrix}1 & a_3 & 0\\ 0 & 1 & -1\\ -1 & 0 & -1\end{vmatrix}\neq 0$$

只能构成一个不等于零的 $M-1$ 阶行列式，则说明 $r(\boldsymbol{B}_0,\boldsymbol{\Gamma}_0)=M-1=3$，即表明投资函数方程 2 为恰好识别的。

（3）分析税收函数方程 3 的识别问题。可以划去方程 3 的那一行，并划去该行中非 0 系数所在列（即 Y 和 T 对应的列），余下方程 3 不包含的变量在其他方程中的系数，构成（$\boldsymbol{B}_0$，$\boldsymbol{\Gamma}_0$）：

$$(\boldsymbol{B}_0,\ \boldsymbol{\Gamma}_0)=\begin{bmatrix}1 & 0 & 0 & 0\\ 0 & 1 & 0 & \beta_3\\ -1 & -1 & -1 & 0\end{bmatrix}$$

这是一个 3 行 4 列的矩阵，故可构成 4 个 3 阶行列式，即

$$\begin{vmatrix}1 & 0 & 0\\ 0 & 1 & 0\\ -1 & -1 & -1\end{vmatrix},\quad \begin{vmatrix}1 & 0 & 0\\ 0 & 0 & \beta_3\\ -1 & -1 & 0\end{vmatrix},\quad \begin{vmatrix}0 & 0 & 0\\ 1 & 0 & \beta_3\\ -1 & -1 & 0\end{vmatrix},\quad \begin{vmatrix}1 & 0 & 0\\ 0 & 1 & \beta_3\\ -1 & -1 & 0\end{vmatrix}$$

很明显在这 4 个 3 阶行列式里只有

$$\begin{vmatrix}0 & 0 & 0\\ 1 & 0 & \beta_3\\ -1 & -1 & 0\end{vmatrix}=0$$

其余 3 个均为非零行列式，表明税收函数方程 3 是过度识别的。

最后一个方程为恒定式，可以不需判断其识别性。综上所述，由于消费函数是不可识别，所以，整个方程组为不可识别。

3. 模型识别的一般步骤和经验方法

从前面的介绍可以看出，模型识别的秩条件是充分必要条件，但识别程序过于烦琐；模型识别的阶条件比较简便，但又只是必要条件。在用联立方程组模型作实际的计量经济学研究时，为了简化识别的工作量，可以将两种方法结合运用。首先用阶条件判断方程是否可以识别，如果不可识别，说明不满足识别的必要条件，即可作出结论。如果阶条件显示可以识别，因为还不是充分条件，再用秩条件分析其充分条件是否满足，若不满足即可作出不可识别的结论。若秩条件表明是可识别的，再用阶条件分析究竟是恰好识别，还是过度识别。模型识别的一般步骤如图 6.1 所示。

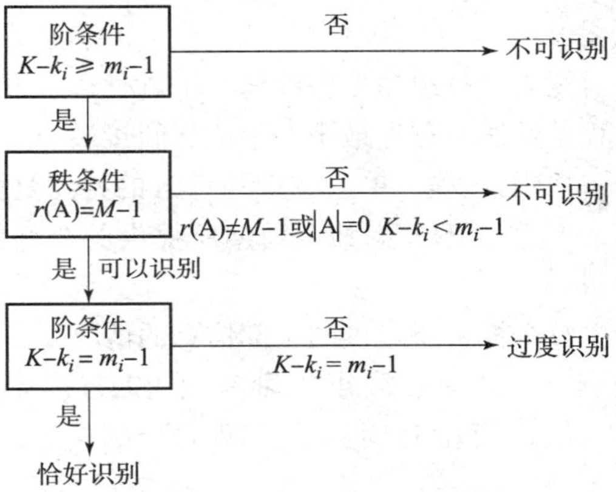

图 6.1　模型识别的一般步骤

模型的识别不是统计问题，而是模型的设定问题，因此在设定模型时就应设法尽量保证模型的可识别性。一般说来在设定联立方程组模型时应遵循以下原则："在建立结构型联立方程组模型时，要使新引入的方程中包含前面已引入的每一个方程都不包含的至少 1 个变量（内生变量或前定变量）；同时，要使前面已引入的每一个方程都包含至少 1 个新引入方程未包含的变量，并要互不相同。"因为只有新引入的方程包含前面每一个方程都不包含的至少 1 个变量，才能保证不破坏前面已有方程的可识别性。而且，只有前面每一个方程都包含至少 1 个新引入方程所未包含的变量，才能保证新引入的方程是可识别的。

第三节　联立方程组模型的估计

一、联立方程组模型估计方法的选择

联立方程组模型在模型类型上有结构型和简化型之分，从模型的识别条件上又有恰好识别、过度识别和不可识别之分。由于模型的类型不同、建立模型的目的不同，模型的估计方法也有多种选择。

从模型的研究目的来看，如果研究目的是作经济结构分析，验证某种经济理论，着重关注的是模型的结构参数，应当尽可能准确估计结构型模型的参数。如果研究目的是评价政策或论证某些经济政策的效应，就应当力争准确估计简化型模型的参数，因为简化型模型的参数正好能够反映“政策乘数”和“效果乘数”。如果研究目的只是作经济预测，要用预测期的外生变量值预测内生变量，只要直接估计简化型模型的参数即可，因为简化型模型已表现了外生变量对各内生变量的影响。

从模型的识别条件来看，对于恰好识别模型，需要用间接最小二乘法（ILS）、工具变量法等估计参数；对于过度识别模型，需要用二段最小二乘法（TSLS）、三段最小二乘法（3SLS）等估计参数；对于不可识别模型，则不能估计其参数；对于递归型模型可直接用普通最小二乘法估计参数。

此外，还应考虑数据的可用性和计算方法的复杂性，对联立方程组模型的估计通常有两类方法，一类是单一方程估计法（或称为有限信息估计法），另一类是系统估计法（或称为完全信息估计法）。

单一方程估计法是指对联立方程组模型中的每一个方程逐一进行估计，最后得到模型中全部方程的估计。单一方程估计法有普通最小二乘法、间接最小二乘估计法、二段最小二乘法、有限信息最大似然法（LIML）等。单一方程估计法的特点是估计方程的参数只考虑该方程本身所带来的（有限）信息，不考虑整个模型所提供的全部信息，所以也称为有限信息估计法。

系统估计法是指在考虑整个模型所提供的全部信息的情况下，对模型中的全部方程同时进行估计的方法。系统估计法有三段最小二乘法（3SLS）、完全信息最大似然估计法（FIML）等。因为该方法在估计模型时用到了模型的全部信息，所以也称为完全信息估计法。

从对参数估计的统计特性看，系统估计法要优于单一方程估计法；但从方法的复杂性和可操作性看，单一方程估计法又优于系统估计法。所以在实际中单一方程估计法仍然得到广泛运用。系统估计法已超出本书范围，本章只介绍常用的单一方程估计法。

二、递归型模型的估计——普通最小二乘法

第一节已介绍了递归型模型，由于该模型构造的特殊性，递归型模型中各内生变量之间的联系只是单向的，都满足普通最小二乘法的基本假定，实际上并没有联立方程组模型的偏倚性问题。

例如，第一节式（6.24）给出的递归型模型为

$$Y_1 = \beta_{11}X_1 + \beta_{12}X_2 + \beta_{13}X_3 + u_1 \tag{6.62}$$

$$Y_2 = \alpha_{21}Y_1 + \beta_{21}X_1 + \beta_{22}X_2 + \beta_{23}X_3 + u_2 \tag{6.63}$$

$$Y_3 = \alpha_{31}Y_1 + \alpha_{32}Y_2 + \beta_{31}X_1 + \beta_{32}X_2 + \beta_{33}X_3 + u_3 \tag{6.64}$$

其中 Y_1，Y_2，Y_3 为内生变量，X_1，X_2，X_3 为前定变量，u_1，u_2，u_3 为随机误差项。

递归型模型的第一个方程式（6.62），由于在等式的右端只有前定变量和随机误差项，无内生变量，并且前定变量与随机误差项不相关，所以满足基本假定，可以直接用普通最小二乘法估计参数。第二个方程式（6.63），其右端除了前定变量和随机误差项以外，还有内生变量 Y_1，但 Y_1 与随机误差项 u_2 并不相关，所以该方程满足基本假定，可用普通最小二乘

法估计参数。同理，第三个方程式（6.64）也能用普通最小二乘法估计参数。

尽管递归型模型的解释变量中包含内生变量，但根据递归的特点，它们与随机误差项不相关，不会产生联立方程组模型的偏倚性，因此，如果联立方程组模型为递归型模型，则可直接运用普通最小二乘法估计其参数。

三、恰好识别模型的估计——间接最小二乘法

将结构型模型转化为简化型模型，由于简化型模型中的每一个方程的右端只有前定变量，并且前定变量与随机误差项不相关，可以用最小二乘法估计其参数。如果模型为恰好识别模型，通过模型的简化型参数可以唯一确定结构型方程的参数的估计值，显然，这种情况下可以先用普通最小二乘法估计简化型方程的参数，然后再求解出结构型方程的参数。这就是间接最小二乘法的基本思想。

应用间接最小二乘法的步骤如下：

（1）将结构型模型转化为简化型模型，并建立简化型模型与结构型模型之间参数的关系式；

（2）对简化型模型中的每一个方程用普通最小二乘法估计其参数，得到简化型方程的参数估计量；

（3）在恰好识别的条件下，利用简化型模型与结构型模型之间参数的关系式唯一地解出结构型方程的参数估计量。

例如，商品需求与供给的结构型模型为

$$\begin{aligned} Q_t^d &= \alpha_1 + \alpha_2 P_t + \alpha_3 I_t + u_{1t} \\ Q_t^s &= \beta_1 + \beta_2 P_t + \beta_3 P_{t-1} + u_{2t} \\ Q_t^d &= Q_t^s \end{aligned} \tag{6.65}$$

由该结构型模型导出的简化型模型为

$$\begin{aligned} P_t &= \pi_{11} + \pi_{12} I_t + \pi_{13} P_{t-1} + u_{1t} \\ Q_t &= \pi_{21} + \pi_{22} I_t + \pi_{23} P_{t-1} + u_{2t} \end{aligned} \tag{6.66}$$

运用阶条件和秩条件对模型式（6.65）进行判断，可知整个模型为恰好识别的。运用普通最小二乘法估计简化型模型式（6.66）中的参数，求得各个参数的估计值 $\hat{\pi}_{ij}$（$i=1$，2；$j=1$，2，3）。将估计的 $\hat{\pi}_{ij}$ 带入参数关系式，即可通过简化型模型的参数估计求解出模型式（6.65）的参数估计：

$$\hat{\alpha}_1 = \hat{\pi}_{21} - \hat{\alpha}_2 \hat{\pi}_{11}, \qquad \hat{\alpha}_2 = \frac{\hat{\pi}_{23}}{\hat{\pi}_{13}}, \qquad \hat{\alpha}_3 = \hat{\alpha}_2 \hat{\pi}_{12} - \hat{\pi}_{22};$$

$$\hat{\beta}_1 = \hat{\pi}_{21} - \hat{\beta}_2 \hat{\pi}_{11}, \qquad \hat{\beta}_2 = \frac{\hat{\pi}_{22}}{\hat{\pi}_{12}}, \qquad \hat{\beta}_3 = \hat{\pi}_{23} - \hat{\beta}_2 \hat{\pi}_{13}$$

可以证明，间接最小二乘法参数估计有以下特性：简化型参数的估计是无偏的，并且在大样本下是一致估计式；但因结构型参数与简化型参数是非线性关系，结构型参数的估计在小样本中是有偏的，不过在大样本中是一致估计量。还可以证明，间接最小二乘法估计的结构型参数不是完全有效的，即一般不具有最小方差。这些特性的证明已超出本书范围，故本

书从略。

最后还应强调，间接最小二乘法的运用有一定的假定前提：首先，结构型模型应是恰好识别的；其次，在简化型模型中的每一个方程都应满足基本假定；第三，在简化型模型中的前定变量不存在严重的多重共线性。

四、过度识别模型的估计——二段最小二乘法

在计量经济学分析中，许多结构型模型是过度识别的，这种情况下间接最小二乘法不适用。联立方程组模型中出现的偏倚性，是因为内生变量作为解释变量，而且与随机误差项相关，故造成参数的估计有偏和非一致。如果能够找到一种变量，它与作为解释变量的内生变量高度相关，但与同期的随机误差项不相关，问题便可得到解决。例如由简化型模型估计的 $\hat{Y}_i$ 就可能是这样的变量，用这种变量替代内生变量作为解释变量，就可能避免联立方程组模型偏倚性的出现。这就是二段最小二乘法的基本思想。

例如，由结构型模型变换得到的简化型模型中的第 i 个方程为

$$Y_i = \pi_{i1}X_{1i} + \pi_{i2}X_{2i} + \cdots + \pi_{ik}X_{ki} + v_i \tag{6.67}$$

其中的（$\pi_{i1}X_{1i} + \pi_{i2}X_{2i} + \cdots + \pi_{ik}X_{ki}$）构成了由前定变量 X_{1i}，X_{2i}，…，X_{ki}决定的 Y_i 的精确分量部分，随机误差项 v_i 构成 Y_i 的随机分量部分。在简化型模型中，前定变量与随机误差项不相关，所以可以对式（6.67）用普通最小二乘法估计参数，这样便可得到上述精确分量的估计 $\hat{Y}_i$。作为精确分量，$\hat{Y}_i$ 与 Y_i 高度相关，但是 $\hat{Y}_i$ 与 v_i 不相关。如果用 $\hat{Y}_i$ 替换作为结构型模型解释变量的 $\hat{Y}_i$，显然根据普通最小二乘法的原理，$\hat{Y}_i$ 与结构型模型的同期随机误差项也不相关，从而避免了联立方程组模型的偏倚性，因此，这时对经过变量替代的新结构型方程，可以用普通最小二乘法估计参数。可以看出，二段最小二乘法是分为两个阶段使用最小二乘法进行参数估计的方法，实际是用 $\hat{Y}_i$ 作为 Y_i 的工具变量。由于恰好识别是过度识别的特殊情况，所以二段最小二乘法既可以用于过度识别条件下的参数估计，也可用于恰好识别条件下的参数估计。

应用二段最小二乘法的具体步骤如下：

（1）将结构型模型变换为简化型模型，将结构方程中内生变量直接对所有的前定变量回归：

$$\begin{aligned} Y_1 &= \pi_{11}X_1 + \pi_{12}X_2 + \cdots + \pi_{1k}X_k + v_1 \\ Y_M &= \pi_{M1}X_1 + \pi_{M2}X_2 + \cdots + \pi_{Mk}X_k + v_M \end{aligned} \tag{6.68}$$

（2）运用普通最小二乘法分别估计简化型方程的参数 $\hat{\pi}_{ij}$，利用所估计的 $\hat{\pi}_{ij}$和前定变量 X 求 $\hat{Y}_i$，如：

$$\hat{Y}_i = \hat{\pi}_{i1}X_1 + \hat{\pi}_{i2}X_2 + \cdots + \hat{\pi}_{ik}X_k \tag{6.69}$$

（3）用估计的 $\hat{Y}_i$ 替代结构型方程中作为解释变量的内生变量 Y_i，得

$$\begin{aligned} Y_1 &= \beta_{11}\hat{Y}_1 + \beta_{12}\hat{Y}_2 + \cdots + \beta_{1m}\hat{Y}_m + \gamma_{11}X_1 + \cdots + \gamma_{1k}X_k + u_1^* \\ &\vdots \\ Y_M &= \beta_{M1}\hat{Y}_1 + \beta_{M2}\hat{Y}_2 + \cdots + \beta_{MM}\hat{\beta}_M + \gamma_{M1}X_1 + \cdots + \gamma_{Mk}X_k + u_M^* \end{aligned} \tag{6.70}$$

再运用普通最小二乘法估计该结构型方程的参数，得到参数的二段最小二乘法估计值。

（4）对结构型模型的每一个方程如此进行估计，最终完成对整个模型的参数估计。

例如式（6.54）的结构型模型为

$$Q_t^d = \alpha_1 + \alpha_2 P_t + \alpha_3 I_t + \alpha_4 R_t + u_{1t} \tag{6.71}$$

$$Q_t^s = \beta_1 + \beta_2 P_t + \beta_3 P_{t-1} + u_{2t} \tag{6.72}$$

$$Q_t^d = Q_t^s \tag{6.73}$$

前面已经验证了此结构型模型中的供给方程是过度识别的。为了用二段最小二乘法估计其参数，直接写出它的简化型模型：

$$P_t = \pi_{11} + \pi_{12} I_t + \pi_{13} R_t + \pi_{14} P_{t-1} + u_{1t} \tag{6.74}$$

$$Q_t = \pi_{21} + \pi_{22} I_t + \pi_{23} R_t + \pi_{24} P_{t-1} + u_{2t} \tag{6.75}$$

首先，估计简化型模型中关于价格 P_t 的方程，得到估计式：

$$\hat{P}_t = \hat{\pi}_{21} + \hat{\pi}_{22} I_t + \hat{\pi}_{23} R_t + \hat{\pi}_{24} P_{t-1} \tag{6.76}$$

设残差为 $e_{1t} = P_t - \hat{P}_t$，则 $P_t = \hat{P}_t + e_{1t}$，其中 $\hat{P}_t$ 与 e_{1t}不相关。

其次，将 $P_t = \hat{P}_t + e_{1t}$代入结构型模型中的需求方程式（6.71），得

$$\begin{aligned} Q_t^d &= \alpha_1 + \alpha_2(\hat{P}_t + e_{1t}) + \alpha_3 I_t + \alpha_4 R_t + u_{1t} \\ &= \alpha_1 + \alpha_2 \hat{P}_t + \alpha_3 I_t + \alpha_4 R_t + u_t^* \end{aligned} \tag{6.77}$$

其中，$u_t^* = \alpha_2 e_{1t} + u_{1t}$。可以证明，这时 $\hat{P}_t$ 与 u_t^* 渐进不相关，因此，对式（6.77）可直接用普通最小二乘法估计参数，而式（6.77）正是结构型模型中的商品需求方程，即完成了对商品需求方程参数的估计。

类似地，也可对式（6.72）的供给方程用二段最小二乘法估计参数。这样便完成了对整个结构型模型的参数估计。

运用二段最小二乘法时要注意使用条件：

（1）结构型方程必须可以识别。

（2）结构型方程中的随机误差项要满足普通最小二乘法的基本假定。

（3）结构型方程中的所有前定变量不存在严重的多重共线性，而且与随机误差项不相关。

（4）样本容量要足够大。

（5）运用二段最小二乘法时应关注简化型模型的可决系数 R^2，第一段回归时 R^2 大，说明 $\hat{Y}_i$ 与 Y_i 很接近，若第一段简化型方程回归中 R^2 很小，说明 $\hat{Y}_i$ 对 Y_i 的代表性不强，Y_i 很大程度上由随机分量决定，TSLS 估计事实上将无意义。

可以证明，二段最小二乘法参数估计有以下特性：

（1）小样本时，二段最小二乘法所得到的参数估计量是有偏的。

（2）大样本时，二段最小二乘法所得到的参数估计量具有一致性。

（3）尽管二段最小二乘法是针对过度识别而提出的，但对于恰好识别情况仍然可以使用，并且估计的结果与间接最小二乘法的估计结果一致。但在过度识别条件下，用二段最小二乘法只能提供每个参数的唯一估计值，而用间接最小二乘法则能提供多个估计值。

二段最小二乘法较为简便，易于操作，当模型中结构型方程较多时尤其方便，而且二段最小二乘法具有一致性特征，只要样本足够大，对可以识别的模型都适用，它是估计联立方程组模型的常用方法。

第四节　案例分析

一、研究目的和模型设定

依据凯恩斯宏观经济调控原理，建立简化的中国宏观经济调控模型。经理论分析，采用基于三部门的凯恩斯总需求决定模型，在不考虑进出口的条件下，通过消费者、企业、政府的经济活动，分析总收入的变动对消费和投资的影响。设理论模型如下：

$$Y_t = C_t + I_t + G_t \tag{6.78}$$

$$C_t = \alpha_0 + \alpha_1 Y_t + u_{1t} \tag{6.79}$$

$$I_t = \beta_0 + \beta_1 Y_t + u_{2t} \tag{6.80}$$

其中，Y_t 为 GDP，C_t 为消费，I_t 为投资，G_t 为政府支出；内生变量为 Y_t，C_t，I_t；前定变量为 G_t，即 $M=3$，$K=1$。

二、模型的识别性

根据上述理论方程，其结构型模型的标准形式为

$$-C_t - I_t + Y_t - G_t = 0$$

$$-\alpha_0 + C_t - \alpha_1 Y_t = u_{1t}$$

$$-\beta_0 + I_t - \beta_1 Y_t = u_{2t}$$

标准形式的系数矩阵（$\boldsymbol{B}$，$\boldsymbol{\Gamma}$）为

$$(\boldsymbol{B},\ \boldsymbol{\Gamma}) = \begin{pmatrix} 0 & -1 & -1 & 1 & -1 \\ -\alpha_0 & 1 & 0 & -\alpha_1 & 0 \\ -\beta_0 & 0 & 1 & -\beta_1 & 0 \end{pmatrix}$$

由于第一个方程为恒定式，所以不需要对其识别性进行判断。下面判断消费函数方程和投资函数方程的识别性。

1. 消费函数方程的识别性

首先，用阶条件判断。这时 $m_2=2$，$k_2=0$，因为 $K-k_2=1-0=1$，并且 $m_2-1=2-1=1$，所以 $K-k_2=m_2-1$，表明消费函数方程有可能为恰好识别的。

其次，用秩条件判断。在（$\boldsymbol{B}$，$\boldsymbol{\Gamma}$）中划去消费函数方程所在的第 2 行和非零系数所在的第 1、2、4 列，得

$$(\boldsymbol{B}_0,\ \boldsymbol{\Gamma}_0) = \begin{pmatrix} -1 & -1 \\ 1 & 0 \end{pmatrix}$$

显然，$r(\boldsymbol{B}_0,\boldsymbol{\Gamma}_0)=2$，则由秩条件，表明消费函数方程是可识别的。再根据阶条件，消费函数是恰好识别的。

2. 投资函数方程的识别性

由于投资函数方程与消费函数方程的结构相近，判断过程与消费函数方程完全一样，故投资函数方程的阶条件和秩条件的判断予以省略。结论是投资函数方程也为恰好识别的。

综合上述各方程的判断结果，得出该模型为恰好识别的。

三、宏观经济模型的估计

由于消费函数方程和投资函数方程均为恰好识别的，因此，可用间接最小二乘法估计参数。选取 GDP、消费、投资，并用财政支出作为政府支出的替代变量。这些变量取自 1978—2015 年中国宏观经济的历史数据，见表 6.2。

表 6.2　1978—2015 年中国 GDP、消费、投资、财政支出数据　　单位：亿元

年份	GDP	消费	投资	财政支出
1978	3 634	2 233	1 413	474
1979	4 078	2 578	1 520	564
1980	4 575	2 967	1 623	630
1981	4 957	3 277	1 663	650
1982	5 426	3 576	1 760	708
1983	6 079	4 060	1 968	839
1984	7 346	4 784	2 560	1 095
1985	9 180	5 918	3 630	1 290
1986	10 474	6 727	4 002	1 433
1987	12 294	7 639	4 645	1 591
1988	15 332	9 423	6 060	1 891
1989	17 360	11 033	6 512	2 255
1990	19 067	12 001	6 555	2 566
1991	22 124	13 614	7 893	3 070
1992	27 334	16 225	10 834	3 913
1993	35 900	20 797	15 783	5 101
1994	48 823	28 272	19 916	6 826
1995	61 539	36 198	24 343	8 125
1996	72 102	43 087	27 557	9 426
1997	80 025	47 509	28 966	10 882
1998	85 486	51 460	30 397	12 639
1999	90 824	56 622	31 666	14 707
2000	100 577	63 668	34 526	16 680
2001	111 250	68 547	40 379	17 838

续表

年份	GDP	消费	投资	财政支出
2002	122 292	74 068	45 130	18 992
2003	138 315	79 513	55 837	20 169
2004	162 742	89 086	69 421	22 499
2005	189 190	101 448	77 534	26 215
2006	221 207	114 729	89 823	30 609
2007	271 699	136 229	112 047	36 436
2008	319 936	157 466	138 243	42 128
2009	349 883	172 728	162 118	46 067
2010	410 708	198 998	196 653	52 940
2011	486 038	241 022	233 327	64 490
2012	540 989	271 113	255 240	72 576
2013	596 963	300 338	282 073	80 575
2014	647 182	328 313	302 717	85 773
2015	696 594	359 516	313 070	94 759

（资料来源：《中国统计年鉴》，2016 年）

1. 恰好识别模型的间接最小二乘法估计

首先，根据间接最小二乘法，将结构型模型转变为简化型模型，则宏观经济模型的简化型模型为

$$Y = \pi_{00} + \pi_{01} G$$
$$C = \pi_{10} + \pi_{11} G$$
$$I = \pi_{20} + \pi_{21} G$$

其中结构型模型系数与简化型模型系数的关系为

$$\pi_{00} = \frac{\alpha_0 + \beta_0}{1 - \alpha_1 - \beta_1}, \qquad \pi_{01} = \frac{1}{1 - \alpha_1 - \beta_1}, \qquad \pi_{10} = \alpha_0 + \alpha_1 \frac{\alpha_0 + \beta_0}{1 - \alpha_1 - \beta_1},$$

$$\pi_{11} = \frac{\alpha_1}{1 - \alpha_1 - \beta_1}, \qquad \pi_{20} = \beta_0 + \beta_1 \frac{\alpha_0 + \beta_0}{1 - \alpha_1 - \beta_1}, \qquad \pi_{21} = \frac{\beta_1}{1 - \alpha_1 - \beta_1}$$

其次，用普通最小二乘法估计简化型模型的参数。进入 EViews 软件，确定时间范围；编辑输入数据；选择估计方程菜单。估计简化型样本回归函数的过程是：选择“Quick”→“Estimate Equation”→“Equation Specification”选项，打开“Equation Specification”对话框。

在“Equation Spesfication”对话框里，分别输入“GDP C GOV”“COM C GOV”“INV C GOV”，其中，GDP 表示 Y，COM 表示 C，INV 表示 I，GOV 表示 G。得到 3 个简化型方程的估计结果，写出简化型模型的估计式：

$$\hat{Y} = -3\ 425.981 + 7.492\ 7G$$
$$\hat{C} = 2\ 120.784 + 3.741\ 9G$$
$$\hat{I} = -5\ 840.037 + 3.504\ 1G$$

即简化型系数的估计值分别为

$$\hat{\pi}_{00}=-3\ 425.981,\quad \hat{\pi}_{01}=7.492\ 7,\quad \hat{\pi}_{10}=2\ 120.784,$$

$$\hat{\pi}_{11}=3.741\ 9,\quad \hat{\pi}_{20}=-5\ 840.037,\quad \hat{\pi}_{21}=3.504\ 1$$

最后，因为模型是恰好识别的，则由结构型模型系数与简化型模型系数之间的关系，可唯一地解出结构型模型系数的估计。解得的结构型模型的参数估计值为

$$\hat{\alpha}_0=3\ 831.718\ 9,\quad \hat{\alpha}_1=0.499\ 4,$$

$$\hat{\beta}_0=-4\ 237.705\ 7,\quad \hat{\beta}_1=0.467\ 7$$

从而结构型模型的估计式为

$$Y=C+I+G$$

$$C=3\ 831.718\ 9+0.499\ 4Y+u_1$$

$$I=-4\ 237.705\ 7+0.467\ 7Y+u_2$$

2. 过度识别模型的二段最小二乘法估计

考虑在宏观经济活动中，当期消费行为还要受到上一期消费的影响，当期的投资行为也要受到上一期投资的影响，因此，在上述宏观经济模型里再引入 C_t 和 I_t 的滞后一期变量 C_{t-1} 和 I_{t-1}。这时宏观经济模型可写为

$$Y_t=C_t+I_t+G_t$$

$$C_t=\alpha_0+\alpha_1 Y_t+\alpha_2 C_{t-1}+u_{1t}$$

$$I_t=\beta_0+\beta_1 Y_t+\beta_2 I_{t-1}+u_{2t}$$

用阶条件和秩条件对上述模型进行识别判断（具体的判断过程从略），结论是消费函数方程和投资函数方程均是过度识别的。需要运用二段最小二乘法对联立方程组模型的参数进行估计。

首先，估计消费函数方程。进入 EViews 软件，确定时间范围，编辑输入数据，然后选择“Quick”→“Estimate Equation”→“Equation Specification”→“Method”→“TSLS”选项，进入估计方程对话框，单击“Method”按钮，这时会出现估计方法选择的下拉菜单，从中选择“TSLS”选项，即二段最小二乘法，如图 6.2、图 6.3 所示。

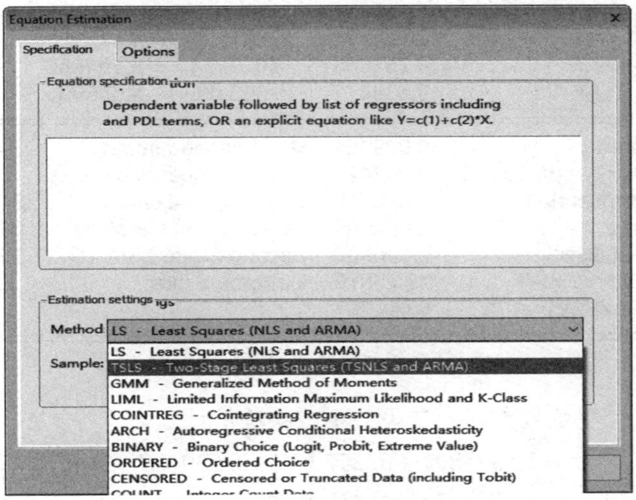

图 6.2　选择二段最小二乘法

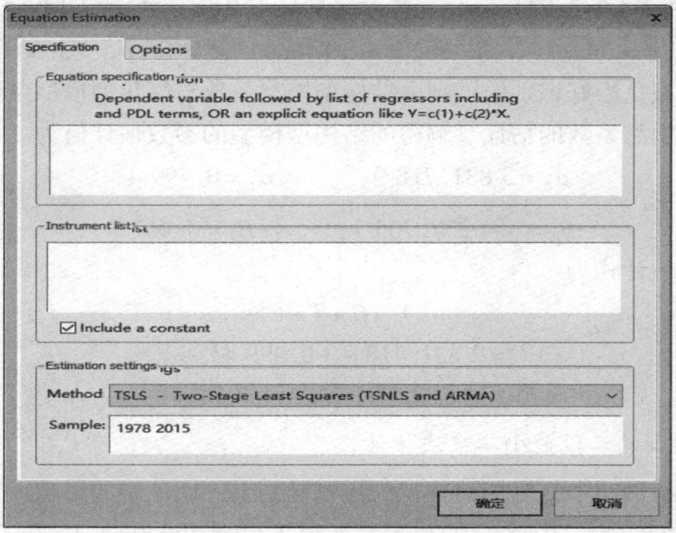

图 6.3　二段最小二乘法输入变量

"Specification" 选项卡有两个窗口，第一个窗口用于输入要估计的方程，第二个窗口用于输入该方程组中所有的前定变量，EViews 要求将截距项也看成前定变量。具体书写格式如下：在第一个窗口中输入 "COM C GDP COM（-1）"；在第二个窗口中输入 "C GOV COM（-1）INV（-1）"。其中，COM（-1）、INV（-1）分别表示消费变量 COM 和投资变量 INV 的滞后一期。单击 "OK" 按钮，便显示估计结果，如图 6.4 所示。

Dependent Variable: COM
Method: Two-Stage Least Squares
Date: 10/09/17 Time: 09:21
Sample (adjusted): 1979 2015
Included observations: 37 after adjustments
Instrument specification: C GOV COM(-1) INV(-1)

Variable	Coefficient	Std. Error	t-Statistic	Prob.
C	2537.894	545.7922	4.649928	0.0000
GDP	0.257608	0.028294	9.104647	0.0000
COM(-1)	0.539411	0.063186	8.536905	0.0000

R-squared	0.999454	Mean dependent var	84987.81
Adjusted R-squared	0.999422	S.D. dependent var	101360.2
S.E. of regression	2437.640	Sum squared resid	2.02E+08
F-statistic	31107.09	Durbin-Watson stat	0.901557
Prob(F-statistic)	0.000000	Second-Stage SSR	1.78E+08
J-statistic	13.28979	Instrument rank	4
Prob(J-statistic)	0.000267		

图 6.4　消费函数方程的估计结果

根据图 6.4 写出消费函数方程的二段最小二乘法估计式为

$$C_t = 2\,537.894 + 0.257\,6Y_t + 0.539\,4C_{t-1} + u_{1t}$$

估计投资函数方程。与估计消费函数方程的过程一样，得到图 6.5 所示的估计结果。

Dependent Variable: INV
Method: Two-Stage Least Squares
Date: 10/09/17 Time: 09:27
Sample (adjusted): 1979 2015
Included observations: 37 after adjustments
Instrument specification: C GOV COM(-1) INV(-1)

Variable	Coefficient	Std. Error	t-Statistic	Prob.
C	-1366.645	1220.422	-1.119814	0.2706
GDP	0.247320	0.048966	5.050836	0.0000
INV(-1)	0.519268	0.114457	4.536795	0.0001

R-squared	0.997672	Mean dependent var	71567.32
Adjusted R-squared	0.997535	S.D. dependent var	95441.72
S.E. of regression	4738.825	Sum squared resid	7.64E+08
F-statistic	7278.847	Durbin-Watson stat	0.601020
Prob(F-statistic)	0.000000	Second-Stage SSR	1.01E+09
J-statistic	19.24076	Instrument rank	4
Prob(J-statistic)	0.000012		

图 6.5　投资函数方程的估计结果

由图 6.5 写出投资函数方程的估计式为

$$I_t = -1\ 366.654 + 0.247\ 3Y_t + 0.519\ 3I_{t-1} + u_{2t}$$

写出该联立方程组模型的估计式为

$$Y_t = C_t + I_t + G_t$$

$$C_t = 2\ 537.894 + 0.257\ 6Y_t + 0.539\ 4C_{t-1} + u_{1t}$$

$$I_t = -1\ 366.654 + 0.247\ 3Y_t + 0.519\ 3I_{t-1} + u_{2t}$$

复习思考题

1. 为什么要建立联立方程组模型？

2. 联立方程组模型有哪些种类？各类联立方程组模型的特点是什么？

3. 什么是联立方程组模型的偏倚性？为什么会产生联立方程组模型的偏倚性？

4. 写出结构型模型的一般形式和结构参数矩阵。

5. 模型识别的阶条件与秩条件的含义是什么？为什么在识别的过程中要将阶条件与秩条件结合运用？

6. 间接最小二乘法的条件、步骤、参数估计的特性是什么？

7. 二段最小二乘法的条件、步骤、参数估计的特性是什么？

8. 考虑以下凯恩斯收入决定模型：

$$C_t = \beta_{10} + \beta_{11}Y_t + u_{1t}$$

$$I_t = \beta_{20} + \beta_{21}Y_t + \beta_{22}Y_{t-1} + u_{2t}$$

$$Y_t = C_t + I_t + G_t$$

其中，C = 消费支出，I = 投资指出，Y = 收入，G = 政府支出；G_t 和 Y_{t-1} 是前定变量。

（1）导出模型的简化型方程并判定上述方程中哪些是可识别的（恰好或过度）。

（2）用什么方法估计过度可识别方程和恰好可识别方程中的参数？

9. 考虑如下货币供求模型：

货币需求：$M_t^d = \beta_0 + \beta_1 Y_t + \beta_2 R_t + \beta_3 P_t + u_{1t}$

货币供给：$M_t^s = \alpha_0 + \alpha_1 Y_t + u_{2t}$

其中，M = 货币，Y = 收入，R = 利率，P = 价格；u_{1t}，u_{2t}为误差项；R 和 P 是前定变量。

（1）需求函数可识别吗？

（2）供给函数可识别吗？

（3）用什么方法估计可识别的方程中的参数？为什么？

（4）假设对供给函数加以修改，加入两个解释变量 Y_{t-1} 和 M_{t-1}，会出现什么识别问题？还可以用在（3）中使用的方法吗？为什么？

第七章

向量自回归模型

另一种多方程模型类型是向量自回归模型（Vector Autoregression，VAR）和结构向量自回归模型（Structural Vector Autoregression，SVAR）。联立方程组模型的建立需要一定的经济理论基础，因为过多的估计参数导致模型的预测效果并不是很好。1980 年，著名计量经济学家 Sims 提出了向量自回归模型，并因此获得了 2011 年的诺贝尔经济学奖。VAR 模型以统计数据为基础，假设多个变量存在格兰杰因果关系，每个变量的变化可以由各自变量与其他变量的滞后值来解释，从而刻画模型系统的动态演变关系。SVAR 模型则在 VAR 模型的基础上包含了各自变量的当期关系，从而描述了模型变量之间的动态结构关系。

本章学习目标：

（1）了解 VAR 模型的基本原理；

（2）掌握 VAR 模型的估计与检验方法；

（3）理解 SVAR 模型的识别方法；

（4）掌握格兰杰因果检验；

（5）掌握协整方程和 VECM 的建模步骤；

（6）理解脉冲响应函数及方差分解的经济意义。

第一节　VAR 模型

一、VAR 模型的基本表达式

VAR 模型用来描述经济系统中多个变量的动态作用关系及其系统的外生冲击对各个变量的冲击影响。VAR(p)模型的一般形式为

$$\boldsymbol{Y}_t = \boldsymbol{A}_1\boldsymbol{Y}_{t-1} + \boldsymbol{A}_2\boldsymbol{Y}_{t-2} + \cdots + \boldsymbol{A}_p\boldsymbol{Y}_{t-p} + \boldsymbol{B}\boldsymbol{X}_t + \boldsymbol{\varepsilon}_t \tag{7.1}$$

式（7.1）中，$\boldsymbol{Y}_t = \{(Y_{1t}, Y_{2t}, \cdots, Y_{kt})'\}$ 为 k 维内生变量向量，k 为内生变量个数；$\boldsymbol{X}_t$

为 t 期 l 维外生变量向量，l 为外生变量个数；$\boldsymbol{A}_1$，$\boldsymbol{A}_2$，…，$\boldsymbol{A}_p$ 为 k 阶参数矩阵，其中 $\boldsymbol{A}_i = \begin{bmatrix} A_{11} & \cdots & A_{1k} \\ \vdots & \ddots & \vdots \\ A_{k1} & \cdots & A_{kk} \end{bmatrix}^i$ $(i=1, 2, \cdots, p)$；$\boldsymbol{B}$ 为 $k \times l$ 阶参数矩阵；$\boldsymbol{\varepsilon}_t = \{(\varepsilon_{1t}, \varepsilon_{2t}, \cdots, \varepsilon_{kt})'\}$ 为 k 维 t 期误差向量。当 $\boldsymbol{B}=\boldsymbol{0}$ 时，模型中不存在外生变量，称模型为 VAR 模型。当 $\boldsymbol{B} \neq 0$ 时，即存在外生变量时，称模型为 VARX 模型。此时，可以先用 $\boldsymbol{Y}_t$ 对 $\boldsymbol{X}_t$ 回归，用得到的残差向量 $\hat{\boldsymbol{Y}}_t$ 代替对应的 $\boldsymbol{Y}_t$，从而可以将式（7.1）转化为以下形式的 VAR 模型：

$$\hat{\boldsymbol{Y}}_t = \hat{\boldsymbol{A}}_1 \hat{\boldsymbol{Y}}_{t-1} + \hat{\boldsymbol{A}}_2 \hat{\boldsymbol{Y}}_{t-2} + \cdots + \hat{\boldsymbol{A}}_p \hat{\boldsymbol{Y}}_{t-p} + \hat{\boldsymbol{\varepsilon}}_t \tag{7.2}$$

因此，为了讨论的方便，后续的模型假设 $\boldsymbol{B}=\boldsymbol{0}$。$\boldsymbol{\varepsilon}_t$ 为 k 维误差项向量，假设误差项向量满足以下 3 个条件：

$$\begin{cases} E(\boldsymbol{\varepsilon}_t) = \boldsymbol{0} \\ E(\boldsymbol{\varepsilon}_t \boldsymbol{\varepsilon}'_t) = \boldsymbol{\Sigma} \\ E(\boldsymbol{\varepsilon}_t \boldsymbol{\varepsilon}'_s) = \boldsymbol{0}, s \neq t \end{cases} \tag{7.3}$$

其中，$\boldsymbol{\Sigma}$ 为误差项向量的方差－协方差矩阵。式（7.3）表明，误差项的均值为零，方差为某一常数，而且不存在序列自相关性。

从式（7.1）可以看出，当 $\boldsymbol{B}=\boldsymbol{0}$ 时，VAR 模型左边的被解释变量向量可以表示成其 p 阶滞后项的线性表达式。用滞后算子 $\boldsymbol{A}(L)$ 来表示，式（7.1）可以表示为

$$\boldsymbol{A}(L)\boldsymbol{Y}_t = \boldsymbol{\varepsilon}_t \tag{7.4}$$

其中，$k \times k$ 阶矩阵 $\boldsymbol{A}(L) = \boldsymbol{I}_k - \boldsymbol{A}_1 L - \boldsymbol{A}_2 L^2 - \cdots - \boldsymbol{A}_p L^p$。一般地，称式（7.4）为无约束的向量自回归模型（Unrestricted VAR）。如果行列式 $|\boldsymbol{A}(L)|$ 特征的根都落在单位圆外，则式（7.4）满足平稳性条件，此时，模型可以转化为无穷的向量移动平均 VMA(∞)（Vector Moving Average）形式，即式（7.4）可以表示为

$$\boldsymbol{Y}_t = \boldsymbol{C}(L)\boldsymbol{\varepsilon}_t \tag{7.5}$$

其中，$\boldsymbol{C}(L) = \boldsymbol{I}_k + \boldsymbol{C}_1 L + \boldsymbol{C}_2 L^2 + \cdots$，即被解释变量向量为误差项向量 $\boldsymbol{\varepsilon}_t$ 的无穷阶移动平均线性表达式。

二、VAR 模型的设定

从式（7.1）VAR 模型的定义形式可以知道，一个具体 VAR 模型的建立需要设定两个参数。一个需要设定的参数是 k，即被解释变量的个数。设定了参数 k，即确定了哪些变量可以作为内生解释变量，对其他被解释变量有解释作用。另一个需要设定的参数是 p，p 的大小确定了模型解释变量滞后阶数。从理论上来说，滞后阶数 p 足够大，才能满足误差项为白噪声过程，否则，误差项可能存在序列自相关性，从而给参数估计带来困难。然而，滞后阶数 p 越大，估计的参数也越多，从而降低模型的自由度，影响参数估计的精度。因此，模型设定需要选择合理的滞后阶数 p。

1. 解释变量滞后阶数 p 的确定

在 VAR 模型的初步设定中，首先需要设定模型中解释变量的滞后阶数。一方面，滞后阶数的增大，可以减小模型误差项的序列自相关性，从而可以更完整地刻画模型的动态特

征；另一方面，滞后阶数的增大使待估参数增加，模型的自由度将急剧减小。因此，在VAR模型设定中，需要设定合适的解释变量滞后阶数。目前，主要采用以下两种方法确定解释变量滞后阶数的大小。

1）似然比检验

似然比（Likelihood Ratio，LR）检验的基本思想是通过解释变量滞后阶数的增加是否显著减小模型的残差平方和来选择最优的滞后阶数。其基本方法是，从解释变量最大阶数j开始依次往前比较$j-1$阶的模型残差平方和，如果模型的残差平方和没有显著的减小，则依次往前比较，直到滞后阶数为零，表明解释变量对模型无解释力。如果模型的残差平方和有显著的减小，则选择最大的解释变量滞后阶数。具体的检验方法如下：

原假设：在滞后阶数为j时，VAR模型中的系数矩阵$\boldsymbol{A}_j$中的所有元素均为零。

备择假设：系数矩阵$\boldsymbol{A}_j$中至少存在一个不为零的元素。

相应的似然比统计量为

$$\mathrm{LR} = (T-m)(\ln|\hat{\Sigma}_{j-1}| - \ln|\hat{\Sigma}_j|) \tag{7.6}$$

其中，T为样本容量；m为解释变量滞后阶数为j时的参数个数，$m=d+k\times j$，d为外生变量个数，k是内生变量个数；$\hat{\Sigma}_{j-1}$、$\hat{\Sigma}_j$分别为滞后阶数为（$j-1$）和j的模型的残差平方和，即$|\hat{\Sigma}| = \frac{1}{T-p}\sum \hat{\boldsymbol{\varepsilon}}_t\hat{\boldsymbol{\epsilon}}_t'$，$\hat{\boldsymbol{\varepsilon}}_t$为时期$t$时的残差向量。

可以证明，当原假设成立时，统计量LR服从自由度为k^2的卡方分布。如果统计量LR小于一定显著性水平下的临界值，则接受原假设，增加解释变量的阶数，没有显著提高极大似然估计值，反之，如果统计量大于一定显著水平下的临界值，则拒绝原假设，表明滞后阶数的增加显著增大了极大似然估计值。

2）赤池信息准则和施瓦兹准则

赤池信息准则和施瓦兹准则（Schwarz Criterion，SC）也是计量经济学模型中选择最优滞后阶数的常用方法。赤池信息准则和施瓦兹准则的统计量分别表示如下：

$$\mathrm{AIC} = -\frac{2l}{T} + \frac{2n}{T} \tag{7.7}$$

$$\mathrm{SC} = -\frac{2l}{T} + \frac{nln(T)}{T} \tag{7.8}$$

其中，$l = -\frac{Tk}{2}\left(1+\ln(2\pi) - \frac{T}{2}\ln|\hat{\Sigma}|\right)$，$n=k(d+p\times k)$，$k$是模型内生解释变量个数，$d$是模型外生解释变量个数，$p$是内生解释变量的滞后阶数。

赤池信息准则和施瓦兹准则要求模型的AIC值和SC值越小越好，因此，可以通过比较不同滞后阶数模型的AIC值和SC值来选择合适的解释变量滞后阶数。

2. 被解释变量的个数k的确定

建立VAR模型的主要目的是检验各被解释变量之间的依赖关系和相互作用机制，因此，模型中解释变量的选取应该依据一定的经济理论或经济特征事实，从而通过模型的估计和检验定量分析变量之间的相互依赖关系及其作用机制。另外，从统计建模的角度来看，根据VAR模型的表达形式，内生解释变量的滞后值应该对其他被解释变量有显著的解释作用。

因此，可以用格兰杰因果检验来实证检验内生解释变量的滞后值是否对其他被解释变量有显著的解释作用。

格兰杰因果检验是检验多个变量之间是否存在因果关系的一种计量方法。在这里，因果关系是指一个变量的滞后值对另一个变量的变化是否有显著的解释作用。设 x_t、y_t 为两个平稳的时间序列变量，如果 x_t 的滞后值对 y_t 有显著的解释作用，则认为 x_t 是 y_t 的格兰杰原因，反之，则认为 x_t 不是 y_t 的格兰杰原因。

用数学语言来描述格兰杰因果关系的定义，设 MSE 为对 y_t 进行 s 期预测的均方误差（Mean Square Error），即 MSE 满足下式：

$$\text{MSE} = \frac{1}{s}\sum_{i=1}^{s}(\hat{y}_{t+i} - y_{t+i})^2 \tag{7.9}$$

对于所有的 $s>0$，基于 $(y_t, y_{t-1}, \cdots, y_1)$ 预测 y_{t+s} 得到的均方误差，与基于 $(y_t, y_{t-1}, \cdots, y_1, x_t, x_{t-1}, \cdots, x_1)$ 预测 y_{t+s} 得到的均方误差并无统计上的显著差别，即

$$\text{MSE}[\hat{E}(y_{t+s} \mid y_t, y_{t-1}, \cdots, y_1)] = \text{MSE}[\hat{E}(y_{t+s} \mid y_t, y_{t-1}, \cdots, y_1, x_t, x_{t-1}, \cdots, x_1)] \tag{7.10}$$

则认为 x_t 不是 y_t 的格兰杰原因。

根据上述格兰杰因果关系的基本定义，可以通过构造 F 统计量或卡方统计量来检验变量之间是否具有格兰杰因果关系。

在一个形如式（7.11）的二元 p 阶的 VAR 模型中：

$$\begin{bmatrix} y_t \\ x_t \end{bmatrix} = \begin{bmatrix} a_{10} \\ a_{20} \end{bmatrix} + \begin{bmatrix} a_{11}^1 & a_{12}^1 \\ a_{21}^1 & a_{22}^1 \end{bmatrix}\begin{bmatrix} y_{t-1} \\ x_{t-1} \end{bmatrix} + \begin{bmatrix} a_{11}^2 & a_{12}^2 \\ a_{21}^2 & a_{22}^2 \end{bmatrix}\begin{bmatrix} y_{t-2} \\ x_{t-2} \end{bmatrix} + \cdots + \begin{bmatrix} a_{11}^p & a_{12}^p \\ a_{21}^p & a_{22}^p \end{bmatrix}\begin{bmatrix} y_{t-p} \\ x_{t-p} \end{bmatrix} + \begin{bmatrix} \varepsilon_{1t} \\ \varepsilon_{2t} \end{bmatrix} \tag{7.11}$$

原假设：$a_{12}^q = 0, q = 1, 2, \cdots, p$；

备择假设：至少存在一个 q，$a_{12}^q \neq 0$。

原假设表明 x_t 的滞后值对 y_t 没有解释作用，因而不是 y_t 的格兰杰原因，反之，备择假设成立，则 x_t 是 y_t 的格兰杰原因。

构造一个 F 统计量，其表达式为

$$F = \frac{\dfrac{(\text{RSS}_0 - \text{RSS}_1)}{P}}{\dfrac{\text{RSS}_1}{(T-2p-1)}} \sim F(p, T-2p-1) \tag{7.12}$$

同样，也可以构造一个卡方统计量，其表达式为

$$S = \frac{T(\text{RSS}_0 - \text{RSS}_1)}{\text{RSS}_1} \sim \chi^2(P) \tag{7.13}$$

其中，RSS_0 是原假设成立时 y_t 方程中的残差平方和，RSS_1 是 y_t 方程式（7.11）中的残差平方和。很显然，如果原假设成立，即 F 统计量或卡方统计量小于某一显著水平下的临界值时，x_t 不是 y_t 的格兰杰原因，在 VAR 模型中，x_t 对 y_t 来说是外生变量，反之，x_t 对 y_t 来说是内生变量。

上述两变量的格兰杰因果关系可以推广到多变量的 VAR 模型中，即在格兰杰因果检验中，如果某一变量对其他被解释变量都是非格兰杰原因，则该变量为外生解释变量，反之，

则可视为被解释变量。

需要说明的是，格兰杰因果检验是针对平稳序列而言的，如果经济变量为非平稳序列，则必须转化为平稳序列才能够进行格兰杰因果检验。当变量为非平稳变量时，可以考虑变量之间是否存在协整关系，然后通过建立协整方程模型来分析这些非平稳变量的相互依赖关系和作用机制。

三、VAR 模型的估计

在无约束的简化型 VAR 模型中，每个方程只含有内生变量的滞后值，不存在同期相关问题，其次，方程的随机误差项可能存在同期相关性或序列自相关性，但选择内生变量适当的滞后值可以消除序列自相关性。一般来讲，滞后阶数越大，越能消除随机误差项的序列自相关性。但是，滞后阶数越大，模型的待估参数越多，有可能导致模型估计的可信度降低。因此，在确定 VAR 模型的滞后阶数时，一般还结合赤池信息准则和施瓦兹准则进行选择。

在确定了 VAR 模型的内生变量和滞后阶数后，可以用普通最小二乘法估计 VAR 模型中的待估参数，并得到参数的一致估计量。在误差项服从正态分布假设的条件下，满足式（7.1）的 VAR(p) 模型也可以用最大似然函数法估计，获得参数的一致估计量。

四、脉冲响应函数

一个自回归过程［AR(p)］可以转化为一个移动平均过程［MA(∞)］。同样，一个向量自回归过程［VAR(p)］也可以转化为一个向量移动平均过程［VMA(∞)］。

对于形如式（7.1）不含外生变量的 VAR 模型，假定系统从 0 期开始，即设 $Y_{-1}=Y_{-2}=\cdots=Y_{-p}=0$，给定误差项 $\varepsilon_{10}=1$，$\varepsilon_{i0}=0$（$i=1, 2, \cdots, k$），且 0 期后的误差项均为 0，即 $\varepsilon_{it}=0$（$i=1, 2, \cdots, k$；$t=1, 2, \cdots$），误差项 $\varepsilon_{10}=1$ 即 Y_{1t}第 0 期一个标准差对系统的脉冲。通过无限迭代，可以得到 Y_t 在不同时期对误差项 $\varepsilon_{10}=1$ 的响应，即当 $t=0$ 时，有

$$\begin{bmatrix} Y_{10} \\ Y_{20} \\ \vdots \\ Y_{k0} \end{bmatrix} = \begin{bmatrix} 1 \\ 0 \\ \vdots \\ 0 \end{bmatrix} \tag{7.14}$$

当 $t=1$ 时，有

$$\begin{bmatrix} Y_{11} \\ Y_{21} \\ \vdots \\ Y_{k1} \end{bmatrix} = \begin{bmatrix} A_{11} \\ A_{21} \\ \vdots \\ A_{k1} \end{bmatrix}^{1} \tag{7.15}$$

当 $t=2$ 时，有

$$\begin{bmatrix} Y_{12} \\ Y_{22} \\ \vdots \\ Y_{k2} \end{bmatrix} = \begin{bmatrix} A_{11} & \cdots & A_{1k} \\ \vdots & \ddots & \vdots \\ A_{k1} & \cdots & A_{kk} \end{bmatrix}^{1} \times \begin{bmatrix} A_{11} \\ A_{21} \\ \vdots \\ A_{k1} \end{bmatrix}^{1} + \begin{bmatrix} A_{11} & \cdots & A_{1k} \\ \vdots & \ddots & \vdots \\ A_{k1} & \cdots & A_{kk} \end{bmatrix}^{2} \times \begin{bmatrix} 1 \\ 0 \\ \vdots \\ 0 \end{bmatrix} \tag{7.16}$$

依此类推，可以计算出无穷期的 $Y_{it}(i=1,2,\cdots,k;\ t=0,1,2,\cdots)$。

记 $Y_{1t}(t=0,1,2,\cdots)$ 为 Y_{1t}一个正向标准差脉冲引起的响应函数，而 $Y_{it}(i=2,3,\cdots,k;\ t=0,1,2,\cdots)$ 为 Y_{1t}一个正向标准差脉冲引起的响应函数。仿之，可以计算出任意内生变量的脉冲对系统所有内生变量的脉冲响应函数。

五、方差分解

脉冲响应函数描述了 VAR 模型中任意一个内生变量的脉冲对系统所有内生变量带来的冲击，即一个内生变量的脉冲对系统所有内生变量影响的时间路径，却不能反映每一个内生变量脉冲对任意内生变量的影响程度，方差分解（Variance Decomposition）则解决了这一问题。方差分解是通过分析每一个内生变量脉冲对内生变量方差改变的占比，来分析不同外生变量脉冲对内生变量方差改变的贡献度，因而可以分析每个随机冲击引起模型内生变量变化所做的贡献。概而言之，脉冲响应函数反映了外生变量脉冲对内生变量在时间维度上的影响，而方差分解描述了每个外生变量在所有外生变量脉冲中对某个内生变量方差改变的占比。

如前所述，对于一个平稳的 VAR(p) 模型，都可以转化为一个 VMA(∞) 模型，即

$$\boldsymbol{Y}_t = (\boldsymbol{I}_k - \boldsymbol{A}_1 L - \cdots - \boldsymbol{A}_p L^p)^{-1}\boldsymbol{\varepsilon}_t = (\boldsymbol{I}_k + \boldsymbol{C}_1 L + \boldsymbol{C}_2 L^2 + \cdots)\boldsymbol{\varepsilon}_t \tag{7.17}$$

其中，I_k 为 k 阶单位矩阵，L 为滞后算子。

式（7.17）可转化为

$$(\boldsymbol{I}_k - \boldsymbol{A}_1 L - \cdots - \boldsymbol{A}_p L^p)(\boldsymbol{I}_k + \boldsymbol{C}_1 L + \boldsymbol{C}_2 L^2 + \cdots) = \boldsymbol{I}_k \tag{7.18}$$

对于任意参数，式（7.18）左边的多项式等于单位矩阵，则必须满足下式：

$$\boldsymbol{I}_k + \varphi_1 L + \varphi_2 L^2 + \cdots = \boldsymbol{I}_k \tag{7.19}$$

其中，$\varphi_1 = \varphi_2 = \cdots = 0$，则将式（7.18）左边展开，可得到以下递归的 VMA(∞) 参数系数，即

$$\begin{cases} \boldsymbol{C}_1 = \boldsymbol{A}_1 \\ \boldsymbol{C}_2 = \boldsymbol{A}_1 \boldsymbol{C}_1 + \boldsymbol{A}_2 \\ \vdots \\ \boldsymbol{C}_q = \boldsymbol{A}_1 \boldsymbol{C}_{q-1} + \boldsymbol{A}_2 \boldsymbol{C}_{q-2} + \cdots + \boldsymbol{A}_p \boldsymbol{C}_{q-p}, q = 1, 2, \cdots \end{cases} \tag{7.20}$$

其中，当 $q=p$ 时，$\boldsymbol{C}_{q-p} = \boldsymbol{I}_k$；当 $q>p$ 时，$\boldsymbol{C}_q = \boldsymbol{O}_k$。

因此，在估计出 VAR(p) 模型后，相应地可以计算出 VMA(∞) 形式。

考虑 VMA(∞) 的表达式：

$$\boldsymbol{Y}_t = (\boldsymbol{I}_k + \boldsymbol{C}_1 L + \boldsymbol{C}_2 L^2 + \cdots)\boldsymbol{\varepsilon}_t \tag{7.21}$$

$\boldsymbol{Y}_t$ 向量中的第 i 个分量 Y_{it} 可以写成

$$Y_{it} = \sum_{j=1}^{k} (c_{ij}^0 \varepsilon_{jt} + c_{ij}^1 \varepsilon_{jt-1} + c_{ij}^2 \varepsilon_{jt-2} + \cdots) \tag{7.22}$$

其中，c_{ij}^q 为 $\boldsymbol{C}_q$ 矩阵中的第 i 行第 j 列元素（$q=0, 1, 2, \cdots$）。从式（7.22）可知，括号中的 $c_{ij}^0\varepsilon_{jt}+c_{ij}^1\varepsilon_{jt-1}+c_{ij}^2\varepsilon_{jt-2}+\cdots$ 为第 j 个变量误差项 ε_j 从无限过去到 t 期对第 i 个变量影响的总和。

对式（7.22）求均值可得到

$$E(Y_{it})=0 \tag{7.23}$$

假设误差项不存在序列自相关性，令 $\mathrm{Var}(\varepsilon_{jj})=\sigma_{jj}$，对 Y_{it}^2 求均值可以得到

$$E(Y_{it}^2)=E\left(\sum_{j=1}^{k}(c_{ij}^0\varepsilon_{jt}+c_{ij}^1\varepsilon_{jt-1}+c_{ij}^2\varepsilon_{jt-2}+\cdots)\right)^2=\sum_{j=1}^{k}\left(\sum_{q=0}^{\infty}((c_{jj}^q)^2\sigma_{jj})\right) \tag{7.24}$$

而第 j 个误差项对 Y_{it} 方差所造成的影响为

$$E(c_{ij}^0\varepsilon_{jt}+c_{ij}^1\varepsilon_{jt-1}+c_{ij}^2\varepsilon_{jt-2}+\cdots)^2=\sum_{q=0}^{\infty}((c_{ij}^q)^2\sigma_{jj}) \tag{7.25}$$

因此，第 j 个误差项的脉冲对第 i 个内生变量 Y_{it} 方差形成的相对方差贡献率（Relative Variance Contribution）RVC_{ij} 可表示为

$$\mathrm{RVC}_{ij}=\frac{\sum_{q=0}^{\infty}((c_{ij}^q)^2\sigma_{jj})}{\sum_{j=1}^{k}\left(\sum_{q=0}^{\infty}((c_{jj}^q)^2\sigma_{jj})\right)} \tag{7.26}$$

六、VAR 模型的稳定性

从式（7.2）可知，如果 VAR 模型中的解释变量都是平稳变量，那么所有的被估参数特征根的模的倒数应该小于 1，即所有被估参数特征根的模位于单位圆内，模型是稳定的。根据这一特征，脉冲响应函数会随着时期的延长最终趋向于零。这一点也说明，对于一临时的外生冲击，其对经济变量带来的影响最终会随着时间的延长而消除。如果存在某个参数特征根的模倒数大于 1，根据式（7.16），外生冲击对经济变量的影响可能会随着时间的延长反而变大，这与理论是不相符的。

需要说明的是，上述讲到的 VAR 模型，要求所有的时间序列变量都是平稳的，如果时间序列变量是非平稳的，则应该用到后面的协整方程和向量误差修正模型（VECM）。

七、一个 VAR 模型的例子

货币供应量、政府财政支出与利率之间可能存在一种相互制约的关系。一般而言，货币供应量越大，市场购买力越强，货币的价格越低，因此，相应利率越低。另一方面，货币供应量越大，政府的预算收入一般也越大，根据财政平衡理论，政府的财政支出也会越大。另一方面，在其他条件不变的情况下，政府财政支出的增加也会使城乡居民的收入和消费增加，从而降低利率。而当利率过高的时候，作为调整利率的重要工具，货币政策可以通过调控货币供应量来调整利率。可以通过建立 VAR 模型来验证货币供应量、政府财政支出和利率之间的相互作用机制。其 VAR 模型具体如下：

$$
\begin{cases}
M_t = \sum_{i=1}^{p} \alpha_p \text{Gov}_{t-p} + \sum_{i=1}^{p} \beta_p R_{t-p} + \varepsilon_{1t} \\
\text{Gov}_t = \sum_{i=1}^{p} \gamma_p M_{t-p} + \sum_{i=1}^{p} \delta_p R_{t-p} + \varepsilon_{2t} \\
R_t = \sum_{i=1}^{p} \varphi_p M_{t-p} + \sum_{i=1}^{p} \omega_p \text{Gov}_{t-p} + \varepsilon_{3t}
\end{cases}
\tag{7.27}
$$

其中，M_t、Gov_t 和 R_t 分别代表 t 期的货币供应量、政府财政支出和利率，p 为解释变量滞后阶数，α_p、β_p、γ_p、δ_p、φ_p、ω_p 为待估参数。假设 $\varepsilon_{it} \sim N(0,\sigma^2), i = 1,2,3$。

从 Wind 数据库选取 2003 年 1 月—2019 年 12 月的月度数据，其中，货币供应量 M 用 $M2$ 表示，利率 R 用银行间回购利率表示。考虑到变量存在季节性因素，应用 X_{12} 方法消除变量的季节性影响，去除季节性影响后的变量分别用 $M2$_SA、Gov_SA 和 R_SA 表示。下面具体介绍 VAR 模型估计的实现过程。

1. 单位根的检验

一般来说，对时间序列要进行单位根检验，如果模型的所有变量都是平稳变量，则直接可以进行建模分析，如果模型变量都不是平稳变量，但存在同阶单整，则可以进行协整检验，如果变量之间存在协整过程，则可以建立协整方程模型进行估计检验。

分别对 $M2$_SA、Gov_SA 和 R_SA 进行 ADF 单位根检验，得到表 7.1 所示的检验结果。

表 7.1　单位根检验结果

变量	T 统计量	P 值
$M2$_SA	−4.931 2	0.000 0
Gov_SA	−19.580 0	0.000 0
R_SA	−4.914 0	0.000 1

（注：采用带常数的单位根检验方法。）

从表 7.1 可以看出，在 1% 的显著性水平上，拒绝变量存在单位根的原假设，接受变量为平稳变量的备择假设。

2. 格兰杰因果检验

为了检验这些变量是否存在双向格兰杰因果关系，可以对 3 个变量进行两两的格兰杰因果检验，检验结果如表 7.2 所示。

表 7.2　格兰杰因果检验结果

原假设	样本量	F 统计量	P 值
政府财政支出不是货币供应量的格兰杰原因	180	2.450 9	0.000 7
货币供应量不是政府财政支出的格兰杰原因	180	0.937 9	0.551 5
利率不是货币供应量的格兰杰原因	180	1.912 6	0.011 3
货币供应量不是利率的格兰杰原因	180	2.022 7	0.006 5
利率不是政府财政支出的格兰杰原因	180	1.197 7	0.255 9
政府财政支出不是利率的格兰杰原因	180	1.135 4	0.315 3

（注：滞后阶数为 24。）

从表 7.2 可以看出，利率和货币供应量存在一定的相互作用，而先期的政府财政支出可以引起后期货币供应量的变化，利率和政府财政支出的相互作用机制不明显。

3. VAR 模型估计

为了估计该 VAR 模型，选择“Quick”菜单中的“Estimate VAR”选项，在“VAR type”下拉列表里面选择无约束模型类型选项，在内生变量选项里面依次输入 *M*2_SA、Gov_SA 和 *R*_SA，在滞后阶数里面输入模型解释变量的滞后阶数，注意，滞后阶数必须要成对输入，比如滞后阶数为 2，应输入“1 2”，如果模型的解释变量为第 3 阶变量和第 4 阶变量，则应输入“3 4”。如果存在外生变量，在外生变量选项里面输入外生变量的变量名，最后单击“OK”按钮估计该 VAR 模型。

4. 滞后阶数的确定

为了确定解释变量的合理滞后阶数，在模型估计的时候，可以尽量选择大的滞后阶数，然后根据似然比检验或信息准则进行判断。考虑到样本为月度数据，选择最大的滞后阶数为 12 估计模型。模型估计后，选择“View”菜单中的“Lag Structure”选项，并依次选择滞后排除检验“Lag Exclusion Tests”选项和滞后长度标准“Lag Length Criteria”选项，分别得到表 7.3 和表 7.4 所示的检验结果。从表 7.3 所示的结果看，联合显著性检验的统计量在 3 阶后开始表现出统计不显著，从表 7.4 所示的结果来看，LR 统计量在滞后 11 阶后显著，滞后阶数为 3 时，似然比检验和信息准则的结果不太一致，综合滞后排除检验，模型选择解释变量滞后 3 阶似乎更合理。

表 7.3　滞后排除检验

Chi – squared test statistics for lag exclusion: Numbers in [ ] are p – values				
	M2_SA	GOV_SA	R_SA	Joint
Lag 1	11.090 99	21.225 25	57.466 14	87.189 64
	[0.0112 44]	[9.45e – 05]	[2.04e – 12]	[6.00e – 15]
Lag 2	7.980 243	5.233 410	0.375 257	16.075 56
	[0.046 422]	[0.155 482]	[0.945 305]	[0.065 320]
Lag 3	13.072 97	2.9947 65	12.845 80	46.468 49
	[0.004 481]	[0.392 433]	[0.004 982]	[4.93e – 07]
Lag 4	2.238 269	3.044 536	5.400 425	14.020 79
	[0.524 450]	[0.384 810]	[0.144 717]	[0.121 588]
Lag 5	5.511 947	1.420 246	11.924 62	17.696 43
	[0.137 926]	[0.700 796]	[0.007 646]	[0.038 863]

续表

Chi – squared test statistics for lag exclusion: Numbers in [ ] are p – values				
	M2_SA	GOV_SA	R_SA	Joint
Lag 6	5. 466 659	0. 336 094	14. 271 99	23. 503 44
	[0. 140 646]	[0. 953 103]	[0. 002 557]	[0. 005 159]
Lag 7	1. 710 327	2. 984 413	6. 297 776	13. 307 77
	[0. 634 640]	[0. 394 035]	[0. 097 988]	[0. 149 167]
Lag 8	3. 801 880	13. 736 56	1. 495 589	24. 004 40
	[0. 283 668]	[0. 003 287]	[0. 683 289]	[0. 004 294]
Lag 9	5. 719 580	1. 212 535	4. 353 226	11. 536 96
	[0. 126 079]	[0. 749 999]	[0. 225 762]	[0. 240 689]
Lag 10	2. 272 809	1. 553 068	2. 615 472	6. 124 387
	[0. 517 750]	[0. 670 077]	[0. 454 784]	[0. 727 407]
Lag 11	6. 801 855	10. 130 76	1. 167 658	23. 544 64
	[0. 078 489]	[0. 017 487]	[0. 760 771]	[0. 005 082]
Lag 12	1. 261 973	4. 427 299	4. 374 593	12. 684 15
	[0. 738 182]	[0. 218 867]	[0. 223 753]	[0. 177 427]
df	3	3	3	9

表 7.4 滞后长度标准

Lag	LogL	LR	FPE	AIC	SC	HQ
0	–1 218. 193	NA	67. 163 58	12. 720 76	12. 771 66	12. 741 38
1	–1 108. 610	214. 601 0	23. 556 56	11. 673 02	11. 876 61 *	11. 755 47
2	–1 094. 775	26. 659 81	22. 401 46	11. 622 66	11. 978 95	11. 766 96
3	–1 073. 642	40. 065 23	19. 745 46 *	11. 496 27 *	12. 005 26	11. 702 41 *
4	–1 066. 579	13. 169 83	20. 154 72	11. 516 45	12. 178 13	11. 784 43
5	–1 062. 252	7. 932608	21. 171 51	11. 565 13	12. 379 50	11. 894 95
6	–1 052. 711	17. 192 98	21. 069 21	11. 559 49	12. 526 56	11. 951 16
7	–1 049. 722	5. 293 425	22. 454 88	11. 622 11	12. 741 87	12. 075 62
8	–1 036. 949	22. 220 71	21. 620 19	11. 582 80	12. 855 26	12. 098 15
9	–1 029. 293	13. 078 18	21. 965 11	11. 596 80	13. 021 96	12. 174 00
10	–1 020. 674	14. 454 26	22. 102 62	11. 600 78	13. 178 62	12. 239 82
11	–1 001. 904	30. 893 16 *	20. 019 11	11. 499 00	13. 229 54	12. 199 88
12	–994. 252 1	12. 354 44	20. 369 77	11. 513 04	13. 396 28	12. 275 77

5. VAR 模型的脉冲响应分析

VAR 模型的脉冲响应函数（图 7.1）描述了模型中解释变量一个标准差脉冲对其他解释变量各期的冲击程度。选择“Impulse”选项，可以显示 VAR 模型的脉冲响应图或脉冲响应表。例如，在 0 期，一个正向的标准单位货币供应量脉冲，会在 1 期引起约 0.6 个单位的货币供应量的增加，约在第 7 期时脉冲的影响趋向于零。一个正向的标准单位货币供应量脉冲会引起政府财政支出的小幅增加，并在第 7 期趋向于零。在 0 期，一个正向的标准单位货币供应量脉冲会引起银行间回购利率的小幅下降，并持续到月第 22 期时才趋向于零。依此类推，可以说明政府财政支出和银行间回购利率的脉冲响应函数。

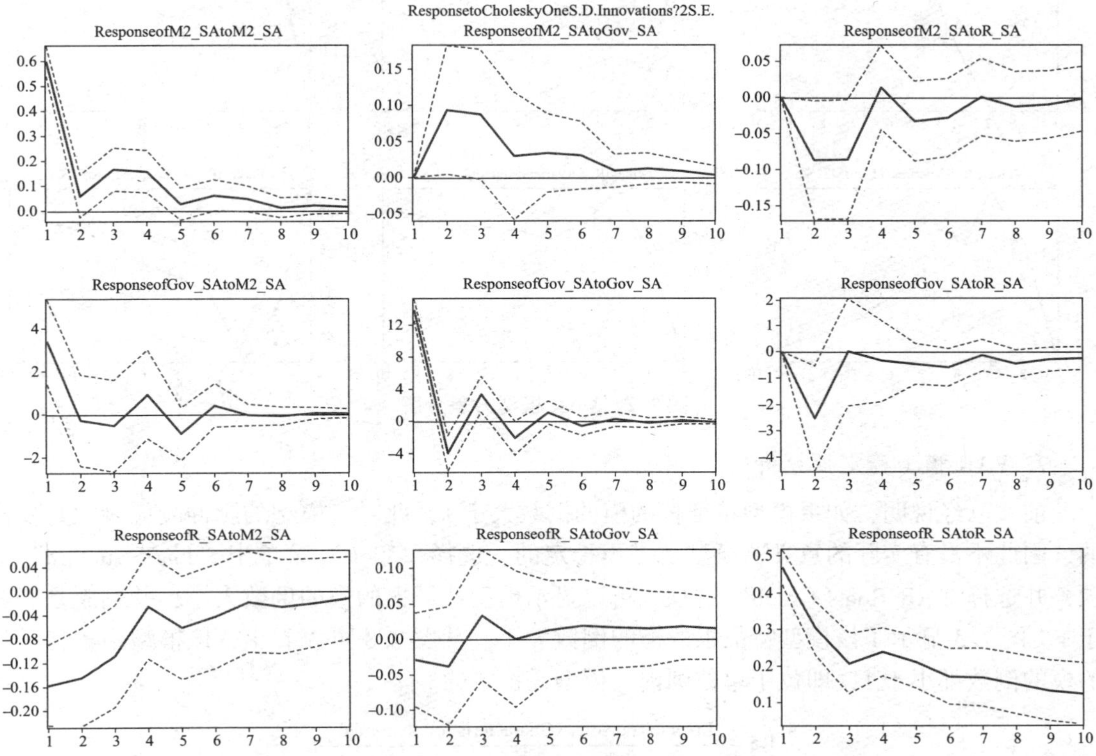

图 7.1　VAR 模型的脉冲响应函数

6. VAR 模型的方差分解

选择“View”菜单中的“Variance Decomposition”选项，可以对 VAR 模型进行方差分解。从图 7.2 可以发现，不考虑货币供应量自身的贡献度，政府财政支出和利率脉冲对货币供应量的变化贡献度最大值分别达到 4.27% 和 3.72% 左右。对于政府财政支出的变化，除了自身的贡献度外，货币供应量对政府财政支出变化的贡献度最大值为 5.62%，经过短期下降后逐渐稳定在 5.53% 左右，而银行间回购利率对政府财政支出的贡献度经过短期增长后稳定在 3% 左右。对于银行间回购利率变化，除了自身变化引起的贡献度外，货币供应量对其变化的贡献度最大值接近 13.79% 左右，然后开始缓慢下降并稳定在 9.31% 左右，表明货币供应量脉冲对利率的持续影响。而政府财政支出对银行间回购利率的贡献度较小，最大值仅为 0.86% 左右，表明政府财政支出脉冲对银行间回购利率的影响较小。

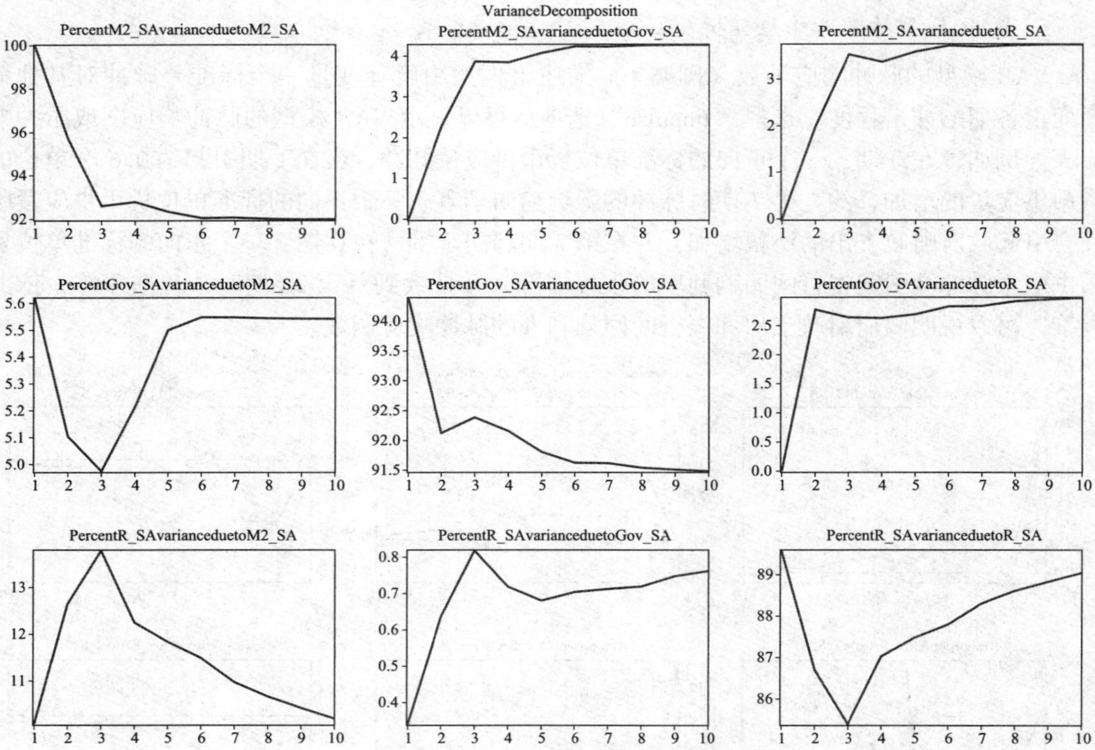

图 7.2　VAR 模型方差分解

7. VAR 模型稳定性分析

前文已经说明，如果模型特征根的模的倒数大于 1，此时，模型的脉冲响应函数是发散的，因此不具有实际的意义，模型也是不稳定的。选择“View”菜单中“Lag Structure”选项，并选择“AR Roots Graph”选项，可以显示模型特征根的模的倒数大小，并判断是否大于 1。图 7.3 显示了该模型特征根的模的倒数大小。从图 7.3 可以看出，该模型中，特征根的模的倒数都小于 1，即位于单位圆内，模型是稳定的。

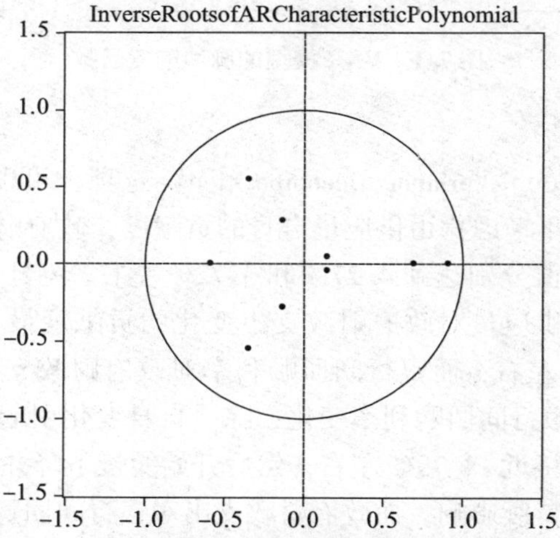

图 7.3　模型特征根模的倒数

第二节　SVAR 模型

VAR 模型的一个缺陷是，在 VAR 模型中，解释变量都是各内生变量的滞后项，不能描述和分析各解释变量对其他解释变量的当期影响，而在实际经济系统中，由于惯性作用，很多经济变量同时受到其他经济变量前期和当期的影响，基于此，通过构建结构向量自回归（SVAR）模型，可以很好地同时分析解释变量的同期项和滞后项对被解释变量的作用机制。SVAR 模型已经成为宏观计量分析的重要工具，在一定条件下，SVAR 模型可以简化成 VAR 模型，并进行参数估计和统计推断。

一、SVAR 模型与 VAR 模型

为了理解 SVAR 模型与 VAR 模型的区别和联系，首先看一个简单的含有两个变量和滞后 1 阶的二元 SVAR(1) 模型，模型可表示为

$$\begin{cases} Y_{1t} = a_{01} + b_{12}Y_{2t} + c_{11}Y_{1t-1} + c_{12}Y_{2t-1} + \mu_{1t} \\ Y_{2t} = a_{02} + b_{21}Y_{1t} + c_{21}Y_{1t-1} + c_{22}Y_{2t-1} + \mu_{2t} \end{cases} \tag{7.28}$$

其中，在（7.28）式中，假设 Y_{1t} 和 Y_{2t} 都是平稳变量，μ_{1t} 和 μ_{2t} 为服从均值为零、方差分别为 σ_1^2 和 σ_2^2 的白噪声序列，且互不相关。从模型中可以看出，与 VAR 模型不同的是，在各自的方程中加入了其他解释变量的当期项，从而可以明显地刻画各解释变量的当期冲击。另外需要说明的是，在 VAR 模型中，假设每个方程的冲击项是不相关的，每个解释变量的冲击都来自自己的误差项的冲击，但是在 SVAR 模型中，Y_{1t} 不仅受到来自 μ_{1t} 的冲击，还由于 μ_{2t} 对 Y_{2t} 的冲击，通过 b_{12} 传导给 Y_{1t}，因此，Y_{1t} 将会同时受到误差项 μ_{1t} 和 μ_{2t} 的冲击。同理，Y_{2t} 通过 b_{21} 的传导也会同时受到误差项 μ_{1t} 和 μ_{2t} 的冲击。也就是说，在 SVAR 模型中，一个解释变量的冲击会同时受到模型系统中所有误差项的冲击，这也是将该模型称为“结构”向量自回归模型的原因。将模型式（7.27）中的当期项都移至左边，并用向量表示，模型可简化为

$$\boldsymbol{BY}_t = \boldsymbol{a} + \boldsymbol{cY}_{t-1} + \boldsymbol{\mu}_t \tag{7.29}$$

其中，$\boldsymbol{Y}_t = [Y_{1t} \quad Y_{2t}]$，$\boldsymbol{B} = \begin{bmatrix} 1 & -b_{12} \\ -b_{21} & 1 \end{bmatrix}$，$\boldsymbol{a} = \begin{bmatrix} a_{01} \\ a_{02} \end{bmatrix}$，$\boldsymbol{c} = \begin{bmatrix} c_{11} & c_{12} \\ c_{21} & c_{22} \end{bmatrix}$，$\boldsymbol{\mu}_t = \begin{bmatrix} \mu_{1t} \\ \mu_{2t} \end{bmatrix}$。假设参数矩阵 $\boldsymbol{B}$ 可逆，则 SVAR 模型可化为简化型 VAR 模型，即

$$\boldsymbol{Y}_t = \boldsymbol{B}^{-1}\boldsymbol{a} + \boldsymbol{B}^{-1}\boldsymbol{cY}_{t-1} + \boldsymbol{B}^{-1}\boldsymbol{\mu}_t \tag{7.30}$$

令 $\boldsymbol{A}_0 = \boldsymbol{B}^{-1}\boldsymbol{a}$，$\boldsymbol{A}_1 = \boldsymbol{B}^{-1}\boldsymbol{c}$，$\boldsymbol{\varepsilon}_t = \begin{bmatrix} \varepsilon_{1t} \\ \varepsilon_{2t} \end{bmatrix} = \boldsymbol{B}^{-1}\boldsymbol{\mu}_t$，则式（7.29）可转化为一般性的 VAR 模型形式：

$$\boldsymbol{Y}_t = \boldsymbol{A}_0 + \boldsymbol{A}_1\boldsymbol{Y}_{t-1} + \boldsymbol{\varepsilon}_t \tag{7.31}$$

在式（7.31）中，简化式 VAR 模型中的误差项 $\boldsymbol{\varepsilon}_t$ 是 SVAR 模型中的误差项 $\boldsymbol{\mu}_t$ 的线性组合，经过化简，可以得到

$$\begin{cases}\varepsilon_{1t} = \dfrac{1}{(1-b_{12}b_{21})}(\mu_{1t}+b_{12}\mu_{2t}) \\ \varepsilon_{2t} = \dfrac{1}{(1-b_{12}b_{21})}(\mu_{2t}+b_{21}\mu_{1t})\end{cases} \tag{7.32}$$

很显然，ε_{1t} 和 ε_{2t} 都为 μ_{1t} 和 μ_{2t} 的线性组合，与 VAR 模型不同的是，通过 SVAR 模型化简而来的误差项 ε_{1t} 和 ε_{2t} 是线性相关的。根据式（7.32），可以求出 ε_{1t} 和 ε_{2t} 的方差和协方差：

$$\begin{cases}\mathrm{Var}(\varepsilon_{1t}) = \dfrac{1}{(1-b_{12}b_{21})^2}(\sigma_1^2+b_{12}^2\sigma_2^2) \\ \mathrm{Var}(\varepsilon_{2t}) = \dfrac{1}{(1-b_{12}b_{21})^2}(\sigma_2^2+b_{21}^2\sigma_1^2) \\ \mathrm{Cov}(\varepsilon_{1t},\varepsilon_{2t}) = \dfrac{1}{(1-b_{12}b_{21})^2}(b_{21}\sigma_1^2+b_{12}\sigma_2^2)\end{cases} \tag{7.33}$$

从式（7.33）可以发现，除非 b_{12} 和 b_{21} 同时为零，此时，简化式中的误差项互不相关，否则存在同期相关现象，因此，SVAR 模型不能直接通过最小二乘法进行估计。

不失一般性，对于更为一般的 k 元 p 阶 SVAR(p) 模型，可以表示为

$$\boldsymbol{B}_0\boldsymbol{Y}_t = \sum_{i=1}^{p}\boldsymbol{\Gamma}_i\boldsymbol{Y}_{t-i}+\boldsymbol{\mu}_t \tag{7.34}$$

其中，$\boldsymbol{B}_0$ 为主对角元素为 1 的 k 阶参数方阵，$\boldsymbol{\Gamma}_i$ 为 k 阶参数方阵，$\boldsymbol{\mu}_t$ 为服从均值为零、方差为 σ_i^2 的白噪声向量，设 $\boldsymbol{\Omega}=\begin{bmatrix}\sigma_1^2 & \cdots & 0 \\ \vdots & \ddots & \vdots \\ 0 & \cdots & \sigma_k^2\end{bmatrix}$。

对于 p 阶自回归过程，可以用 p 阶滞后算子来表示，式（7.34）可表示为

$$\boldsymbol{B}(L)\boldsymbol{Y}_t=\boldsymbol{\mu}_t \tag{7.35}$$

其中，$\boldsymbol{B}(L)=\boldsymbol{B}_0-\sum_{i=1}^{p}(\boldsymbol{\Gamma}_iL^i)$，$L$ 为滞后算子。假设 $\boldsymbol{B}(L)$ 可逆，则式（7.35）可转化为无穷阶的 VMA(∞) 形式：

$$\boldsymbol{Y}_t=\boldsymbol{D}(L)\boldsymbol{\mu}_t \tag{7.36}$$

其中，$\boldsymbol{D}(L)=\boldsymbol{D}_0+\sum_{i=1}^{\infty}(\boldsymbol{D}_iL^i),\boldsymbol{D}_0=\boldsymbol{B}_0^{-1}$。

而对于形如式（7.4）的简化型 VAR 模型，假设 $\boldsymbol{A}(L)$ 可逆，则同样也可转化为无穷阶的 VMA(∞) 形式：

$$\boldsymbol{Y}_t=\boldsymbol{C}(L)\boldsymbol{\varepsilon}_t \tag{7.37}$$

其中，$\boldsymbol{C}(L)=\boldsymbol{A}(L)^{-1},\boldsymbol{A}(L)=\boldsymbol{C}_0+\sum_{i=1}^{\infty}T_iL^i,\boldsymbol{C}_0=\boldsymbol{I}_k$。

根据转化的唯一性，对于样本集中任意的 t，都满足：

$$\boldsymbol{D}(L)\boldsymbol{\mu}_t=\boldsymbol{C}(L)\boldsymbol{\varepsilon}_t \tag{7.38}$$

特别地，当滞后算子为零时，由于 $\boldsymbol{D}_0=\boldsymbol{B}_0^{-1}$，$\boldsymbol{C}_0=\boldsymbol{I}_k$，设 $\boldsymbol{\varepsilon}_t$ 的协方差矩阵为 $\boldsymbol{\Sigma}$，满足：

$$\boldsymbol{D}_0\boldsymbol{\mu}_t=\boldsymbol{\varepsilon}_t \tag{7.39}$$

对式（7.39）两边取协方差，可以得到 $\boldsymbol{D}_0\boldsymbol{\Omega}\boldsymbol{D}_0'=\boldsymbol{\Sigma}$。从该式还可以看出，矩阵 $\boldsymbol{D}_0$ 决定了简化式 VAR 模型协方差矩阵 $\boldsymbol{\Sigma}$ 的形式，其实质是决定了模型结构化冲击的形式。

二、SVAR 模型的识别

前面讲到了 SVAR 模型与 VAR 模型之间的转化，那么 SVAR 模型是否可以通过简化 VAR 模型的方法进行估计呢？答案是肯定的，但是必须满足一定的约束条件，才能保证正确地估计模型。

对于 k 元 p 阶简化式 VAR 模型：

$$\boldsymbol{Y}_t=\boldsymbol{A}_1\boldsymbol{Y}_{t-1}+\boldsymbol{A}_2\boldsymbol{Y}_{t-2}+\cdots+\boldsymbol{A}_p\boldsymbol{Y}_{t-p}+\boldsymbol{\varepsilon}_t \tag{7.40}$$

需要估计的系数个数为 k^2p，误差项的方差协方差矩阵为对称矩阵，需要估计的误差项方差个数为 k 个，而协方差误差项个数为 $\frac{(k^2-k)}{2}$ 个，因此模型总共需要估计的参数个数为 $k^2p+\frac{(k^2+k)}{2}$。

而对于相应的 k 元 p 阶结构式 SVAR 模型：

$$\boldsymbol{B}_0\boldsymbol{Y}_t=\boldsymbol{\Gamma}_1\boldsymbol{Y}_{t-1}+\boldsymbol{\Gamma}_2\boldsymbol{Y}_{t-2}+\cdots+\boldsymbol{\Gamma}_p\boldsymbol{Y}_{t-p}+\boldsymbol{\mu}_t \tag{7.41}$$

需要估计的系数个数为 k^2p+k^2，由于误差项的方差协方差矩阵为对角矩阵，需要估计的误差项方差个数为 k 个，因此模型总共需要估计的参数个数为 $k^2(p+1)+k$。

要想获得 SVAR 模型唯一的估计参数，则必须要求简化型 VAR 模型的待估参数个数不能超过 SVAR 模型的待估参数，因此必须施加一些约束条件，让结构型模型与简化型模型的待估参数个数相等。由于在 $\boldsymbol{B}_0$ 矩阵中，一般假设主对角元素为 1，这其实相当于施加了 k 个约束条件，因此要获得模型的唯一估计，另外还需要添加 $\frac{(k^2-k)}{2}$ 个约束条件。

三、SVAR 模型的约束形式

根据 SVAR 模型与 VAR 模型的相互转化形式，要获得 SVAR 模型的有效估计，必须施加一定的约束条件，根据约束条件对各变量的影响，可以将约束条件分为短期约束条件和长期约束条件。

1. 短期约束条件

短期约束方式主要是在模型中各变量的当期关系或当期结构性冲击中施加约束条件。短期约束方式一般是在描述变量当期关系的初始矩阵 $\boldsymbol{B}_0$ 上施加 $\frac{(k^2-k)}{2}$ 个约束条件，从而获得 SVAR 模型的有效估计。目前可以通过乔莱斯基分解方法（Cholesky Decomposition Method）或根据经济理论假设两种方式来设定短期约束条件。

1）乔莱斯基分解方法

乔莱斯基分解方法的数学原理是，对于任意的实对称正定矩阵 $\boldsymbol{\Sigma}$，存在且唯一存在一个主对角元素为 1 的下三角矩阵 $\boldsymbol{G}$ 和主对角元素为正的对角矩阵 $\boldsymbol{\Omega}$，满足

$$\boldsymbol{\Sigma}=\boldsymbol{G}\boldsymbol{\Omega}\boldsymbol{G}' \tag{7.42}$$

利用这一数学原理，可以将 $\boldsymbol{\Sigma}$ 看作简化型 VAR 模型误差项的方差协方差矩阵，将 $\boldsymbol{\Omega}$ 看作 SVAR 模型误差项的方差协方差矩阵。根据式（7.38）和式（7.39），如果 $\boldsymbol{B}_0$ 满足式（7.42）中矩阵 $\boldsymbol{G}$ 的形式，那么这个 $\boldsymbol{B}_0$ 是唯一的，又因为 $\boldsymbol{B}_0$ 是主对角元素为 1 的下三角矩阵，其实对 $\boldsymbol{B}_0$ 施加了 $\frac{(k^2-k)}{2}$ 个约束条件。因此，在估计出简化型模型后，通过估计参数矩阵 $\hat{\boldsymbol{G}}$ 和残差的方差协方差矩阵 $\hat{\boldsymbol{\Omega}}$，就可以实现对 SVAR 模型的有效估计。

但是，利用乔莱斯基分解方法获得模型的有效估计，解释变量的排序非常重要。因为在约束 $\boldsymbol{B}_0$ 为下三角矩阵时，实质的含义是排在后面的解释变量对排在前面的解释变量没有当期作用，而排在前面的解释变量对排在后面的解释变量都有当期作用。因此，在运用乔莱斯基分解方法进行 SVAR 模型估计时，应根据经济理论，将对其他解释变量存在当期影响的解释变量排在前面，从而保证模型的脉冲响应函数和方差分解更有经济含义。

2）经济理论假设

乔莱斯基分解方法通过构造一个下三角矩阵来实现 $\frac{(k^2-k)}{2}$ 个约束条件，其实，在进行条件约束时，研究者可以根据模型的经济假设自由地设置约束条件，只要满足 $\frac{(k^2-k)}{2}$ 个约束条件即可。例如，在研究货币政策和通货膨胀的关系时，一般来讲，货币政策可以影响当期的通货膨胀，而通货膨胀不会影响当期的货币政策，因此，可以将通货膨胀对当期货币政策影响的参数设置为零。

2. 长期约束条件

短期约束条件一般是对当期参数矩阵进行约束设置，即主要是针对参数 $\boldsymbol{D}_0=\boldsymbol{B}_0^{-1}$ 的设置。而长期约束条件是根据变量间是否存在累积脉冲响应来进行设置，主要是根据矩阵 $\boldsymbol{D}_i$（$i=1,2,3,\cdots$）中的元素进行设置。

根据式（7.38）和式（7.39），可以得到

$$\boldsymbol{D}(L)\boldsymbol{D}_0=\boldsymbol{C}(L) \tag{7.43}$$

即对于任意的 $i=1,2,3,\cdots$，满足

$$\boldsymbol{D}_i\boldsymbol{D}_0^{-1}=\boldsymbol{C}_i \tag{7.44}$$

其中，$\boldsymbol{D}_i$ 代表简化型模型中第 i 期的长期累积脉冲响应，$\boldsymbol{C}_i$ 代表结构型模型中第 i 期的长期累积脉冲响应。由于很难对足够长的 i 期脉冲响应进行事先设定，目前一般取 i 为 1 的时候进行设定，即假设 $\boldsymbol{C}_1$ 为下三角矩阵，从而满足 $\frac{(k^2-k)}{2}$ 个约束条件。

四、SVAR 模型的类型

根据 SVAR 模型刻画解释变量的当期关系的方式，可以将 SVAR 模型分为 3 种类型，分别为 AB 型、K 型和 C 型，其中，后两类模型可以看作 AB 型模型的特殊情况。

1. AB 型 SVAR 模型

对于形如式（7.4）的通过 SVAR 模型转化而来的简化型 k 元 p 阶 VAR(p) 模型：

$$\boldsymbol{A}(L)\boldsymbol{Y}_t=\boldsymbol{\varepsilon}_t \tag{7.45}$$

对方程左乘 k 阶可逆参数方阵 $\boldsymbol{A}$ 得到

$$\boldsymbol{A}\boldsymbol{A}(L)\boldsymbol{Y}_t=\boldsymbol{A}\boldsymbol{\varepsilon}_t \tag{7.46}$$

令 $\boldsymbol{A}\boldsymbol{\varepsilon}_t=\boldsymbol{B}\boldsymbol{\mu}_t$，其中 $\boldsymbol{B}$ 为 k 阶参数方阵，$\boldsymbol{\mu}_t$ 满足 $E(\boldsymbol{\mu}_t)=\boldsymbol{O}_k$，$E(\boldsymbol{\mu}_t\boldsymbol{\mu}_t^{\mathrm{T}})=\boldsymbol{I}_k$，则式（7.46）的模型称为 AB 型 SVAR 模型。

在 AB 型模型中，矩阵 $\boldsymbol{A}$ 反映了模型中解释变量的当期关系，而矩阵 $\boldsymbol{B}$ 描述了正交误差项 $\boldsymbol{\mu}_t$ 转化成结构型冲击项的生成机制，所以 AB 型模型也是 SVAR 模型最为常见的一种类型。相对于简化型模型来说，由于添加了两个 k 阶参数矩阵 $\boldsymbol{A}$ 和矩阵 $\boldsymbol{B}$，因此增加了 $2k^2$ 个待估参数，又由于 $E(\boldsymbol{A}\boldsymbol{\varepsilon}_t\boldsymbol{\varepsilon}_t^{\mathrm{T}}\boldsymbol{A}^{\mathrm{T}})=E(\boldsymbol{B}\boldsymbol{\mu}_t\boldsymbol{\mu}_t^{\mathrm{T}}\boldsymbol{B}^{\mathrm{T}})$，得到 $\boldsymbol{A}\Sigma\boldsymbol{A}^{\mathrm{T}}=\boldsymbol{B}\boldsymbol{B}^{\mathrm{T}}$。由于 $\boldsymbol{\Sigma}$ 为对称矩阵，这实际相当于对矩阵 $\boldsymbol{A}$ 和矩阵 $\boldsymbol{B}$ 施加了 $\frac{(k^2+k)}{2}$ 个约束条件。因此，识别模型还需要施加 $2k^2-\frac{(k^2+k)}{2}$ 个约束条件，可以通过短期约束方式或长期约束方式设置约束条件。对于矩阵 $\boldsymbol{A}$，实质是约束解释变量间的当期关系，如果按照乔莱斯基分解方法设置约束条件，则施加了 $\frac{(k^2+k)}{2}$ 个约束条件，如果再约束矩阵 $\boldsymbol{B}$ 为对角矩阵，此时对 $\boldsymbol{B}$ 设置了 k^2-k 个约束条件，总共对矩阵 A 和 B 施加了 $2k^2-\frac{(k^2+k)}{2}$ 个约束条件，满足模型恰好识别的条件。当然，也可以根据经济理论对矩阵 $\boldsymbol{A}$ 设置短期或长期约束条件。矩阵 $\boldsymbol{B}$ 表明了解释变量误差项相互冲击的生成机制，一般地，可以设置矩阵 $\boldsymbol{B}$ 为对角矩阵或单位矩阵，对前者设置了 k^2-k 个约束条件，对后者则设置了 k^2 个约束条件。

2. K 型 SVAR 模型

对于形如式（7.4）的简化型 k 元 p 阶 VAR 模型，对方程两边左乘 k 阶可逆方阵 $\boldsymbol{K}$，则得到

$$\boldsymbol{K}\boldsymbol{A}(L)\boldsymbol{Y}_t=\boldsymbol{K}\boldsymbol{\varepsilon}_t \tag{7.47}$$

其中，$\boldsymbol{K}\boldsymbol{\varepsilon}_t=\boldsymbol{\mu}_t$，$\boldsymbol{\mu}_t$ 满足 $E(\boldsymbol{\mu}_t)=\boldsymbol{O}_k$，$E(\boldsymbol{\mu}_t\boldsymbol{\mu}_t^{\mathrm{T}})=\boldsymbol{I}_k$，则上述式（7.47）的模型称为 K 型 SVAR 模型。与 AB 型 SVAR 模型比较，很显然，此时的矩阵 $\boldsymbol{B}$ 已经被约束为单位矩阵，所以说 K 型 SVAR 模型是 AB 型 SVAR 模型的一种特殊情况。矩阵 $\boldsymbol{K}$ 的存在，给模型添加了 k^2 个待估参数，而又由于 $E(\boldsymbol{K}\boldsymbol{\varepsilon}_t\boldsymbol{\varepsilon}_t^{\mathrm{T}}\boldsymbol{K}^{\mathrm{T}})=E(\boldsymbol{\mu}_t\boldsymbol{\mu}_t^{\mathrm{T}})$，得到 $\boldsymbol{K}\boldsymbol{\Sigma}\boldsymbol{K}^{\mathrm{T}}=\boldsymbol{I}_k$。由于 $\boldsymbol{\Sigma}$ 为对称矩阵，这实际相当于对矩阵 $\boldsymbol{K}$ 施加了 $\frac{(k^2+k)}{2}$ 个非线性约束条件，因此，为了保证模型是恰好识别的，还需要施加 $\frac{(k^2-k)}{2}$ 个约束条件。需要说明的是，此时如果按照乔莱斯基分解方法对矩阵 $\boldsymbol{K}$ 设置约束条件，则实际上设置了 $\frac{(k^2+k)}{2}$ 个约束条件，模型是过度识别的。

3. C 型 SVAR 模型

对于形如式（7.4）的通过 SVAR 模型转化而来的简化型 k 元 p 阶 VAR(p) 模型

$$\boldsymbol{A}(L)\boldsymbol{Y}_t=\boldsymbol{\varepsilon}_t \tag{7.48}$$

令 $\boldsymbol{\varepsilon}_t=\boldsymbol{C}\boldsymbol{\mu}_t$，其中 $\boldsymbol{C}$ 为 k 阶可逆参数方阵。$\boldsymbol{\mu}_t$ 满足 $E(\boldsymbol{\mu}_t)=\boldsymbol{O}_k$，$E(\boldsymbol{\mu}_t\boldsymbol{\mu}_t^{\mathrm{T}})=\boldsymbol{I}_k$，则上述式（7.48）的模型称为 C 型 SVAR 模型。与 AB 型 SVAR 模型比较，很显然，此时的矩阵 $\boldsymbol{A}$

已经被约束为单位矩阵，所以说 C 型 SVAR 模型也是 AB 型 SVAR 模型的一种特殊情况。矩阵 $\boldsymbol{C}$ 的存在，给模型添加了 k^2 个待估参数，而又由于 $E(\boldsymbol{\varepsilon}_t\boldsymbol{\varepsilon}_t') = E(\boldsymbol{C}\boldsymbol{\mu}_t\boldsymbol{\mu}_t^{\mathrm{T}}\boldsymbol{C}^{\mathrm{T}})$，得到 $\boldsymbol{\Sigma} = \boldsymbol{C}\boldsymbol{C}^{\mathrm{T}}$。由于 $\boldsymbol{\Sigma}$ 为对称矩阵，这实际相当于对矩阵 $\boldsymbol{C}$ 施加了 $\frac{(k^2+k)}{2}$ 个非线性约束条件，因此，为了保证模型是恰好识别的，还需要施加 $k^2 - \frac{(k^2+k)}{2}$ 个约束条件。

五、SVAR 模型的估计

完全信息最大似然法（Full Information Maximum Likelihood，FIML）是估计系统方程最常见的一种估计方法。该估计方法充分运用结构方程中的所有方程信息，然后利用最大似然法同时估计出结构方程中的所有参数。在 SVAR 模型中，模型的最大似然函数是模型中的参数系数和误差项参数矩阵的函数。对于一般的 SVAR 模型而言，其对数最大似然函数为

$$\mathrm{Ln}(L) = c - \frac{T}{2}\mathrm{Ln}|\boldsymbol{\Omega}_0| - \frac{T}{2}\mathrm{trace}(\boldsymbol{\Omega}_0^{-1}\hat{\boldsymbol{\Omega}}) \tag{7.49}$$

其中，c 为常数；T 为样本容量；$\hat{\boldsymbol{\Omega}}$为简化型模型估计出的方差协方差矩阵，$\hat{\boldsymbol{\Omega}} = T^{-1}\hat{\boldsymbol{\varepsilon}}\,\hat{\boldsymbol{\varepsilon}}^{\mathrm{T}}$；$\boldsymbol{\Omega}_0$ 为误差项参数矩阵。根据 SVAR 模型的不同类型，其对数最大似然函数分别为

AB 型模型：

$$\mathrm{Ln}(L) = c + \frac{T}{2}\mathrm{Ln}|\boldsymbol{A}^2| - \frac{T}{2}\mathrm{Ln}|\boldsymbol{B}^2| - \frac{T}{2}\mathrm{trace}(\boldsymbol{A}'\boldsymbol{B}^{-1\mathrm{T}}\boldsymbol{B}^{-1}\boldsymbol{A}\hat{\boldsymbol{\Omega}}) \tag{7.50}$$

K 型模型：

$$\mathrm{Ln}(L) = c + \frac{T}{2}\mathrm{Ln}|\boldsymbol{K}^2| - \frac{T}{2}\mathrm{trace}(\boldsymbol{K}^{\mathrm{T}}\boldsymbol{K}\hat{\boldsymbol{\Omega}}) \tag{7.51}$$

C 型模型：

$$\mathrm{Ln}(L) = c - \frac{T}{2}\mathrm{Ln}|\boldsymbol{C}^2| - \frac{T}{2}\mathrm{trace}[(\boldsymbol{C}^{\mathrm{T}})^{-1}\boldsymbol{C}\hat{\boldsymbol{\Omega}}] \tag{7.52}$$

通过相应模型的对数最大似然函数，可以估计出误差项矩阵中的各参数系数。

六、SVAR 模型的脉冲响应函数和方差分解

在简化型 VAR 模型中，误差项存在同期相关性，因此，脉冲响应函数存在非正交化的问题，每一个误差项的冲击是一种复合冲击。但是，可以通过乔莱斯基分解方法对模型中的方差协方差矩阵进行正交分解，获得每一个误差项的正交脉冲响应函数。

对于一个 SVAR 模型，设 $\boldsymbol{\varepsilon}_t$ 的方差协方差矩阵为 $\boldsymbol{\Sigma}$，$\boldsymbol{\mu}_t$ 的方差矩阵为 $\boldsymbol{\Omega}$。设 $\boldsymbol{G}$ 为下三角矩阵，满足 $\boldsymbol{\Sigma} = \boldsymbol{G}\boldsymbol{\Omega}\boldsymbol{G}^{\mathrm{T}}$

$$\boldsymbol{Y}_t = \boldsymbol{C}(L)\boldsymbol{\varepsilon}_t = \boldsymbol{D}(L)\boldsymbol{\mu}_t \tag{7.53}$$

令 $\boldsymbol{\mu}_t = \boldsymbol{G}^{-1}\boldsymbol{\varepsilon}_t$，其中，$\boldsymbol{G}$ 为下三角矩阵，则 $E(\boldsymbol{\mu}_t\boldsymbol{\mu}_t^{\mathrm{T}}) = E[\boldsymbol{G}^{-1}\boldsymbol{\varepsilon}_t\boldsymbol{\varepsilon}_t^{\mathrm{T}}(\boldsymbol{G}^{-1})^{\mathrm{T}}] = \boldsymbol{\Omega}$，因此，通过乔莱斯基分解方法，可以将简化型复合冲击项转化为正交化的冲击项。

设 d_{ij}^q 为变量 j 在 q 期对变量 i 的冲击系数，则

$$d_{ij}^q = \frac{\partial Y_{i,t+q}}{\partial \mu_{j,t}}, \qquad t = 1,2,3\cdots,T \tag{7.54}$$

d_{ij}^{q} 表明，在其他变量不变的情况下，在时期 t，$Y_{i,t+q}$ 对 $Y_{j,t}$ 的误差项的结构脉冲响应大小。连续多期的 q 就构成了 $Y_{i,t+q}$ 对 $Y_{j,t}$ 的脉冲响应函数。SVAR 模型的方差分解与前面介绍的简化型 VAR 模型类似，在此不再赘述。

七、一个 SVAR 模型的例子

还以货币供应量、利率与政府财政支出建立的 VAR 模型为例子。前面的例子估计了简化型 VAR 模型，并用乔莱斯基分解方法描述了变量之间的脉冲响应函数和方差分解。本部分主要讲述 SVAR 模型的估计过程。

SVAR 模型的估计是通过 VAR 模型估计的结果转化而来的，因此首先 SVAR 模型的估计需要确定对应的 VAR 模型。在确定好最优的 VAR 模型，即确定好合理的解释变量和最优的解释变量滞后阶数后，得到简化型模型的参数系数估计量，然后再估计 SVAR 模型中的参数矩阵 $\boldsymbol{A}$ 和矩阵 $\boldsymbol{B}$，并由参数矩阵 $\boldsymbol{A}$ 和矩阵 $\boldsymbol{B}$ 形成结构信息的脉冲响应函数和方差分解。

1. 估计结构因子（Estimate Structural Factorization）

参数矩阵 $\boldsymbol{A}$ 和矩阵 $\boldsymbol{B}$ 决定了结构新息的形成，因此称为结构因子（Structural Factorization）。首先在 EViews 工作文件中选择 “Objects” → “New Object” → “Matrix – Vector – Coef” 选项建立结构因子 $\boldsymbol{A}$ 和 $\boldsymbol{B}$，并对相应参数添加约束条件。对于本例，模型含有 3 个解释变量，因而建立 3×3 的方阵。EViews 提供了两种参数约束方式：矩阵方式和文本方式，如图 7.4 所示。矩阵方式是在矩阵对象中直接对某些参数进行约束。参数约束一般设置参数是否为 0 和 1，对于非约束参数将其设置为 NA。例如经常用到的乔莱斯基分解方法，约束条件实质是对于矩阵 $\boldsymbol{A}$，主对角元素设置为 1，上三角元素设置为 0，下三角元素设置为 NA；对于矩阵 $\boldsymbol{B}$，设置为对角矩阵，即对角元素设置为 NA，非主对角元素设置为 0。对于文本方式，是通过一定语法的函数和命令构成约束条件。为了区别于前述乔莱斯基分解方法，本例通过经济假设对参数设置约束条件。

在本例中，对矩阵 $\boldsymbol{A}$ 和 $\boldsymbol{B}$ 的约束还需要添加 12 个约束条件 $\left(2k^2 - \frac{k\ (k+1)}{2}\right)$。根据经济理论假说对矩阵 $\boldsymbol{A}$ 和 $\boldsymbol{B}$ 设置约束条件。对于矩阵 $\boldsymbol{A}$，设置主对角元素为 1，假设政府财政支出和银行间回购利率对当期货币供应量不产生影响，政府财政支出对当期银行间回购利率不产生影响，这样总共设置了 6 个约束条件。对于矩阵 $\boldsymbol{B}$，设置其为对角矩阵，同样也设置了 6 个约束条件，即在创建矩阵 $\boldsymbol{A}$ 和 $\boldsymbol{B}$ 的时候，设置其形式为

$$\boldsymbol{A}=\begin{bmatrix} 1 & 0 & 0 \\ \text{NA} & 1 & \text{NA} \\ \text{NA} & 0 & 1 \end{bmatrix},\qquad \boldsymbol{B}=\begin{bmatrix} \text{NA} & 0 & 0 \\ 0 & \text{NA} & 0 \\ 0 & 0 & \text{NA} \end{bmatrix}$$

根据以上设置，矩阵 $\boldsymbol{A}$ 和矩阵 $\boldsymbol{B}$ 共设置了 12 个约束条件，满足模型恰好识别的条件。在图 7.4 中，选择 “Matrix” 区域的 “Short – run patter” 形式，并在 “$\boldsymbol{A}$” 和 “$\boldsymbol{B}$” 栏中分别输入矩阵 $\boldsymbol{A}$ 和矩阵 $\boldsymbol{B}$ 的名称，单击 “确定” 按钮，得到图 7.5 所示的估计结果。

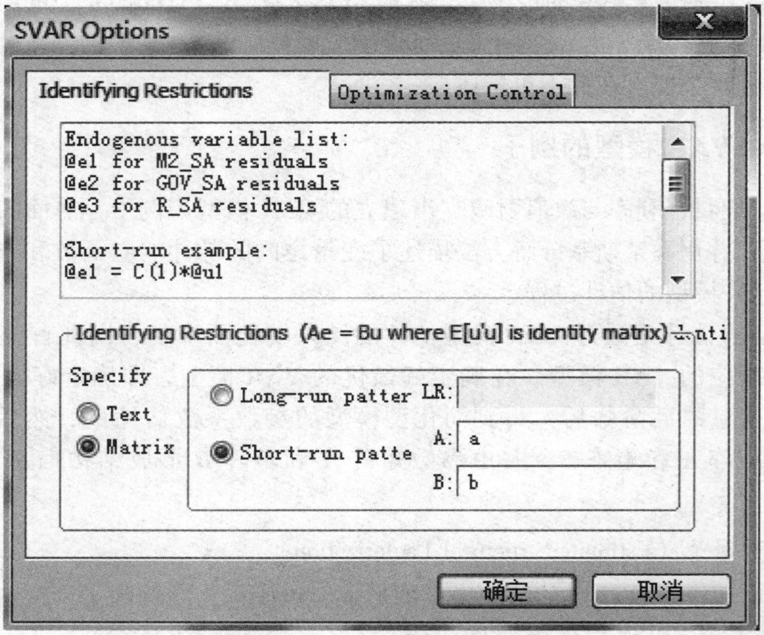

图 7.4　SVAR 模型约束对话框

Sample (adjusted): 2003M04 2019M12
Included observations: 201 after adjustments
Estimation method: method of scoring (analytic derivatives)
Convergence achieved after 1 iterations
Structural VAR is just-identified

Model: Ae = Bu where E[uu']=I
Restriction Type: short-run pattern matrix

A =

1	0	0
C(1)	1	C(3)
C(2)	0	1

B =

C(4)	0	0
0	C(5)	0
0	0	C(6)

	Coefficient	Std. Error	z-Statistic	Prob.
C(1)	-5.205978	1.730289	-3.008733	0.0026
C(2)	0.262251	0.055265	4.745348	0.0000
C(3)	1.830579	2.094175	0.874129	0.3820
C(4)	0.600332	0.029942	20.04994	0.0000
C(5)	13.96528	0.696525	20.04994	0.0000
C(6)	0.470369	0.023460	20.04994	0.0000

Log likelihood　-1131.405

Estimated A matrix:

1.000000	0.000000	0.000000
-5.205978	1.000000	1.830579
0.262251	0.000000	1.000000

Estimated B matrix:

0.600332	0.000000	0.000000
0.000000	13.96528	0.000000
0.000000	0.000000	0.470369

图 7.5　SVAR 模型矩阵 *A*、*B* 的估计结果

如果要设置长期约束条件（不能同时设置长期约束条件和短期约束条件），EViews 默认矩阵 $\boldsymbol{A}$ 为单位矩阵，其实设置了 9 个约束条件，因此还需要对长期约束矩阵设置 3 个约束条件。建立长期约束矩阵 $\boldsymbol{G}$，假设长期来看，政府财政支出和银行间回购利率对货币供应量没有长期影响，银行间回购利率对政府财政支出没有长期影响，即设置矩阵 $\boldsymbol{G}$ 的形式为

$$\boldsymbol{G}=\begin{bmatrix} \mathrm{NA} & \mathrm{NA} & \mathrm{NA} \\ 0 & \mathrm{NA} & \mathrm{NA} \\ 0 & 0 & \mathrm{NA} \end{bmatrix}$$

然后在图 7.4 所示对话框的“LR”栏中输入矩阵 $\boldsymbol{G}$ 的名称，单击“确定”按钮，可以获得长期约束矩阵 $\boldsymbol{G}$ 的估计参数，如图 7.6 所示。

Structural VAR is just-identified

Model: Ae = Bu where E[uu']=I
Restriction Type: long-run pattern matrix
Long-run response pattern:

C(1)	C(2)	C(4)
0	C(3)	C(5)
0	0	C(6)

	Coefficient	Std. Error	z-Statistic	Prob.
C(1)	1.051573	0.052448	20.04994	0.0000
C(2)	0.485731	0.078028	6.225057	0.0000
C(3)	11.79571	0.588316	20.04994	0.0000
C(4)	-0.494955	0.085351	-5.799085	0.0000
C(5)	-7.685426	0.916058	-8.389672	0.0000
C(6)	3.482781	0.173705	20.04994	0.0000
Log likelihood	-1131.405			

Estimated A matrix:

1.000000	0.000000	0.000000
0.000000	1.000000	0.000000
0.000000	0.000000	1.000000

Estimated B matrix:

0.581291	0.081014	-0.126240
1.574095	14.31448	0.201431
-0.046950	-0.067558	0.489147

图 7.6　SVAR 模型矩阵 G 的估计结果

2. 脉冲响应函数

在 SVAR 模型中，脉冲响应函数是约束矩阵的函数，因此，短期约束矩阵 $\boldsymbol{A}$ 和矩阵 $\boldsymbol{B}$ 及长期约束矩阵 $\boldsymbol{G}$ 影响脉冲响应函数的结果。

根据本例矩阵 $\boldsymbol{A}$ 和矩阵 $\boldsymbol{B}$ 的设置，在图 7.7 所示对话框的“Impulse Definition”选项卡中选择“Structural Decomposition”选项，得到图 7.8 所示的短期约束脉冲响应函数。很显然，与图 7.1 比较，本图中的脉冲响应函数与简化式中的脉冲响应函数是有区别。需要说明的是，分解方法如果选择乔莱斯基分解方法，得到的脉冲响应函数与简化式模型的脉冲响应函数一样，因为这时 SAVR 模型还是按照乔莱斯基分解方法计算脉冲响应函数。

同样，在估计矩阵 $\boldsymbol{G}$ 后，也可以得到长期约束条件的结构信息脉冲响应函数，结果如图 7.9 所示。与前面的脉冲响应函数不同的是，长期约束的脉冲响应函数不再显示 2 倍标准误的区间。

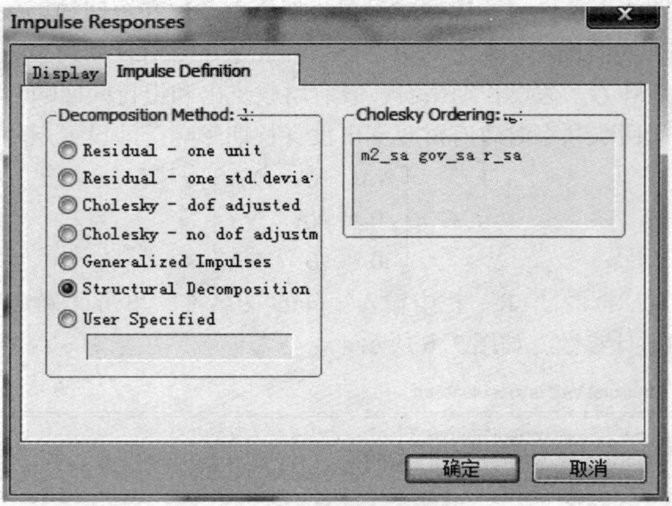

图 7.7　脉冲响应函数定义

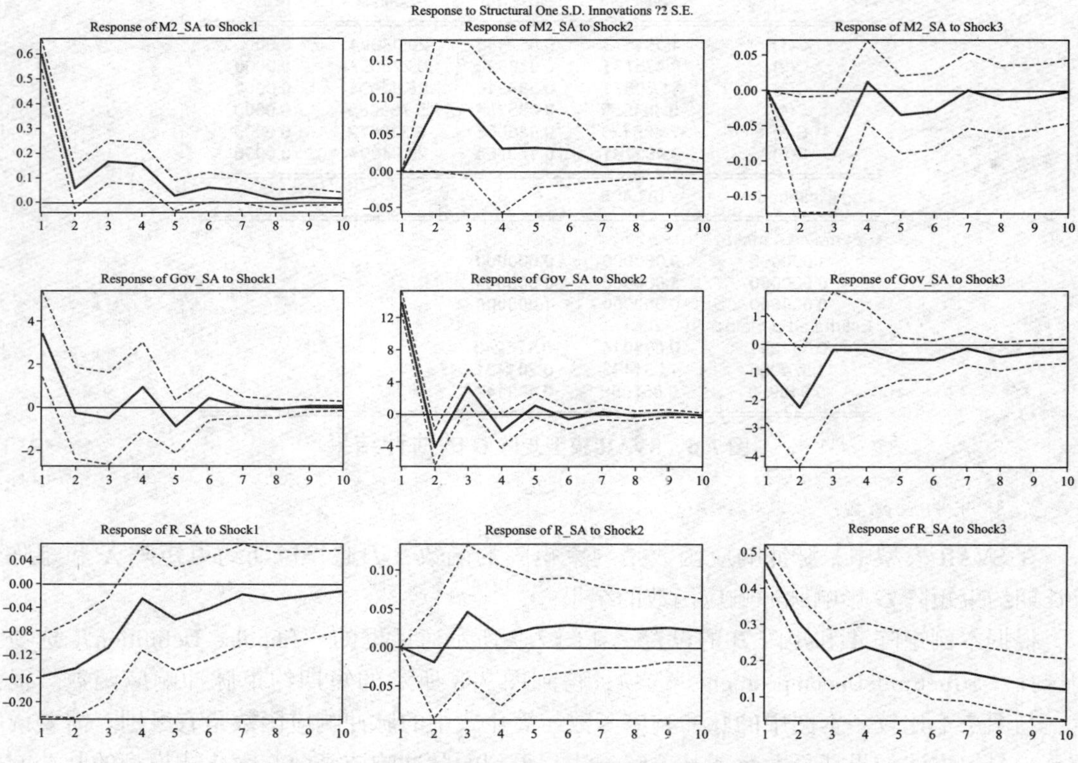

图 7.8　SVAR 模型结构信息短期约束的脉冲响应函数

3. *方差分解*

在估计出短期约束矩阵和长期约束矩阵后，选择“View”→“Variance Decomposition”选项，同样可以分别得到各脉冲响应函数的方差分解图，图 7.10 和图 7.11 分别为短期约束的方差分解图和长期约束的方差分解图。

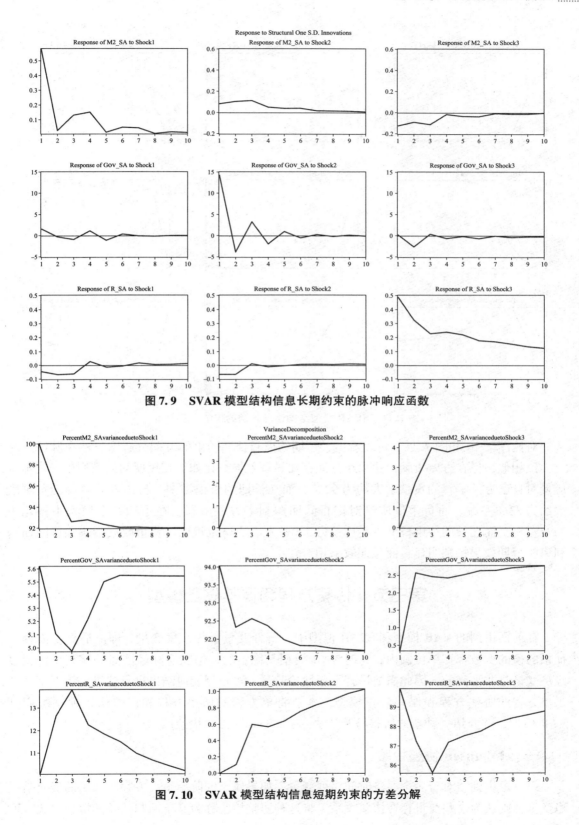

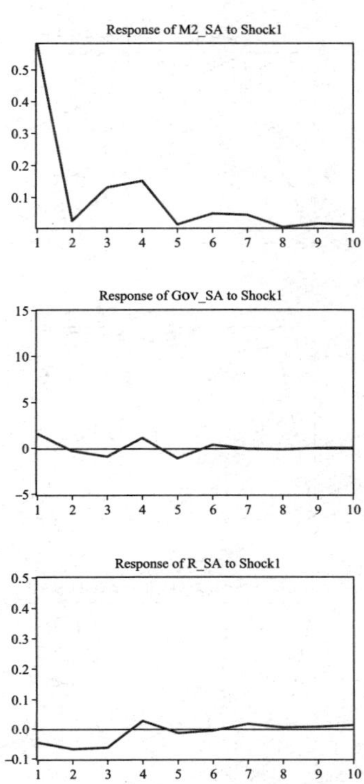

图 7.9　SVAR 模型结构信息长期约束的脉冲响应函数

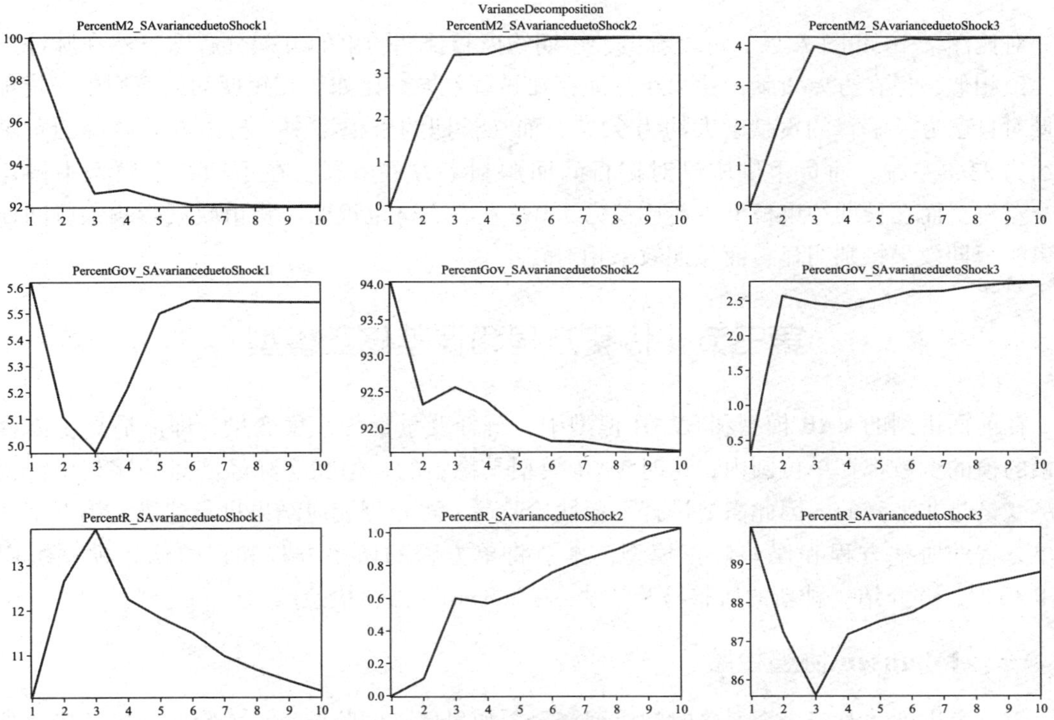

图 7.10　SVAR 模型结构信息短期约束的方差分解

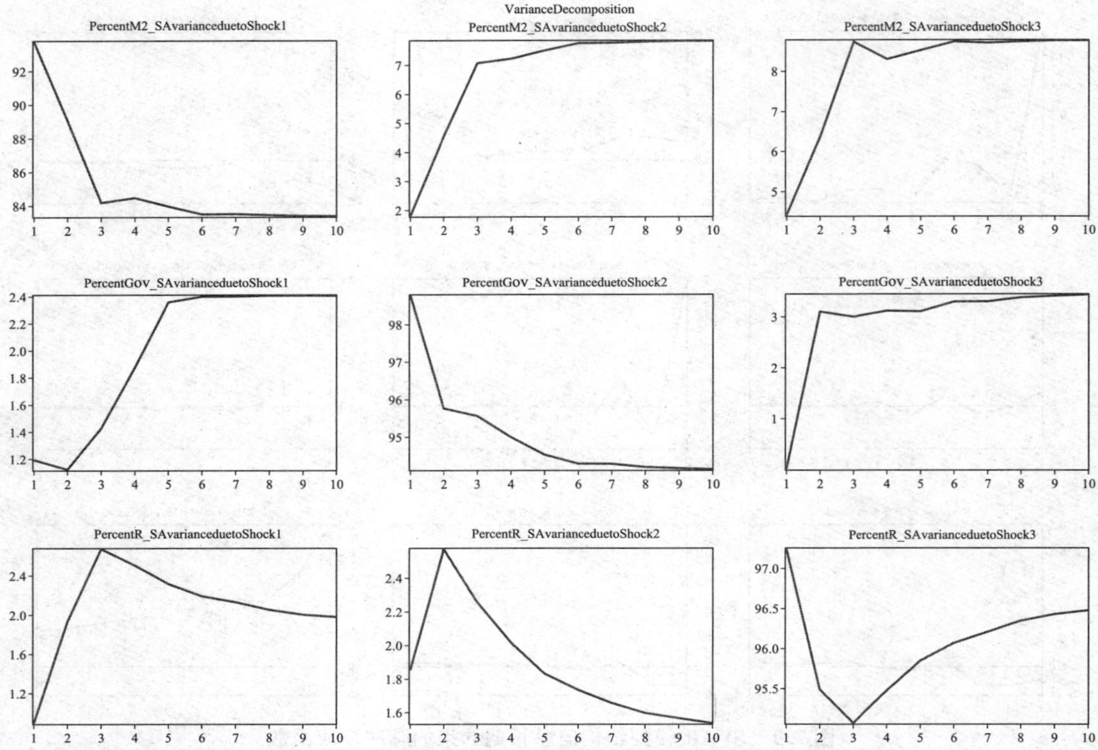

图 7.11　SVAR 模型结构信息长期约束的方差分解

对比图 7.10 和图 7.11，可以看出，短期约束和长期约束的方差分解图虽然在脉冲形状上大致相似，但在方差贡献占比大小方面存在显著差异。比如，在短期约束模型中，货币供应量对自己方差解释的贡献度大约为 92%，而在长期约束模型中，自己方差解释的贡献度大约为 83% 左右。而货币供应量对银行间回购利率方差解释，在短期约束模型中占比为 10% 左右，而在长期约束模型中占比仅为 2.0% 左右。这也说明，货币政策影响银行间回购利率的短期效果特别明显，而长期效果相对较小。

第三节　协整方程和误差修正模型

在前面讲到的 VAR 模型和 SVAR 模型中，解释变量都为平稳变量，即滞后算子方程特征根的模的倒数都在单位圆内，这时 VAR 模型是稳定的。但在实际经济时间序列中，很多经济变量是非平稳的，因此需要进行平稳性检验后，再根据相应结果进行建模。第五章介绍了单方程的协整方程和误差修正模型，本节将单方程的协整方程和误差修正模型推广到 VAR 模型，并介绍一种新的协整检验方法——Johansen 协整检验。

一、Johansen 协整检验

第五章讲到，对于多个经济时间序列变量，如果属于同阶单整，方程回归后的残差是平稳变量，则认为这些变量存在协整关系。将这种协整检验称为基于回归残差的协整检验，而下面的 Johansen 协整检验为基于回归系数的协整检验。

对于形如式（7.55）的 k 元 VAR(p) 模型：

$$\boldsymbol{Y}_t=\boldsymbol{A}_1\boldsymbol{Y}_{t-1}+\boldsymbol{A}_2\boldsymbol{Y}_{t-2}+\cdots+\boldsymbol{A}_p\boldsymbol{Y}_{t-p}+\boldsymbol{\varepsilon}_t \tag{7.55}$$

假设 $\boldsymbol{Y}_t=\begin{bmatrix}Y_{1t}\\Y_{2t}\\\vdots\\Y_{kt}\end{bmatrix}$为一阶单整向量组，其中，$\boldsymbol{A}_i(i=2,\ 3,\ \cdots,\ p)$ 为 k 阶参数矩阵，$\boldsymbol{\varepsilon}_t$ 是 k 维误差项。方程两边同时减去 $\boldsymbol{Y}_{t-1}$进行差分，得到

$$\Delta\boldsymbol{Y}_t=(\boldsymbol{A}_1-\boldsymbol{I}_k)\boldsymbol{Y}_{t-1}+\boldsymbol{A}_2\boldsymbol{Y}_{t-2}+\cdots+\boldsymbol{A}_p\boldsymbol{Y}_{t-p}+\boldsymbol{\varepsilon}_t \tag{7.56}$$

又因为

$$\begin{aligned}\boldsymbol{A}_i\boldsymbol{Y}_{t-i}&=-\boldsymbol{A}_i(\boldsymbol{Y}_{t-i+1}-\boldsymbol{Y}_{t-i})+\boldsymbol{A}_i\boldsymbol{Y}_{t-i+1}\\&=-\boldsymbol{A}_i\Delta\boldsymbol{Y}_{t-i+1}-\boldsymbol{A}_i(\boldsymbol{Y}_{t-i+2}-\boldsymbol{Y}_{t-i+1})+\boldsymbol{A}_i\boldsymbol{Y}_{t-i+2}\\&=-\boldsymbol{A}_i\Delta\boldsymbol{Y}_{t-i+1}-\boldsymbol{A}_i\Delta\boldsymbol{Y}_{t-i+2}+\boldsymbol{A}_i\boldsymbol{Y}_{t-i+2}\\&=\cdots\\&=-\boldsymbol{A}_i\Delta\boldsymbol{Y}_{t-i+1}-\boldsymbol{A}_i\Delta\boldsymbol{Y}_{t-i+2}-\cdots+\boldsymbol{A}_i\Delta\boldsymbol{Y}_{t-1}+\boldsymbol{A}_i\boldsymbol{Y}_{t-1}\\&=\boldsymbol{A}_i\sum_{j=i+1}^{p-1}\Delta\boldsymbol{Y}_{t-j}+\boldsymbol{A}_i\boldsymbol{Y}_{t-1}(i=2,3,\cdots,p)\end{aligned} \tag{7.57}$$

将式（7.57）的结果分别代入式（7.56），经过合并化简可得到

$$\Delta\boldsymbol{Y}_t=\boldsymbol{\Pi}\boldsymbol{Y}_{t-1}+\sum_{i=1}^{p-1}\boldsymbol{\Gamma}_i\Delta\boldsymbol{Y}_{t-i}+\boldsymbol{\varepsilon}_t \tag{7.58}$$

其中，$\boldsymbol{\Pi}=\sum_{i=1}^{p}\boldsymbol{A}_i-\boldsymbol{I}_k$，$\boldsymbol{\Gamma}_i=-\sum_{j=i+1}^{p}\boldsymbol{A}_j$。

由于 $\boldsymbol{Y}_t$ 假设为一阶单整序列，则 $\Delta\boldsymbol{Y}_t$ 和 $\Delta\boldsymbol{Y}_{t-i}(i=2,\ 3,\ \cdots,\ p)$ 为平稳序列，因此，根据第六章对协整的定义，如果 $\boldsymbol{Y}_t$ 中各变量存在协整关系，也就是至少在 $\boldsymbol{Y}_t$ 中存在一个变量，可由其他变量线性表出，才可以保证 $\Delta\boldsymbol{Y}_t$ 为平稳序列。而 $\boldsymbol{Y}_t$ 中是否存在一个变量可由其他变量线性表出，取决于 k 阶方阵 $\boldsymbol{\Pi}$ 的秩 r。

当 $\boldsymbol{\Pi}$ 的秩 $r=k$ 时，此时 $\boldsymbol{\Pi}$ 满秩，当且仅当 $\boldsymbol{Y}_{t-1}$为零阶向量组时，才能保证 $\boldsymbol{Y}_{t-1}$为平稳向量变量，这与假设 $\boldsymbol{Y}_t$ 为一阶单整向量组矛盾。

当 $\boldsymbol{\Pi}$ 的秩 $r=0$ 时，此时 $\boldsymbol{\Pi}=\boldsymbol{0}$，当且仅当 $\boldsymbol{Y}_{t-1}$为零阶向量组时，才能保证 $\boldsymbol{Y}_{t-1}$为平稳向量变量，这与假设 $\boldsymbol{Y}_t$ 为一阶单整向量组矛盾。式（7.58）为差分方程式，各项都为平稳变量，不存在协整关系。

当 $\boldsymbol{\Pi}$ 的秩 r 为 $0<r<k$ 时，此时存在 r 个向量可被其他 $r-k$ 个向量线性表出，表明 $\boldsymbol{Y}_{t-1}$ 存在 r 个协整关系，才能保证 $\boldsymbol{Y}_{t-1}$为平稳向量变量。

综合以上分析，判断 $\boldsymbol{\Pi}$ 的秩为 r，因而存在 $k\times r$ 阶矩阵 $\boldsymbol{\alpha}$ 和 $\boldsymbol{\beta}$，$\boldsymbol{\alpha}$ 和 $\boldsymbol{\beta}$ 的秩都为 r，满足

$$\boldsymbol{\Pi}=\boldsymbol{\alpha}\boldsymbol{\beta}^{\mathrm{T}} \tag{7.59}$$

将式（7.59）带入式（7.58），可以得到

$$\Delta\boldsymbol{Y}_t=\boldsymbol{\alpha}\boldsymbol{\beta}^{\mathrm{T}}\boldsymbol{Y}_{t-1}+\sum_{i=1}^{p-1}\boldsymbol{\Gamma}_i\Delta\boldsymbol{Y}_{t-i}+\boldsymbol{\varepsilon}_t \tag{7.60}$$

如果向量 $\boldsymbol{Y}_t$ 存在协整关系，$\boldsymbol{\beta}^{\mathrm{T}}\boldsymbol{Y}_{t-1}$ 描述的就是这 r 个协整关系形式，因此称 $\boldsymbol{\beta}^{\mathrm{T}}$ 为协整向量矩阵，$\boldsymbol{\alpha}$ 为协整向量中的权重参数，同式中 $\boldsymbol{\Gamma}_i$ 的参数一样，在计量经济学中，可以通过回归等方法进行估计。

显然，在式（7.59）中，$\boldsymbol{\alpha}$ 和 $\boldsymbol{\beta}$ 不是唯一的，但它们的秩是相同和不变的，秩的大小代表了向量 $\boldsymbol{Y}_t$ 存在的协整关系个数。

通过上述分析，不难知道，如果要检验变量是否存在协整关系，可以通过检验矩阵 $\boldsymbol{\Pi}$ 秩的大小来进行判断，这就是 Johansen 协整检验的基本思想。

基于 Johansen 协整检验的基本思想，产生了下述两种 Johansen 协整检验方法。

1. 最大特征根检验

因为矩阵 $\boldsymbol{\Pi}$ 的秩等于其非零特征根的个数，因此，向量 $\boldsymbol{Y}_t$ 协整关系的个数为矩阵 $\boldsymbol{\Pi}$ 的非零特征根的个数。为了检验向量 $\boldsymbol{Y}_t$ 的协整关系，可以检验其矩阵 Π 非零特征根的个数。

原假设 H_{r0}：$\lambda_{r+1}=0$；

备择假设 H_{r1}：$\lambda_{r+1}>0$。

检验统计量为：$\xi_r=-T\ln(1-\lambda_{r+1})(r=0,1,2\cdots,k-1)$。其中，$\xi_r$ 为最大特征根统计量，T 样本容量，λ_{r+1} 为第 $r+1$ 个特征值。最大特征值检验的基本步骤是，首先对矩阵的特征根按照大小排序，然后从 $r=0$ 开始，分别检验每一个 r 值时的统计量在某一显著性水平下是否显著。当 ξ_r 小于某一显著性水平下的临界值，接受原假设 H_{r0}，即接受第 $r+1$ 个特征根为零，至少存在 r 个协整关系。当 ξ_r 大于某一显著性水平下的临界值时，拒绝原假设 H_{r0}，接受 H_{r_1}，即认为第 $r+1$ 个特征根大于零，至少存在 $r+1$ 个协整关系。

2. 特征根迹检验（trace 检验）

特征根迹检验的基本原理与最大特征根检验的原理基本类似，只不过检验假设和检验统计量不一样。

原假设 H_{r0}：$\lambda_r>0$，$\lambda_{r+1}=0$；

备择假设 H_{r1}：$\lambda_{r+1}>0$（$r=0$，1，2…，$k-1$）。

相应的检验统计量为 $\eta_r=-T\sum\limits_{i=r+1}^{k}\ln(1-\lambda_i)$，其中 η_r 为特征根迹检验统计量，T 为样本容量，λ_i 为第 $r+1$ 个特征根。特征根迹检验的基本步骤是，首先对矩阵的特征根按照大小排序，然后从 $r=0$ 开始，分别检验每一个 r 值时的特征根迹统计量在某一显著性水平上是否显著。当 η_r 小于某一显著性水平下的临界值时，接受原假设 H_{r0}，即接受第 $r+1$ 个特征根为零，至少存在 r 个协整关系。当 η_r 大于某一显著性水平上的临界值时，拒绝原假设 H_{r0}，接受 H_{r1}，即认为第 $r+1$ 个特征根大于零，至少存在 $r+1$ 个协整关系。

3. 协整方程的形式

正如变量单位根检验一样，协整方程的形式受变量单位根检验形式的影响。在变量单位根检验中，截距项和确定性趋势项影响变量单位根检验的结果。根据协整向量是否含有截距项和确定性趋势项，协整方程相应设置为下列形式：

（1）向量和协整方程都无截距项和确定性趋势项：

$$\Delta\boldsymbol{Y}_t=\boldsymbol{\alpha}\boldsymbol{\beta}^{\mathrm{T}}\boldsymbol{Y}_{t-1}+\sum_{i=1}^{p-1}\boldsymbol{\Gamma}_i\Delta\boldsymbol{Y}_{t-i}+\boldsymbol{\varepsilon}_t \tag{7.61}$$

（2）向量无线性趋势项，协整方程含有截距项：

$$\Delta \boldsymbol{Y}_t = \boldsymbol{\alpha}(\boldsymbol{\beta}^{\mathrm{T}} \boldsymbol{Y}_{t-1} + \boldsymbol{\rho}_0) + \sum_{i=1}^{p-1} \boldsymbol{\Gamma}_i \Delta \boldsymbol{Y}_{t-i} + \boldsymbol{\varepsilon}_t \tag{7.62}$$

（3）向量含有线性趋势项，协整方程含有截距项：

$$\Delta \boldsymbol{Y}_t = \boldsymbol{\alpha}(\boldsymbol{\beta}^{\mathrm{T}} \boldsymbol{Y}_{t-1} + \boldsymbol{\rho}_0) + \sum_{i=1}^{p-1} \boldsymbol{\Gamma}_i \Delta \boldsymbol{Y}_{t-1} + \boldsymbol{\alpha}_{\perp} \boldsymbol{\gamma}_0 + \boldsymbol{\varepsilon}_t \tag{7.63}$$

（4）向量含有线性趋势项，协整方程含有线性时间趋势项：

$$\Delta \boldsymbol{Y}_t = \boldsymbol{\alpha}(\boldsymbol{\beta}^{\mathrm{T}} \boldsymbol{Y}_{t-1} + \boldsymbol{\rho}_0 + \boldsymbol{\rho}_1 t) + \sum_{i=1}^{p-1} \boldsymbol{\Gamma}_i \Delta \boldsymbol{Y}_{t-1} + \boldsymbol{\alpha}_{\perp} \boldsymbol{\gamma}_0 + \boldsymbol{\varepsilon}_t \tag{7.64}$$

（5）向量含有二次型趋势项，协整方程含有线性时间趋势项：

$$\Delta \boldsymbol{Y}_t = \boldsymbol{\alpha}(\boldsymbol{\beta}^{\mathrm{T}} \boldsymbol{Y}_{t-1} + \boldsymbol{\rho}_0 + \boldsymbol{\rho}_1 t) + \sum_{i=1}^{p-1} \boldsymbol{\Gamma}_i \Delta \boldsymbol{Y}_{t-i} + \boldsymbol{\alpha}_{\perp} (\boldsymbol{\gamma}_0 + \boldsymbol{\gamma}_1 t) + \boldsymbol{\varepsilon}_t \tag{7.65}$$

在上述各方程中，$\boldsymbol{\rho}_0$ 和 $\boldsymbol{\rho}_1$ 为协整方程中的常数参数矩阵，$\boldsymbol{\alpha}_{\perp} \boldsymbol{\gamma}_0$ 为向量中的常数参数矩阵，其中，$\boldsymbol{\alpha}_{\perp}$ 为 $\boldsymbol{\alpha}$ 的正交互补矩阵，即 $\boldsymbol{\alpha}^{\mathrm{T}} \boldsymbol{\alpha}_{\perp} = \boldsymbol{0}$。

需要说明的是，对于同阶单整序列，并不一定存在协整关系，需要进行协整检验。另外，截距项和趋势项对序列平稳性检验和协整方程检验过于敏感，进行变量单位根检验和协整方程检验的时候，应根据变量序列的具体形式选择相应的检验形式。最后，在进行协整检验的时候，最大特征根检验和特征根迹检验的结果可能存在冲突。这时，一方面，根据模型估计后的协整向量矩阵 $\boldsymbol{\beta}^{\mathrm{T}}$ 建立协整关系表示的向量，检验这些变量是否平稳；另一方面，可以根据研究的实际问题选择相应的协整方程模型。

二、向量误差修正模型

前面讲到了单方程的误差修正模型，对于某些非平稳变量可能存在长期均衡的关系，可以对其建立误差修正模型，描述它们之间的长、短期动态关系。同样，在多方程的 VAR 模型中，如果这些非平稳变量存在协整关系，也可以建立向量误差修正模型（Vector Error Correct Model，VECM），刻画这些变量之间的长、短期动态关系。

对于形如式（7.60）的协整方程，$\boldsymbol{\beta}^{\mathrm{T}} \boldsymbol{Y}_{t-1}$ 描述了向量间的长期均衡关系，也是误差修正项。而 $\boldsymbol{\alpha}$ 刻画了当变量向量偏离长期均衡状态时调整到均衡状态的速度。参数矩阵 $\boldsymbol{\Gamma}$ 则刻画了向量变量短期波动对各自的影响。令 $\boldsymbol{\beta}^{\mathrm{T}} \boldsymbol{Y}_{t-1} = \mathrm{ecm}_{t-1}$，则式（7.60）可以表示为

$$\Delta \boldsymbol{Y}_t = \boldsymbol{\alpha} \mathrm{ecm}_{t-1} + \sum_{i=1}^{p-1} \boldsymbol{\Gamma}_i \Delta \boldsymbol{Y}_{t-i} + \boldsymbol{\varepsilon}_t \tag{7.66}$$

同样，根据不平稳序列 $\boldsymbol{Y}_t$ 是否含有截距项和趋势项，向量误差修正模型有以下几种形式：

（1）向量和协整方程都无截距项和确定性趋势项：

$$\Delta \boldsymbol{Y}_t = \boldsymbol{\alpha} \mathrm{ecm}_{t-1} + \sum_{i=1}^{p-1} \boldsymbol{\Gamma}_i \Delta \boldsymbol{Y}_{t-i} + \boldsymbol{\varepsilon}_t \tag{7.67}$$

（2）向量无趋势项，协整方程含有截距项：

$$\Delta \boldsymbol{Y}_t = \boldsymbol{\alpha}(\mathrm{ecm}_{t-1} + \boldsymbol{\rho}_0) + \sum_{i=1}^{p-1} \boldsymbol{\Gamma}_i \Delta \boldsymbol{Y}_{t-i} + \boldsymbol{\varepsilon}_t \tag{7.68}$$

（3）向量含线性趋势项，协整方程含有截距项：

$$\Delta \boldsymbol{Y}_t = \boldsymbol{\alpha}(\mathrm{ecm}_{t-1} + \rho_0) + \sum_{i=1}^{p-1} \boldsymbol{\Gamma}_i \Delta \boldsymbol{Y}_{t-i} + \boldsymbol{\alpha}_{\perp} \boldsymbol{\gamma}_0 + \boldsymbol{\varepsilon}_t \tag{7.69}$$

（4）向量含有线性趋势项，协整方程含有线性时间趋势项：

$$\Delta \boldsymbol{Y}_t = \boldsymbol{\alpha}(\mathrm{ecm}_{t-1} + \boldsymbol{\rho}_0 + \boldsymbol{\rho}_1 t) + \sum_{i=1}^{p-1} \boldsymbol{\Gamma}_i \Delta \boldsymbol{Y}_{t-i} + \boldsymbol{\alpha}_{\perp} \boldsymbol{\gamma}_0 + \boldsymbol{\varepsilon}_t \tag{7.70}$$

（5）向量含有二次型趋势项，协整方程含有线性时间趋势项：

$$\Delta \boldsymbol{Y}_t = \boldsymbol{\alpha}(\mathrm{ecm}_{t-1} + \boldsymbol{\rho}_0 + \boldsymbol{\rho}_1 t) + \sum_{i=1}^{p-1} \boldsymbol{\Gamma}_i \Delta \boldsymbol{Y}_{t-i} + \boldsymbol{\alpha}_{\perp} (\boldsymbol{\gamma}_0 + \boldsymbol{\gamma}_1 t) + \boldsymbol{\varepsilon}_t \tag{7.71}$$

在估计上述模型的参数后，同样可以分析模型的脉冲响应函数和方差分解等。如果是通过 SVAR 模型得到的向量误差修正模型，在估计参数的时候，也可以施加相应的约束条件，获得模型恰好识别的解。

三、一个向量误差修正模型的例子

在国民收入理论中，政府购买支出的增加会导致国内生产总值的增加。另一方面，政府在制定购买支出的时候，一般以当期的国内生产总值为基础，因此，国内生产总值也会影响政府购买支出。为了检验国内生产总值和政府购买支出的这种双向影响关系，对这两个变量建立 VAR 模型进行检验。样本数据来自 Wind 数据库，样本区间为 1997 年第一季度—2019 年第四季度。为了消除季节性影响，采用 X12 方法去除季节性影响因素。

（1）首先对变量 gdp_t 和 gov_t 取对数，并运用 X12 方法获得去除季节性影响因素的国内生产总值和政府购买支出变量，分别表示为 $\log \mathrm{gdp\_sa}_t$ 和 $\log \mathrm{gov\_sa}_t$。

（2）分别对 $\log \mathrm{gdp\_sa}_t$ 和 $\log \mathrm{gov\_sa}_t$ 进行单位根检验，ADF 检验结果如表 7.5 所示，接受两变量同为 2 阶单整序列，可以对其进行协整检验，以判断两者是否存在协整关系。

表 7.5　ADF 检验结果

变量	统计量值	显著性水平			P 值	检验结果
		1%	5%	10%		
$\log \mathrm{gdp\_sa}_t$	-1.404 4	-3.500 7	-2.892 2	-2.583 2	0.577 1	非平稳
$\log \mathrm{gov\_sa}_t$	-2.355 4	-3.502 2	-2.892 9	-2.583 6	0.157 3	非平稳
$\mathrm{d}(\log \mathrm{gdp\_sa}_t)$	-2.224 7	-3.500 7	-2.892 2	-2.583 1	0.133 0	非平稳
$\mathrm{d}(\log \mathrm{gov\_sa}_t)$	-1.763 0	-2.590 6	-1.944 4	-1.614 4	0.074 0	非平稳
$\mathrm{d}(\mathrm{d}(\log \mathrm{gdp\_sa}_t))$	-8.371 3	-3.501 4	-2.892 5	-2.583 4	0.000 0	平稳
$\mathrm{d}(\mathrm{d}(\log \mathrm{gov\_sa}_t))$	-13.518 0	-2.590 6	-1.944 4	-1.614 4	0.000 0	平稳

（3）对这两个原始变量进行 Johansen 协整检验，以判断这两个变量是否存在协整关系，Johansen 协整检验结果如表 7.6 所示。从表 7.6 可知，在 10% 的显著性水平上，接受存在一个协整关系的假设。

表 7.6　Johansen 协整检验结果

原假设	特征值	特征根迹检验			最大特征根检验		
		统计量值	临界值	*P* 值	统计量值	临界值	*P* 值
无协整关系	0.094 1	11.923 9	13.428 8	0.160 6	9.194 9	12.296 5	0.270 3
至少存在一个协整关系*	0.028 9	2.728 9	2.705 5	0.098 5	2.728 9	2.705 5	0.098 5

（注：*为在 10% 的显著性水平上统计显著。）

（4）由于两个变量存在协整关系，可以对原始变量构建向量误差修正模型。首先按照上节 VAR 模型的方法确定滞后阶数，经检验比较，将模型的滞后阶数设定为 5。

（5）选择“Quick”→“Estimate VAR…”选项，在 VAR 模型设定对话框里面，类型选择“Vector Error Correct”选项，在内生变量框里面，输入 log gdp_sa 和 log gov_sa 变量，在滞后阶数里面输入“1 5”。如果存在常数或外生变量，则输入“C”或相应的外生变量名。在“Cointegration”选项卡里面输入协整关系的个数，选择变量和协整方程的形式，然后单击“确定”按钮，获得图 7.12 所示的估计结果。

Sample（adjusted）：1997Q3 2019Q4

Included observations：90 after adjustments

Standard errors in（ ）& t－statistics in［ ］

Cointegrating Eq：	CointEq1	
LOGGDP_ SA（－1）	1.000 000	
LOGGOV_ SA（－1）	－0.833 217	
	(0.028 56)	
	[－29.172 4]	
C	－3.249647	
Error Correction：	**D（LOGGDP_ SA）**	**D（LOGGOV_ SA）**
CointEq1	－0.019 182	0.168 045
	(0.013 66)	(0.064 42)
	[－1.404 64]	[2.608 45]
D（LOGGDP_ SA（－1））	0.686 023	0.702 137
	(0.111 89)	(0.527 85)
	[6.131 08]	[1.330 19]

图 7.12　向量误差修正模型估计结果

D (LOGGDP_ SA (-2))	-0.074 322	0.107 264
	(0.131 97)	(0.622 55)
	[-0.563 18]	[0.172 30]
D (LOGGDP_ SA (-3))	-0.098 013	-0.822 902
	(0.130 20)	(0.614 23)
	[-0.752 76]	[-1.339 72]
D (LOGGDP_ SA (-4))	0.336 948	1.703 405
	(0.131 43)	(0.620 03)
	[2.563 64]	[2.747 29]
D (LOGGDP_ SA (-5))	-0.143 390	-0.394 772
	(0.118 63)	(0.559 63)
	[-1.208 71]	[-0.705 42]
D (LOGGOV_ SA (-1))	0.028 914	-0.466 106
	(0.024 59)	(0.116 01)
	[1.175 73]	[-4.017 70]
D (LOGGOV_ SA (-2))	0.005 750	-0.320 866
	(0.026 73)	(0.126 10)
	[0.215 11]	[-2.544 47]
D (LOGGOV_ SA (-3))	0.003 195	-0.214 285
	(0.029 81)	(0.140 61)
	[0.107 20]	[-1.523 92]
D (LOGGOV_ SA (-4))	0.023 124	0.230 401
	(0.030 26)	(0.142 74)
	[0.764 23]	[1.614 13]

图 7.12　向量误差修正模型估计结果（续）

D (LOGGOV_ SA (-5))	-0.018 329	-0.048 815
	(0.028 12)	(0.132 66)
	[-0.651 77]	[-0.367 97]
C	0.006 661	0.030 386
	(0.004 00)	(0.018 87)
	[1.665 50]	[1.610 62]
R - squared	0.484 635	0.407 951
Adj. R - squared	0.411 956	0.324 457
Sum sq. resids	0.008 089	0.180 013
S. E. equation	0.010 184	0.048 040
F - statistic	6.668 103	4.885 996
Log likelihood	291.563 7	151.949 7
Akaike AIC	-6.212 527	-3.109 993
Schwarz SC	-5.879 219	-2.776 685
Mean dependent	0.028 414	0.036 360
S. D. dependent	0.013 280	0.058 449
Determinant resid covariance (dof adj.)		2.36E -07
Determinant resid covariance		1.77E -07
Log likelihood		444.1359
Akaike information criterion		-9.291910
Schwarz criterion		-8.569743

图 7.12　向量误差修正模型估计结果（续）

根据上述估计结果，模型可以表示为

$$\mathbf{ecm}_t = \log \text{gdp\_sa}_t - 0.832\,2 \log \text{gov\_sa}_t - 3.249\,6$$

$$\begin{bmatrix}\Delta(\log \text{gdp\_sa}_t)\\ \Delta(\log \text{gov\_sa}_t)\end{bmatrix} = \begin{bmatrix}-0.019\,2\\ 0.168\,0\end{bmatrix}\mathbf{ecm}_{t-1} + \begin{bmatrix}0.686\,0 & 0.028\,9\\ 0.702\,1 & -0.466\,1\end{bmatrix}\begin{bmatrix}\Delta(\log \text{gdp\_sa}_{t-1})\\ \Delta(\log \text{gov\_sa}_{t-1})\end{bmatrix} +$$
$$\begin{bmatrix}-0.074\,3 & 0.005\,8\\ 0.107\,3 & -0.320\,9\end{bmatrix}\begin{bmatrix}\Delta(\log \text{gdp\_sa}_{t-2})\\ \Delta(\log \text{gov\_sa}_{t-2})\end{bmatrix} + \begin{bmatrix}-0.098\,0 & 0.003\,2\\ 0.822\,9 & 0.214\,3\end{bmatrix}\begin{bmatrix}\Delta(\log \text{gdp\_sa}_{t-3})\\ \Delta(\log \text{gov\_sa}_{t-3})\end{bmatrix} +$$
$$\begin{bmatrix}0.337\,0 & 0.023\,1\\ 1.703\,4 & 0.230\,4\end{bmatrix}\begin{bmatrix}\Delta(\log \text{gdp\_sa}_{t-4})\\ \Delta(\log \text{gov\_sa}_{t-4})\end{bmatrix} + \begin{bmatrix}-0.143\,4 & -0.018\,3\\ -0.394\,8 & -0.048\,8\end{bmatrix}\begin{bmatrix}\Delta(\log \text{gdp\_sa}_{t-5})\\ \Delta(\log \text{gov\_sa}_{t-5})\end{bmatrix}$$

从估计结果来看，首先，国内生产总值和政府购买支出之间存在长期稳定的关系，当政府购买支出每增加 1% 时，国内生产总值大约会增加 0.83%。其次，当国内生产总值偏离长期均衡状态时，系统会以 0.019 2 的调整速度反向调整至均衡状态；当政府购买支出偏离长期均衡状态时，系统会以 0.168 0 的调整速度正向调整至均衡状态。

当然，对于向量误差修正模型，同样可以作脉冲响应函数分析和方差分解，其原理和方法与 VAR 模型类似，在此不赘述。同样需要说明的是，在向量误差修正模型中也可以对模型作出约束条件，方法与 SVAR 模型类似，不再作进一步说明。

复习思考题

1. 简述 VAR 模型建模的基本步骤。
2. 简述格兰杰因果关系检验的基本思想。
3. 简述脉冲响应分析和方差分解的基本思想。
4. 简述 SVAR 模型与 VAR 模型的区别。
5. 简述 SVAR 模型短期约束的两种方法。
6. 协整检验的前提条件是什么？简述 Johansen 协整检验。

第八章

EViews 应用基础

第一节　EViews 简介

一、EViews 软件背景

EViews（Econometric Views）是在大型计算机的 TSP（Time Series Processor）软件包的基础上发展起来的处理时间序列数据的工具。1981 年，QMS 公司在 Micro TSP 的基础上直接成功开发 EViews 并投入使用。EViews 得益于 Windows 的可视特点，能通过标准 Windows 菜单和对话框，用鼠标选择操作，并且能通过标准的 Windows 技术使用显示于窗口中的结果。EViews 还拥有强大的命令功能和批处理语言功能。可在 EViews 的命令行中输入、编辑和执行命令，在程序文件中建立和存储命令，以便在后续的研究项目中使用这些程序。

EViews 是 Econometrics Views 的缩写，直译为“计量经济学观察”，通常称为计量经济学软件包，是专门从事数据分析、回归分析和预测的工具，在科学数据分析与评价、金融分析、经济预测、销售预测和成本分析等领域应用非常广泛。EViews 软件是目前经济管理学科进行计量分析使用较为广泛的软件工具，据调查，目前 EViews 的国内高校使用率达 98%。

EViews 可用于回归分析与预测、时间序列以及横截面数据分析。与其他统计软件（如 Excel、SPSS、SAS）相比，EViews 的功能优势是能够进行回归分析与预测，本章以 EViews8.0 版本为蓝本介绍该软件的使用方法。

二、EViews 的安装及启动与关闭

1. 安装步骤

打开 EViews8.0 文件所在文件夹，单击“Setup. exe”安装，安装过程与其他软件类似。

安装完毕，电脑桌面和文件安装位置都有 EViews8 图标。双击 EViews8 图标即可启动该软件。

2. 启动步骤（3 种方式）

（1）单击“开始”→“程序”→EViews 程序组→EViews8 图标。

（2）单击“我的电脑”，打开“EViews8”目录，双击文件安装位置或电脑桌面的 EViews8 图标。

（3）双击 EViews 的工作文件（workfile）或数据文件。

3. 关闭（3 种方式）

（1）单击 EViews 窗口右上角的关闭按钮。

（2）按“ALT + F4”组合键。

（3）选择主菜单栏中“File”→“Close”命令，关闭工作文件窗口。

三、EViews 基本窗口简介

EViews 基本窗口由 5 个部分组成——标题栏、主菜单栏、命令窗口、状态线、工作区，如图 8.1 所示。

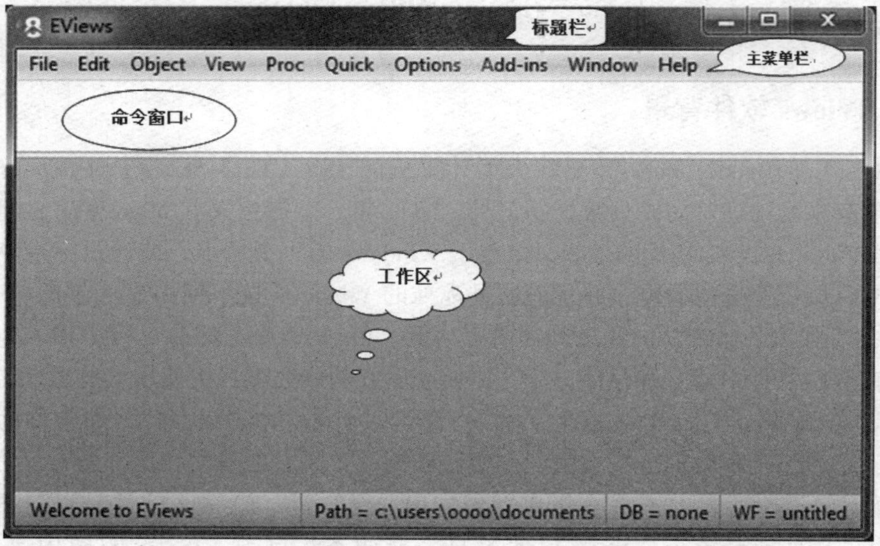

图 8.1　EViews 基本窗口

标题栏：位于主窗口的最上方。可单击 EViews 窗口的任何位置以使 EViews 窗口处于活动状态。

主菜单栏：单击主菜单栏中的主菜单出现一个下拉菜单，在下拉菜单中可以选择相关选项。

命令窗口：主菜单栏下面是命令窗口。把 EViews 命令输入该窗口，按 Enter 键即执行该命令。

状态线：EViews 窗口的最底端是状态线，它被分成几个部分。左边部分有时提供 EViews 发送的状态信息；往右是 EViews 寻找数据和程序的预设目录；最后两部分显示预设数据库和工作文件的名称。

工作区：位于 EViews 窗口的中间部分。EViews 在这里显示各个目标对象窗口。

四、EViews 工作文件的操作特点

（1）EViews 的具体操作在工作文件（Workfile）中进行。如果想用 EViews 进行某项具体的操作，必须先新建一个工作文件或打开一个已经存在硬盘（或软盘）上的工作文件，然后才能够进行定义变量、输入数据、建模等操作。

（2）EViews 处理的对象及运行结果都称为对象（Object），如序列（Series）、方程（Equation）、表格（Spread sheet）、图（Graph）、描述统计（Descriptive Statistics）、模型（Models）、系数（Coefficients）等，可以通过不同方式查看对象，比如表格、图、描述统计等，但这些查看结果不是独立的对象，它们随原变量序列的改变而改变。如果想将某个查看结果转换成一个独立的对象，可使用对象窗口中的“Freeze”命令将该结果“冻结”，从而形成一个独立的对象，然后可对其进行编辑或存储。

（3）EViews 中建立的对象的命名不区分大小写，其中 c、resid 为参数向量和残差序列两个对象的专用名称，不能用来对其他对象命名。

（4）工作文件是用户与 EViews 对话期间保存在内存之中的信息，结束工作时需要将工作文件保存。

五、工作文件的基本操作

1. 建立与存储工作文件

1）建立工作文件

打开 EViews 后，选择“File”→“New”→“Workfile”选项，弹出“Workfile Create”对话框，如图 6.2 所示。该对话框用于定义工作文件的频率等内容。该频率用于界定样本数据的类型，其中包括时序数据、截面数据、面板数据等。选择与所用样本数据相适应的频率。例如，样本数据是年度数据，则选择年度（Annual），相应的对象也是年度数据，且对象数据范围小于等于工作文件的范围。如样本数据为 1997—2017 年的年度数据，则选择的频率为年度（Annual），接着再在起始时间（Start date）和终止时间（End date）两栏中分别输入“1997”“2017”，然后单击“OK”按钮，就建立了一个时间频率为年度的工作文件，如图 8.2 所示。

工作文件创建完毕，工作文件窗口（如图 8.3 所示）同时打开。

2）保存新建立的工作文件（两种方法）

（1）在主窗口中选择“File”→“Save”或“Save As”命令；

（2）直接单击工作文件窗口工具栏中的“Save”按钮。

2. 工作文件窗口主要菜单命令

工作文件窗口是 EViews 子窗口。它有标题栏、控制框、控制按钮。从工作文件目录中选取并双击对象，可展示和分析工作文件中的任何数据。下面以图 8.4 所示的序列 x 与 y 为例介绍工作文件窗口的主要命令功能。

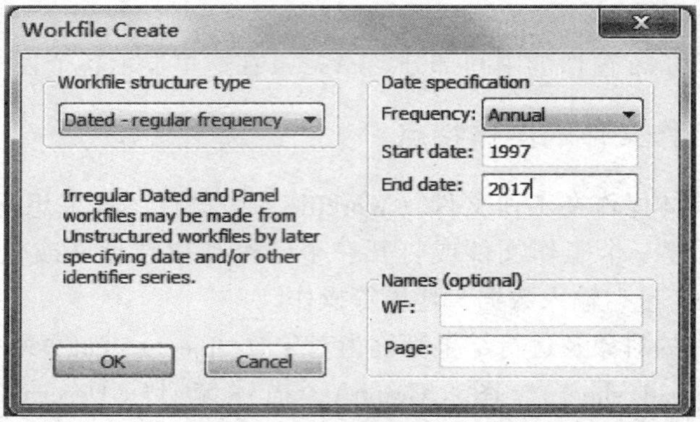

图 8.2 “Workfile Create”对话框

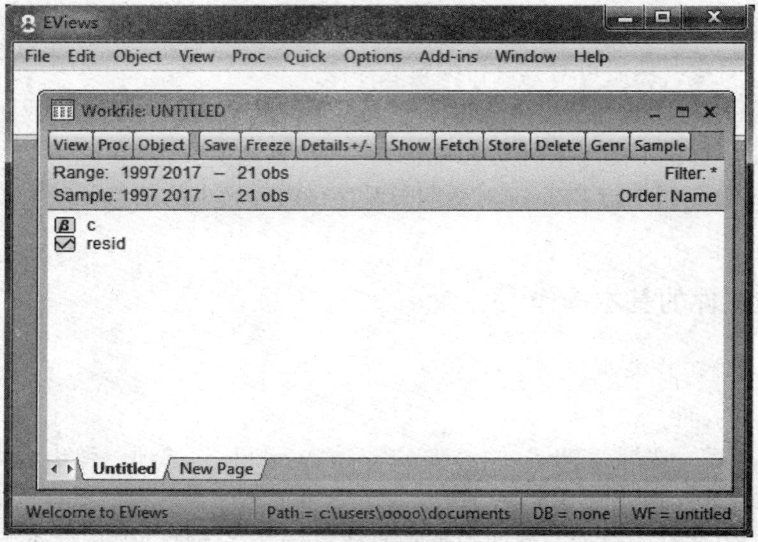

图 8.3 EViews 工作文件窗口（1）

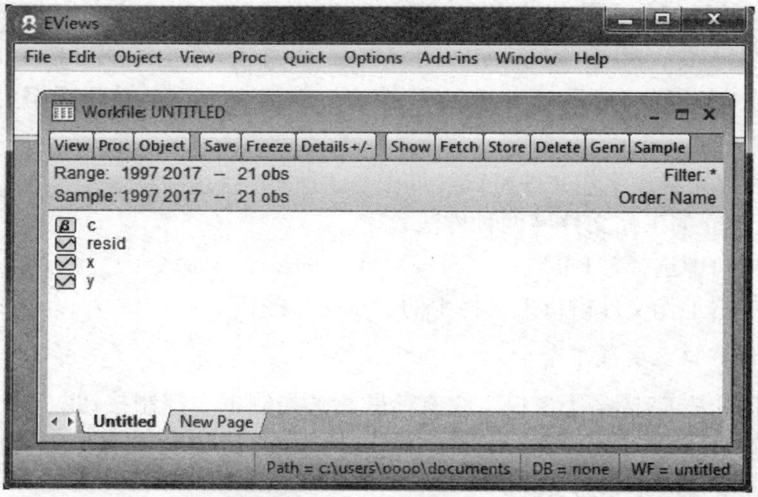

图 8.4 EViews 工作文件窗口（2）

（1）View（查看）。该命令与 EViews 基本窗口主菜单栏中的“View”菜单的功能是一样的，可显示所选的对象。例如选定图 8.4 中的 x，然后选择“View”→“Open Selected”→“One Window”选项，则弹出显示 x 值的窗口。这一功能与双击 x 的效果是一样的。

（2）Proc（处理）。“Proc”命令包含设置样本范围和筛选条件来选择样本、改变工作簿范围、导入数据、导出数据等功能。在工作文件窗口菜单命令最右端有单独列出的“Sample”命令。

①Sample（样本）。该命令可用于改变样本的范围，但不能超过工作文件范围（Workfile Range）。如果样本范围需要超过工作文件范围，则先修改工作文件范围，然后再改变样本范围。

单击“Proc”→“Sample”→“OK”按钮，弹出一个对话框（如图 8.5 所示），默认为“@ all”（全部样本）。若只需要选择 1997—2007 年的样本，可在空白处输入新的样本范围“1997　2007”，注意数字中间要有空格，单击“OK”按钮，样本范围改变。

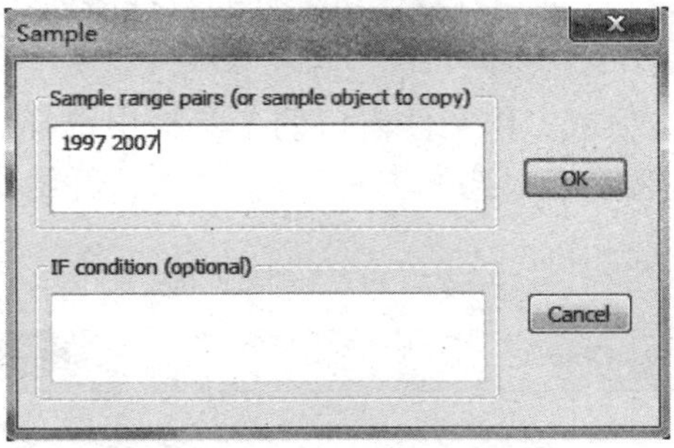

图 8.5　样本期定义对话框

②Structure/Resize Current Page（改变工作文件范围）。该命令可改变当前工作文件的范围，其操作与样本范围的改变相似。该命令一般是在模型建好后，外推预测时需要改变样本或工作文件范围时使用。

③Genr。该命令是在现有序列对象（变量）的基础上，生成新的序列对象（变量）。单击工作文件窗口顶部的“Genr”按钮，弹出一个对话框，在公式输入框中输入要生成的变量公式，例如“z = x + y”，单击“OK”按钮，一个新的变量（序列对象）z 出现在工作文件中。

（3）Object（对象）。该命令主要是对对象进行操作，包括新建对象、新建序列、存储、删除、重新命名、复制等。

单击工作文件窗口中的“Object”按钮，出现下拉菜单，下拉菜单中包含很多功能，其中一些功能以命令形式出现在工作文件窗口顶部，如“Fetch”（取出）、“Store”（存储）、“Delete”（删除）。下拉菜单中的主要命令如下：

①新建一个对象和生成序列（等同于“Genr”），参看前面的内容。

②Fetch：取出一个已经存在硬盘或软盘上的对象。单击“Object”→“fetch from DB”→“OK”按钮或直接单击工作文件窗口顶部的“Fetch”按钮，然后按其要求给出路径及对象名字。

③Store：将工作文件中的对象单独存放于硬盘或软盘中。

④Delete：删除工作文件中的对象。操作：单击要删除的对象，再单击“Delete”按钮。

⑤Copy：复制一个或多个对象。

“Object”命令菜单部分功能可利用鼠标右键来完成。例如选中 x，然后单击鼠标右键，出现一系列命令菜单，可完成该对象的多种操作。例如鼠标右键菜单中的“Copy”命令可以将当前工作文件中的对象粘贴到其他工作文件或 Word 文档中。

（4）Save（保存）。功能是将当前工作文件保存在硬盘或软盘中。如果是新建的工作文件，会弹出一个对话框，需要指明存放的位置及文件名。如果是原有的工作文件，不会出现对话框，其作用是随时保存该工作文件。建议在使用 EViews 时经常使用“Save”命令，以避免电脑出现故障，丢失未能保存的内容。这里需要提醒的是，“Save”命令与“Store”命令是有区别的。“Save”命令保存的是整个工作文件，而“Store”命令存储的是个别对象。

（5）Show（显示）。显示所选的对象。

3. 序列（组）的创建与打开

（1）工作文件建立以后，应创建有待分析处理的数据序列，创建序列有以下两种方法：

①鼠标图形界面方式。

在 EViews 主窗口菜单选项或工作文件窗口的工具栏中选择“Object”→“New Object”选项，在“Type of object”选项区中选择“Series”选项，并给定序列名，一次只能创建一个序列，如图 8.6 所示。

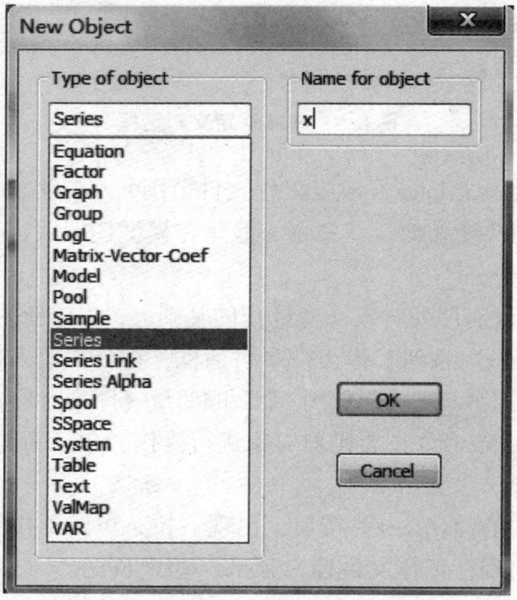

图 8.6　对象定义对话框

②“data”命令方式

在命令窗口中输入“data <序列名 1> <序列名 2>... <序列名 n>”，然后按 Enter键。

（2）创建序列组有以下两种方法：

①鼠标操作：创建将两个空序列 y 和 x 后，按住 Ctrl 键单击“y”，再单击“x”，使两个图标加亮，单击鼠标右键，选择“Open”→“as Group”命令，建立一个 y 与 x 的序列组。

②菜单选择：a. 主菜单选项中选择“Object”→“New Object”→“Group”选项；b. 在主菜单选项中选择“Quick”→“Empty Group”选项。

第二节　EViews 数据处理

一、序列对象窗口简介

对象窗口是显示某对象的窗口，既可以显示其数据，又可以显示一个有关对象过程的结果，一个尚未录入数据的序列对象窗口如图 8.7 所示。

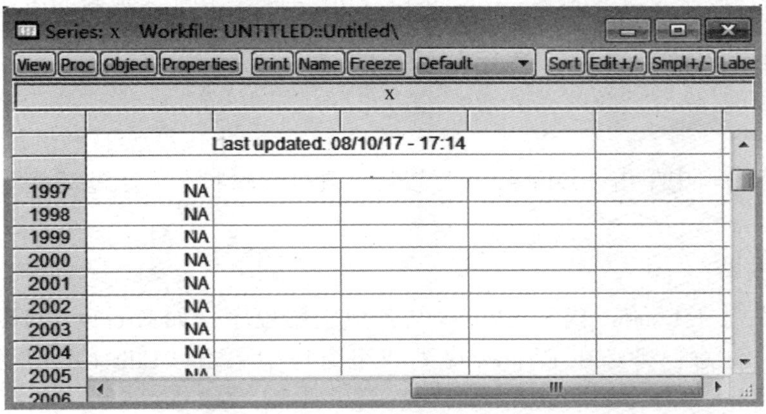

图 8.7　序列对象窗口

（1）View：在 EViews 主窗口顶部、工作文件窗口、对象窗口中都有“View”命令，它们的功能类似，都是进行查看操作，但具体内容又有差别。EViews 主窗口顶部的“View”命令和序列对象窗口中的“View”命令功能一样。

单击序列 x 表格上的“View”按钮，出现一个下拉菜单，该菜单命令可对对象提供不止一种查看形式：Spreadsheet（表格）、Graph（图）、Describe Statistics（描述统计）、UnitRoot Test（单位根检验）等。

（2）Proc：该命令内含生成变量（generation by equation）、季节调整（seasonal adjustment）、指数平滑（exponential smoothing）、普雷斯科特过滤（Hodrick - prescott）4 种对变量序列 x 调整的方法。生成变量（generation by equation）与工作文件中的 generate 功能类似，是在现有变量的基础上生成新的变量。建议读者使用工作文件中的 generate 功能来生成新变量。季节调整（seasonal adjustment）功能适用于季节数据与月度数据。

（3）Object：该命令的功能与工作文件窗口、EViews 主窗口中的“Object”命令功能相似，这里不再详细介绍。

（4）Prin：打印 x 序列内容。

（5）Name：给当前对象命名或修改名字。这里需要提醒的是，如果想要将当前对象保存到工作文件中，就可使用“Name”命令。一个对象命名之后，其名字就出现在工作文件中，随工作文件的存取而永久保留。

（6）Freeze：该命令将序列 x 当前的某种查看形式转换成为独立的对象，前面已有介绍。

（7）Edit + \ -：该命令功能是切换表格的输入状态，点击 Edit + \ -，表格处于可编辑状态，此时可输入数据、删除数据等操作，再次点击 Edit + \ -，则表格处于非编辑状态。

（8）Smpl + \ -：该命令与 Wide + \ - 是配对使用。点击 Smpl + \ -，数据以列的形式排列；再点击 Wide + \ -，数据以行的形式排列。

（9）Lable + \ -：功能是控制表格顶部是否显示标签及标签是否可编辑。

（10）Delelte：在数据中删除数据命令。

（11）Sample：该命令与 Workfile 中 Sample 命令功能一样，是改变样本范围。

（12）Genr：该命令与 Workfile 中 Genr 命令功能一样，用于生成新的序列。

二、序列组的数据录入、调用与编辑方法

1. 手工录入

在序列或组窗口中单击“Edit +／-”按钮，进入编辑状态，通过键盘结合光标移动键将数据输入。

2. 复制和粘贴

复制和粘贴是在 EViews 内和 EViews 与其他应用程序（如 Excel）之间移动数据最便利的方法之一。注意：务必在 EViews 序列或组窗口中单击“Edit +／-”按钮进入编辑状态。

3. 数据导入

EViews8. 0 允许调用 3 种格式的数据，ASCII、Lotus 和 Excel 工作表。用户可以从工作文件菜单中选择“Proc”→“Import”→“Read Text - Lotus - Excel”选项，然后找到并打开目标文件，对应于不同类型的文件会出现不同的对话框，其中 Excel 2003 工作表的读入是最常用的。现以图 8. 8 所示的 Excel 2003 工作表中序列 y 和 x 数据为例，将其读入 EViews。

选择定位到包含该目标文件的目录和文件类型“. xls”，双击该数据文件，出现图 8. 9 所示的对话框。在“Upper left data cell”框中填写 Excel 工作表中左上方第一个单元格的名称“B2”；在“Names for series or Number if named in file”区域输入读入变量的名称“x”/“y”或个数“2”；在“Import sample”区域输入建立工作文件时定义的欲调入序列的时间范围“1997 2017”。定义完毕后单击“OK”按钮，工作文件窗口即出现新读入的 x 和 y 序列。

	A	B	C
1		x	y
2	1997	381	184
3	1998	419	208
4	1999	463	238
5	2000	492	264
6	2001	528	288
7	2002	583	316
8	2003	695	361
9	2004	858	446
10	2005	963	497
11	2006	1112	565
12	2007	1366	714
13	2008	1519	788
14	2009	1644	833
15	2010	1893	932
16	2011	2311	1116
17	2012	2998	1393
18	2013	4044	1833
19	2014	5046	2355
20	2015	5846	2789
21	2016	6420	3002
22	2017	6796	3159

图 8.8　Excel 2003 工作表

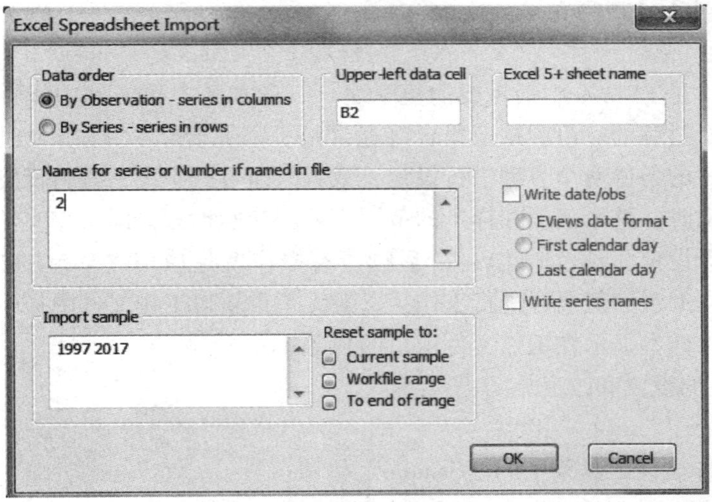

图 8.9　读入 Excel 2003 工作表对话框

4. 数据导出

以输出 Excel 2003 工作表为例，选择所要导出的序列 x 和 y，在工作文件窗口的菜单中选择“Proc”→“Export”→“Write Text - Lotus - Excel”选项，选择文件类型“. xls”和定位到包含该文件的目录，单击“OK”按钮，如图 8. 10 所示，即可得到文件类型为 Excel 的 x 和 y 序列。

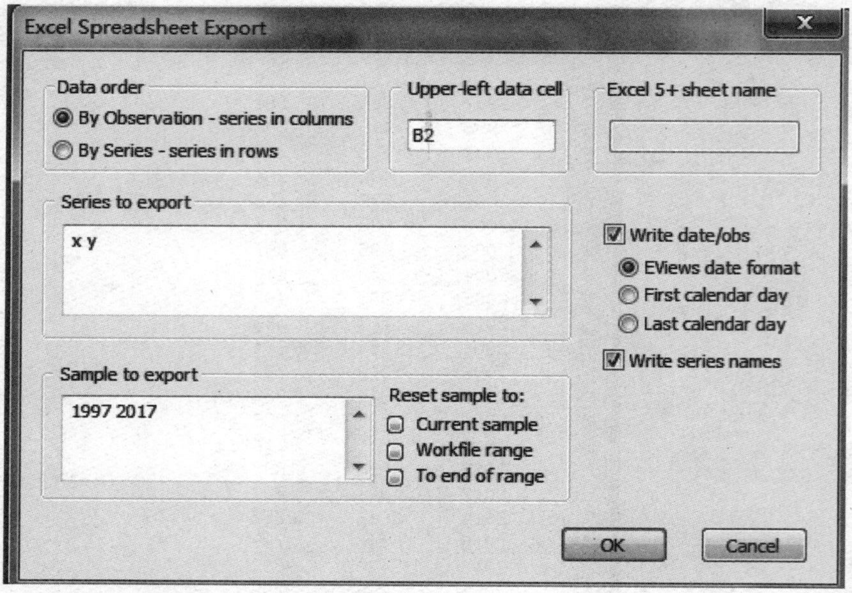

图 8.10　读出 Excel 2003 工作表对话框

5. 工作文件样本范围设置

1）样本对象

观察值的样本是 EViews 中最重要的概念之一。样本是工作文件中能够显示它们，也能够对它们执行某个过程的一组观察值集合（通常是一个子集合）。样本可通过观察值的范围和观察值必须满足的条件两个方面进行设定，或者只通过其中之一进行设定。

创建工作文件时，整个范围和样本的范围都采用初始设置，即工作文件的整个范围。工作文件的范围一经设定，预示着 EViews 后续所有操作就是使用这个范围的观察值进行的。除非有意使用不同的观察值集合进行工作，一般无须重新对工作文件的样本进行设置。当前观察值的工作文件样本显示在工作文件窗口的顶部。

2）样本范围的设置和改变

有 3 种方法：

（1）单击工作文件工具条上的“Sample”按钮；

（2）从主菜单选择“Proc”→“Set Sample”选项或者“Quick”→“Sample”选项；

（3）单击显示在工作文件窗口中的“Sample”字符。

例如，要求使用 1997—2007 年并满足序列 x 的值超过 500 的观察值进行工作。具体操作为单击工作文件窗口菜单栏中的“Sample”按钮，在“Sample range pairs（or sample object to copy）”框中输入“1997 2007”（注意中间要有空格），在“IF condition（optional）”框中输入“x >500”，如图 8.11 所示。

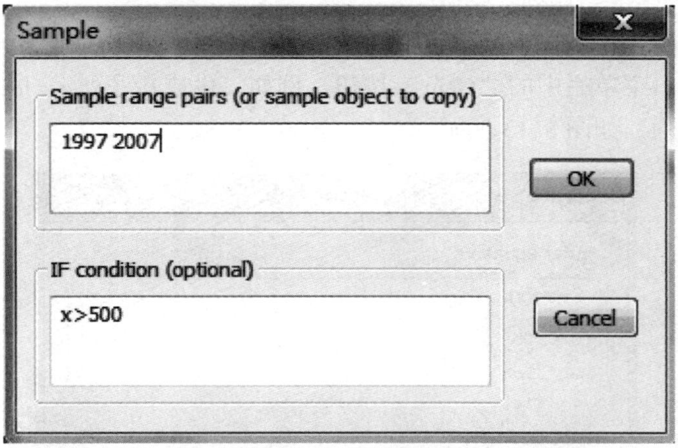

图 8.11　样本对象范围定义对话框

3）工作文件范围的设置和改变

例如，要求使用 2007—2017 年的观察值进行工作。具体操作为单击工作文件窗口菜单栏中“Proc”→“Structure”→“Resize current page”按钮，然后重新设置工作文件范围，如图 8.12 所示。

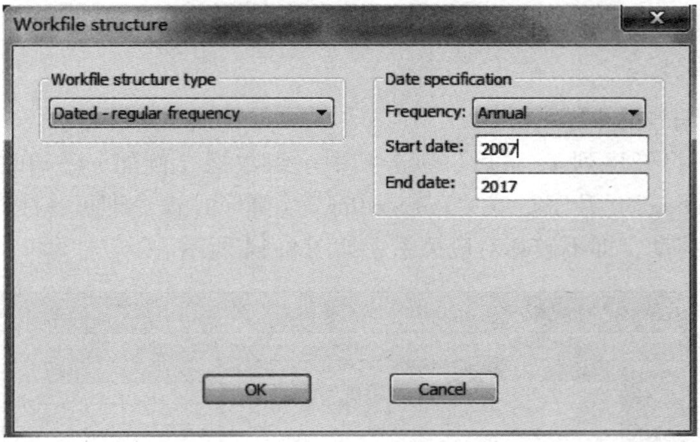

图 8.12　工作文件范围定义对话框

6. 序列数据的添加、删除和新序列的生成

1）序列数据的添加

具体方法为：①改变工作文件样本总量，具体操作为单击“Proc”→“Structure”→“Resize current page”按钮，弹出“Workfile structure”对话框，进行工作文件样本总量的增加和减少；②单击“Edit”按钮，进行数据的添加或复制粘贴。

2）序列数据的删除

具体方法为：单击序列或组窗口菜单栏中“Edit +/-”按钮，直接对单位数据按Delete键；或在无编辑状态下，直接在工作文件窗口中选中数据进行删除。对于序列、组数据的删除，先选中该序列或组后，按 Delete 键确定即可。

3）由已有序列生成新序列

具体方法有两种：一是在主菜单栏中单击“Quick”→“Generate series”按钮；二是直接单击工作文件窗口菜单栏中的“Genr”按钮，例如：生成新序列 z = log(x)，即 z 为序列 x 自然对数的变换序列，如图 8.13 所示。

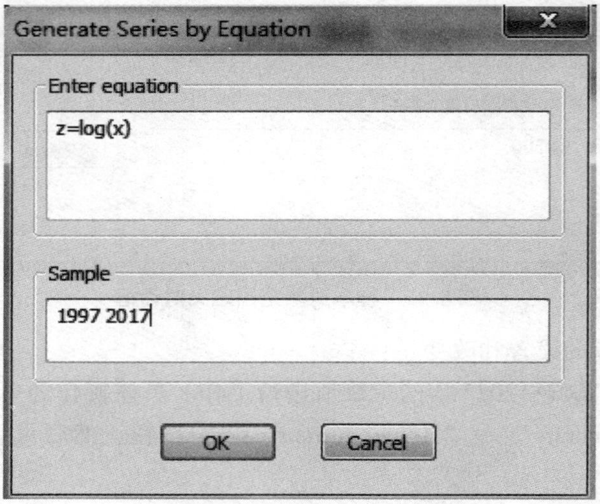

图 8.13　建立序列对话框

7. 序列数据排序

1）保留原来编号的排序

具体方法为：打开序列 x、y 后，单击其中一组数据（例如 x），单击鼠标右键，选择“Sort”→“Ascending”（升序）或“Descending”（降序）命令即可，注意其他序列（例如 y）都会随之相应移动，即不破坏对应关系，如图 8.14 所示。

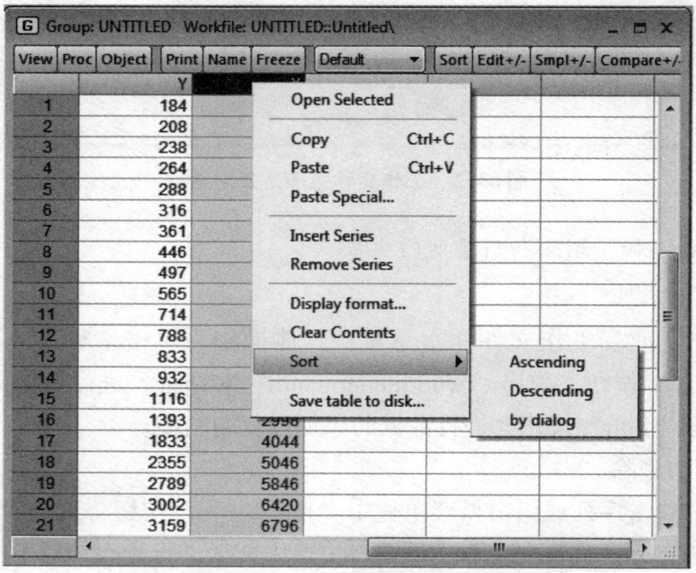

图 8.14　序列数据排序（1）

2）不保留原来编号，且重新编号的排序

具体方法为：打开序列如 x 后，在命令窗口中输入“sort(d)x”，即对序列 x 进行降序排列，并且重新编号，如图 8.15 所示。

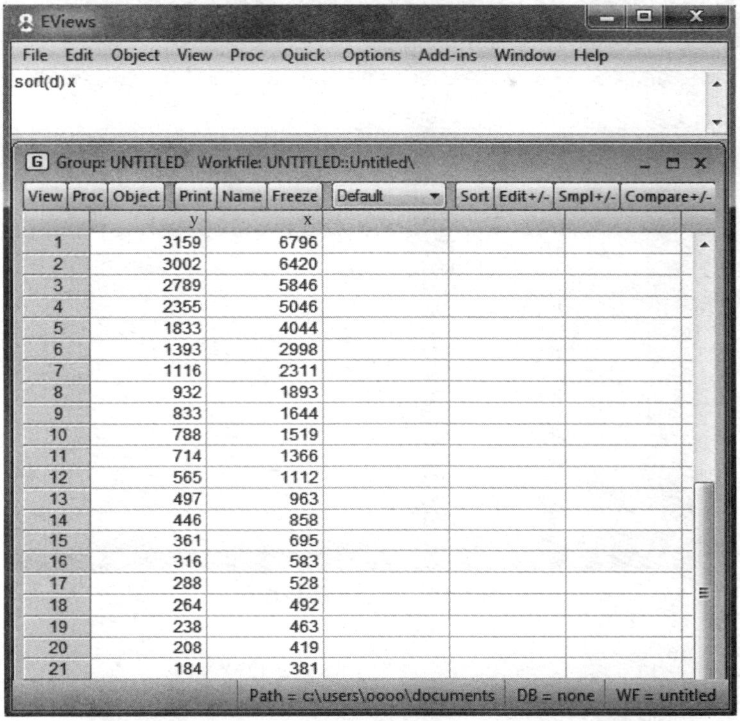

图 8.15 序列数据排序（2）

第三节 EViews 图形绘制

为认识数据的变化规律，最直接的观察方法是图像法。在 EViews 中，直接在主菜单中选择“Quick”→“Graph”选项，将目标对象（序列、组）名称输入对话框，单击“OK”按钮即可。

一、序列转换为图形

例如，打开序列 x 工作窗口，选择“View”→“Graph”→“Line”选项，序列 x 转换成线性图的形式，如图 8.16 所示。再选择“View”→“Descriptive statistics”→“Histogram and Stats”，这样序列 x 的表格形式就转换成了描述统计的形式，如图 8.17 所示。然后再选择“View”→“Spreadsheet”选项，描述统计形式又变回表格形式。

因此可以用不同方式浏览序列 x，但注意不论是表格形式，还是描述统计形式、线性图形式，每个图的最顶部仍然标明“Series：x Workfile：...”，意思是 3 种形式仍然是序列类型的对象，而不是一个独立的对象，它们会随着 x 值的变化而变化。

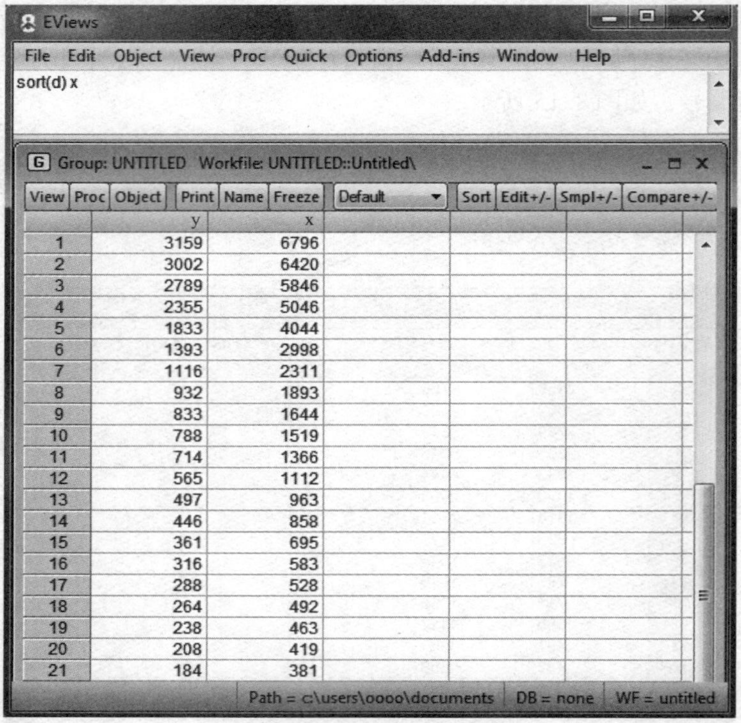

图 8.16 序列 x 的线性图

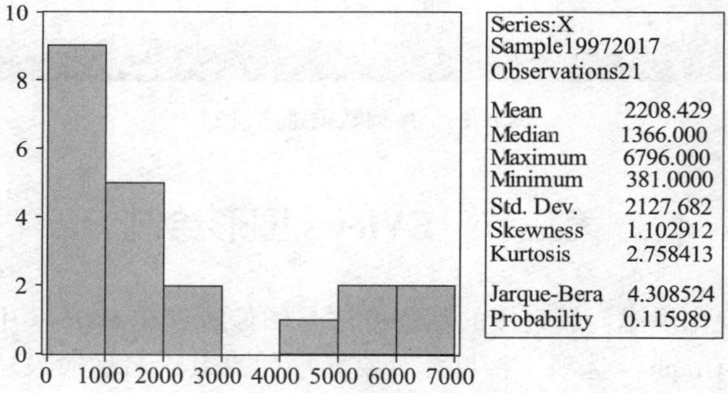

图 8.17 序列 x 的描述统计

二、序列绘图

EViews 可以同时画两个或多个序列图。按住 Ctrl 键选中多个序列，然后单击鼠标右键，选择“Open”→“Group”选项，打开表格查看形式的一个窗口，如图 8.18 所示，该窗口了显示多个序列，分别可以作散点图、折线图、柱状图和饼状图等。

下面以 x 和 y 序列为例，介绍有关绘图的内容（散点图，其他图形操作类似）。

1. 绘制 x、y 序列的散点图

（1）选择 x、y 序列（注意选择变量的顺序，先选的变量将在图形中表示横轴，后选的变量表示纵轴），进入数据列表，打开序列组 group01；

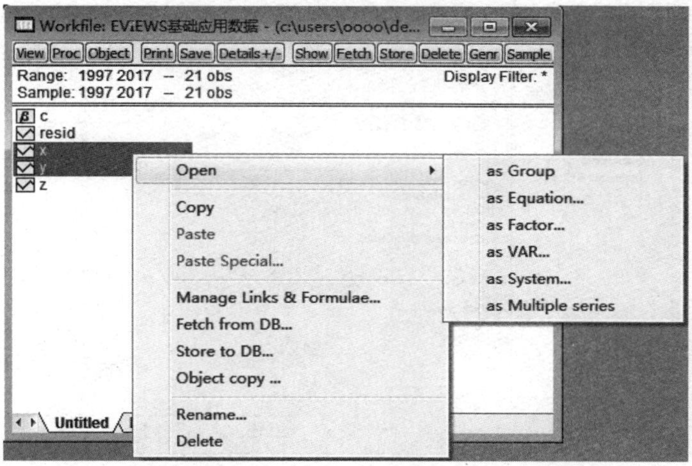

图 8.18　x 和 y 序列选择定义窗口

（2）选择“View”→“Graph”→“Scatter”选项，单击“OK”按钮，如图 8.19 所示。

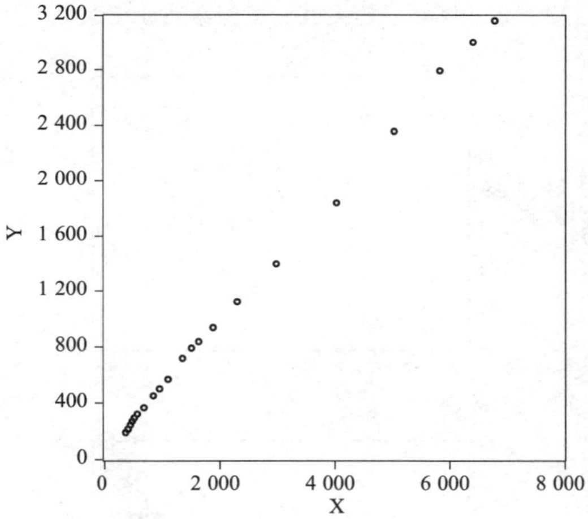

图 8.19　序列 x 和 y 的散点图

2. 图形修饰

EViews 允许以多种方式修饰图形。双击图形中的任何部位就弹出图形参数对话框，如图 8.20 所示，利用这些参数可将图形修改成符合需要的图形。

3. 组合图形

EViews 可以将多个图形组合在一起。首先需将这些图形都放入同一个工作文件中，然后按 Ctrl 键选中这些图形，双击选中的这些图形，就打开含有多个图形的窗口，它们可一起被保存、粘贴到 Word 文档中或打印出来。例如，先生成序列 x 的线形图和 y 的柱状图，然后利用菜单栏中“Freeze”命令冻结后进行保存，选中序列组 graph01、graph02 并双击，就在同一个窗口中打开两个图形，如图 8.21 所示。

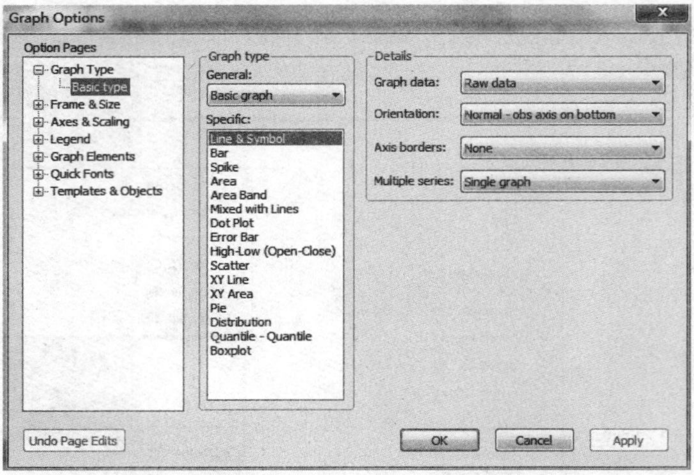

图 8.20　图形参数对话框

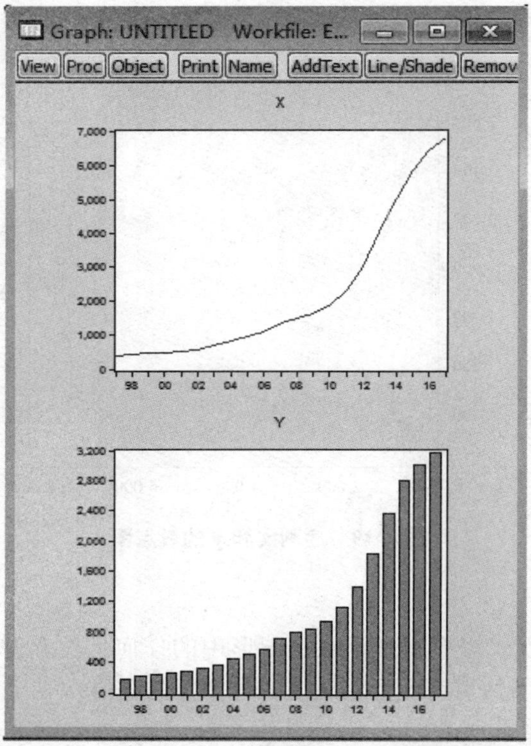

图 8.21　序列 x 的线形图和序列 y 的柱状图的组合图

4. 图形的 Word 插入

EViews 可以将图形插入 Word 文档中。首先将图形打开，然后单击 EViews 主窗口顶部的菜单命令“Edit”→“Copy”，弹出对话框，单击“OK”按钮，然后在 Word 文档中指定位置粘贴即可。

附　录

附表 1　标准正态分布下的面积

例：

$p(0 \leqslant z < 1.96) = 0.475\ 0$

$p(z \geqslant 1.96) = 0.5 - 0.475\ 0$

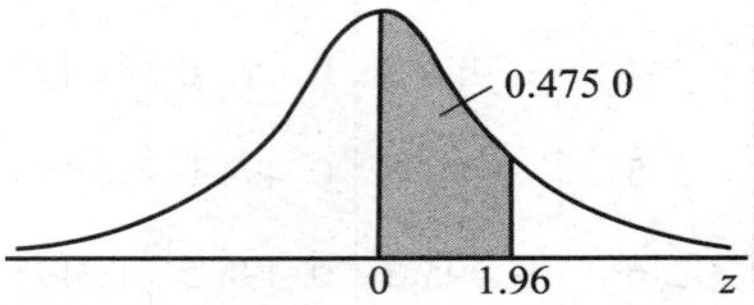

z	0. 00	0. 01	0. 02	0. 03	0. 04	0. 05	0. 06	0. 07	0. 08	0. 09
0. 0	0. 000 0	0. 004 0	0. 008 0	0. 012 0	0. 016 0	0. 019 9	0. 023 9	0. 027 9	0. 031 9	0. 035 9
0. 1	0. 039 8	0. 043 8	0. 047 8	0. 517	0. 055 7	0. 059 6	0. 063 6	0. 067 5	0. 071 4	0. 075 3
0. 2	0. 793	0. 083 2	0. 087 1	0. 091 0	0. 094 8	0. 098 7	0. 102 6	0. 106 4	0. 110 3	0. 114 1
0. 3	0. 117 9	0. 121 7	0. 125 5	0. 129 3	0. 133 1	0. 136 8	0. 140 6	0. 144 3	0. 148 0	0. 151 7
0. 4	0. 155 4	0. 159 1	0. 162 8	0. 166 4	0. 170 0	0. 173 6	0. 177 2	0. 180 8	0. 184 4	0. 1879
0. 5	0. 191 5	0. 195 0	0. 198 5	0. 201 9	0. 205 4	0. 208 8	0. 212 3	0. 215 7	0. 219 0	0. 222 4
0. 6	0. 225 7	0. 229 1	0. 232 4	0. 235 7	0. 238 9	0. 242 2	0. 245 4	0. 248 6	0. 251 7	0. 254 9
0. 7	0. 258 0	0. 261 1	0. 264 2	0. 267 3	0. 270 4	0. 273 4	0. 276 4	0. 279 4	0. 282 3	0. 285 2
0. 8	0. 288 1	0. 291 0	0. 293 9	0. 296 7	0. 299 5	0. 302 3	0. 305 1	0. 307 8	0. 310 6	0. 313 3
0. 9	0. 315 9	0. 318 6	0. 321 2	0. 323 8	0. 326 4	0. 328 9	0. 331 5	0. 334 0	0. 336 5	0. 338 9
1. 0	0. 341 3	0. 343 8	0. 346 1	0. 348 5	0. 350 8	0. 353 1	0. 355 4	0. 357 7	0. 359 9	0. 362 1
1. 1	0. 364 3	0. 366 5	0. 368 6	0. 370 8	0. 372 9	0. 374 9	0. 377 0	0. 379 0	0. 381 0	0. 383 0
1. 2	0. 384 9	0. 386 9	0. 388 8	0. 390 7	0. 392 5	0. 394 4	0. 396 2	0. 398 0	0. 399 7	0. 401 5
1. 3	0. 403 2	0. 404 9	0. 406 6	0. 408 2	0. 409 9	0. 411 5	0. 413 1	0. 414 7	0. 416 2	0. 417 7
1. 4	0. 419 2	0. 420 7	0. 422 2	0. 423 6	0. 425 1	0. 426 5	0. 427 9	0. 429 2	0. 430 6	0. 431 9

续表

z	0.00	0.01	0.02	0.03	0.04	0.05	0.06	0.07	0.08	0.09
1.5	0.433 2	0.434 5	0.435 7	0.437 0	0.438 2	0.439 4	0.440 6	0.441 8	0.442 9	0.444 1
1.6	0.445 2	0.446 3	0.447 4	0.448 4	0.449 5	0.450 5	0.451 5	0.452 5	0.453 5	0.454 5
1.7	0.445 4	0.456 4	0.457 3	0.458 2	0.459 1	0.459 9	0.460 8	0.461 6	0.462 5	0.463 3
1.8	0.464 1	0.464 9	0.465 6	0.466 4	0.467 1	0.467 8	0.468 6	0.469 3	0.469 9	0.470 6
1.9	0.471 3	0.471 9	0.472 6	0.473 2	0.473 8	0.474 4	0.475 0	0.475 6	0.476 1	0.476 7
2.0	0.477 2	0.477 8	0.478 3	0.478 8	0.479 3	0.479 8	0.480 3	0.480 8	0.481 2	0.481 7
2.1	0.482 1	0.482 6	0.483 0	0.483 4	0.483 8	0.484 2	0.484 6	0.485 0	0.485 4	0.485 7
2.2	0.486 1	0.486 4	0.486 8	0.487 1	0.487 5	0.487 8	0.488 1	0.488 4	0.488 7	0.489 0
2.3	0.489 3	0.489 6	0.489 8	0.490 1	0.490 4	0.490 6	0.490 9	0.491 1	0.491 3	0.491 6
2.4	0.491 8	0.492 0	0.492 2	0.492 5	0.492 7	0.492 9	0.493 1	0.493 2	0.493 4	0.493 6
2.5	0.493 8	0.494 0	0.494 1	0.494 3	0.494 5	0.494 6	0.494 8	0.494 9	0.495 1	0.495 2
2.6	0.495 3	0.495 5	0.495 6	0.495 7	0.495 9	0.496 0	0.496 1	0.496 2	0.496 3	0.496 4
2.7	0.496 5	0.496 6	0.496 7	0.496 8	0.496 9	0.497 0	0.497 1	0.497 2	0.497 3	0.497 4
2.8	0.497 4	0.497 5	0.497 6	0.497 7	0.497 7	0.497 8	0.497 9	0.497 9	0.498 0	0.498 1
2.9	0.498 1	0.498 2	0.498 2	0.498 3	0.498 4	0.498 4	0.498 5	0.498 5	0.498 6	0.498 6
3.0	0.498 7	0.498 7	0.498 7	0.498 8	0.498 8	0.498 9	0.498 9	0.498 9	0.499 0	0.499 0

注：本表给出了分布的右侧（即 $z \geqslant 0$）面积。由于正态分布是围绕 $z=0$ 对称分布的，故左侧面积与相应的右侧面积相同。例如，$p(-1.96 \leqslant z \leqslant 0)=0.4750$，因此，$p(-1.96 \leqslant z \leqslant 1.96)=0.95$。

附表2 t 分布的百分点

例:

$p_r(t>2.086)=0.025$

$p_r(t>1.725)=0.05$,对于 df = 20

$p_r(|t|>1.725)=0.10$

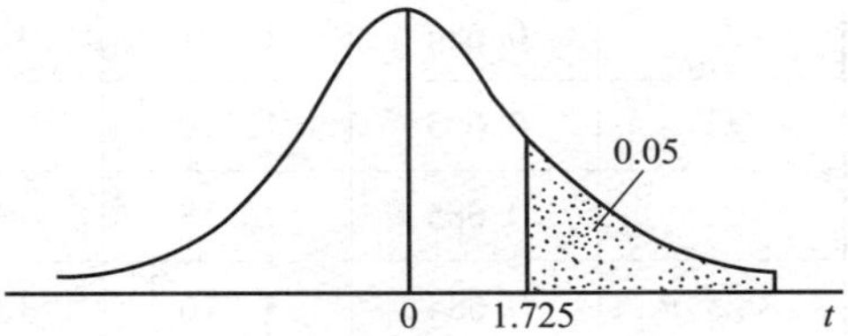

df \ p_r	0.25	0.10	0.05	0.025	0.01	0.005	0.001
	0.50	0.20	0.10	0.05	0.02	0.010	0.002
1	1.000	3.078	6.314	12.706	31.821	63.657	318.31
2	0.816	1.886	2.920	4.303	6.965	9.925	22.327
3	0.765	1.638	2.353	3.182	4.541	5.841	10.214
4	0.741	1.533	2.132	2.776	3.747	4.604	7.173
5	0.727	1.476	2.015	2.571	3.365	4.032	5.893
6	0.718	1.440	1.943	2.447	3.143	3.707	5.208
7	0.711	1.415	1.895	2.365	2.998	3.499	4.785
8	0.706	1.397	1.860	2.306	2.896	3.355	4.501
9	0.703	1.383	1.833	2.262	2.821	3.250	4.297
10	0.700	1.372	1.812	2.228	2.764	3.169	4.144
11	0.697	1.363	1.796	2.201	2.718	3.106	4.025
12	0.695	1.356	1.782	2.179	2.681	3.055	3.930
13	0.694	1.350	1.771	2.160	2.650	3.012	3.852
14	0.692	1.345	1.761	2.145	2.624	2.977	3.787
15	0.691	1.341	1.753	2.131	2.602	2.947	3.733
16	0.690	1.337	1.746	2.120	2.583	2.921	3.686
17	0.689	1.333	1.740	2.110	2.567	2.898	3.646
18	0.688	1.330	1.734	2.101	2.552	2.878	3.610
19	0.688	1.328	1.729	2.093	2.539	2.861	3.579
20	0.687	1.325	1.725	2.086	2.528	2.845	3.552
21	0.686	1.323	1.721	2.080	2.518	2.831	3.527

续表

df \ p_r	0.25	0.10	0.05	0.025	0.01	0.005	0.001
	0.50	0.20	0.10	0.05	0.02	0.010	0.002
22	0.686	1.321	1.717	2.074	2.508	2.819	3.505
23	0.685	1.319	1.714	2.069	2.500	2.807	3.485
24	0.685	13.18	1.711	2.064	2.492	2.797	3.467
25	0.684	1.316	1.708	2.060	2.485	2.787	3.450
26	0.684	1.315	1.706	2.056	2.479	2.779	3.435
27	0.684	1.314	1.703	2.052	2.473	2.771	3.421
28	0.683	1.313	1.701	2.048	2.467	2.763	3.408
29	0.683	1.311	1.699	2.045	2.462	2.756	3.396
30	0.683	1.310	1.697	2.042	2.457	2.750	3.385
40	0.681	1.303	1.684	2.021	2.423	2.704	3.307
60	0.679	1.296	1.671	2.000	2.390	2.660	3.232
120	0.677	1.289	1.658	1.980	2.358	2.617	3.160
∞	0.674	1.282	1.645	1.960	2.326	2.576	3.090

注：每列顶头的较小概率指单侧面积；较大的概率则指双侧面积。

附表3 F 分布的上端百分点

例

$p_r(F>1.59)=0.25$

$p_r(F>2.42)=0.10$，对于自由度 $N_1=10$ 和 $N_2=9$

$p_r(F>3.14)=0.05$

$p_r(F>5.26)=0.01$

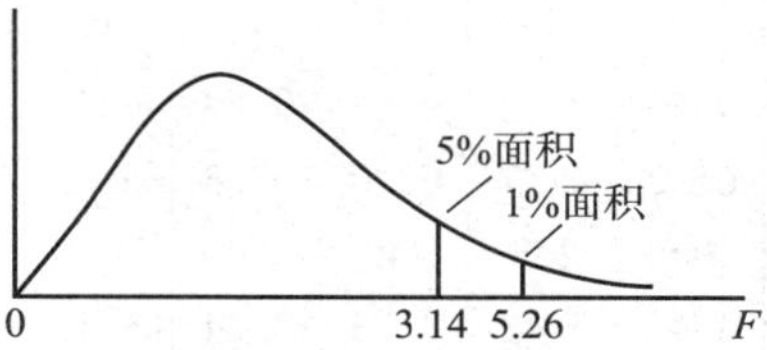

分母自由度 N_2	分子自由度 N_1												
	p_r	1	2	3	4	5	6	7	8	9	10	11	12
	0.25	5.83	7.50	8.20	8.58	8.82	8.98	9.10	9.19	9.26	9.32	9.36	9.41
1	0.10	39.9	49.5	53.6	55.8	57.2	58.2	58.9	59.4	59.9	60.2	60.5	60.7
	0.5	161	200	216	225	230	234	237	239	241	242	243	244
	0.25	2.57	3.00	3.15	3.23	3.28	3.31	3.34	3.35	3.37	3.38	3.39	3.39
2	0.10	8.53	9.00	9.16	9.24	9.29	9.33	9.35	9.37	9.38	9.39	9.40	9.41
	0.05	18.5	19.0	19.2	19.2	19.3	19.3	19.4	19.4	19.4	19.4	19.4	19.4
	0.01	98.5	99.0	99.2	99.2	99.3	99.3	99.4	99.4	99.4	99.4	99.4	99.4
	0.25	2.02	2.28	2.36	2.39	2.41	2.42	2.43	2.44	2.44	2.44	2.45	2.45
3	0.10	5.54	5.46	5.39	5.34	5.31	5.28	5.27	5.25	5.24	5.23	5.22	5.22
	0.05	10.1	9.55	9.28	9.12	9.01	8.94	8.89	8.85	8.81	8.79	8.76	8.74
	0.01	34.1	30.8	29.5	28.7	28.2	27.9	27.7	27.5	27.3	27.2	27.1	27.1
	0.25	1.81	2.00	2.05	2.06	2.07	2.08	2.08	2.08	2.08	2.08	2.08	2.08
4	0.10	4.54	4.32	4.19	4.11	4.05	4.01	3.98	3.95	3.94	3.92	3.91	3.90
	0.05	7.71	6.94	6.59	6.39	6.26	6.16	6.09	6.04	6.00	5.96	5.94	5.91
	0.01	21.2	18.0	16.7	16.0	15.5	15.2	15.0	14.8	14.7	14.5	14.4	14.4
	0.25	1.69	1.85	1.88	1.89	1.89	1.89	1.89	1.89	1.89	1.89	1.89	1.89
5	0.10	4.06	3.78	3.62	3.52	3.45	3.40	3.37	3.34	3.32	3.30	3.28	3.27
	0.05	6.61	5.79	5.41	5.19	5.05	4.95	4.88	4.82	4.77	4.74	4.71	4.68
	0.01	16.3	13.3	12.1	11.4	11.0	10.7	10.5	10.3	10.2	10.1	9.96	9.89
	0.25	1.62	1.76	1.78	1.79	1.79	1.78	1.78	1.78	1.77	1.77	1.77	1.77
6	0.10	3.78	3.46	3.29	3.18	3.11	3.05	3.01	2.98	2.96	2.94	2.92	2.90
	0.05	5.99	5.14	4.76	4.53	4.39	4.28	4.21	4.15	4.10	4.06	4.03	4.00
	0.01	13.7	10.9	9.78	9.15	8.75	8.47	8.26	8.10	7.98	7.87	7.79	7.72
	0.25	1.57	1.70	1.72	1.72	1.71	1.71	1.70	1.70	1.69	1.69	1.69	1.68
7	0.10	3.59	3.26	3.07	2.96	2.88	2.83	2.78	2.75	2.72	2.70	2.68	2.67
	0.05	5.59	4.74	4.35	4.12	3.97	3.87	3.79	3.73	3.68	3.64	3.60	3.57
	0.01	12.2	9.55	8.45	7.85	7.46	7.19	6.99	6.84	6.72	6.62	6.54	6.47
	0.25	1.54	1.66	1.67	1.66	1.66	1.65	1.64	1.64	1.63	1.63	1.63	1.62
8	0.10	3.46	3.11	2.92	2.81	2.73	2.67	2.62	2.59	2.56	2.54	2.52	2.50
	0.05	5.32	4.46	4.07	3.84	3.69	3.58	3.50	3.44	3.39	3.35	3.31	3.28
	0.01	11.3	8.65	7.59	7.01	6.63	6.37	6.18	6.03	5.91	5.81	5.73	5.67
	0.25	1.51	1.62	1.63	1.63	1.62	1.61	1.60	1.60	1.59	1.59	1.58	1.58
9	0.10	3.36	3.01	2.81	2.69	2.61	2.55	2.51	2.47	2.44	2.42	2.40	2.38
	0.05	5.12	4.26	3.86	3.63	3.48	3.37	3.29	3.23	3.18	3.14	3.10	3.07
	0.01	10.6	8.02	6.99	6.42	6.06	5.80	5.61	5.47	5.35	5.26	5.18	5.11

续表

分子自由度 N_1													分母自由度 N_2
15	20	24	30	40	50	60	100	120	200	500	∞	p_r	
9.49	9.58	9.63	9.67	9.71	9.74	9.76	9.78	9.80	9.82	9.84	9.85	0.25	
61.2	61.7	62.0	62.3	62.5	62.7	62.8	63.0	63.1	63.2	63.3	63.3	0.10	1
246	248	249	250	251	252	252	253	253	254	254	254	0.05	
3.41	3.43	3.43	3.44	3.45	3.45	3.46	3.47	3.47	3.48	3.48	3.48	0.25	
9.42	9.44	9.45	9.46	9.47	9.47	9.47	9.48	9.48	9.49	9.49	9.49	0.10	2
19.4	19.4	19.5	19.5	19.5	19.5	19.5	19.5	19.5	19.5	19.5	19.5	0.05	
99.4	99.4	99.5	99.5	99.5	99.5	99.5	99.5	99.5	99.5	99.5	99.5	0.01	
2.46	2.46	2.46	2.47	2.47	2.47	2.47	2.47	2.47	2.47	2.47	2.47	0.25	
5.20	5.18	5.18	5.17	5.16	5.15	5.15	5.14	5.14	5.14	5.14	5.13	0.10	3
8.70	8.66	8.64	8.62	8.59	8.58	8.57	8.55	8.55	8.54	8.53	8.53	0.05	
26.9	26.7	26.6	26.5	26.4	26.4	26.3	26.2	26.2	26.2	26.1	26.1	0.01	
2.08	2.08	2.08	2.08	2.08	2.08	2.08	2.08	2.08	2.08	2.08	2.08	0.25	
3.87	3.84	3.83	3.82	3.80	3.80	3.79	3.78	3.78	3.77	3.76	3.76	0.10	4
5.86	5.80	5.77	5.75	5.72	5.70	5.69	5.66	5.66	5.65	5.64	5.63	0.05	
14.2	14.0	13.9	13.8	13.7	13.7	13.7	13.6	13.6	13.5	13.5	13.5	0.01	
1.89	1.88	1.88	1.88	1.88	1.88	1.87	1.87	1.87	1.87	1.87	1.87	0.25	
3.24	3.21	3.19	3.17	3.16	3.15	3.14	3.13	3.12	3.12	3.11	3.10	0.10	5
4.62	4.56	4.53	4.50	4.46	4.44	4.43	4.41	4.40	4.39	4.37	4.36	0.05	
9.72	9.55	9.47	9.38	9.29	9.24	9.20	9.13	9.11	9.08	9.04	9.02	0.01	
1.76	1.76	1.75	1.75	1.75	1.75	1.74	1.74	1.74	1.74	1.74	1.74	0.25	
2.87	2.84	2.82	2.80	2.78	2.77	2.76	2.75	2.74	2.73	2.73	2.72	0.10	6
3.94	3.87	3.84	3.81	3.77	3.75	3.74	3.71	3.70	3.69	3.68	3.67	0.05	
7.56	7.40	7.31	7.23	7.14	7.09	7.06	6.99	6.97	6.93	6.90	6.88	0.01	
1.68	1.67	1.67	1.66	1.66	1.66	1.65	1.65	1.65	1.65	1.65	1.65	0.25	
2.63	2.59	2.58	2.56	2.54	2.52	2.51	2.50	2.49	2.48	2.48	2.47	0.10	7
3.51	3.44	3.41	3.38	3.34	3.32	3.30	3.27	3.27	3.25	3.24	3.23	0.05	
6.31	6.16	6.07	5.99	5.91	5.86	5.82	5.75	5.74	5.70	5.67	5.65	0.01	
1.62	1.61	1.60	1.60	1.59	1.59	1.59	1.58	1.58	1.58	1.58	1.58	0.25	
2.46	2.42	2.40	2.38	2.36	2.35	2.34	2.32	2.32	2.31	2.30	2.29	0.10	8
3.22	3.15	3.12	3.08	3.04	2.02	3.01	2.97	2.97	2.95	2.94	2.93	0.05	
5.52	5.36	5.28	5.20	5.12	5.07	5.03	4.96	4.95	4.91	4.88	4.86	0.01	
1.57	1.56	156	1.55	1.55	1.54	1.54	1.53	1.53	1.53	1.53	1.53	0.25	
2.34	2.30	2.28	2.25	2.23	2.22	2.21	2.19	2.18	2.17	2.17	2.16	0.10	9
3.01	2.94	2.90	2.86	2.83	2.80	2.79	2.76	2.75	2.73	2.72	2.71	0.05	
4.96	4.81	4.73	4.65	4.57	4.52	4.48	4.42	4.40	4.36	4.33	4.31	0.01	

续表

分母自由度 N_2	分子自由度 N_1												
	p_r	1	2	3	4	5	6	7	8	9	10	11	12
	0.25	1.49	1.60	1.60	1.59	1.59	1.58	1.57	1.56	1.56	1.55	1.55	1.54
10	0.10	3.29	2.92	2.73	2.61	2.52	2.46	2.41	2.38	2.35	2.32	2.30	2.28
	0.5	4.96	4.10	3.71	3.48	3.33	3.22	3.14	3.07	3.02	2.98	2.94	2.91
	0.01	10.0	7.56	6.55	5.99	5.64	5.39	5.20	5.06	4.94	4.85	4.77	4.71
	0.25	1.47	1.58	1.58	1.57	1.56	1.55	1.54	1.53	1.53	1.52	1.52	1.51
11	0.10	3.23	2.86	2.66	2.54	2.45	2.39	2.34	2.30	2.27	2.25	2.23	2.21
	0.05	4.84	3.98	3.59	3.36	3.20	3.09	3.01	2.95	2.90	2.85	2.82	2.79
	0.01	9.65	7.21	6.22	5.67	5.32	5.07	4.89	4.74	4.63	4.54	4.46	4.40
	0.25	1.46	1.56	1.56	1.55	1.54	1.53	1.52	1.51	1.51	1.50	1.50	1.49
12	0.10	3.18	2.81	2.61	2.48	2.39	2.33	2.28	2.24	2.21	2.19	2.17	2.15
	0.05	4.75	3.89	3.49	3.26	3.11	3.00	2.91	2.85	2.80	2.75	2.72	2.69
	0.01	9.33	6.93	5.95	5.41	5.06	4.82	4.64	4.50	4.39	4.30	4.22	4.16
	0.25	1.45	1.55	1.55	1.53	1.52	1.51	1.50	1.49	1.49	1.48	1.47	1.47
13	0.10	3.14	2.76	2.56	2.43	2.35	2.28	2.23	2.20	2.16	2.14	2.12	2.10
	0.05	4.67	3.81	3.41	3.18	3.03	2.92	2.83	2.77	2.71	2.67	2.63	2.60
	0.01	9.07	6.70	5.74	5.21	4.86	4.62	4.44	4.30	4.19	4.10	4.02	3.96
	0.25	1.44	1.53	1.53	1.52	1.51	1.50	1.49	1.48	1.47	1.46	1.46	1.45
14	0.10	3.10	2.73	2.52	2.39	2.31	2.24	2.19	2.15	2.12	2.10	2.08	2.05
	0.05	4.60	3.74	3.34	3.11	2.96	2.85	2.76	2.70	2.65	2.60	2.57	2.53
	0.01	8.86	6.51	5.56	5.04	4.69	4.46	4.28	4.14	4.03	3.94	3.86	3.80
	0.25	1.43	1.52	1.52	1.51	1.49	1.48	1.47	1.46	1.46	1.45	1.44	1.44
15	0.10	3.07	2.70	2.49	2.36	2.27	2.21	2.16	2.12	2.09	2.06	2.04	2.02
	0.05	4.54	3.68	3.29	3.06	2.90	2.79	2.71	2.64	2.59	2.54	2.51	2.48
	0.01	8.68	6.36	5.42	4.89	4.56	4.32	4.14	4.00	3.89	3.80	3.73	3.67
	0.25	1.42	1.51	1.51	1.50	1.48	1.47	1.46	1.45	1.44	1.44	1.44	1.43
16	0.10	3.05	2.67	2.46	2.33	2.24	2.18	2.13	2.09	2.06	2.03	2.01	1.99
	0.05	4.49	3.63	3.24	3.01	2.85	2.74	2.66	2.59	2.54	2.49	2.46	2.42
	0.01	8.53	6.23	5.29	4.77	4.44	4.20	4.03	3.89	3.78	3.69	3.62	3.55
	0.25	1.42	1.51	1.50	1.49	1.47	1.46	1.45	1.44	1.43	1.43	1.42	1.41
17	0.10	3.03	2.64	2.44	2.31	2.22	2.15	2.10	2.06	2.03	2.00	1.98	1.96
	0.05	4.45	3.59	3.20	2.96	2.81	2.70	2.61	2.55	2.49	2.45	2.41	2.38
	0.01	8.40	6.11	5.18	4.67	4.34	4.10	3.93	3.79	3.68	3.59	3.52	3.46
	0.25	1.41	1.50	1.49	1.48	1.46	1.45	1.44	1.43	1.42	1.42	1.41	1.40
18	0.10	3.01	2.62	2.42	2.29	2.20	2.13	2.08	2.04	2.00	1.98	1.96	1.93
	0.05	4.41	3.55	3.26	2.93	2.77	2.66	2.58	2.51	2.46	2.41	2.37	2.34
	0.01	8.29	6.01	5.09	4.58	4.25	4.01	3.84	3.71	3.60	3.51	3.43	3.37
	0.25	1.41	1.49	1.49	1.47	1.46	1.44	1.43	1.42	1.41	1.41	1.40	1.40
19	0.10	2.99	2.61	2.40	2.27	2.18	2.11	2.06	2.02	1.98	1.96	1.94	1.91
	0.05	4.38	3.52	3.13	2.90	2.74	2.63	2.54	2.48	2.42	2.38	2.34	2.31
	0.01	8.18	5.93	5.01	4.50	4.17	3.94	3.77	3.63	3.52	3.43	3.36	3.30
	0.25	1.40	1.49	1.48	1.46	1.45	1.44	1.43	1.42	1.41	1.40	1.39	1.39
20	0.10	2.97	2.59	2.38	2.25	2.16	2.09	2.04	2.00	1.96	1.94	1.92	1.89
	0.05	4.35	3.49	3.10	2.87	2.71	2.60	2.51	2.45	2.39	2.35	2.31	2.28
	0.01	8.10	5.85	4.94	4.43	4.10	3.87	3.70	3.56	3.46	3.37	3.29	3.23

续表

分子自由度 N_1													分母自由度 N_2
15	20	24	30	40	50	60	100	120	200	500	∞	p_r	
1.53	1.52	1.52	1.51	1.51	1.50	1.50	1.49	1.49	1.49	1.48	1.48	0.25	
2.24	2.20	2.18	2.16	2.13	2.12	2.11	2.09	2.08	2.07	2.06	2.06	0.10	10
2.85	2.77	2.74	2.70	2.66	2.64	2.62	2.59	2.58	2.56	2.55	2.54	0.05	
4.56	4.41	4.33	4.25	4.17	4.12	4.08	4.01	4.00	3.96	3.93	3.91	0.01	
1.50	1.49	1.49	1.48	1.47	1.47	1.47	1.46	1.46	1.46	1.45	1.45	0.25	
2.17	2.12	2.10	2.08	2.05	2.04	2.03	2.00	2.00	1.99	1.98	1.97	0.10	11
2.72	2.65	2.61	2.57	2.53	2.51	2.49	2.46	2.45	2.43	2.42	2.40	0.05	
4.25	4.10	4.02	3.94	3.86	3.81	3.78	3.71	3.69	3.66	3.62	3.60	0.01	
1.48	1.47	1.46	1.45	1.45	1.44	1.44	1.43	1.43	1.43	1.42	1.42	0.25	
2.10	2.06	2.04	2.01	1.99	1.97	1.96	1.94	1.93	1.92	1.91	1.90	0.10	12
2.62	2.54	2.51	2.47	2.43	2.40	2.38	2.35	2.34	2.32	2.31	2.30	0.05	
4.01	3.86	3.78	3.70	3.62	3.57	3.54	3.47	3.45	3.41	3.38	3.36	0.01	
1.46	1.45	1.44	1.43	1.42	1.42	1.42	1.41	1.41	1.40	1.40	1.40	0.25	
2.05	2.01	1.98	1.96	1.93	1.92	1.90	1.88	1.88	1.86	1.85	1.85	0.10	13
2.53	2.46	2.42	2.38	2.34	2.31	2.30	2.26	2.25	2.23	2.22	2.21	0.05	
3.82	3.66	3.59	3.51	3.43	3.38	3.34	3.27	3.25	3.22	3.19	3.17	0.01	
1.44	1.43	1.42	1.41	1.41	1.40	1.40	1.39	1.39	1.39	1.38	1.38	0.25	
2.01	1.96	1.94	1.91	1.89	1.87	1.86	1.83	1.83	1.82	1.80	1.80	0.10	14
2.46	2.39	2.35	2.31	2.27	2.24	2.22	2.19	2.18	2.16	2.14	2.13	0.05	
3.66	3.51	3.43	3.35	3.27	3.22	3.18	3.11	3.09	3.06	3.03	3.00	0.01	
1.43	1.41	1.41	1.40	1.39	1.39	1.38	1.38	1.37	1.37	1.36	1.36	0.25	
1.97	1.92	1.90	1.87	1.85	1.83	1.82	1.79	1.79	1.77	1.76	1.76	0.10	15
2.40	2.33	2.29	2.25	2.20	2.18	2.16	2.12	2.11	2.10	2.08	2.07	0.05	
3.52	3.37	3.29	3.21	3.13	3.08	3.05	2.98	2.96	2.92	2.89	2.87	0.01	
1.41	1.40	1.39	1.38	1.37	1.37	1.36	1.36	1.35	1.35	1.34	1.34	0.25	
1.94	1.89	1.87	1.84	1.81	1.79	1.78	1.76	1.75	1.74	1.73	1.72	0.10	16
2.35	2.28	2.24	2.19	2.15	2.12	2.11	2.07	2.06	2.04	2.02	2.01	0.05	
3.41	3.26	3.18	3.10	3.02	2.97	2.93	2.86	2.84	2.81	2.78	2.75	0.01	
1.40	1.39	1.38	1.37	1.36	1.35	1.35	1.34	1.34	1.34	1.33	1.33	0.25	
1.91	1.86	1.84	1.81	1.78	1.76	1.75	1.73	1.72	1.71	1.69	1.69	0.10	17
2.31	2.23	2.19	2.15	2.10	2.08	2.06	2.02	2.01	1.99	1.97	1.96	0.05	
3.31	3.16	3.08	3.00	2.92	2.87	2.83	2.76	2.75	2.71	2.68	2.65	0.01	
1.39	1.38	1.37	1.36	1.35	1.34	1.34	1.33	1.33	1.32	1.32	1.32	0.25	
1.89	1.84	1.81	1.78	1.75	1.74	1.72	1.70	1.69	1.68	1.67	1.66	0.10	18
2.27	2.19	2.15	2.11	2.06	2.04	2.02	1.98	1.97	1.95	1.93	1.92	0.05	
3.23	3.08	3.00	2.92	2.84	2.78	2.75	2.68	2.66	2.62	2.59	2.57	0.01	
1.38	1.37	1.36	1.35	1.34	1.33	1.33	1.32	1.32	1.31	1.31	1.30	0.25	
1.86	1.81	1.79	1.76	1.73	1.71	1.70	1.67	1.67	1.65	1.64	1.63	0.10	19
2.23	2.16	2.11	2.07	2.03	2.00	1.98	1.94	1.93	1.91	1.89	1.88	0.05	
3.15	3.00	2.92	2.84	2.76	2.71	2.67	2.60	2.58	2.55	2.51	2.49	0.01	
1.37	1.36	1.35	1.34	1.33	1.33	1.32	1.31	1.31	1.30	1.30	1.29	0.25	
1.84	1.79	1.77	1.74	1.71	1.69	1.68	1.65	1.64	1.63	1.62	1.61	0.10	20
2.20	2.12	2.08	2.04	1.99	1.97	1.95	1.91	1.90	1.88	1.86	1.84	0.05	
3.09	2.94	2.86	2.78	2.69	2.64	2.61	2.54	2.52	2.48	2.44	2.42	0.01	

续表

分母自由度 N_2	分子自由度 N_1												
	p_r	1	2	3	4	5	6	7	8	9	10	11	12
22	0.25	1.40	1.48	1.47	1.45	1.44	1.42	1.41	1.40	1.39	1.39	1.38	1.37
	0.10	2.95	2.56	2.35	2.22	2.13	2.06	2.01	1.97	1.93	1.90	1.88	1.86
	0.5	4.30	3.44	3.05	2.82	2.66	2.55	2.46	2.40	2.34	2.30	2.26	2.23
	0.01	7.95	5.72	4.82	4.31	3.99	3.76	3.59	3.45	3.35	3.26	3.18	3.12
24	0.25	1.39	1.47	1.46	1.44	1.43	1.41	1.40.	1.39	1.38	1.38	1.37	1.36
	0.10	2.93	2.54	2.33	2.19	2.10	2.04	1.98	1.94	1.91	1.88	1.85	1.83
	0.05	4.26	3.40	3.01	2.78	2.62	2.51	2.42	2.36	2.30	2.25	2.21	2.18
	0.01	7.82	5.61	4.72	4.22	3.90	3.67	3.50	3.36	3.26	3.17	3.09	3.03
26	0.25	1.38	1.46	1.45	1.44	1.42	1.41	1.39	1.38	1.37	1.37	1.36	1.35
	0.10	2.91	2.52	2.31	2.17	2.08	2.01	1.96	1.92	1.88	1.86	1.84	1.81
	0.05	4.23	3.37	2.98	2.74	2.59	2.47	2.39	2.32	2.27	2.22	2.18	2.15
	0.01	7.72	5.53	4.64	4.14	3.82	3.59	3.42	3.28	3.18	3.09	3.02	2.96
28	0.25	1.38	1.46	1.45	1.43	1.41	1.40	1.39	1.38	1.37	1.36	1.35	1.34
	0.10	2.89	2.50	2.29	2.16	2.06	2.00	1.94	1.90	1.87	1.84	1.81	1.79
	0.05	4.20	3.34	2.95	2.71	2.56	2.45	2.36	2.29	2.24	2.19	2.15	2.12
	0.01	7.64	5.45	4.57	4.07	3.75	3.53	3.36	3.23	3.12	3.03	2.96	2.90
30	0.25	1.38	1.45	1.44	1.42	1.41	1.39	1.38	1.37	1.36	1.35	1.35	1.34
	0.10	2.88	2.49	2.28	2.14	2.05	1.98	1.93	1.88	1.85	1.82	1.79	1.77
	0.05	4.17	3.32	2.92	2.69	2.53	2.42	2.33	2.27	2.21	2.16	2.13	2.09
	0.01	7.56	5.39	4.51	4.02	3.70	3.47	3.30	3.17	3.07	2.98	2.91	2.84
40	0.25	1.36	1.44	1.42	1.40	1.39	1.37	1.36	1.35	1.34	1.33	1.32	1.31
	0.10	2.84	2.44	2.23	2.09	2.00	1.93	1.87	1.83	1.79	1.76	1.73	1.71
	0.05	4.08	3.23	2.84	2.61	2.45	2.34	2.25	2.18	2.12	2.08	2.04	2.00
	0.01	7.31	5.18	4.31	3.83	3.51	3.29	3.12	2.99	2.89	2.80	2.73	2.66
60	0.25	1.35	1.42	1.41	1.38	1.37	1.35	1.33	1.32	1.31	1.30	1.29	1.29
	0.10	2.79	2.39	2.18	2.04	1.95	1.87	1.82	1.77	1.74	1.71	1.68	1.66
	0.05	4.00	3.15	2.76	2.53	2.37	2.25	2.17	2.10	2.04	1.99	1.95	1.92
	0.01	7.08	4.98	4.13	3.65	3.34	3.12	2.95	2.82	2.72	2.63	2.56	2.50
120	0.25	1.34	1.40	1.39	1.37	1.35	1.33	1.31	1.30	1.29	1.28	1.27	1.26
	0.10	2.75	2.35	2.13	1.99	1.90	1.82	1.77	1.72	1.68	1.65	1.62	1.60
	0.05	3.92	3.07	2.68	2.45	2.29	2.17	2.09	2.02	1.96	1.91	1.87	1.83
	0.01	6.85	4.79	3.95	3.48	3.17	2.96	2.79	2.66	2.56	2.47	2.40	2.34
200	0.25	1.33	1.39	1.38	1.36	1.34	1.32	1.31	1.29	1.28	1.27	1.26	1.25
	0.10	2.73	2.33	2.11	1.97	1.88	1.80	1.75	1.70	1.66	1.63	1.60	1.57
	0.05	3.89	3.04	2.65	2.42	2.26	2.14	2.06	1.98	1.93	1.88	1.84	1.80
	0.01	6.76	4.71	3.88	3.41	3.11	2.89	2.73	2.60	2.50	2.41	2.34	2.27
∞	0.25	1.32	1.39	1.37	1.35	1.33	1.31	1.29	1.28	1.27	1.25	1.24	1.24
	0.10	2.71	2.30	2.08	1.94	1.85	1.77	1.72	1.67	1.63	1.60	1.57	1.55
	0.05	3.84	3.00	2.60	2.37	2.21	2.10	2.01	1.94	1.88	1.83	1.79	1.75
	0.01	6.63	4.61	3.78	3.32	3.02	2.80	2.64	2.51	2.41	2.32	2.25	2.18

续表

分子自由度 N_1													分母自由度 N_2
15	20	24	30	40	50	60	100	120	200	500	∞	p_r	
1.36	1.34	1.33	1.32	1.31	1.31	1.30	1.30	1.30	1.29	1.29	1.28	0.25	
1.81	1.76	1.73	1.70	1.67	1.65	1.64	1.61	1.60	1.59	1.58	1.57	0.10	22
2.15	2.07	2.03	1.98	1.94	1.91	1.89	1.85	1.84	1.82	1.80	1.78	0.05	
2.98	2.83	2.75	2.67	2.58	2.53	2.50	2.42	2.40	2.36	2.33	2.31	0.01	
1.35	1.33	1.32	1.31	1.30	1.29	1.29	1.28	1.28	1.27	1.27	1.26	0.25	
1.78	1.73	1.70	1.67	1.64	1.62	1.61	1.58	1.57	1.56	1.54	1.53	0.10	24
2.11	2.03	1.98	1.94	1.89	1.86	1.84	1.80	1.79	1.77	1.75	1.73	0.05	
2.89	2.74	2.66	2.58	2.49	2.44	2.40	2.33	2.31	2.27	2.24	2.21	0.01	
1.34	1.32	1.31	1.30	1.29	1.28	1.28	1.26	1.26	1.26	1.25	1.25	0.25	
1.76	1.71	1.68	1.65	1.61	1.59	1.58	1.55	1.54	1.53	1.51	1.50	0.10	26
2.07	1.99	1.95	1.90	1.85	1.82	1.80	1.76	1.75	1.73	1.71	1.69	0.05	
2.81	2.66	2.58	2.50	2.42	2.36	2.33	2.25	2.23	2.19	2.16	2.13	0.01	
1.33	1.31	1.30	1.29	1.28	1.27	1.27	1.26	1.25	1.25	1.24	1.24	0.25	
1.74	1.69	1.66	1.63	1.59	1.57	1.56	1.53	1.52	1.50	1.49	1.48	0.10	28
2.04	1.96	1.91	1.87	1.82	1.79	1.77	1.73	1.71	1.69	1.67	1.65	0.05	
2.75	2.60	2.52	2.44	2.35	2.30	2.26	2.19	2.17	2.13	2.09	2.06	0.01	
1.32	1.30	1.29	1.28	1.27	1.26	1.26	1.25	1.24	1.24	1.23	1.23	0.25	
1.72	1.67	1.64	1.61	1.57	1.55	1.54	1.51	1.50	1.48	1.47	1.46	0.10	30
2.01	1.93	1.89	1.84	1.79	1.76	1.74	1.70	1.68	1.66	1.64	1.62	0.05	
2.70	2.55	2.47	2.39	2.30	2.25	2.21	2.13	2.11	2.07	2.03	2.01	0.01	
1.30	1.28	1.26	1.25	1.24	1.23	1.22	1.21	1.21	1.20	1.19	1.19	0.25	
1.66	1.61	1.57	1.54	1.51	1.48	1.47	1.43	1.42	1.41	1.39	1.38	0.10	40
1.92	1.84	1.79	1.74	1.69	1.66	1.64	1.59	1.58	1.55	1.53	1.51	0.05	
2.52	2.37	2.29	2.20	2.11	2.06	2.02	1.94	1.92	1.87	1.83	1.80	0.01	
1.27	1.25	1.24	1.22	1.21	1.20	1.19	1.17	1.17	1.16	1.15	1.15	0.25	
1.60	1.54	1.51	1.48	1.44	1.41	1.40	1.36	1.35	1.33	1.31	1.29	0.10	60
1.84	1.75	1.70	1.65	1.59	1.56	1.53	1.48	1.47	1.44	1.41	1.39	0.05	
2.35	2.20	2.12	2.03	1.94	1.88	1.84	1.75	1.73	1.68	1.63	1.60	0.01	
1.24	1.22	1.21	1.19	1.18	1.17	1.16	1.14	1.13	1.12	1.11	1.10	0.25	
1.55	1.48	1.45	1.41	1.37	1.34	1.32	1.27	1.26	1.24	1.21	1.19	0.10	120
1.75	1.66	1.61	1.55	1.50	1.46	1.43	1.37	1.35	1.32	1.28	1.25	0.05	
2.19	2.03	1.95	1.86	1.76	1.70	1.66	1.56	1.53	1.48	1.42	1.38	0.01	
1.23	1.21	1.20	1.18	1.16	1.14	1.12	1.11	1.10	1.09	1.08	1.06	0.25	
1.52	1.46	1.42	1.38	1.34	1.31	1.28	1.24	1.22	1.20	1.17	1.14	0.10	200
1.72	1.62	1.57	1.52	1.46	1.41	1.39	1.32	1.29	1.26	1.22	1.19	0.05	
2.13	1.97	1.89	1.79	1.69	1.63	1.58	1.48	1.44	1.39	1.33	1.28	0.01	
1.22	1.19	1.18	1.16	1.14	1.13	1.12	1.09	1.08	1.07	1.04	1.00	0.25	
1.49	1.42	1.38	1.34	1.30	1.26	1.24	1.18	1.17	1.13	1.08	1.00	0.10	∞
1.67	1.57	1.52	1.46	1.39	1.35	1.32	1.24	1.22	1.17	1.11	1.00	0.05	
2.04	1.88	1.79	1.70	1.59	1.52	1.47	1.36	1.32	1.25	1.15	1.00	0.01	

附表 4 χ^2 分布的上端百分点

例：

$p_r(\chi^2 > 23.83) = 0.25$，对于 df = 20

$p_r(\chi^2 > 10.85) = 0.95$

$p_r(\chi^2 > 31.41) = 0.05$

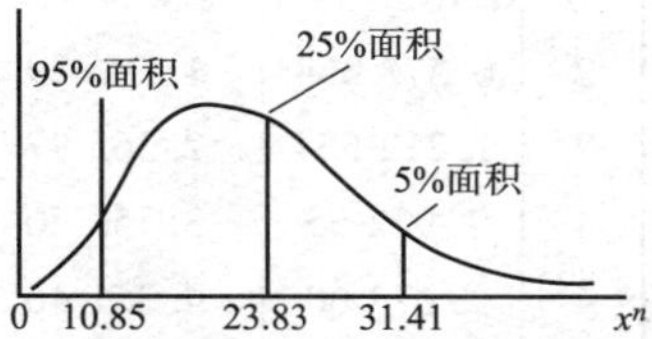

p_r / df	0.995	0.990	0.975	0.950	0.900
1	$392\,704 \times 10^{-10}$	$157\,088 \times 10^{-19}$	$982\,068 \times 10^{-9}$	$393\,214 \times 10^{-8}$	0.015 790 8
2	0.010 025 1	0.020 100 7	0.050 635 6	0.102 587	0.210 720
3	0.071 721 2	0.114 832	0.215 795	0.351 846	0.584 375
4	0.206 990	0.297 110	0.484 419	0.710 721	1.063 623
5	0.411 740	0.554 300	0.831 211	1.145 476	1.610 31
6	0.675 727	0.872 085	1.237 347	1.635 39	2.204 13
7	0.989 265	1.239 043	1.689 87	2.167 35	2.833 11
8	1.344 419	1.646 482	2.179 73	2.732 64	3.489 54
9	1.734 926	2.087 912	2.700 39	3.325 11	4.168 16
10	2.155 85	2.558 21	3.246 97	3.940 30	4.865 18
11	2.603 21	3.053 47	3.815 75	4.574 81	5.577 79
12	3.073 82	3.570 56	4.403 79	5.226 03	6.303 80
13	3.565 03	4.106 91	5.008 74	5.891 86	7.041 50
14	4.074 68	4.660 43	5.628 72	6.570 63	7.789 53
15	4.600 94	5.229 35	6.262 14	7.260 94	8.546 75
16	5.142 24	5.812 21	6.907 66	7.961 64	9.312 23
17	5.697 24	6.407 76	7.564 18	8.671 76	10.085 2
18	6.264 81	7.014 91	8.230 75	9.390 46	10.864 9
19	6.843 98	7.632 73	8.906 55	10.117 0	11.650 9
20	7.433 86	8.260 40	9.590 83	10.850 8	12.442 6
21	8.033 66	8.897 20	10.282 93	11.591 3	13.239 6
22	8.642 72	9.542 49	10.982 3	12.338 0	14. 041 5
23	9.260 42	10.195 67	11.688 5	13.090 5	14.847 9
24	9.886 23	10.856 4	12.401 1	13.848 4	15.658 7
25	10.519 7	11.524 0	13.119 7	14.611 4	16.473 4
26	11.160 3	12.198 1	13.843 9	15.379 1	17.291 9
27	11.807 6	12.878 6	14.573 3	16.151 3	18.113 8
28	12.461 3	13.564 8	15.307 9	16.927 9	18.939 2
29	13.121 1	14.256 5	16.047 1	17.708 3	19.767 7
30	13.786 7	14.953 5	16.790 8	18.492 6	20.599 2
40	20.706 5	22.164 3	24.433 1	26.509 3	29.050 5
50	27.990 7	29.706 7	32.357 4	34.764 2	37.688 6
60	35.534 6	37.484 8	40.481 7	43.187 9	46.458 9
70	43.275 2	45.441 8	48.757 6	51.739 3	55.329 0
80	51.172 0	53.540 0	57.153 2	60.391 5	64.277 8
90	59.196 3	61.754 1	65.646 6	69.126 0	73.291 2
100	67.327 6	70.064 8	74.221 9	77.929 5	83.358 1

续表

p_r / df	0.750	0.500	0.250	0.100	0.050	0.25	0.010	0.005
1	0.101 530 8	0.454 937	1.323 30	2.705 54	3.841 46	5.023 89	6.634 90	7.879 44
2	0.575 364	1.386 29	2.772 59	4.605 17	5.991 47	7.377 76	9.210 34	10.596 6
2	1.212 534	2.365 97	4.108 35	6.251 39	7.814 73	9.348 40	11.344 9	12.838 1
4	1.922 55	3.356 70	5.385 27	7.779 44	9.487 73	11.143 3	13.276 7	14.860 2
4	2.674 60	4.351 46	6.625 68	9.236 35	11.070 5	12.832 5	15.086 3	16.749 6
6	3.454 60	5.348 12	7.840 80	10.644 6	12.591 6	14.449 4	16.811 9	18.547 6
7	4.254 85	6.345 81	9.037 15	12.017 0	14.067 1	16.012 8	18.475 3	20.277 7
8	5.070 64	7.344 12	10.218 8	13.361 6	15.507 3	17.534 6	20.090 2	21.955 0
9	5.898 83	8.342 83	11.388 7	14.683 7	16.919 0	19.022 8	21.666 0	23.589 3
10	6.737 20	9.341 82	12.548 9	15.987 1	18.307 0	20.483 1	23.209 3	25.188 2
11	7.584 12	10.341 0	13.700 7	17.275 0	19.675 1	21.920 0	24.725 0	26.756 9
12	8.438 42	11.340 3	14.845 4	18.549 4	21.026 1	23.336 7	26.217 0	28.299 5
13	9.299 06	12.339 8	15.983 9	19.811 9	22.362 1	24.735 6	27.688 3	29.819 4
14	10.165 3	13.339 3	17.117 0	21.064 2	23.684 8	26.119 0	29.141 3	31.319 3
15	11.036 5	14.338 9	18.245 1	22.307 2	24.995 8	27.488 4	30.577 9	32.801 3
16	11.912 2	15.338 5	19.368 8	23.541 8	26.296 2	28.845 4	31.999 9	34.267 2
17	12.791 9	16.338 1	20.488 7	24.769 0	27.587 1	3.191 0	33.408 7	35.718 5
18	13.675 3	17.337 9	21.604 9	25.989 4	28.869 3	31.526 4	34.805 3	37.156 4
19	14.562 0	18.337 6	22.717 8	27.203 6	30.143 5	32.852 3	36.190 8	38.582 2
20	15.451 8	19.337 4	23.827 7	28.412 0	31.410 4	34.169 6	37.566 2	39.996 8
21	16.344 4	20.337 2	24.934 8	29.615 1	32.670 5	34.478 9	38.932 1	41.401 0
22	17.239 6	21.337 0	26.039 3	30.813 3	33.924 4	36.780 7	40.289 4	42.795 6
23	18.137 3	22.336 9	27.141 3	32.006 9	35.172 5	38.075 7	41.638 4	44.181 3
24	19.037 2	23.336 7	28.241 2	33.196 3	36.415 1	39.364 1	42.979 8	45.558 5
25	19.939 3	24.336 6	29.338 9	34.381 6	37.652 5	40.646 5	44.314 1	46.927 8
26	20.843 4	25.336 4	30.434 5	35.563 1	38.885 2	41.923 2	45.641 7	48.289 9
27	21.749 4	26.336 3	31.528 4	36.741 2	40.113 3	43.194 4	46.963 0	49.644 9
28	22.657 2	27.336 3	32.620 5	37.915 9	41.337 2	44.460 7	48.278 2	50.993 3
29	23.566 6	28.336 2	33.710 9	39.087 5	42.556 9	45.722 2	49.587 9	52.335 6
30	24.477 6	29.336 0	34.799 8	40.256 0	43.772 9	46.979 2	50.892 2	53.672 0
40	33.660 3	39.335 4	45.616 0	51.805 0	55.758 5	59.341 7	63.690 7	66.765 9
50	42.942 1	49.334 9	56.333 6	63.167 1	67.504 8	71.420 2	76.153 9	79.490 0
60	52.293 8	59.334 7	66.981 4	74.397 0	79.081 9	83.297 6	88.379 4	91.951 7
70	61.698 3	69.334 4	77.576 6	85.527 1	90.531 2	95.023 1	100.42 5	104.21 5
80	71.144 5	79.334 3	88.130 3	96.578 2	101.879	106.629	112.329	116.321
90	80.624 7	89.334 2	98.649 9	107.565	113.145	118.136	124.116	128.299
100	90.133 2	99.334 1	109.141	118.498	124.342	129.561	135.807	140.169

附表 5a 德宾－沃森 d 统计量

（0.05 显著性水平上 d_L 和 d_U 的显著点）

	$k'=1$		$k'=2$		$k'=3$		$k'=4$		$k'=5$		$k'=6$		$k'=7$		$k'=8$		$k'=9$		$k'=10$	
n	d_L	d_U	d_L	d_U	d_L	d_U	d_L	d_U	d_L	d_U	d_L	d_U	d_L	d_U	d_L	d_U	d_L	d_U	d_L	d_U
6	0.610	1.400	—	—	—	—	—	—	—	—	—	—	—	—	—	—	—	—	—	—
7	0.700	1.356	0.467	1.896	—	—	—	—	—	—	—	—	—	—	—	—	—	—	—	—
8	0.763	1.332	0.559	1.777	0.368	2.287	—	—	—	—	—	—	—	—	—	—	—	—	—	—
9	0.824	1.320	0.629	1.699	0.455	2.128	0.296	2.588	—	—	—	—	—	—	—	—	—	—	—	—
10	0.879	1.320	0.697	1.641	0.525	2.016	0.376	2.414	0.243	2.822	—	—	—	—	—	—	—	—	—	—
11	0.927	1.324	0.658	1.604	0.595	1.928	0.444	2.283	0.316	2.645	0.203	3.005	—	—	—	—	—	—	—	—
12	0.971	1.331	0.812	1.579	0.658	1.864	0.512	2.177	0.379	2.506	0.268	2.832	0.171	3.149	—	—	—	—	—	—
13	0.010	1.340	0.861	1.562	0.715	1.816	0.574	2.094	1.445	2.390	0.328	2.692	0.230	2.985	0.147	3.266	—	—	—	—
14	1.045	1.350	0.905	1.551	0.767	1.779	0.632	2.303	0.505	2.296	0.389	2.572	0.286	2.848	0.200	3.111	0.127	3.360	—	—
15	1.077	1.361	0.946	1.543	0.814	1.750	0.685	1.977	0.562	2.220	0.447	2.472	0.343	2.727	0.251	2.979	0.175	3.216	0.111	3.438
16	1.106	1.371	0.982	1.539	0.857	1.728	0.734	1.935	0.615	2.157	0.502	2.388	0.398	2.624	0.304	2.860	0.222	3.090	0.155	3.304
17	1.133	1.381	1.015	1.536	0.897	1.710	0.779	1.900	0.664	2.104	0.554	2.318	0.451	2.537	0.356	2.757	0.272	2.975	0.198	3.184
18	1.158	1.391	1.046	1.535	0.933	1.696	0.820	1.872	0.710	2.060	0.603	2.257	0.502	2.461	0.407	2.667	0.321	2.873	0.244	3.073
19	1.180	1.401	1.074	1.536	0.967	1.685	0.859	1.848	0.752	2.023	0.649	2.206	0.549	2.396	0.456	2.589	0.369	2.783	0.290	2.974
20	1.201	1.411	1.100	1.537	0.998	1.676	0.894	1.828	0.792	1.991	0.692	2.162	0.595	2.339	0.502	2.521	0.416	2.704	0.336	2.885
21	1.221	1.420	1.125	1.538	1.026	1.669	0.927	1.812	0.829	1.964	0.732	2.124	0.637	2.290	0.547	2.460	0.461	2.633	0.380	2.806
22	1.239	1.429	1.147	1.541	1.053	1.664	0.958	1.797	0.863	1.940	0.769	2.090	0.677	2.246	0.588	2.407	0.504	2.571	0.424	2.734
23	1.257	1.437	1.168	1.543	1.078	1.660	0.986	1.785	0.895	1.920	0.804	2.061	0.715	2.208	0.628.	2.360	0.545	2.514	0.465	2.670
24	1.273	1.446	1.188	1.546	1.101	1.656	1.013	1.775	0.925	1.902	0.837	2.035	0.751	2.174	0.666	2.318	0.584	2.464	0.506	2.613
25	1.288	1.454	1.206	1.550	1.123	1.654	1.038	1.767	0.953	1.886	0.868	2.012	0.784	2.144	0.702	2.280	0.621	2.419	0.544	2.560
26	1.302	1.461	1.224	1.553	1.143	1.652	1.062	1.759	0.979	1.873	0.897	1.992	0.816	2.117	0.735	2.246	0.657	2.379	0.581	2.513
27	1.316	1.469	1.240	1.556	1.162	1.651	1.084	1.753	1.004	1.861	0.925	1.974	0.845	2.093	0.767	2.216	0.691	2.342	0.616	2.470
28	1.328	1.476	1.255	1.560	1.181	1.650	1.104	1.747	1.028	1.850	0.951	1.958	0.874	2.071	0.798	2.188	0.723	2.309	0.650	2.431
29	1.341	1.483	1.270	1.563	1.198	1.650	1.124	1.743	1.050	1.841	0.975	1.944	0.900	2.052	0.826	2.164	0.753	2.278	0.682	2.396
30	1.352	1.489	1.284	1.567	1.214	1.650	1.143	1.739	1.071	1.833	0.998	1.931	0.926	2.034	0.854	2.141	0.782	2.251	0.712	2.363

续表

n	k′=1		k′=2		k′=3		k′=4		k′=5		k′=6		k′=7		k′=8		k′=9		k′=10	
	d_L	d_U	d_L	d_U	d_L	d_U	d_L	d_U	d_L	d_U	d_L	d_U	d_L	d_U	d_L	d_U	d_L	d_U	d_L	d_U
31	1.363	1.496	1.297	1.570	1.229	1.650	1.160	1.735	1.090	1.825	1.020	1.920	0.950	2.018	0.879	2.120	0.810	2.226	0.741	2.333
32	1.373	1.502	1.309	1.574	1.244	1.650	1.177	1.732	1.109	1.819	1.041	1.909	0.972	2.004	0.904	2.102	0.836	2.203	0.769	2.306
33	1.383	1.508	1.321	1.577	1.258	1.651	1.193	1.730	1.127	1.813	1.061	1.900	0.994	1.991	0.927	2.085	0.861	2.181	0.795	2.281
34	1.393	1.514	1.333	1.580	1.271	1.652	1.208	1.728	1.144	1.808	1.080	1.891	1.015	1.979	0.950	2.069	0.885	2.162	0.821	2.257
35	1.402	1.519	1.343	1.584	1.283	1.653	1.222	1.726	1.160	1.803	1.097	1.884	1.034	1.967	0.971	2.054	0.908	2.144	0.845	2.236
36	1.411	1.525	1.354	1.587	1.295	1.654	1.236	1.724	1.175	1.799	1.114	1.877	1.053	1.957	0.991	2.041	0.930	2.127	0.868	2.216
37	1.419	1.530	1.364	1.590	1.307	1.655	1.249	1.723	1.190	1.795	1.131	1.870	1.071	1.948	1.011	2.029	0.951	2.112	0.891	2.198
38	1.427	1.535	1.373	1.594	1.318	1.656	1.261	1.722	1.204	1.792	1.146	1.864	1.088	1.939	1.029	2.017	0.907	2.098	0.912	2.180
39	1.435	1.540	1.382	1.597	1.328	1.658	1.273	1.722	1.218	1.789	1.161	1.859	1.104	1.932	1.047	2.007	0.990	2.085	0.932	2.164
40	1.442	1.544	1.391	1.600	1.338	1.659	1.285	1.721	1.230	1.786	1.175	1.854	1.120	1.924	1.064	1.997	1.008	2.072	0.952	2.149
45	1.475	1.566	1.430	1.615	1.383	1.666	1.336	1.720	1.287	1.776	1.238	1.835	1.189	1.895	1.139	1.958	1.089	2.022	1.038	2.088
50	1.503	1.585	1.462	1.628	1.421	1.674	1.378	1.721	1.335	1.771	1.291	1.822	1.246	1.875	1.201	1.930	1.156	1.986	1.110	2.044
55	1.528	1.601	1.490	1.641	1.452	1.681	1.414	1.724	1.374	1.768	1.334	1.814	1.294	1.861	1.253	1.909	1.212	1.959	1.170	2.010
60	1.549	1.616	1.514	1.652	1.480	1.689	1.444	1.727	1.408	1.767	1.372	1.808	1.335	1.850	1.298	1.894	1.260	1.939	1.222	1.984
65	1.567	1.629	1.536	1.662	1.503	1.696	1.471	1.731	1.438	1.767	1.404	1.805	1.370	1.843	1.336	1.882	1.301	1.923	1.266	1.964
70	1.583	1.641	1.554	1.672	1.525	1.703	1.494	1.735	1.464	1.768	1.433	1.802	1.401	1.837	1.369	1.873	1.337	1.910	1.305	1.948
75	1.598	1.652	1.571	1.680	1.543	1.709	1.515	1.739	1.487	1.770	1.458	1.801	1.428	1.834	1.399	1.867	1.369	1.901	1.339	1.935
80	1.611	1.662	1.586	1.688	1.560	1.715	1.534	1.743	1.507	1.772	1.480	1.801	1.453	1.831	1.425	1.861	1.397	1.893	1.369	1.925
85	1.624	1.671	1.600	1.696	1.575	1.721	1.550	1.747	1.525	1.774	1.500	1.801	1.474	1.829	1.448	1.857	1.422	1.886	1.396	1.916
90	1.635	1.679	1.612	1.703	1.589	1.726	1.566	1.751	1.542	1.776	1.518	1.801	1.494	1.827	1.469	1.854	1.445	1.881	1.420	1.909
95	1.645	1.687	1.623	1.709	1.602	1.732	1.579	1.755	1.557	1.778	1.535	1.802	1.512	1.827	1.489	1.852	1.465	1.877	1.442	1.903
100	1.654	1.694	1.634	1.715	1.613	1.736	1.592	1.758	1.571	1.780	1.550	1.803	1.528	1.826	1.506	1.850	1.484	1.874	1.462	1.898
150	1.720	1.746	1.706	1.760	1.693	1.774	1.679	1.788	1.665	1.802	1.651	1.817	1.637	1.832	1.622	1.847	1.608	1.862	1.594	1.877
200	1.758	1.778	1.748	1.789	1.738	1.799	1.728	1.810	1.718	1.820	1.707	1.831	1.697	1.841	1.686	1.852	1.675	1.863	1.665	1.874

续表

	$k'=11$		$k'=12$		$k'=13$		$k'=14$		$k'=15$		$k'=16$		$k'=17$		$k'=18$		$k'=19$		$k'=20$	
n	d_L	d_U	d_L	d_U	d_L	d_U	d_L	d_U	d_L	d_U	d_L	d_U	d_L	d_U	d_L	d_U	d_L	d_U	d_L	d_U
16	0.098	3.503	—	—	—	—	—	—	—	—	—	—	—	—	—	—	—	—	—	—
17	0.138	3.378	0.087	3.557	—	—	—	—	—	—	—	—	—	—	—	—	—	—	—	—
18	0.177	3.265	0.123	3.441	0.078	3.603	—	—	—	—	—	—	—	—	—	—	—	—	—	—
19	0.220	3.159	0.160	3.335	0.111	3.496	0.070	3.642	—	—	—	—	—	—	—	—	—	—	—	—
20	0.263	3.063	0.200	3.234	0.145	3.395	0.100	3.542	0.063	3.676	—	—	—	—	—	—	—	—	—	—
21	0.307	2.976	0.240	3.141	0.182	3.300	0.132	3.448	0.091	3.583	0.058	3.705	—	—	—	—	—	—	—	—
22	0.349	2.897	0.281	3.057	0.220	3.211	0.166	3.358	0.120	3.495	0.083	3.619	0.052	3.731	—	—	—	—	—	—
23	0.391	2.826	0.322	2.979	0.259	3.128	0.202	3.272	0.153	3.409	0.110	3.535	0.076	3.650	0.048	3.753	—	—	—	—
24	0.431	2.761	0.362	2.908	0.297	3.053	0.239	3.193	0.186	3.327	0.141	3.454	0.101	3.572	0.070	3.678	0.044	3.773	—	—
25	0.470	2.702	0.400	2.844	0.335	2.983	0.275	3.119	0.221	3.251	0.172	3.376	0.130	3.494	0.094	3.604	0.065	3.702	0.041	3.790
26	0.508	2.649	0.438	2.784	0.373	2.919	0.312	3.051	0.256	3.179	0.205	3.303	0.160	3.420	0.120	3.531	0.087	3.632	0.060	3.724
27	0.544	2.600	0.475	2.730	0.409	2.859	0.348	2.987	0.291	3.112	0.238	3.233	0.191	3.349	0.149	3.460	0.112	3.563	0.081	3.658
28	0.578	2.555	0.510	2.680	0.445	2.805	0.383	2.928	0.325	3.050	0.271	3.168	0.222	3.283	0.178	3.392	0.138	3.495	0.1044	3.592
29	0.612	2.515	0.544	2.634	0.479	2.755	0.418	2.874	0.359	2.992	0.305	3.107	0.254	3.219	0.208	3.327	0.166	3.431	0.129	3.528
30	0.643	2.477	0.577	2.592	0.512	2.708	0.451	2.823	0.392	2.937	0.337	3.050	0.286	3.160	0.238	3.266	0.195	3.368	0.156	3.465
31	0.647	2.443	0.608	2.553	0.545	2.665	0.484	2.776	0.425	2.887	0.370	2.996	0.317	3.103	0.269	3.208	0.224	3.309	0.183	3.406
32	0.703	2.411	0.638	2.517	0.576	2.625	0.515	2.733	0.457	2.840	0.401	2.946	0.349	3.050	0.299	3.153	0.253	3.252	0.211	3.348
33	0.731	2.382	0.668	2.484	0.606	2.588	0.546	2.692	0.488	2.796	0.432	2.899	0.379	3.000	0.329	3.100	0.283	3.198	0.239	3.293
34	0.758	2.355	0.695	2.454	0.634	2.554	0.575	2.654	0.518	2.754	0.462	2.854	0.409	2.954	0.359	3.051	0.312	3.147	0.267	3.240
35	0.783	2.330	0.722	2.425	0.662	2.521	0.604	2.619	0.547	2.716	0.492	2.813	0.439	2.910	0.388	3.005	0.340	3.099	0.295	3.190
36	0.808	2.306	0.748	2.398	0.689	2.492	0.631	2.586	0.575	2.680	0.520	2.774	0.467	2.868	0.417	2.961	0.369	3.053	0.323	3.142
37	0.831	2.285	0.772	2.374	0.714	2.464	0.657	2.555	0.602	2.646	0.548	2.738	0.495	2.829	0.445	2.920	0.397	3.009	0.351	3.097
38	0.854	2.265	0.796	2.351	0.739	2.438	0.683	2.526	0.628	2.614	0.575	2.703	0.522	2.792	0.472	2.880	0.424	2.968	0.378	3.054
39	0.875	2.246	0.819	2.329	0.763	2.413	0.707	2.499	0.653	2.585	0.600	2.671	0.549	2.757	0.499	2.843	0.451	2.929	0.404	3.013
40	0.896	2.228	0.840	2.309	0.785	2.391	0.731	2.473	0.678	2.557	0.626	2.641	0.575	2.724	0.525	2.808	0.477	2.892	0.430	2.974
45	0.988	2.156	0.938	2.225	0.887	2.296	0.838	2.367	0.788	2.439	0.740	2.512	0.692	2.586	0.644	2.659	0.598	2.733	0.553	2.807
50	1.064	2.103	1.019	2.163	0.973	2.225	0.927	2.287	0.882	2.350	0.836	2.414	0.792	2.479	0.747	2.544	0.703	2.610	0.660	2.675

续表

	$k'=11$		$k'=12$		$k'=13$		$k'=14$		$k'=15$		$k'=16$		$k'=17$		$k'=18$		$k'=19$		$k'=20$	
n	d_L	d_U	d_L	d_U	d_L	d_U	d_L	d_U	d_L	d_U	d_L	d_U	d_L	d_U	d_L	d_U	d_L	d_U	d_L	d_U
55	1.129	2.062	1.087	2.116	1.045	2.170	1.003	2.225	0.961	2.281	0.919	2.338	0.877	2.396	0.836	2.454	0.795	2.512	0.754	2.571
60	1.184	2.031	1.145	2.079	1.106	2.127	1.068	2.177	1.029	2.227	0.990	2.278	0.951	2.330	0.913	2.382	0.874	2.434	0.836	2.487
65	1.231	2.006	1.195	2.049	1.160	2.093	1.124	2.138	1.088	2.183	1.052	2.229	1.016	2.276	0.980	2.323	0.944	2.371	0.908	2.419
70	1.272	1.986	1.239	2.026	1.206	2.066	1.172	2.106	1.139	2.148	1.105	2.189	1.072	2.232	1.038	2.275	1.005	2.318	0.971	2.362
75	1.308	1.970	1.277	2.006	1.247	2.043	1.215	2.080	1.184	2.118	1.153	2.156	1.121	2.195	1.090	2.235	1.058	2.275	1.027	2.315
80	1.340	1.957	1.311	1.991	1.283	2.024	1.253	2.059	1.224	2.093	1.195	2.129	1.165	2.165	1.136	2.201	1.106	2.238	1.076	2.275
85	1.369	1.946	1.342	1.977	1.315	2.009	1.287	2.040	1.260	2.073	1.232	2.105	1.205	2.139	1.177	2.172	1.149	2.206	1.121	2.241
90	1.395	1.937	1.369	1.966	1.344	1.995	1.318	2.025	1.292	2.055	1.266	2.085	1.240	2.116	1.213	2.148	1.187	2.179	1.160	2.211
95	1.418	1.929	1.394	1.956	1.370	1.984	1.345	2.012	1.321	2.040	1.296	2.068	1.271	2.097	1.247	2.126	1.222	2.156	1.197	2.186
100	1.439	1.923	1.416	1.948	1.393	1.974	1.371	2.000	1.347	2.026	1.324	2.053	1.301	2.080	1.277	2.108	1.253	2.135	1.229	2.164
150	1.579	1.892	1.564	1.908	1.550	1.924	1.535	1.940	1.519	1.956	1.504	1.972	1.489	1.989	1.474	2.006	1.458	2.023	1.443	2.040
200	1.654	1.885	1.643	1.896	1.632	1.908	1.621	1.919	1.610	1.931	1.599	1.943	1.588	1.955	1.576	1.967	1.565	1.979	1.554	1.991

注：n = 观测个数，k' = 不包含常数项的解释变量个数。

例如，若 $n=40$，$k'=4$，则 $d_L=1.285$，$d_U=1.721$。如果所计算的 d 值小于1.285，即表明有正的一阶序列相关；如果它大于1.721，则表明无正的一阶序列相关，但若 d 落在这两个上、下限之间，则表明尚无迹象足以判明是否有正的一阶序列相关。

附表 5b 德宾－沃森 d 统计量

（在 0.01 显著性水平上 d_L 和 d_U 的显著点）

	$k'=1$		$k'=2$		$k'=3$		$k'=4$		$k'=5$		$k'=6$		$k'=7$		$k'=8$		$k'=9$		$k'=10$	
n	d_L	d_U	d_L	d_U	d_L	d_U	d_L	d_U	d_L	d_U	d_L	d_U	d_L	d_U	d_L	d_U	d_L	d_U	d_L	d_U
6	0.390	1.142	—	—	—	—	—	—	—	—	—	—	—	—	—	—	—	—	—	—
7	0.435	1.036	0.294	1.676	—	—	—	—	—	—	—	—	—	—	—	—	—	—	—	—
8	0.497	1.003	0.345	1.489	0.229	2.102	—	—	—	—	—	—	—	—	—	—	—	—	—	—
9	0.554	0.998	0.408	1.389	0.279	1.875	0.183	2.433	—	—	—	—	—	—	—	—	—	—	—	—
10	0.604	1.001	0.466	1.333	0.340	1.733	0.230	2.193	0.150	2.690	—	—	—	—	—	—	—	—	—	—
11	0.653	1.010	0.519	1.297	0.396	1.640	0.286	20.30	0.193	2.453	0.124	2.892	—	—	—	—	—	—	—	—
12	0.697	1.023	0.569	1.274	0.449	1.575	0.339	1.913	0.244	2.280	0.164	2.665	0.105	3.053	—	—	—	—	—	—
13	0.738	1.038	0.616	1.261	0.499	1.526	0.391	1.826	0.294	2.150	0.211	2.490	0.140	2.838	0.090	3.182	—	—	—	—
14	0.776	1.054	0.660	1.254	0.547	1.490	0.441	1.757	0.343	2.049	0.257	2.354	1.183	2.667	1.122	2.981	0.078	3.287	—	—
15	0.811	1.070	0.700	1.252	0.591	1.464	0.488	1.704	0.391	1.967	0.303	2.244	0.226	2.530	0.161	2.817	0.107	3.101	0.068	3.374
16	0.844	1.086	0.737	1.252	0.633	1.446	0.532	1.663	0.437	1.900	0.349	2.153	0.269	2.416	0.200	2.681	0.142	2.944	0.094	3.201
17	0.874	1.102	0.772	1.255	0.672	1.432	0.574	1.630	0.480	1.847	0.393	2.078	0.313	2.319	0.241	2.566	0.179	2.811	0.127	3.053
18	0.902	1.118	0.805	1.259	0.708	1.422	0.613	1.604	0.522	1.803	0.435	2.015	0.355	2.238	0.282	2.467	0.216	2.697	0.160	2.925
19	0.928	1.132	0.835	1.265	0.742	1.415	0.650	1.584	0.561	1.767	0.476	1.963	0.396	2.169	0.322	2.381	0.255	2.597	0.196	2.813
20	0.952	1.147	0.863	1.271	0.773	1.411	0.685	1.567	0.598	1.737	0.515	1.918	0.436	2.110	0.362	2.308	0.294	2.510	0.232	2.714
21	0.975	1.161	0.890	1.277	0.803	1.408	0.718	1.554	0.633	1.712	0.552	1.881	0.474	2.059	0.400	2.244	0.331	2.434	0.268	2.625
22	0.997	1.174	0.914	1.284	0.831	1.407	0.748	1.543	0.667	1.691	0.587	1.849	0.510	2.015	0.437	2.188	0.368	2.367	0.304	2.548
23	1.018	1.187	0.938	1.291	0.858	1.407	0.777	1.534	0.698	1.673	0.620	1.821	0.545	1.977	0.473	2.140	0.404	2.308	0.340	2.479
24	1.037	1.199	0.960	1.298	0.882	1.407	0.805	1.528	0.728	1.658	0.652	1.797	0.578	1.944	0.507	2.097	0.439	2.255	0.375	2.417
25	1.055	1.211	0.981	1.305	0.906	1.409	0.831	1.523	0.756	1.645	0.682	1.776	0.610	1.915	0.540	2.059	0.473	2.209	0.409	2.362
26	1.072	1.222	1.001	1.312	0.928	1.411	0.855	1.518	0.783	1.635	0.711	1.759	0.640	1.889	0.572	2.026	0.505	2.168	0.441	2.313
27	1.089	1.233	1.019	1.319	0.949	1.413	0.878	1.515	0.808	1.626	0.738	1.743	0.669	1.867	0.602	1.997	0.536	2.131	0.473	2.269
28	1.104	1.244	1.037	1.325	0.969	1.415	0.900	1.513	0.832	1.618	0.764	1.729	0.696	1.847	0.630	1.970	0.566	2.098	0.504	2.229
29	1.119	1.254	1.054	1.331	0.988	1.418	0.921	1.512	0.855	1.611	0.788	1.718	0.723	1.830	0.658	1.9478	0.595	2.068	0.533	2.193
30	1.133	1.263	1.070	1.339	1.006	1.421	0.941	1.511	0.877	1.606	0.812	1.707	0.748	1.814	0.684	1.925	0.622	2.041	0.562	2.160

续表

	$k'=1$		$k'=2$		$k'=3$		$k'=4$		$k'=5$		$k'=6$		$k'=7$		$k'=8$		$k'=9$		$k'=10$	
n	d_L	d_U	d_L	d_U	d_L	d_U	d_L	d_U	d_L	d_U	d_L	d_U	d_L	d_U	d_L	d_U	d_L	d_U	d_L	d_U
31	1.147	1.273	1.085	1.345	1.023	1.425	0.960	1.510	0.897	1.601	0.834	1.698	0.772	1.800	0.710	1.906	0.649	2.017	0.589	2.131
32	1.160	1.282	1.100	1.352	1.040	1.428	0.979	1.510	0.917	1.597	0.856	1.690	0.794	1.788	0.734	1.889	0.674	1.995	0.615	2.104
33	1.172	1.291	1.114	1.358	1.055	1.432	0.996	1.510	0.936	1.594	0.876	1.683	0.816	1.776	0.757	1.874	0.698	1.975	0.641	2.080
34	1.184	1.299	1.128	1.364	1.070	1.435	0.012	1.511	0.954	1.591	0.896	1.677	0.837	1.766	0.779	1.860	0.722	1.957	0.665	2.057
35	1.195	1.307	1.140	1.370	1.085	1.439	0.028	1.512	0.971	1.598	0.914	1.671	0.857	1.757	0.800	1.847	0.744	1.940	0.689	2.037
36	1.206	1.315	1.153	1.376	1.098	1.442	1.043	1.513	0.988	1.588	0.932	1.666	0.877	1.749	0.821	1.836	0.766	1.925	0.711	2.180
37	1.217	1.323	1.165	1.382	1.112	1.446	1.058	1.514	1.004	1.586	0.950	1.662	0.895	1.742	0.841	1.825	0.787	1.911	0.733	2.001
38	1.227	1.330	1.176	1.388	1.124	1.449	1.072	1.515	1.019	1.585	0.566	1.658	0.913	1.735	0.860	1.816	0.807	1.899	0.754	1.985
39	1.237	1.337	1.187	1.393	1.137	1.453	1.085	1.517	1.034	1.584	0.982	1.655	0.930	1.729	0.878	1.807	0.826	1.887	0.774	1.970
40	1.246	1.344	1.198	1.398	1.148	1.457	1.098	1.518	1.048	1.584	0.997	1.652	0.946	1.724	0.895	1.799	0.844	1.876	0.749	1.956
45	1.288	1.376	1.245	1.423	1.201	1.474	1.156	1.528	1.111	1.584	1.065	1.643	1.019	1.704	0.974	1.768	0.927	1.834	0.881	1.902
50	1.324	1.403	1.285	1.446	1.245	1.491	1.205	1.538	1.164	1.587	1.123	1.639	1.081	1.692	1.039	1.748	0.997	1.805	0.955	1.864
55	1.356	1.427	1.320	1.466	1.284	1.506	1.247	1.548	1.209	1.592	1.072	1.638	1.134	1.685	1.095	1.734	1.057	1.785	1.018	1.837
60	1.383	1.449	1.350	1.484	1.317	1.520	1.283	1.558	1.249	1.598	1.214	1.639	1.179	1.682	1.144	1.726	1.108	1.771	1.072	1.817
65	1.407	1.468	1.377	1.500	1.346	1.534	1.315	1.568	1.283	1.604	1.251	1.642	1.218	1.680	1.186	1.720	1.153	1.761	1.120	1.802
70	1.429	1.485	1.400	1.515	1.372	1.546	1.343	1.578	1.313	1.611	1.283	1.645	1.253	1.680	1.223	1.716	1.192	1.754	1.162	1.792
75	1.448	1.501	1.422	1.529	1.395	1.557	1.368	1.587	1.340	1.617	1.313	1.649	1.284	1.682	1.256	1.714	1.227	1.748	1.199	1.783
80	1.466	1.515	1.441	1.541	1.416	1.568	1.390	1.595	1.364	1.624	1.338	1.653	1.312	1.683	1.285	1.714	1.259	1.745	1.232	1.777
85	1.482	1.528	1.458	1.553	1.435	1.578	1.411	1.603	1.386	1.630	1.362	1.657	1.337	1.685	1.312	1.714	1.287	1.743	1.262	1.773
90	1.496	1.540	1.474	1.563	1.452	1.587	1.429	1.611	1.406	1.636	1.382	1.661	1.360	1.687	1.336	1.714	1.312	1.741	1.288	1.769
95	1.510	1.552	1.489	1.573	1.468	1.596	1.446	1.618	1.425	1.642	1.403	1.666	1.381	1.690	1.358	1.715	1.336	1.741	1.313	1.767
100	1.522	1.562	1.503	1.583	1.482	1.604	1.462	1.625	1.441	1.647	1.421	1.670	1.400	1.693	1.378	1.717	1.357	1.741	1.335	1.765
150	1.611	1.637	1.598	1.651	1.584	1.665	1.571	1.679	1.557	1.693	1.543	1.708	1.530	1.722	1.515	1.737	1.501	1.752	1.486	1.767
200	1.664	1.684	1.653	1.693	1.643	1.704	1.633	1.715	1.623	1.725	1.613	1.735	1.603	1.746	1.592	1.757	1.582	1.768	1.571	1.779

续表

	$k'=11$		$k'=12$		$k'=13$		$k'=14$		$k'=15$		$k'=16$		$k'=17$		$k'=18$		$k'=19$		$k'=20$	
n	d_L	d_U	d_L	d_U	d_L	d_U	d_L	d_U	d_L	d_U	d_L	d_U	d_L	d_U	d_L	d_U	d_L	d_U	d_L	d_U
16	0.060	3.446	—	—	—	—	—	—	—	—	—	—	—	—	—	—	—	—	—	—
17	0.084	3.286	0.053	3.506	—	—	—	—	—	—	—	—	—	—	—	—	—	—	—	—
18	0.113	3.146	0.075	3.358	0.047	3.357	—	—	—	—	—	—	—	—	—	—	—	—	—	—
19	0.145	3.023	0.102	3.227	0.067	3.420	0.043	3.601	—	—	—	—	—	—	—	—	—	—	—	—
20	0.178	2.914	0.131	3.109	0.092	3.297	0.061	3.474	0.038	3.639	—	—	—	—	—	—	—	—	—	—
21	0.212	2.817	0.162	3.004	0.119	3.185	0.084	3.358	0.055	3.521	0.035	3.671	—	—	—	—	—	—	—	—
22	0.246	2.729	0.194	2.909	0.148	3.084	0.109	3.252	0.077	3.142	0.050	3.562	0.032	3.700	—	—	—	—	—	—
23	0.281	2.651	0.227	2.822	0.178	2.991	0.136	3.155	0.100	3.311	0.070	3.459	0.046	3.597	0.029	3.725	—	—	—	—
24	0.315	2.580	0.260	2.744	0.209	2.906	0.165	3.065	0.125	3.218	0.092	3.363	0.065	3.501	0.043	3.629	0.027	3.747	—	—
25	0.348	2.517	0.292	2.674	0.240	2.829	0.194	2.982	0.152	3.131	0.116	3.274	0.085	3.410	0.060	3.538	0.039	3.657	0.025	3.766
26	0.381	2.460	0.324	2.610	0.272	2.758	0.225	2.906	0.180	3.050	0.141	3.191	0.107	3.325	0.079	3.452	0.055	3.572	0.036	3.682
27	0.413	2.409	0.356	2.552	0.303	2.694	0.253	2.836	0.208	2.976	0.167	3.113	0.131	3.245	0.100	3.371	0.073	3.490	0.051	3.602
28	0.444	2.363	0.387	2.499	0.333	2.9635	0.283	2.772	0.237	0.907	0.194	3.040	0.156	3.169	0.122	3.294	0.093	3.412	0.068	3.524
29	0.474	2.321	0.417	2.451	0.363	2.582	0.313	2.713	0.266	2.843	0.222	2.972	0.182	3.098	0.146	3.220	0.114	3.338	0.087	2.450
30	0.503	2.283	0.447	2.407	0.393	2.533	0.342	2.659	0.294	0.785	0.249	2.909	0.208	3.032	0.171	3.152	0.137	3.267	0.107	3.379
31	0.531	2.248	0.475	2.367	0.422	2.487	0.371	2.609	0.322	2.730	0.277	2.851	0.234	2.970	0.196	3.087	0.160	3.201	0.128	3.311
32	0.558	2.216	0.503	2.330	0.450	2.446	0.399	2.563	0.350	2.680	0.304	2.797	0.261	2.912	0.221	3.026	0.184	3.137	0.151	3.246
33	0.585	2.187	0.530	2.296	0.477	2.408	0.426	2.520	0.377	2.633	0.331	2.746	0.287	2.858	0.246	2.969	0.209	3.078	0.174	3.184
34	0.610	2.160	0.556	2.266	0.503	2.373	0.452	2.481	0.404	2.590	0.357	2.699	0.313	2.808	0.272	2.915	0.233	3.022	0.197	3.126
35	0.634	2.136	0.581	2.237	0.529	2.340	0.478	2.444	0.430	2.550	0.383	2.655	0.339	2.761	0.297	2.865	0.257	2.969	0.221	3.071
36	0.658	2.113	0.605	2.210	0.554	2.310	0.504	2.410	0.455	2.512	0.409	2.614	0.364	2.717	0.322	2.818	0.282	2.1919	0.244	3.019
37	0.680	2.092	0.628	2.186	0.578	2.282	0.528	2.379	0.480	2.477	0.434	2.576	0.389	2.675	0.347	2.774	0.306	2.872	0.268	2.969
38	0.702	2.073	0.651	2.164	0.601	2.256	0.552	2.350	0.504	2.445	0.458	2.540	0.614	2.637	0.371	2.733	0.330	2.828	0.291	2.923
39	0.723	2.055	0.673	2.143	0.623	2.232	0.575	2.323	0.528	2.414	0.482	2.507	0.438	2.600	0.395	2.694	0.354	2.787	0.315	2.879
40	0.744	2.039	0.694	2.123	0.645	2.210	0.597	2.297	0.551	2.386	0.505	2.476	0.461	2566	0.418	2.657	0.377	2.748	0.338	2.838
45	0.835	1.972	0.790	2.044	0.744	2.118	0.700	2.193	0.655	2.269	0.612	2.346	0.570	2.424	0.528	2.503	0.488	2.582	0.448	2.661
50	0.913	1.925	0.871	1.987	0.829	2.051	0.787	2.116	0.746	2.182	0.705	2.250	0.665	2.318	0.625	2.387	0.586	2.456	0.548	2.526

续表

	$k'=11$		$k'=12$		$k'=13$		$k'=14$		$k'=15$		$k'=16$		$k'=17$		$k'=18$		$k'=19$		$k'=20$	
n	d_L	d_U	d_L	d_U	d_L	d_U	d_L	d_U	d_L	d_U	d_L	d_U	d_L	d_U	d_L	d_U	d_L	d_U	d_L	d_U
55	0.979	1.891	0.940	1.945	0.902	0.002	0.863	2.059	0.825	1.117	0.786	2.176	0.748	2.237	0.711	2.298	0.674	2.359	0.637	2.421
60	1.037	1.865	1.001	1.914	0.965	1.964	0.929	2.015	0.893	2.067	0.857	2.120	0.822	2.173	0.786	2.227	0.751	2.283	0.716	2.338
65	1.087	1.845	1.053	1.889	1.020	1.934	0.986	1.980	0.953	2.027	0.919	2.075	0.886	2.123	0.852	2.172	0.819	2.221	0.786	2.272
70	1.131	1.831	1.099	1.870	1.068	1.911	1.037	1.953	1.005	1.995	0.974	2.038	0.943	2.082	0.911	2.127	0.880	2.172	0.849	2.217
75	1.170	1.819	1.141	1.856	1.111	1.893	1.082	1.931	1.052	1.970	1.023	2.009	0.993	2.049	0.964	2.090	0.934	2.131	0.905	2.172
80	1.205	1.810	1.177	1.844	1.150	1.878	1.122	1.913	1.094	1.949	1.066	1.984	1.039	2.022	1.011	2.059	0.983	2.097	0.955	1.35
85	1.236	1.803	1.210	1.834	1.184	1.866	1.158	1.898	1.132	1.931	1.106	1.965	1.080	1.999	1.053	2.033	1.027	2.068	1.000	2.104
90	1.264	1.798	1.240	1.827	1.215	1.856	1.191	1.886	1.166	1.917	1.141	1.948	1.116	1.979	1.091	2.012	1.066	2.044	1.041	2.077
95	1.290	1.793	1.267	1.821	1.244	1.848	1.221	1.876	1.197	1.905	1.174	1.934	1.150	1.963	1.126	1.993	1.102	2.023	0.079	2.054
100	1.314	1.790	1.292	1.816	1.270	1.841	1.248	1.868	1.225	1.895	1.203	1.922	1.181	1.949	1.158	1.977	1.136	2.006	1.113	2.034
150	1.473	1.783	1.458	1.799	1.444	1.814	1.429	1.830	1.414	1.847	1.400	1.863	1.385	1.880	1.370	1.897	1.355	1.913	1.340	1.931
200	1.561	1.791	1.550	1.801	1.539	1.813	1.528	1.824	1.518	1.836	1.507	1.847	1.495	1.860	1.484	1.871	1.474	1.883	1.462	1.896

注：n = 观测个数，k'不包含常数项的解释变量个数。

附表 6　协整检验临界值表

N	模型形式	α	ϕ_∞	s. e.	ϕ_1	ϕ_2
1	无常数项，无趋势项	0. 01	−2. 565 8	(0. 002 3)	−1. 960	−10. 04
		0. 05	−1. 939 3	(0. 000 8)	−0. 398	0. 0
		0. 10	1. 615 6	(0. 000 7)	−0. 181	0. 0
1	常数项，无趋势项	0. 01	−3. 433 6	(0. 002 4)	−5. 999	−29. 25
		0. 05	−2. 862 1	(0. 001 1)	−2. 738	−8. 36
		0. 10	−2. 567 1	(0. 000 9)	−1. 438	−4. 48
1	常数项，趋势项	0. 01	−3. 963 8	(0. 001 9)	−8. 353	−47. 44
		0. 05	−3. 412 6	(0. 001 2)	−4. 039	−17. 83
		0. 10	−3. 127 9	(0. 000 9)	−2. 418	−7. 58
2	常数项，无趋势项	0. 01	−3. 900 1	(0. 002 2)	−10. 534	−30. 03
		0. 05	−3. 337 7	(0. 001 2)	−5. 967	−8. 98
		0. 10	−3. 046 2	(0. 000 9)	−4. 069	−5. 73
2	常数项，趋势项	0. 01	−4. 326 6	(0. 002 2)	−15. 531	−34. 03
		0. 05	−3. 780 9	(0. 001 3)	−9. 421	15. 06
		0. 10	−3. 495 9	(0. 000 9)	−7. 203	−4. 01
3	常数项，无趋势项	0. 01	−4. 298 1	(0. 002 3)	−13. 790	−46. 37
		0. 05	−3. 742 9	(0. 001 2)	−8. 352	13. 41
		0. 10	−3. 451 8	(0. 001 0)	−6. 241	−2. 79
3	常数项，无趋势项	0. 01	−4. 667 6	(0. 002 2)	−18. 492	−49. 35
		0. 05	−4. 119 3	(0. 001 1)	−12. 024	−13. 13
		0. 10	−3. 834 4	(0. 000 9)	−9. 188	−4. 85
4	常数项，无趋势项	0. 01	−4. 649 3	(0. 002 3)	−17. 188	−59. 20
		0. 05	−4. 100 0	(0. 001 2)	−10. 745	−21. 57
		0. 10	−3. 811 0	(0. 000 9)	−8. 317	−5. 19
4	常数项，趋势项	0. 01	−4. 969 5	(0. 002 1)	−22. 504	−50. 22
		0. 05	−4. 429 4	(0. 001 2)	−14. 501	−19. 54
		0. 10	−4. 147 4	(0. 001 0)	−11. 165	−9. 88
5	常数项，无趋势项	0. 01	−4. 958 7	(0. 002 6)	−22. 140	−37. 29
		0. 05	−4. 418 5	(0. 001 3)	−13. 641	−21. 16
		0. 10	−4. 132 7	(0. 000 9)	−10. 638	−5. 48

续表

N	模型形式	α	ϕ_∞	s. e.	ϕ_1	ϕ_2
5	常数项，趋势项	0.01	−5.249 7	(0.002 4)	−26.606	−49.56
		0.05	−4.715 4	(0.001 3)	−17.432	−16.50
		0.10	−4.434 5	(0.001 0)	−13.654	−5.77
6	常数项，无趋势项	0.01	−5.240 0	(0.002 9)	−26.278	−41.65
		0.05	−4.704 8	(0.001 8)	−17.120	−11.17
		0.10	−4.424 2	(0.001 0)	−13.347	0.0
6	常数项，趋势项	0.01	−5.512 7	(0.003 3)	−30.735	−52.50
		0.05	−4.976 7	(0.001 7)	20.883	−9.05
		0.10	−4.699 9	(0.001 1)	−16.445	0.0

注：1. 临界值计算公式是 $C(\alpha) = \phi_\infty + \phi_1 T^{-1} + \phi_2 T^{-2}$，其中 T 为样本容量。

2. N 为协整回归公式中所含变量个数，α 为检验水平。

3. 摘自 Mackinnon（1991）。

参考文献

［1］张龙，王文博，曹培慎．计量经济学［M］．北京：清华大学出版社，2010．

［2］张润清．计量经济学［M］．北京：中国农业出版社，2007．

［3］孙敬水．计量经济学学习指导与 Eviews 应用指南［M］．北京：清华大学出版社，2010．

［4］张晓峒．计量经济学基础［M］．天津：南开大学出版社，2007．

［5］李子奈，潘文卿．计量经济学（第4版）［M］．北京：高等教育出版社，2015．

［6］庞皓．计量经济学（第3版）［M］．北京：科学出版社，2014．

［7］张保法．计量经济学简明教程［M］．郑州：郑州大学出版社，2016．

［8］张晓峒．计量经济学软件 EViews 使用指南（第2版）［M］．天津：南开大学出版社，2004．

［9］谢宇．回归分析（第2版）［M］．北京：社会科学文献出版社，2013．

［10］达摩达尔·N. 古扎拉蒂，唐·C. 波特．计量经济学基础（第5版）［M］．北京：中国人民大学出版社，2010．

［11］陈强．高级计量经济学及 Stata 应用［M］．北京：高等教育出版社，2014．

［12］高铁梅．计量经济分析方法与建模：EViews 应用及实例（第2版）［M］．北京：清华大学出版社，2006．

［13］伍德里奇．计量经济学导论（第4版）［M］．北京：中国人民大学出版社，2010．

［14］格林，张成思．计量经济分析（第6版）［M］．北京：中国人民大学出版社，2011．

［15］张润清．计量经济学［M］．北京：中国农业出版社，2007．

［16］张保法．计量经济学简明教程［M］．郑州：郑州大学出版社，2016．

［17］沃尔特．恩德斯．应用计量经济学：时间序列分析（第3版）［M］．北京：机械工业出版社，2012．

［18］Gianni Amisano，Carlo Giannini. Topics in Structural VAR Econometrics［M］. New York：Springer，1997.

参考文献

[illegible]